BIBEL für heute

2021

- KOMMENTARE
- ANREGUNGEN
- FRAGEN
- IMPULSE

BRUNNEN
Verlag GmbH · Giessen

Impressum

Herausgeber:
Matthias Büchle, Generalsekretär CVJM-Westbund e.V.
Dr. Michael Diener, Präses Evangelischer Gnadauer Gemeinschaftsverband e. V.
Karsten Hüttmann, 1. Vorsitzender Christival e. V.
Hansjörg Kopp, Generalsekretär CVJM Deutschland e. V.
Cornelius Kuttler, Leiter des Evangelischen Jugendwerks in Württemberg
Wieland Müller, 1. Vorsitzender Chrischona Gemeinschaftswerk Deutschland
Dr. Christoph Rösel, Generalsekretär Deutsche Bibelgesellschaft

Redaktion: Klaus Jürgen Diehl (NT-Texte), Uwe Bertelmann (AT-Texte)

Erstellung des Bibelleseplans: Ökumenische Arbeitsgemeinschaft für Bibellesen, Ev. Werk für Diakonie und Entwicklung, Caroline-Michaelis-Str. 1, 10115 Berlin

Umschlagfoto: shutterstock
Umschlaggestaltung: Jonathan Maul
Satz: DTP Brunnen
Druck: GGP Media GmbH, Pößneck
ISBN Buch 978-3-7655-0641-3
ISBN E-Book 978-3-7655-7576-1
www.brunnen-verlag.de

Inhalt

Vorwort (Uwe Bertelmann) 5

Bibl. Einführungen (Friedhardt Gutsche)

Das Lukasevangelium 8

Der Kolosserbrief 106

Das Buch Daniel 121

Die Sprüche Salomos (Teil III: Kap. 25–31) 138

Die Apostelgeschichte des Lukas 149

Das zweite Buch der Könige 231

Die Bücher Esra und Nehemia 254

Der Brief an die Hebräer 277

Der erste und zweite Thessalonicherbrief 339

Der Prophet Sacharja 355

Der Prophet Maleachi 377

Mitarbeiterinnen und Mitarbeiter 2021 390

Bibelstellen-Verzeichnis 2013–2021 393

Vorwort

Liebe Leserinnen und Leser von *Bibel für heute*,

wenn man die Botschaft der Bibel in einem Satz zusammenfassen wollte, wie wäre es mit „Die große Geschichte des barmherzigen Gottes mit einer unbarmherzigen Menschheit“? Schon in den ersten Zeilen der Bibel kümmert sich Gott um Adam, Eva, Kain und Abel, nachdem diese ersten Menschen ihm das Vertrauen gekündigt hatten. Und er kümmert sich sogar noch um die Menschen im himmlischen Jerusalem, indem er einen Baum des Lebens wachsen lässt, der den Völkern Heilung bringt (Offb 22,2).
„*Seid barmherzig, wie auch euer Vater barmherzig ist*“ (Lk 6,36), so die diesjährige Jahreslosung. Barmherzigkeit – das ist Markenkern des christlichen Glaubens. Diakonie, soziales Engagement – schon im Mittelalter galt es, die sieben Werke der leiblichen Barmherzigkeit zu tun: Hungrige speisen, Fremde beherbergen, Kranke pflegen usw. Aber Jesus meint noch etwas viel Radikaleres. Unmittelbar vor diesem Satz steht der Abschnitt zur Feindesliebe: „… Wenn ihr euren Wohltätern wohltut, welchen Dank habt ihr davon? Das tun die Sünder auch“ (Lk 6,33). Es geht Jesus um die liebevolle Fürsorge für die, die uns ablehnen, bekämpfen und übel mitspielen. Vorbild: kein geringerer als Gott der Vater selbst.
Wenn Sie dieses Jahr „Bibel für heute“ lesen, wird es um diesen Gott gehen, der in 2Kön mit unglaublicher Geduld um das Herz des Volkes Israel und um dessen Könige wirbt. Der sich in Esra/Neh um die aus Babel Heimgekehrten kümmert und ihnen zu einem geistlichen Neuanfang verhilft. Und Lukas, der Arzt, wird in seinem Evangelium und der Apostelgeschichte besonders hervorheben, dass Gott ein Gott der Armen und Kranken ist.
Wir laden Sie herzlich ein, mit „Bibel für heute 2021“ in diesem Jahr dem barmherzigen Gott auf die Spur zu kommen.

Klaus Jürgen Diehl (Redaktion der Auslegungen des NT)
Uwe Bertelmann (Redaktion der Auslegungen des AT)

● Davids Augen sind **auf den Nachthimmel und die Schöpfung gerichtet.** Hinter allem, was er erfassen kann, sieht er den Fingerabdruck seines Schöpfers. Sein staunendes Bekenntnis zu ihm wird zur Anbetung. Dieser Gott ist ihm nicht unbekannt. In seinem weltumspannenden Namen hat er sich offenbart (2Mose 3,13ff). **Gottesfurcht und Gottesfreude** sind in diesem Psalm ineinander verwoben.

● Der hymnische Lobpreis der Majestät und Herrlichkeit Gottes rahmt den Psalm ein (V 2.10). Zwei Hauptgedanken folgen:

→ **Die Macht Gottes wirkt in ohnmächtigen Menschen** (V 3).

→ **Gottes Schöpfung und der Mensch** (V 4-9).

● Nicht alle Menschen sehen hinter der Schöpfung den Schöpfer. Dieser Gott hat viele Feinde. Ihrem mächtigen Widerstand antwortet Gott nicht mit Macht, sondern mit Ohnmacht. So offenbart er seine Macht in der Ohnmacht von unmündigen Kindern und Säuglingen (V 3; vgl. Mt 21,15f). **Harmloser Kindermund kann stolze Menschen beschämen.**

● Wie klein und unbedeutend ist der Mensch gegenüber der unfassbaren Größe des Weltalls (vgl. Jes 40,26). Nur im Blick auf den Schöpfer sieht sich der **Mensch** in seiner wahren **Bedeutungslosigkeit.** Andererseits hebt dieser große **Gott** in seiner Liebe den sündhaft niedrigen **Menschen fast auf Augenhöhe** mit sich selbst. Nur wenig fehlt bei seiner Erschaffung an Gottgleichheit. Er schenkt ihm **göttliche Herrschaftshoheit über die gesamte Schöpfung.** Diese Gabe Gottes wird für den Menschen zur Aufgabe. Würde und Lebenssinn kann der Mensch sich selbst nicht geben. Gerade wegen seiner Niedrigkeit empfängt er sie allein von seinem Schöpfer. So erfährt er seine **Beziehung zu Gott als unbegreifliche Gnade.**

✎ *Welche Gemeinsamkeiten und welche Unterschiede gibt es zwischen „Greenpeace“ oder z. B den „Naturfreunden“ und dem Psalm-Dichter David?*

Lukas erklärt zu Anfang, wie sein Evangelium entstanden ist. Er ist den Berichten über Jesus sorgfältig nachgegangen und hat dann alles gut geordnet, damit die Leser im Glauben gewiss und für ihr Leben und Zeugnis gestärkt werden (1,1-4). Bei seiner intensiven Nachforschung ist er auf vieles gestoßen, was in anderen Evangelien nicht erzählt wird. In diesem sogenannten **Sondergut** – etwa die Hälfte des ganzen Textes – erkennt man am klarsten das Christuszeugnis des Lukas.

1. Jesus – der Heiland aller. An Jesus wird die suchende und bergende Liebe Gottes, die keinen verloren gibt, besonders deutlich. „Euch ist heute der Heiland geboren" (2,10f). „Alles Fleisch wird das Heil Gottes sehen" (3,6). Jesus wendet sich **allen** Gruppen des Volkes zu. Nur hier besucht Jesus Pharisäer (7,36; 11,37; 14,1). Oft ist er mit damals Verrufenen und Diskriminierten zusammen.

2. Jesus – Gottes Besuch bei den Menschen. Jesus ist für Lukas der Gast, durch den Gott bei uns Menschen einkehrt und uns so Heil und Versöhnung bringt (19,9). „Gott hat besucht und erlöst sein Volk" (1,68.78; 7,16), um sie aus „Finsternis und Schatten des Todes ... auf den Weg des Friedens" zu führen (1,79f). Viele Texte zeigen, wie er an Verlorenen, Dirnen, Zöllnern, Frauen, Kindern, Hirten, Armen, dem Schächer am Kreuz wertschätzend handelt. An ihm wird ein leidenschaftlicher Gott sichtbar, der Verlorene sucht, Kranke heilt, Schwache stärkt (5,31f; 19,10).

3. Jesus – und die Würde der Frauen. Besondere Beachtung finden bei Lukas die Frauen. Jesus redet nicht über Gleichberechtigung oder gegen Diskriminierung von Frauen, – er handelt. Er nimmt sie in den Jüngerkreis auf (8,1-3), unterrichtet gegen alle Tradition Maria, Marthas Schwester, stellt sie den Jüngern gleich (10,38ff). Mehrfach werden ähnliche Geschichten von einem Mann und einer Frau erzählt, z. B. der Lobgesang der Maria und des Zacharias (1,46ff + 68ff), Simeon und Hanna (2,25-38), der bittende Freund (11,5-8) und die bittende Witwe (18,1-8), der Hirte mit dem verlorenen Schaf und die Frau mit dem verlorenen Groschen (15,3-10),

Heilung am Sabbat: die gekrümmte Frau (13,10ff) und der wassersüchtige Mann (14,1-6).
4. Jesus – Hoffnung der Armen und Krise der Reichen. „Er stößt die Gewaltigen vom Thron und erhebt die Niedrigen. Die Hungrigen füllt er mit Gütern und lässt die Reichen leer ausgehen“ – so Maria im „Magnifikat“ (1,52f). „Er hat mich gesalbt ... zu verkündigen das Evangelium den Armen“ – sagt Jesus in Nazareth (4,18). „Selig seid ihr Armen; denn das Reich Gottes ist euer ... Weh euch Reichen; denn ihr habt euren Trost schon gehabt“ (6,20-24). Nur Lukas erzählt die Gleichnisse vom reichen Kornbauern (12,16-21), vom armen Lazarus und reichen Mann (16,19-31). Nur er schildert, wie der reiche Zachäus durchs „Nadelöhr“ (18,25) kommt (vgl. 19,8), während ein anderer Reicher scheitert, weil er seinen Besitz nicht an Arme geben will (18,23).
5. Jesus – das Heil „heute“. Sechsmal heißt es an entscheidenden Stellen der Jesus-Geschichte „heute“: (1) Geburt Jesu: „Euch ist heute der Heiland geboren“ (2,11); (2) Antrittspredigt in Nazareth: „Heute ist dieses Wort der Schrift erfüllt vor euren Ohren“ (4,21); (3) nach einer Heilung: „Wir haben heute seltsame Dinge gesehen“ (5,26); (4) Besuch bei Zachäus: „Ich muss heute in deinem Haus einkehren“ (19,5) – und (5) „Heute ist diesem Hause Heil widerfahren“ (19,9); (6) am Kreuz: „Heute wirst du mit mir im Paradies sein“ (23,43). Das „heute“ von damals wird heute in der Predigt neu aktuell.
6. Jesus – die Feindesliebe in Person. Nach Lukas hat Jesus seinen Todeskampf in Gethsemane ausgetragen (22,44). Hier ringt er sich durch zu einem vollen Ja, stellvertretend für uns zu sterben. So ist er frei, am Kreuz für seine Feinde zu beten (23,34), und offen für die Bitte des Schächers (23,42). Jesus lebt Feindesliebe (6,27), er stirbt für seine Feinde und fleht für sie bei Gott um Gnade.

Wer das Lukasevangelium bis hierher gelesen hat, dem ist die Frage der Leute bei der Geburt von **Johannes** vielleicht noch im Ohr: **„Was wird aus diesem Kindlein werden?** Denn die Hand des Herrn war mit ihm" (Lk 1,66). Erwartung liegt in der Luft, als Johannes nun ca. 30 Jahre später an die Öffentlichkeit tritt.

● Lukas ist ein gebildeter Wissenschaftler – als Arzt hatte er eine Art Grundstudium durchlaufen, das auch die Grundlagen historischer Wissenschaft beinhaltete. So beginnt er seinen Bericht mit einer **Datierung,** wie sie in der Antike üblich war: Das Regierungsjahr des aktuellen Herrschers wird genannt. Nach heutigem Stand der Wissenschaft ist damit das Jahr 27/28 n. Chr. gemeint. Mit seiner Aufzählung von Kaiser Tiberius, den Regionalherrschern und dem amtierenden Hohepriester geht Lukas dabei äußerst genau vor. **Seine Leser sollen nachvollziehen können, wann und wo das Ganze stattgefunden hat,** um seinem Anliegen gerecht zu werden: „auf dass du den sicheren Grund der Lehre erfährst" (Lk 1,4).

● Johannes' Wirken besteht konkret in der **Bußpredigt, die mit dem Zeichen der Wassertaufe verbunden ist.** Schon hier wird deutlich, dass das Reich Gottes zentral mit der „Vergebung der Sünden" (V 3) zu tun hat.

● Johannes wird als **der Wegbereiter des Herrn** beschrieben (V 4). Dafür sind gravierende Vorbereitungen nötig: Dass Berge und Täler eingeebnet werden sollen (V 5), ist ein Bild für das innere Aufräumen (Buße), das Johannes predigt. Der „Tag des Herrn" wird auch mit Gericht verbunden sein; deshalb erhalten die Menschen vorher die Chance zur Umkehr.

✎ *Lesen Sie nach, was über den „Boten" im AT angekündigt war: Neben Jes 40,3-5 spielt auch Mal 3,1.23-24 eine wichtige Rolle. Besonders die Hoffnung auf die Rückkehr Elias war zu Jesu Zeiten allgegenwärtig, vgl. z. B. Mt 17,10-13.*

● Der Psalm beginnt mit der Aufforderung, **Gott zu loben.** Nicht nur im Tempel während der Gottesdienste, sondern **in der ganzen Welt** soll das Lob Gottes hörbar sein (V 1).

● Höchstwahrscheinlich wurde der Psalm im Festzug zum Dankopfer als **Wechselgesang beim Einzug in den Tempel** gesungen.

● Die feiernde Menge wird ermahnt, nicht müde und widerwillig, sondern **mit Freuden Gott** durch ihre Opfer zu **dienen.** Voller Jubel sollen ihre Gebete ihnen aus dem Herzen und über ihre Lippen gehen. **Gott ist da!** Er hört, sieht und versteht sie (V 2).

● Alle sollen Gott als den einzig wahren Gott erkennen.

● Das Wort **„erkennen"** bezeichnet neben dem intellektuellen Verstehen eine enge Lebens- und Liebesgemeinschaft (1Mose 4,1). Gottes Bund mit dem Volk ist damit einzigartig!

● Gegenüber anderen Göttern ist dieser **Gott konkurrenzlos.** Das Volk hat Leben, Glauben und Hoffen nur von ihm.

● Menschlicher **Stolz und Eigenliebe** vergehen in seiner Gegenwart. Alles, was der Mensch ist und hat, kommt allein von Gott. Er allein ist der **Gute Hirte** (V 3).

● Durch die Tore zum Tempel sollen die Gläubigen nicht in stummer Beugung einziehen, auch nicht in lockerer Geschwätzigkeit, sondern mit Lobgesängen, die weit ins Land hinein erschallen.

● Wie die Tore zu den Tempelplätzen sich öffnen, so öffnet Gott die Tore seines Herzens für sein Volk. Deshalb soll das Volk diesen Gott fröhlich im Tempel („seinen Vorhöfen") feiern und aus dankbarem Herzen überschwänglich ihn allein loben (V 4).

● **Die Güte des HERRN ist ewig** (V 5). Er ist **verlässlich** und hält seine Versprechen **der Gnade und Treue** (vgl. 2Mose 34,6f; Jes 54,10). Das ist Grund genug zum Lob Gottes und zu ausgelassener Freude.

✎ *Welche Formen der Anbetung praktizieren Sie? Wo finden Sie sich wieder zwischen heiliger Ehrfurcht und fröhlicher Feier?*

● Johannes fasst seine Hörer hart an: „Ihr Otterngezücht!“ (V 7). Die Axt am Baum (V 9) ist **ein drastisches Bild, das aufrütteln soll.** Es ist wichtig, sich Gott gegenüber nicht in falscher Sicherheit zu wiegen:

→ „Wer hat euch gewiss gemacht, dass ihr dem künftigen Zorn entrinnen werdet?“ (V 7).

→ „Sagt euch nicht: Wir haben Abraham zum Vater!“ (V 8).

● Im Judentum hatte sich ein religiöses System entwickelt, in dem Sünde und Unrecht oft unter dem Deckmantel äußerer Frömmigkeit munter gediehen. Johannes macht klar: **Es geht um die Herzenseinstellung** und nicht um eine weitere rituelle Waschung, mit der man sich Gottes Segen versichert. Für uns heißt das: Unsere Gewissheit vor Gott ruht auf Jesus und seinem stellvertretenden Tod am Kreuz, nicht auf einer selbst gezimmerten Frömmigkeit und einer verharmlosenden Rede vom „lieben Gott“, die keinen Zorn und kein Gericht Gottes mehr kennt.

● Johannes predigt Gottes Willen: **„Gute Frucht“** (V 9) **sind konkrete Verhaltensweisen der Liebe und Güte.** Die Armut im Land (V 11) war auch eine religiöse Herausforderung, die die Eliten jedoch kaltließ. Johannes stimmt darin ganz mit Jesus und seiner Verkündigung überein.

● Johannes predigt keinen Sozialismus: **Zöllner** werden nicht pauschal verurteilt, sondern sollen sich im Rahmen ihres Berufes anständig verhalten und ihre Macht nicht dazu verwenden, den Menschen mehr Geld abzupressen (V 13), was damals häufig geschah.

● Auch für die **Soldaten** gilt: Ihr Beruf ist nicht per se verwerflich. Aber sie sollen ihre Macht nicht missbrauchen, um unrechtmäßig Gewalt anzuwenden oder Besitz an sich zu bringen.

✎ *Sprechen Sie mit Gott über Ihren Tag und die vor Ihnen liegende Woche. Worauf lenkt er Ihr Augenmerk? Welche „gute Frucht“ möchte er in Ihrem Leben wirken?*

● Die meisten sind **von Johannes begeistert.** Endlich jemand, der mit Integrität und Autorität von Gott spricht! **Ob er der Messias ist?** (V 15). Die Frage zeigt, dass die Erwartung in der Luft liegt, dass Gott nun endlich den versprochenen Retter sendet. „Christus" ist hier (noch) kein Beiname für Jesus, sondern einfach die griechische Übersetzung für den „Messias" (d. h. „Gesalbten").

● Johannes sonnt sich nicht in der Ehre, sondern beeilt sich, **den unendlichen Abstand zwischen sich und Gottes Gesalbtem** klarzustellen: „Ich bin nicht wert, dass ich ihm die Riemen seiner Schuhe löse" (V 16b):

→ Johannes tauft (nur) mit Wasser; der Messias „wird euch mit dem Heiligen Geist und mit Feuer taufen" (V 16c).

→ **Die Taufe „mit dem Heiligen Geist"** meint die Bekehrung, in der ein Mensch sich Gott anvertraut und der Heilige Geist ihn erfüllt (Röm 5,5; Joh 14,16f; 1Kor 6,19).

→ **Die Taufe „mit Feuer"** ist schwieriger zu verstehen. Im unmittelbaren Zusammenhang steht das Feuer für Gericht: Nachdem die Spreu vom Weizen getrennt ist, wird sie mit Feuer verbrannt (V 17; vgl. V 9). Andererseits taucht das Feuer an Pfingsten, der ersten großen „Taufe mit Heiligem Geist und Feuer", in Form von Feuerzungen auf, die nicht zerstören, sondern neue Sprachen auf die Zungen legen und im wahrsten Sinne des Wortes die Empfänger des Heiligen Geistes „inspirieren".

✎ *Woran machen Sie fest, dass Sie vom Heiligen Geist erfüllt sind?*

● Als unbequemer Mahner benennt Johannes auch schonungslos die skandalösen Familienverhältnisse im Hause Herodes. Da er damit die Herrscherwürde der Dynastie infrage stellt, greift Herodes Antipas wie sein Vater Herodes der Große (Mt 2,16-18) zur Gewalt und lässt Johannes einsperren und später töten (Mt 14,3-11). So wird Johannes auch im Leiden zum Vorläufer Jesu.

● Auch Jesus kommt zu Johannes an den Jordan und lässt sich von ihm taufen. In Mt 3,14-15 und Joh 1,29-31 wird genauer berichtet, wie sich die beiden begegnen. **Beide unterstellen sich jeweils dem anderen:** Jesus nimmt die Taufe von Johannes an und bestätigt ihn damit als Vorboten des Herrn, und Johannes unterstellt sich Jesus als seinem Herrn.

● **Auch der Himmel bestätigt Jesus:** Er „tut sich auf" und eine Stimme erschallt – damit sind die zwei Zeugen komplett, die für jüdisches Denken so wichtig sind. Die Stimme ist die des Vaters, der seinem Sohn zuspricht: „Du bist mein lieber Sohn ..." **Damit ist Jesus als Gottes Sohn bestätigt** – etwas, das nicht im Horizont der jüdischen Erwartungen an den Messias lag. **Gott kommt in Jesus selbst auf die Erde!**

● Nach dem Bericht der Taufe fügt Lukas wieder etwas für die Historiker an. Auch die Geburt Jesu steht nicht im luftleeren Raum, sondern ist klar zu verorten. Sein **Stammbaum** unterstreicht dieses und birgt außerdem ein paar interessante Details:

→ „... wurde gehalten für einen Sohn Josefs" (V 23). Gegenüber der Auffassung, Jesus sei der leibliche Sohn des Josef, wird damit die Jungfrauengeburt ernst genommen und unterstrichen.

→ Jesu rechtlicher Vater Josef stammt direkt von König David ab – wie es für den Messias erforderlich war, der als „Sohn Davids" aus dem „Hause Davids" kommen und es zu einem ewigen Hause machen sollte (vgl. 2Sam 7,11-13 u. a.).

→ Anders als bei Mt 1,1-17 geht dieser Stammbaum bis auf Adam zurück (V 38). **Jesus steht nicht nur für das jüdische Volk, sondern für die ganze Welt.**

→ „... Der war Gottes" (V 38). Die Menschheit kommt von Gott. Ihr Retter Jesus wird sie zu ihrem Ursprung zurückführen.

✎ *Welcher der Hoheitstitel Jesu: Sohn Gottes, Messias, Heiland, Retter bzw. Menschensohn, bedeutet Ihnen am meisten?*

Was wird wohl passieren, nachdem Jesus nun in die Öffentlichkeit tritt? Als Erstes zieht er sich in die Wüste zurück. Was dort im Verborgenen geschieht, ist von größter Bedeutung: **Jesus tritt dem Widersacher der Menschheit entgegen, wird von ihm „versucht" und besteht die Prüfungen mit Bravour.**

● Jesus ist vom Heiligen Geist erfüllt, der ihn nun persönlich „umherführt" (V 1). Die Wüste ist der Ort der Abgeschiedenheit und Kargheit. Hierhin war schon Johannes gegangen (Lk 1,80). Das Volk Israel hatte 40 Jahre in der Wüste zugebracht, nachdem sich der Auszug aus Ägypten wegen ihres Ungehorsams hinzog. Bevor sie am Ende das Gelobte Land betreten, hält Mose Rückschau auf ihren Weg und was Gott sie dadurch lehren wollte (5Mose 4ff). Auf diese Worte greift Jesus nun zurück. **Man könnte sagen, dass er ihren Weg noch einmal nachgeht und die Prüfungen besteht, bei denen das Volk Israel damals versagt hat:**

→ „Der Mensch lebt nicht vom Brot allein" (vgl. V 4 mit 5Mose 8,3). Schon in der Wüste wollte Gott mit dem Manna zeigen, dass er ihr Versorger ist und sie sich nicht anders materiell absichern sollen. **Nun hungert Jesus 40 Tage und widersteht der Versuchung, seine Macht für eigene Zwecke einzusetzen.**

→ „Du sollst den Herrn, deinen Gott, anbeten und ihm allein dienen" (vgl. V 8 mit 5Mose 6,13). Israel stand ständig in der Gefahr, sich durch die Anbetung anderer Götter zusätzlich „abzusichern". Mit dem Angebot der vollen „Macht und Herrlichkeit" treibt der Teufel es auf die Spitze. Aber Jesus lässt sich nicht darauf ein: **Der Sohn Gottes betet niemanden an, erst recht nicht den Teufel persönlich, um etwas zu bekommen.**

→ „Du sollst den Herrn, deinen Gott, nicht versuchen" (vgl. V 12 mit 5Mose 6,16). **Der Teufel zitiert sogar selbst die Schrift. Allerdings reißt er sie aus dem Zusammenhang und will Jesus dazu verführen, Gott herauszufordern.** Doch auch diesmal bleibt er erfolglos.

Nach dieser Prüfung geht es so richtig los: Jesus kehrt in seine Heimat Galiläa zurück und beginnt zu predigen. Die Menschen sind begeistert! (V 14f).

● Jesus „kam in der Kraft des Geistes wieder". **Bestandene geistliche Prüfungen bewirken oft eine besondere geistliche Kraftzufuhr.** Durchhalten lohnt sich!

● Nur in seiner Heimatstadt Nazareth läuft es anders: Auch hier geht er am Sabbat in die Synagoge und wird gebeten, einen Abschnitt aus der Schrift vorzulesen und zu erklären. **Da wagt er es, die messianische Verheißung aus Jesaja 61,1f auf sich zu beziehen:** „Heute ist dieses Wort der Schrift erfüllt vor euren Ohren" (V 21).

→ **Der „Gesalbte" (Messias)** wird als jemand beschrieben, der zu den Armen und Ausgestoßenen geht, „zu predigen den Gefangenen, dass sie frei sein sollen, und den Blinden, dass sie sehen sollen, und die Zerschlagenen zu entlassen in die Freiheit" (V 18; vgl. auch Jes 42,7). An diesen wunderbaren Taten würde sich der Messias messen lassen müssen, sodass später auch dem Johannes im Gefängnis mit ähnlichen Worten versichert wird, dass er auf den Richtigen gesetzt hat (Lk 7,22).

→ Das ist das **„Gnadenjahr des Herrn"** (V 19). Damit ist das „Jobeljahr" gemeint; das 50. Jahr, in dem nach 3Mose 25,10-28 alle Verhältnisse auf „Reset" gesetzt wurden und verarmte Einwohner ihr Land zurückbekommen. Seit dem Einzug ins Land waren jedem Stamm und jeder Sippe in Israel bestimmte Ländereien zugewiesen, die dauerhaft in ihrem Besitz sein sollten, um jeder Familie eine Existenzgrundlage zu sichern (vgl. z. B. 4Mose 36,1-9). **Das Kommen des Messias wird hier also zentral mit der Wiederherstellung sozialer Gerechtigkeit verbunden.**

✎ *In seiner Predigt lässt Jesus den Schluss des Jesaja-Zitats weg: „... und einen Tag der Rache unseres Gottes" (V 19). Warum wohl?*

In Nazareth kommt es zum **Eklat.** Jedem ist klar, welchen Anspruch Jesus hier stellt, wenn er die Verheißung aus Jes 61,1f so auslegt: „Heute ist dieses Wort der Schrift erfüllt“ (V 21).

● Man ist hier durchaus darüber informiert, was Jesus in Kapernaum schon für „große Dinge“ getan hat (V 23, vgl. seine dortigen Wundertaten ab V 31ff). Aber **das Misstrauen ist groß.** Als solche, die ihn von Kindheit an kennen, reiben sie sich daran, dass er etwas so Besonderes sein soll: „Ist das nicht Josefs Sohn?“ (V 22).

● Jesus reagiert sofort und kommt ihnen zuvor: „Ihr werdet sagen: ... Tu so auch hier in deiner Vaterstadt!“ (V 23). Wegen ihres Misstrauens weigert er sich, auch hier Wunder zu vollbringen. **Er lässt sich nicht zwingen und muss sich auch nicht beweisen.** Stattdessen erinnert er an Elia und Elisa, die auch nicht jedem Wunsch nachkamen, sondern nur bestimmten Menschen halfen (V 25-27, nachzulesen in 1Kön 17 und 2Kön 5). Und der Gipfel: Die beiden genannten Personen, denen die beiden Propheten halfen, waren auch noch Nichtisraeliten, wie Jesus ausdrücklich erwähnt!

✎ *Jesus agiert hier erstaunlich konfrontativ und spitzt von sich aus das Verhältnis zu den Bewohnern Nazareths zu. Warum tut er das und wann könnte dies sinnvoll sein?*

● Die Reaktion auf diese Ablehnung folgt auf dem Fuße: **Die Gottesdienstbesucher werden zornig und wollen Jesus lynchen.** Aber er bleibt souverän und kann sich ihrer Tötungsabsicht entziehen (V 28-30).

✎ *Ist Ihnen die Neigung vertraut, Jesus zu etwas nötigen zu wollen, oder sind Sie auf der anderen Seite vielleicht eher zu passiv und bitten ihn erst gar nicht? Wie reagieren Sie, wenn Bitten unerfüllt bleiben?*

● Dieser **Königspsalm** ist König Salomo gewidmet, dem Sohn und Nachfolger von König David. Gerade ein König braucht die **Fürbitte** seines Volkes und den Segen Gottes (V 15).

● Im **Orient** erließ jeder König seine eigenen Gesetze. An diese waren alle im Volk gebunden.

● In **Israel** dagegen galten **allein die Gesetze Gottes.** Der König hatte lediglich dafür zu sorgen, dass Gottes Gebote in seinem Reich durchgesetzt und eingehalten werden. Auch der König musste sich den Gesetzen Gottes unterwerfen. So hatte er in völliger **Abhängigkeit von Gott** für Recht und Gerechtigkeit im Volk zu sorgen. Die Maßstäbe für Gerechtigkeit empfing er allein aus Gottes Hand (V 1).

● **Der Psalm nennt folgende Kennzeichen der Gerechtigkeit Gottes:**

→ Das Fundament ist das **Recht der Elenden** und die **Hilfe für die Armen,** die unter den gewalttätigen Rechtsbrechern zu leiden haben (V 4.12-14).

→ **Ehrfurcht gegenüber Gott und dem König** im Volk (V 15).

→ Die Tradition von Ehrfurcht vor dem König und seiner Gerechtigkeit benötigt **Dauer und Verlässlichkeit** von Geschlecht zu Geschlecht (V 5).

→ Die **Qualifikation** des Königs zur Durchsetzung von Gerechtigkeit liegt in seiner **Demut,** die ihn befähigt, Schwachen und Armen zu helfen (V 12-14).

→ Die **Frucht der Gerechtigkeit** ist das **Aufblühen des Friedens** unter den Menschen (V 6-7).

→ Selbst die **Schöpfung atmet auf** unter Gerechtigkeit und Frieden. Das Getreide und die Früchte auf den Feldern gedeihen und in den Städten wird das Gras wieder grün.

→ Die Perspektive der Gerechtigkeit Gottes ist **Weltherrschaft,** die erst durch den **Messias** aus dem Stamm Davids ganz verwirklicht werden wird (V 8-11.17).

✎ *Wann, wie oft und wie beten Sie für die Politiker (V 15; vgl. Röm 13,1-7)? Wie ist Ihre Haltung zu ihnen?*

Nun erzählt Lukas, was in Kapernaum alles geschehen ist (vgl. V 23). **Jesus zieht zu Beginn seiner Wirksamkeit nach Kapernaum** (vgl. Mt 4,13), wo auch seine ersten Jünger leben (V 38), auch wenn er als Wanderrabbi unterwegs sein wird und „der Menschensohn nichts hat, wo er sein Haupt hinlege" (Lk 9,58).

● Auch hier findet seine Lehre im Synagogengottesdienst ein gewaltiges Echo (V 32). Seine Wahrheit und Vollmacht fordern die bösen Geister heraus. **Interessanterweise ist es ausgerechnet ein Dämon, der ein klares Zeugnis über Jesus abgibt:** „Ich weiß, wer du bist: der Heilige Gottes!" (V 34; ähnlich V 41 und Lk 8,28), während die normalen Zuhörer seine Messianität anzweifeln (V 23). Gefallene Engel kennen die Wahrheit, aber sie stehen unter der Macht Satans und säen Lüge. Die Wendung „Ich weiß, wer du bist" ist übrigens auch aus antiken Zaubersprüchen bekannt – vielleicht ein plumper Versuch des Dämons, Jesus einzuschüchtern?

● Die Art, wie Jesus dem Geist entgegentritt, ist für alle Beteiligten völlig neu: Statt sich in Bittgebeten und Beschwörungsritualen zu ergehen, **gebietet Jesus in eigener Autorität, und mit einem kurzen, klaren Befehl wird der Dämon ausgetrieben** (V 35).

● Der Exorzismus löst bei den Zuschauern **staunende Verwunderung** aus: „Was ist das für ein Wort?" (V 36) meint zugleich: „Wer ist dieser Mensch, dass sein Wort eine solche Vollmacht bzw. Wirkung hat?" Eigentlich steht eine solche Autorität einem sterblichen Menschen nicht zu, sondern ist allein Gottes Souveränität vorbehalten.

✎ *Dass Menschen von Dämonen als einer fremden Macht beherrscht werden, wird heute oft so erklärt, dass sie unter einer bestimmten psychischen Erkrankung – etwa Hysterie oder Wahnvorstellungen – leiden. Es braucht daher keinen Exorzismus, sondern einen Psychiater. Wie sehen Sie das?*

Eine zweite persönliche Episode aus Kapernaum wird gleich zu Anfang der Wirkungszeit Jesu berichtet: **Jesus heilt die Schwiegermutter von Petrus,** deren Überleben mit hohem Fieber akut gefährdet war.

● Jesus ist für Simon (Petrus) bereits kein Unbekannter mehr. Nach Joh 1,35-42 lernt er ihn schon am Tag nach der Taufe Jesu durch Johannes kennen. Petrus ist bereits ein etablierter Mann mit eigener Familie und eigenem Fischereigeschäft, als er auf Jesus trifft. Man nimmt an, dass die meisten der Zwölf jünger waren und ihm daher die Führungsrolle zufiel.

● V 40: Die Menschen warten bis zum Sonnenuntergang bis sie ihre Kranken bringen, weil dann der Sabbat beendet ist und man wieder Schweres tragen darf. **Alle werden gesund** – Jesus „gelingt" die Heilung immer und so durchschlagend, dass die Schwiegermutter des Petrus – kaum ist sie geheilt – sogleich ihre Gäste bewirtet (V 39). Trotzdem heilt Jesus nicht immer und jeden, wie er zuvor in Nazareth klargestellt hat (V 25-27).

● V 41: Lukas drückt sich präzise aus: *Viele* von ihnen werden gleichzeitig von einem Dämon frei. Als Arzt war ihm sehr bewusst, dass man **Krankheit nicht einfach mit dem Wirken böser Mächte in eins setzen darf** (wie man etwa im Mittelalter oft glaubte), sie aber durchaus mit okkulter Belastung einhergehen kann.

● **Wieder sind es die Dämonen, die am klarsten erkennen, wer Jesus wirklich ist:** Der „Christus" (= „Messias") und der „Sohn Gottes"! (V 41). Auf diesen Anspruch hin wird Jesus später der Prozess gemacht (Joh 19,7: „Nach dem Gesetz muss er sterben, denn er hat sich selbst zu Gottes Sohn gemacht.").

● V 42: Jesus weiß, wann er sich entziehen muss, weil er in der Stille die Verbindung mit seinem himmlischen Vater sucht.

✎ *Wo und wie haben Sie in Ihrem Leben Heilung (körperlich oder seelisch) durch Jesus erlebt?*

Lukas erzählt auf besondere Weise **die Berufung von Petrus** (vgl. die „Kurzform“ in Mt 4,18-22 und Mk 1,16-20).

● Kapernaum liegt am See Genezareth; dort haben die Fischer ihre Boote. Jesus lässt sich von Simon (Petrus) ein Stück auf das Wasser hinausfahren, weil die Wasseroberfläche die Akustik verstärkt (vgl. etwa die Seebühne in Bregenz). So begegnet er nun auch Petrus zum ersten Mal unter vier Augen.

● V 4-5: Die Anweisung von Jesus, am helllichten Tage noch einmal hinauszufahren, klingt nicht gerade fachgemäß, weil üblicherweise des Nachts gefischt wurde Aber **das Vertrauen in die Macht Jesu ist offensichtlich so groß,** dass Petrus sich als Experte etwas vom Laien sagen lässt und trotz Müdigkeit nach erfolgloser Nacht noch einmal mit dem Boot hinausfährt.

● V 6f: Sein Vertrauen wird reich belohnt: Petrus macht den Fang seines Lebens!

● V 8f: Nun bekommt **Petrus** es mit der Angst zu tun. Obwohl er schon einige Wunder von Jesus erlebt hat (vgl. Kap. 4), ist er **zutiefst erschüttert.** Dass ein Mensch nicht nur andere Menschen heilt, sondern auch die Naturgewalten lenken kann, zeigt ihm: **Hier ist Gott selbst am Werk!** Die Begegnung mit dem „Heiligen Gottes“ (Lk 4,34) konfrontiert ihn umgehend mit sich selbst. **Im Licht des Heiligen kann das Unheilige nicht bestehen:** „Geh weg von mir. Ich bin ein sündiger Mensch!“

● V 10: Jesus demütigt Petrus nicht, sondern adelt ihn sogleich mit einem neuen Auftrag. **Wer sich selbst auch mit all seinen Fehlern erkennt und mit leeren Händen vor Gott kommt, der bringt alles Nötige mit, damit Gott ihn gebrauchen kann.** Jesus hat einen neuen Auftrag für ihn, doch er knüpft auch an dem an, was Petrus mitbringt, und verwandelt es: „Von nun an wirst du Menschen fangen.“

Gott beruft nicht die Tüchtigen, aber er macht die Berufenen tüchtig!

Mit zwei Heilungsgeschichten, der **Heilung eines Aussätzigen** (5,12-16) und eines **Gelähmten** (5,17-26), setzt Lukas sein Evangelium fort.

● Ein **Aussätziger** (griechisch: „lepros“) war aussichtslos krank, ausgeschlossen von jeder menschlichen Gemeinschaft. Denn bei Aussatz (Lepra) handelt es sich um eine ansteckende Krankheit, die damals meist zum Tod führte. Aussätzige mussten nach 3Mose 13,45f außerhalb des Ortes leben (vgl. Lk 17,12), in Sicherheitsabstand zu den anderen Menschen. Solch ein Aussätziger **nähert sich gegen alle Verbote Jesus**, fällt vor ihm nieder und **bittet ihn um Heilung**: „Herr, willst du, so kannst du mich reinigen“ (V 12). Aus seiner Bitte spricht tiefes Vertrauen zu Jesus: „Du kannst es.“ Er bekennt damit, dass Jesus von Gott die Macht hat, zu heilen. Aber er stellt seiner Bitte voraus: „Wenn du willst.“ Er weiß: Ich habe keinen Anspruch darauf, geheilt zu werden. Aber dein Wille, Jesus, soll geschehen.

● Und **Jesus lässt sich bitten**. Er hat keine Berührungsängste, sondern Erbarmen mit dem Leprakranken. „Er streckte die Hand aus, rührte ihn an“ (V 13) und **macht den Kranken augenblicklich gesund**. Jesus ist stärker als die Krankheit!

✎ *Auf welche Art und Weise rührt Jesus uns heute an?*

Danach verbietet Jesus dem Geheilten, die erfahrene Heilung hinauszuposaunen. Denn er will nicht wegen seiner Wundertaten umjubelt und verehrt werden, sondern mit seiner Botschaft vom Reich Gottes Glauben finden. Der Geheilte soll schweigen, sich vom Priester die Heilung bestätigen lassen und das dafür vorgeschriebene Opfer bringen (vgl. 3Mose 14,2ff). Die Nachricht vom Wundertäter Jesus verbreitet sich jedoch schnell. Scharenweise strömen die Leute zu ihm, sodass er sich in die Einsamkeit zurückziehen muss, um zu beten. Denn sein Auftrag ist es ja, die Menschen zum Glauben an ihn zu rufen.

Heute begegnen wir Jesus, wie er die Leute in einem Haus in Kapernaum (Mk 2,1) den Willen Gottes lehrt (vgl. 4,15.31f). Aus ganz Israel sind Menschen zu ihm gekommen, auch Pharisäer und Gesetzeslehrer (V 17).

● Ein paar Männer wollen ihren gelähmten Freund auf einer Matte zu Jesus bringen. Da aber im überfüllten Haus kein Durchkommen ist, steigen sie aufs Dach und lassen den Gelähmten in einer spektakulären „Dachdurchbruchaktion" zu Jesus hinunter. Denn sie trauen es Jesus zu, dass er ihn heilen kann.

● **Ihr stellvertretender Glaube setzt Jesus in Bewegung.** Aber anders als von den Leuten erwartet, die auf ein Heilungswunder spekulieren, spricht Jesus dem Gelähmten zuerst die Sündenvergebung zu: „Mensch, deine Sünden sind dir vergeben" (V 20). Für Jesus hat die Vergebung der Sünden Priorität. **Mit Gott im Reinen zu sein ist letztlich viel wichtiger als körperliche Unversehrtheit.**

● Doch **den Schriftgelehrten geht Jesus entschieden zu weit.** Für sie ist der Zuspruch der Sündenvergebung durch Jesus Gotteslästerung (V 21). Denn Sünden vergeben steht allein Gott zu. **Wie kann Jesus sich anmaßen, an Gottes Stelle zu handeln?** Doch Jesus durchschaut die Schriftexperten. Er lässt sie aber auf seine Frage, was leichter ist: **Sündenvergebung** oder **Heilung**, gar nicht erst antworten. Denn **beides kann nur Gott schenken.** Dass Gott ihm die Vollmacht dazu gegeben hat, sollen sie daran erkennen, dass nun auch das Wunder geschieht: **Jesus schenkt dem Gelähmten die erhoffte Heilung und dazu das Heil.** Vor Freude strahlend steht er auf, nimmt seine Matte und geht heim, nicht ohne Gott aus vollem Herzen zu loben.

✎ *Welche Glaubenserfahrungen führen Sie zum Lob Gottes?*

Jesu machtvolle Tat sprengt alle menschlichen Vorstellungen. Kein Wunder, dass die Reaktion der Leute danach zwischen Furcht und Gotteslob schwankt.

Die Geschichte von der Berufung des Levi zeigt Jesus in einer weiteren Auseinandersetzung mit den gesetzestreuen Pharisäern und Schriftgelehrten.

● Jesus kommt an einer Zollstation vorbei. **Zöllner** waren **Zollpächter,** die mit den Römern zusammenarbeiteten und in deren Auftrag sie an einer Grenzstation Zölle einkassierten. Die vereinbarte Pacht mussten sie abführen, die zusätzlichen Einnahmen konnten sie als Verdienst in die eigene Tasche stecken. Bei der Bevölkerung waren sie wegen ihrer Geldgier und der Zusammenarbeit mit der verhassten Besatzungsmacht verachtet (vgl. Mt 11,19; 18,17) und standen mit Prostituierten auf einer Stufe (Mt 21,32).

● Levi wird in Mt 9,9 Matthäus (hebr. „Mattaj", d. h. „Gottes Gabe") genannt und ist einer der zwölf Jünger Jesu (vgl. Mt 10,3). Unvermittelt spricht Jesus ihn an: „Folge mir nach!" Levi steht spontan auf und folgt Jesus nach.

● Anschließend sind Jesus und seine Jünger Gäste im Haus des Levi. Die **Mahlgemeinschaft** ist **Ausdruck enger Gemeinschaft.** Man „liegt" beim Festmahl auf Polstern „zu Tisch". Jetzt strömen beim Abschiedsfest des Levi seine bisherigen Zöllnerkollegen und andere offensichtliche Sünder herein. Doch das erregt **Missfallen bei den frommen Pharisäern und Schriftgelehrten:** Wie kann man nur mit solchen Unreinen und Sündern Gemeinschaft haben (vgl. Lk 7,39)?

● Aber Jesus geht ganz anders mit Zöllnern und Sündern um. Er antwortet den Kritikern, dass dies **seine von Gott gegebene Mission ist: Sünder zu sich zu rufen, ihnen Gottes Vergebung und Erbarmen zu schenken und sie von der Krankheit der Sünde** (vgl. Jes 1,4f; Hes 34,4) **zu heilen.** Ob die frommen Pharisäer es wohl merken, dass auch sie als scheinbar Gerechte diese Vergebung nötig haben? Auch für sie ist Jesus da. Keinen schreibt er ab!

✎ *Wo sind die „Zöllner und Sünder" heute zu finden?*

● Fast nüchtern beginnt David scin Gebet mit der Beschreibung seiner **Rettung** aus der Grube des Verderbens. Gott hat seine beharrlichen Gebete erhört. Damit begann für ihn ein **neues Leben.** Endlich hatte er festen Boden unter den Füßen und einen sicheren Weg in die Zukunft (V 3). So quoll aus seinem Herzen ein **neues Loblied** für diesen unvergleichlichen Gott (V 4-6).

● Die Verse 7-9 lassen darauf schließen, dass David pflichtgemäß die **Opferriten** befolgt hatte. Nun aber hat er eine lebendige Beziehung zu Gott durch den **Gehorsam seines Herzens.** Dieser Gehorsam ist wie ein Aufbruch zu einem neuen Leben im Dienst für Gott (V 8f).

● Die persönliche Erfahrung der Hilfe Gottes kann nicht privat im eigenen Herzen verschlossen bleiben, sondern drängt als **persönliches Zeugnis** in die Gemeinde (V 10f). Das geschieht zur Ehre Gottes und zur Stärkung des Glaubens der Gemeindeglieder.

✎ *Kann eine private Glaubenserfahrung in einem öffentlichen Zeugnis der Gemeinde in ihren z. T. sehr persönlichen Einzelheiten mitgeteilt werden? Wo liegen die Grenzen?*

● Eine **enge Gemeinschaft mit Gott** ist die Basis, um in zukünftigen Nöten nicht zu verzweifeln (V 12).

● Im **Rückblick** stehen ihm viele Leiden und Nöte vor Augen. In seinem Herzen verzagt er beim **Blick auf seine Sünden.** Angesichts der großen Gnade Gottes sind sie ihm besonders bewusst und quälen ihn. Er ist hilflos. Eilig setzt er einen **Notruf** an Gott ab (V 13f). Er allein ist seine Rettung!

● Am Schluss (V 15-18) stellt er diejenigen, die **gottlos** sind und ihm nach dem Leben trachten, denen gegenüber, die sich **glücklich** schätzen, den lebendigen Gott zu kennen.

● Trotz seines inneren und äußeren Elends ist der Beter sich der **Fürsorge Gottes** gewiss. Nur deshalb wagt er, Gott zu bedrängen, ihn so **schnell** wie möglich aus seinen Nöten zu **retten** (V 18).

Jesu Jünger, und damit auch er selbst, stehen in der Kritik der Frommen (5,30). Während die Schüler der Pharisäer und die des Täufers Johannes intensiv die Gebets- und Fastenzeiten einhalten (vgl. 18,12), „essen und trinken" die Jünger Jesu. Warum fasten sie eigentlich nicht? **Fasten** wurde, zusammen mit dem Gebet, verstanden als ein **Zeichen der Buße** und der **ganzen Hingabe an Gott.**
● Aber Jesus stellt sich vor seine Jünger. Mit seinem Kommen in die Welt ist eine besondere Zeit angebrochen: die **Heilszeit.** Wo er ist, da ist Gott. Jesus unterstreicht das mit dem **Bild von der Hochzeit**, dem großen Freudenfest, das hier das endzeitliche Heil und das Kommen des Messias symbolisiert (vgl. Jes 61,10; Joh 3,29; Offb 19,7). Jesus ist „der Bräutigam", und seine Jünger sind die „Hochzeitsgäste". **Jetzt ist die Zeit des Feierns und der Freude.** Da fastet doch niemand!

✎ *Welche anderen Bibelstellen kennen Sie, wo Jesus das Bild der Hochzeit benützt?*

● Allerdings ist die **Zeit der Freude begrenzt.** Ganz nüchtern stellt Jesus fest: „Es wird aber die Zeit kommen, dass der Bräutigam von ihnen genommen ist" (V 35). Indirekt nimmt Jesus hier schon sein Leiden, Sterben und seine Auferstehung in den Blick. Nach seiner Erhöhung zum Vater muss seine Gemeinde ohne seine sichtbare Gegenwart leben. Dann wird für seine oft angefochtenen und mutlosen Nachfolger wieder intensiv Zeit zum Fasten und zum Beten sein.
● Die beiden **Bildworte** in V 36-39 nimmt Jesus aus dem Alltag seiner Zuhörer. Mit ihnen verdeutlicht er seinen Anspruch, dass **mit ihm eine neue Zeit angebrochen** ist. Mit Gott im Reinen zu sein ist kein Flickwerk, sondern wie das Geschenk eines neuen Kleides, wie neuer Wein in neuen Schläuchen. **Das Evangelium von Gottes Erbarmen braucht neue Formen.** Altes und Neues darf deshalb nicht vermischt werden.

✎ *Im Judentum hatte und hat der Sabbat eine sehr große Bedeutung. Lesen Sie dazu 2Mose 20,8-11; 5Mose 5,12-15; Jes 58,13f.*

Die **Sabbatheiligung** wird schon in den Zehn Geboten ausführlich begründet. Die Pharisäer hielten das Sabbatgebot peinlich genau ein, dem im Lauf der Zeit noch zahllose Einzelbestimmungen hinzugefügt worden waren.

● Jesus stand unter ständiger Beobachtung durch die Pharisäer. **Ein neuer Konflikt** entzündet sich daran, **wie Jesus sich in der Sabbatfrage verhält.** Beim Gang durch die Getreidefelder am Sabbat reißen seine Jünger Ähren ab und essen die Körner. Das war im AT grundsätzlich erlaubt (5Mose 23,26). Trotzdem protestieren die Pharisäer. In ihren Augen ist Ährenraufen *am Sabbat* eine Art von „Erntearbeit" und damit vom Gesetz verboten.

● Jesus antwortet seinen Kritikern, indem er biblisch argumentiert und auf David verweist. Auch David übertrat die geltende Ordnung, ohne dafür verklagt zu werden. Denn als er und seine Begleiter Hunger hatten, ging er ins Heiligtum von Nob. Dort ließ er sich die **Schaubrote** geben, die sonst nur die Priester essen durften und die an jedem Sabbat neu ins Heiligtum gelegt wurden (vgl. 1Sam 21,7; 3Mose 24,9). „Was David erlaubt war, ist erst recht dem Messias = Davidssohn erlaubt, und dieser ... ist er, Jesus, ja tatsächlich" (Gerhard Maier).

● In V 5 bezeichnet sich Jesus als **„Menschensohn"**, den endzeitlichen Herrscher, den Gott sendet und der die Welt richten wird. Jesus unterstreicht mit diesem messianischen Hoheitstitel seine Vollmacht, die ihm Gott gegeben hat (vgl. 5,24). Als Messias steht er über dem Gesetz und damit auch über dem Sabbatgebot. **Denn der Sabbat ist für den Menschen da – nicht umgekehrt.** Auch unser Sonntag soll ein Tag der Freiheit sein, Gott zu ehren und sein Wort zu hören – und ein Tag der Muße und Entspannung.

Die **Auseinandersetzung zwischen Jesus und den pharisäischen Schriftgelehrten um die Heiligung des Sabbats** setzt sich im heutigen Bibelabschnitt fort. Jesus steht dabei wieder unter genauer Beobachtung seiner Gegner. Nach seiner Gewohnheit geht er am Sabbat zum Gottesdienst in eine Synagoge; dort lehrt er die Anwesenden (vgl. 4,16.31).

✎ *Was bedeutet Ihnen der sonntägliche Gottesdienstbesuch? Wovon machen Sie ihn abhängig? Uhrzeit, Prediger, Musik ...? Und was erwarten Sie vom Gottesdienst?*

● In der Synagoge sieht er einen **Mann mit einer „verdorrten Hand“** (= verkrüppelt, steif). Gespannt beobachten die Pharisäer und Schriftgelehrten, ob Jesus diesen Behinderten wohl am Sabbat heilen wird, obwohl für ihn ja keine akute Lebensgefahr besteht. Dann hätten sie einen Grund, Jesus wegen Übertretung des Sabbatgebotes anzuklagen.

● Jesus kennt ihre Überlegungen. Trotzdem lässt er sich auf die Auseinandersetzung ein. Während er den Mann mit der verkrüppelten Hand in die Mitte stellt, fragt er seine Widersacher: „Ist's erlaubt, am Sabbat Gutes zu tun oder Böses zu tun, Leben zu retten oder Leben zu verderben?“ (V 9). **Für Jesus bedeutet das Gute,** gleich jetzt, **am Sabbat, die Hand des Mannes zu heilen.** Die **Rettung von Leben** am Sabbat war den Juden vom Gesetz her ausdrücklich erlaubt. „Gottes Geschenk in Gestalt des Sabbats soll Leben fördern und nicht Leben hindern“ (Gerhard Maier).

● Auf eine Antwort der Pharisäer wartet Jesus vergeblich. Dann heilt Jesus die verkrüppelte Hand, übrigens ohne den Mann nach seinem Glauben zu fragen. **In seiner Vollmacht legt Jesus das Sabbatgebot weitherziger aus als seine Gegner.** Die aber packt die Wut; und sie überlegen, was sie gegen Jesus unternehmen können. Matthäus und Markus berichten sogar von ihrem Plan, Jesus zu töten (Mt 12,14; Mk 3,6)!

● Das NT überliefert **vier Apostellisten** (Mt 10,1ff; Mk 3,13ff; Apg 1,13). Beim Vergleich fällt auf:
→ **Die Reihenfolge bei der Aufzählung der Jünger unterscheidet sich leicht.** Am Anfang stehen immer Petrus, Jakobus und Johannes. Sie gehören zum engeren Kreis.
→ Zuletzt wird Judas Iskariot genannt. Obwohl er Jesus verraten hat, ist sein Name nicht von der Liste gestrichen worden.
→ Anstelle von Judas, Sohn des Jakobus, wird bei Mt und Mk Thaddäus genannt. Möglicherweise ist es derselbe Jünger, da verschiedene Namen für eine Person nicht unüblich waren.
● **Bevor Jesus die Jünger erwählt, betet er.** Er wählt mit dem Berg einen **Ort der Abgeschiedenheit** und mit der Nacht **eine Zeit der Ruhe.** Jesus sucht häufig die Verbindung zu seinem himmlischen Vater (Lk 5,16; 9,18.28; 11,1). Das Gebet gibt ihm Kraft, hilft ihm bei Entscheidungen und bildet die Grundlage für sein Reden und Handeln.

✎ *Überlegen Sie, zu welchen Zeiten und an welchem Ort Sie die nötige Ruhe zum Gebet haben! Lassen Sie sich von den Auswirkungen des Gebets bei Jesus zum Beten ermutigen.*

● Viele Männer und Frauen sind bereits mit Jesus unterwegs und gehören zu seinen Jüngern. Aus ihnen wählt Jesus **zwölf** aus. Die Anzahl ist **ein Hinweis auf die Wiederherstellung der zwölf Stämme Israels.** Sie bilden das Herzstück von Gottes erneuertem Volk, über das Jesus als Messias regiert. Die anderen Jünger erleben das nicht als Zurückweisung, sondern bleiben an Jesu Seite.
● Jesus nennt die Zwölf **Apostel** (wörtlich: **„Ausgesandte“**). Ein Apostel wird losgeschickt, um eine Botschaft zu übermitteln oder einen Auftrag auszuführen. Er tritt im Namen des Sendenden auf. **Mit der Erwählung kommt der Auftrag in den Blick: in Jesu Namen zu reden und zu handeln.** Auch wenn wir nicht zu den Zwölf gehören, gilt uns dieser Auftrag ebenso.

● Nach dem Rückzug in die Einsamkeit **tritt Jesus mit seinen zwölf Jüngern in die Öffentlichkeit.** Am Fuße des Berges versammelt sich eine große Menschenmenge: Menschen, die bereits an ihn glauben, und Menschen aus der Ferne, die ihn hören und von ihrer Krankheit geheilt werden wollen. **Die zahlreichen Heilungen Jesu sind ein Vorgeschmack und Zeichen auf das Reich Gottes,** das mit Jesus angebrochen ist.

● Nun konzentriert sich Jesus auf den Kreis seiner Jünger und gibt eine **Art Regierungserklärung für das Reich Gottes** ab: die **sog. Feldrede.** Die Gegenüberstellung von Segen und Fluch findet sich auch in 5Mose. Dort ist sie ein Teil des Bundes, der Vereinbarung von Gott mit dem Volk Israel. Jesus wendet sich an die Menschen, mit denen das erneuerte Israel gebildet wird.

● Viermal stehen **„glücklich zu Preisende“** jenen gegenüber, denen als Ausdruck göttlichen Gerichts das **„Wehe“** gilt.

● Armut und Hunger an sich sind keine Tugenden. Menschen, die darunter leiden, sind angewiesen auf Hilfe. Reichtum an sich ist keine Sünde, aber birgt die Gefahr, sich allein darauf zu verlassen. Wenn Menschen satt sind, meinen sie, im Leben bereits genug zu haben und verschließen sich für Gott. Wer sich seiner Bedürftigkeit bewusst ist und sich vor Gott öffnet, dem verspricht Jesus **die Teilhabe an Gottes Reich.** Dort wird es keinen Mangel mehr geben.

● Jesus bereitet seine Jünger auf einen schweren Weg mit Leid, Hass und Ausgrenzung vor. Doch mit dem Ziel im Blick sollen sich die Jünger trotzdem freuen: In der himmlischen Wirklichkeit werden alle Wunden heil und Tränen von Gott selbst abgewischt (Offb 21,4).

✎ *Vergleichen Sie bitte einmal die Seligpreisungen aus der Feldrede (V 20-23) mit denen aus der Bergpredigt in Mt 5,3-12. Welche Unterschiede fallen Ihnen auf?*

Jesus spricht konkret diejenigen an, die ihm zuhören und auf ihn hören: seine Nachfolgerinnen und Nachfolger. Sie bilden den Kontrast zu den Adressaten der Wehe-Worte im vorigen Abschnitt. Es sind einfach formulierte kurze Sätze, die vermutlich zum Auswendiglernen gedacht sind.

● Der Inhalt dieser Sätze steht im Gegensatz zu allem, was in menschlichem Verhalten üblich ist, z. B. „Auge um Auge, Zahn um Zahn“ oder „Wie du mir, so ich dir“. **Jesus spricht von einer unglaublichen Großzügigkeit,** die ihren Ursprung in Gott selbst hat und die Jesus in seinem Leben selbst praktiziert hat – bis zum Äußersten (Lk 23,34).

● Die erste Aufforderung **„Liebt eure Feinde“** ist die Überschrift über das Folgende. Sie ist **ein Alleinstellungsmerkmal des christlichen Glaubens,** auch wenn andere Religionen im Konfliktfall vom Gewaltverzicht sprechen oder die sogenannte „Goldene Regel“ (Mt 7,12) kennen.

● In **sieben Beispielen** buchstabiert Jesus durch, wie **Feindesliebe konkret** aussieht. Sie reagiert auf Hass, Beschimpfung oder gar Bedrohung mit guten Taten, mit Segen und Fürbitte. Sie geht weit über den Verzicht auf Gegenwehr und dem, was an sich als Recht gilt, hinaus: Die andere Backe soll auch dargeboten werden, das Untergewand zusätzlich hergegeben werden.

● Ist das, was Jesus fordert, nicht total unrealistisch? Hinter Jesu Worten steht eine Herzenshaltung: **Wir sollen großzügig leben, weil Gott großzügig ist.** Wer sich bewusst wird, was einem selbst geschenkt ist, lebt anders. Jesus fordert uns auf, lieber auf das eigene Recht zu verzichten und Großzügigkeit walten zu lassen, als uns unter allen Umständen durchsetzen zu wollen. Denn nur so kann schließlich ein Feind gewonnen und Versöhnung mit ihm möglich werden.

● Wenn wir im Alltag immer wieder an dem Gebot der Feindesliebe scheitern, tröstet uns die letzte Aussage, dass Gottes Güte selbst den „Undankbaren und Bösen“ gilt.

● Die nicht eindeutig zu übersetzende Überschrift macht deutlich, dass die glaubende Beziehung zu Gott eine großartige Kostbarkeit darstellt. So ist das Gebet zu ihm wie ein **goldenes Kleinod.**

● Der Psalm lässt sich in **vier Strophen** einteilen:

→ **Das große Glück** (V 1-3).

→ **Der Ernst der Entscheidung** (V 4-6).

→ **Die kostbare Erfahrung** (V 7-9).

→ **Die strahlende Hoffnung** (V 10-11).

● Auf die **Bitte** um Bewahrung folgt gleich das **Bekenntnis** eines tiefen Vertrauens zur Geborgenheit bei Gott (V 1). **Nur wer Gott vertraut, kann ihn um Hilfe bitten!**

● Die **Zugehörigkeit und persönliche Beziehung zu Gott** ist wie ein **Erbe** oder eine Adoption. Man kann es ablehnen oder annehmen.

● David ist überaus **glücklich**, dass von Gott das **Los** auf ihn gefallen ist. **Zu diesem Gott gehören zu dürfen**, ist für ihn ein großartiges Erbteil (V 5-6).

● Andere im Volk Gottes **erkennen** das **nicht**. Sie opfern auch anderen Göttern und verehren sie (V 4).

● Gott gibt **Wegweisung** durch sein Wort. Er bestätigt unser Tun und **ermahnt** uns in unseren Herzen (V 7).

● Wie einen geliebten Menschen hat David diesen großartigen **Gott ständig vor Augen.** So bekommt sein Glaube Festigkeit, Stärke und Fröhlichkeit (V 8-9).

● Wie sich David die **Bewahrung im Tod** durch Gott vorgestellt hat, wird nicht gesagt. Vielleicht hatte er an eine Entrückung wie bei Henoch (1Mose 5,24) oder Elia (2Kön 2,1ff) gedacht. Aber er war sich **gewiss**, dass Gott für ihn ein **neues Leben** und **vollkommene Freude** haben wird (vgl. 1Petr 1,8). Hier wird das angedeutet, was Jesus durch seinen Sieg über den Tod mit seiner Auferweckung für alle Menschen vollbracht hat.

✎ *Welche Vorstellung haben Sie von der Bewahrung im und nach dem Tod?*

● V 36-38: Wir handeln oft im Leben nach der Devise: „Wie du mir, so ich dir!“ Jesus lehrt uns hier etwas anderes: „Wie Gott zu dir, so sei du zu deinem Nächsten!“ **Weil Gott barmherzig zu dir ist, so begegne du auch andern mit Barmherzigkeit!** Darum: Richtet nicht, verdammt nicht, sondern vergebt! Wenn wir uns daran orientieren, werden wir erleben, dass wir auf diese Weise selber reich beschenkt und ein erfülltes Leben haben werden.

✎ *Von „Segensströmen, die zu uns zurückfließen“, sprachen früher manche Prediger. Können Sie diese Aussage aus der eigenen Lebenserfahrung bestätigen?*

● V 39f: Wir gewinnen Klarheit und Orientierung nicht in uns selber, sonst bleiben wir blinde Blindenleiter: Wir sind als Jünger Jesu darauf angewiesen, dass **unser Meister uns die Augen öffnet und uns die nötige Erkenntnis für unsern Weg und den unserer Nächsten schenkt.** „Vollkommen sein“ meint hier nicht, dass wir in jeder Hinsicht ohne Fehl und Tadel sein sollen. Vielmehr geht es darum, dass wir unser Leben in größtmöglicher Abhängigkeit von Jesus führen und so unser Leben etwas von der Art und Weise unseres Herrn und Meisters Jesus widerspiegelt.

● V 41f: Wir sehen oft die Fehler bzw. Schuld anderer vergrößert wie durch ein Fernglas, während wir bei eigenem Versagen das Fernglas umdrehen und so die eigene Schuld als unbedeutend wahrnehmen und sie kleinreden oder entschuldigen. **Jesus rät uns, mit der „Holzverarbeitung“ im eigenen Auge anzufangen, statt mit detektivischem Eifer den Splitter im Auge unseres Bruders zu suchen.** Wir sind oft viel zu schnell dabei, mit dem Finger auf andere zu zeigen, und nehmen dabei gar nicht wahr, dass im selben Moment mindestens drei Finger auf uns selbst zurückzeigen. Wer allzu sehr von sich und seinem Tun überzeugt ist, den mahnt Jesus hier zu ehrlicher Selbstkritik.

● V 43-45: An einem Beispiel aus der Natur macht Jesus deutlich, dass wir in unserm Leben **nur Gutes bewirken können, wenn die Herzenseinstellung stimmt.** Wer von seiner Veranlagung her ein Egoist ist, der stets auf seinen eigenen Vorteil bedacht ist, wird kein Mitgefühl mit der Not anderer entwickeln und zu selbstloser Hilfe bereit sein. Trotzdem gibt es auch für solche Egoisten **die Chance zu einer Herzensveränderung.** So verheißt der Prophet den wegen ihres Ungehorsams ins Exil verbannten Juden: „Ich will ihnen ein anderes Herz geben ... und will das steinerne Herz wegnehmen aus ihrem Leibe und ihnen ein fleischernes Herz geben" (Hes 11,19). Überreich beschenkt mit der Liebe Gottes, die durch den Heiligen Geist in unsere Herzen ausgegossen ist (Röm 5,5b), können wir die empfangene Liebe Gottes in Wort und Tat an andere weitergeben. Denn **wir sind als Christen nie die „Endverbraucher" der Liebe Gottes,** sondern so etwas wie ein Kanal, durch den sich die Liebe Gottes in dieser Welt verströmt.

● V 46: Überraschend schließt Jesus in seiner Rede diesen Satz an, mit dem er **fromme Lippenbekenntnisse, die folgenlos bleiben, aufs Korn nimmt.** Er sieht die vielen Bewunderer in seinem Umfeld, die ihn zwar in den höchsten Tönen loben, aber nie auf den Gedanken kämen, ihr Leben an seiner Botschaft auszurichten und ihm zu gehorchen.

✎ *Überlegen Sie einmal, wie oft Sie im Alltag zu dem Entschluss kommen, Jesus beim Wort zu nehmen und ihr Verhalten zu ändern: „Eigentlich müsste ich jetzt ...", so denken Sie – und ändern nichts. Denn: „Es passt mir jetzt gerade nicht!" Oder: „Ich muss erst dies und das erledigen. Dann will ich ..." So wird dann ein fälliger Gehorsamsschritt auf die lange Bank geschoben, die bekanntlich „des Teufels liebstes Möbelstück" ist (Paul Deitenbeck).*

● V 47f: Zum Abschluss seiner Rede geht Jesus der Frage nach: Welche Konsequenzen werden wohl die Hörer aus dem ziehen, was ich ihnen gesagt habe? Am **Bild vom Hausbau** macht Jesus deutlich, dass ein solides Fundament angesichts kommender Stürme und Erschütterungen entscheidend für die Stabilität eines Hauses ist. Im übertragenen Sinn will er damit sagen: **Wer sein Leben auf dem Fundament seiner Worte, ja, auf ihm selbst** (vgl. 1Kor 3,11) **aufbaut, der hat damit auch in stürmischen Zeiten festen Halt und zielsichere Orientierung.** Wie wesentlich diese Aussage gerade in der Gegenwart ist, zeigt sich daran, dass inzwischen viele der als stabil geltenden Fundamente unseres (Zusammen-)Lebens morsch und brüchig geworden sind: sittliche Maßstäbe, traditionelle Werte, überlieferte Konventionen, bürgerliche Moralvorstellungen etc. So fragen heute Menschen zunehmend: „Wenn alles wackelt: Auf welchem verlässlichen Fundament kann ich dann noch mein Leben aufbauen?" In einer Zeit zunehmender Unsicherheiten, was dann noch gilt und Bestand hat, gewinnen die Botschaft Jesu und der Glaube an ihn eine neue Aktualität.

● V 49: Wer am Ende aber **an Jesus vorbeilebt**, darf sich nicht wundern, wenn er schließlich ohne Halt und Ziel sein Leben **in den Sand setzt.** Manche Menschen haben sich eine **„Schönwetter-Lebensphilosophie"** zurechtgelegt, in der man darauf setzt, dass das Leben lauter heitere Stunden für uns bereithält. Doch diese Einstellung zum Leben fällt spätestens dann wie ein Kartenhaus in sich zusammen, wenn unverhofft Krankheit und Leid wie dunkle Gewitterwolken am bisher strahlend blauen Horizont auftauchen.

✎ *Unsere pietistischen Väter und Mütter sangen früher „Immer fröhlich, immer fröhlich, alle Tage Sonnenschein". Auch kein Beispiel für eine realistische Sicht auf das Leben – oder?*

Grenzüberschreitung ist angesagt – was für ein Glaube!

● **Der Hauptmann überschreitet Grenzen, die zu seiner Zeit als unüberwindbar galten, ohne deswegen zu provozieren:** Er lässt Jesus durch „Älteste der Juden" um Hilfe bitten, wohl wissend, dass er als Nichtjude und Vertreter der Besatzungsmacht selbst dazu keinerlei Recht hat. Dies gelingt nur, weil er selbst als andersgläubiger Besatzer als einer gilt, der „das Volk lieb hat", ja sogar eine „Synagoge erbaut" hat. Was für eine Haltung!

● Er überwindet Grenzen, indem er Jesus in einem zweiten Schritt durch Freunde mitteilen lässt: „Ich traue Dir zu, dass du meinen Sohn heilen kannst." **Er anerkennt seine eigene Begrenztheit, indem er sich selbst zugleich nicht für würdig hält, Jesus persönlich gegenüberzutreten** – freilich nicht nach dem Motto: „Meine Demut ist mein ganzer Stolz!"

✎ *Was unterscheidet echte Demut von Unterwürfigkeit?*

● Was er von Jesus hörte, wird bei ihm zur Tat. **Sein Glaube an Jesus, entstanden vom Hörensagen über ihn, wird höchst praktisch:** Grenzen zwischen Besatzern und Besetzten werden ebenso überwindbar wie Vorurteile, wer gläubig oder ungläubig ist. Gräben werden überbrückt durch einfühlsames Vorgehen. Der Hauptmann wendet sich nicht selbst an Jesus, sondern lässt andere für sich sprechen. **Er respektiert die Grenzen und überwindet sie zugleich** – wie die kanaanäische Frau (Mt 15,21ff). Auch der Hauptmann gibt sich demütig mit den „Brosamen" zufrieden, die „vom Tisch ihrer Herren fallen".

● Jesus bescheinigt ihm einen Glauben, der die Grenzen dessen überwindet, was für Menschen unmöglich und von ihnen nicht absehbar ist. Der Hauptmann glaubt: „Gott ist alles möglich!"

● **Ein vorbildlicher, großer Glaube ist ein Vertrauen, das nicht nur auf eigene Möglichkeiten setzt, aber mit Gottes unbegrenzten Möglichkeiten rechnet.**

Totgesagte leben länger – der Weckruf der Auferweckung!

● Was für eine Ostergeschichte – weit vor der Auferstehung Jesu. **Ein Zeichen, das es in sich hat.** Jesus selbst hat Erbarmen mit der trauernden Witwe. Kein Wort von ihr wird überliefert, keine Bitte an Jesus, er möge ihr und ihrem toten Sohn helfen.

● **Jesus sieht! Und was er sieht, lässt ihn nicht kalt und ungerührt.** Er lässt sich nicht bitten, sondern handelt – aus leidenschaftlicher, mitleidender Liebe. Er erweist sich in seinem Handeln als der „Herr", ein Titel, der schon ein Licht auf die Macht des Auferstandenen wirft. So sehr der Witwe zum Weinen zumute ist, Jesus sieht schon darüber hinaus. Sein: „Weine nicht!", kein Ausdruck von mangelndem Mitgefühl, sondern von Zuversicht, die weiter sieht, als das, was augenfällig abzusehen ist. **Sein Wort: „Steh auf!", wirkt Wunder** wie bei der Schöpfung die Aussage: „Und Gott sprach."

● Der Aufgebahrte steht auf. Seine Auferstehung verschafft ihm den aufrechten Gang, auferweckt durch den Weckruf und im Angesicht des Herrn der Welt. **Nicht von ungefähr die Geste Jesu: die Übergabe des Sohnes an die Mutter.** Und nicht von ungefähr die Reaktion: die (Ehr-)Furcht vor der Größe Jesu, der sich als Herr über den Tod erwiesen hat.

● „Prophet" nennen sie ihn. Einer, der die Situation sieht, wie sie ist – mit Gottes Augen. Einer, der bereits sieht, was werden kann, und in Gottes Vollmacht spricht – ein wirksames Wort.

● **„Gott hat sein Volk besucht!"** (V 16), **so das Lob Gottes in Ehrfurcht vor Jesu Handeln.** In Jesus wird Gottes Sein und Handeln wirksam. Er sieht und fühlt mit uns. Seine eigene Auferweckung kann für uns der Weckruf sein, mit Gottes Liebe zu rechnen und seiner Macht zu vertrauen – auch in scheinbar auswegloser Lage. Dann rechnen wir mit Gottes (Geistes-)Gegenwart und seiner Zukunft, sein Kommen zu uns, und dies nicht nur als kurzfristige „Stippvisite", sondern als dauerhafte Wohnung.

Die Gewissheitsfrage: Wer ist dieser Jesus – der Erwartete?

● **„Wer bist du?“** Ohne diese Frage kommt keine Begegnung aus, auch wenn sie nicht immer gestellt wird. Noch gravierender wird die Frage, wenn man hohe Erwartungen an jemand knüpft. Wer mag schon gern enttäuscht werden?

● Auch Johannes dem Täufer geht das so. Er hat sich als Wegbereiter eines Größeren und Bedeutenderen als sich selbst verstanden. Selber kann er seine Frage nicht an Jesus richten. Herodes hat ihn ins Gefängnis geworfen (Lk 3,20), weil Johannes sich erlaubt hat, ihn zu kritisieren.

● **„Bist du, der da kommen soll?“**, so der erste Teil der Frage. Die Erwartungen waren geweckt. Schließlich soll endlich der von Gott versprochene Retter kommen. Aber ist Jesus auch der Erwartete **oder „sollen wir auf einen anderen warten“?**

● Die Antwort Jesu ist einerseits deutlich: Die Aussagen über seine Heilung von blinden, lahmen, aussätzigen und tauben Menschen zeigen seine **Zuwendung zu den Leidenden und Ausgestoßenen.** Heilung von Beeinträchtigung und Krankheit war geschenktes neues Leben in umfassendem Sinn, zugespitzt in der Auferweckung vom Tod. **Die Zuwendung zu den Armen war ebenso außergewöhnlich,** schließlich gilt Wohlstand als Segen für ein gottgefälliges Leben. Die Anklänge an Worte aus dem Jesajabuch sind nicht zu überhören (z. B. Jes 61,1).

● Doch die Antwort Jesu gibt auch Rätsel auf: „Selig ist, wer sich nicht ärgert an mir!“ **Weshalb der Verweis darauf, dass Jesu Wirken auch als „Skandal“ gewertet werden kann?** Weil vor allem sein Hinweis, er sei der erwartete Messias, ja sogar „Gottes Sohn“, für viele Ohren damals höchst anstößig war – die Tatsache, an der sich bis heute die Geister scheiden.

● **Dass Gott in Jesus Mensch geworden ist** und sich dabei in die Hände der Menschen gibt, **ist eigentlich unglaublich.** Doch so ist Gott! Er übertrifft unsere Erwartungen. Wohl den Menschen, die sich daran freuen können!

● Dieser Psalm Davids wird uns heute und am nächsten Sonntag beschäftigen. Er stellt eine Art abschließende **Zusammenfassung seines Lebens** dar. Mit **2Sam 22** ist er fast identisch.

● Im ersten und letzten Vers dieses Psalms wird **David** erstmalig im Unterschied zu den bisherigen Psalmen **namentlich genannt.**

● David ist der **Knecht Gottes.** So sieht er sich selbst.

● Am Anfang steht Davids **Liebeserklärung** zu diesem starken Gott, der ihm in allen Schwachheiten Stärke verliehen hat.

● Das Wort, das hier (V 2) einmalig im AT für **Liebe** steht, kennzeichnet die Liebe eines Kindes, das im Arm oder Schoß der Mutter Geborgenheit findet.

● Gott hat ihn in seine Obhut genommen. In dieser Gottesbeziehung weiß sich David **geborgen.** Dieser Gott ist für ihn wie ein Fels, der ihm Standsicherheit gibt. Die Begriffe **Fels, Berg** und **Burg** sind erhöhte Orte der Zuflucht und Sicherheit. Mit dem **Schild** werden die Pfeile der Feinde abgewehrt (V 3).

● David **blickt** im Alter **zurück** auf die **wunderbare Bewahrung** vor seinen Feinden und insbesondere vor Saul. Mit verschiedenen Bildern und Gleichnissen versucht David die Geschehnisse seines Lebens darzustellen.

● Die **Angstschreie** (V 7) Davids hat Gott erhört und hat ihn vor dem sicheren **Tod** gerettet (V 5f).

● Wenn der **Schöpfer** seiner Schöpfung nahe **kommt,** dann gerät seine **Schöpfung in Bewegung.** Wenn Gott **handelt** und **redet,** dann bebt die Erde, es donnert und blitzt. Das sind keine gewöhnlichen Gewitter, sondern Zeichen der **Nähe** und des **Zorns** Gottes, seiner **Stärke** und **Heiligkeit** (V 8-16).

● Seine Feinde umkreisten ihn. Gott aber **rettete ihn** heraus und stellte ihn in die **Weite der Freiheit** aus Liebe zu ihm (V 17-20).

✎ *Mit welchen Bildern, Geschichten und Begriffen würden Sie die Erfahrungen beschreiben, die Sie mit Gott in Ihrem Leben gemacht haben?*

Eine glaubhafte Gestalt und ein unglaublicher Unglaube

● „Trau, schau, wem!", sagen wir. Und das nicht zu Unrecht. Doch wer ist glaubwürdig und wer nicht? **Jesus bürgt für die Größe und Integrität von Johannes dem Täufer.** Denn erstens geht mit ihm die Schrift in Erfüllung als derjenige, der auf ihn hinweisen soll (Mal 3,1). Und zweitens hat er sich als Gottes Deuter der Gegenwart („Rufer") und Wegbereiter Jesu erwiesen. **Doch so sehr Johannes aufgrund seiner besonderen Sendung zu schätzen ist, überschätzt werden soll er angesichts der Größe des Reiches Gottes nicht.**

✎ *Wie verstehen Sie die Aussage Jesu am Schluss von V 28?*

● Schon bei Johannes scheiden sich die Geister: Die einen lassen sich von ihm taufen, die anderen verachten ihn. Sie sehen mit ihren Augen, was sie sehen wollen. Ihre eigenen Vorstellungen verstellen ihnen den Blick. Egal, wie Johannes aufgetreten wäre, sie hätten nach dem Motto verfahren: „Dass nicht sein kann, was nicht sein darf!" Welch eine Verkennung! **Sie halten den bewusst asketischen Lebensstil des Johannes in ihrer Verblendung** für dämonische Besessenheit.

● Und dies gilt nun auch für Jesus selbst. **Seine Tischgemeinschaft mit denen, die aus der Gesellschaft der vermeintlich Guten ausgestoßen und als Sünder gebrandmarkt sind, wird als Fress- und Saufgelage verleumdet.** Auch damit verkennen sie die Weisheit Gottes, die nur Menschen sehen, deren kindliches Vertrauen die Wahrnehmung nicht getrübt hat.

● Dass die Weisheit Gottes vielen eine Torheit ist, ja ein Skandal, wird erst recht an Jesu Tod sichtbar (1Kor 1,18). **Denn Gottes Liebe stellt alles auf den Kopf.** Nicht er schlägt drein, sondern wird geschlagen. Nicht er bestraft, sondern er wird verurteilt wie ein Straftäter. Er fordert nicht Gerechtigkeit ein, sondern er macht gerecht. Was für ein Gott!

Das darf doch nicht wahr sein – oder doch!

● Schon zu Jesu Zeiten war es so, **dass Versager in der Gesellschaft keinen Platz** hatten. Und erst recht nicht bei einem, der auftrat wie ein Prophet. Wie kann sich da eine stadtbekannte Sünderin getrauen, Jesus die Füße mit ihren Tränen zu netzen, mit ihren Haaren zu trocknen und mit kostbarem Öl zu salben!

● Jesus macht an der kleinen **Geschichte von den beiden Schuldnern** klar: Je größer die Schuld, die vergeben ist, desto größer ist die Liebe dessen, dem vergeben wurde, zu dem, der vergeben hat. **Vergebende Liebe setzt Liebe frei. Nur Liebe verändert.** Und sie gilt gerade Menschen, die solche Liebe besonders brauchen.

✎ *Wie würde Ihre Gemeinde heute einem Menschen begegnen, der durch seinen unmoralischen Lebenswandel diskreditiert ist? Unvoreingenommen offen – oder?*

● **Die Frau in der Geschichte riskiert viel.** Sie macht sich zu Jesus auf, wohl wissend, dass sie Abweisung durch andere erfahren wird. **Sie traut Jesus zu, dass er anders handelt und sie nicht abweist** – und so geschieht es dann ja auch.

● Die Liebe Jesu zieht sie an und veranlasst sie, Jesus ihrerseits ihre Liebe zu erweisen – verschwenderisch mit kostbarstem Öl. Verkehrte Welt! **Der Messias, der Gesalbte, lässt sich von einer Sünderin salben. So ist Gott!** Ganz nah bei uns Menschen – auch bei denen, die versagt haben und gescheitert sind und nicht selten deshalb ausgegrenzt werden.

● **Und diese Liebe steckt an:** Viele Menschen, die vom Leben gezeichnet sind, folgen Jesus nach. Sie hatten erlebt: Seine Liebe setzt heilsame Kräfte frei – sie grenzt nicht aus, sondern lädt ein, neu zu beginnen. **Denn „wahre Liebe rechnet nicht!", und rechnet schon gar nicht auf.**

● Auffällig ist die nur im Lk zu findende Bemerkung, dass auch ein Kreis von Frauen als Jüngerinnen Jesus dienten (8,2f).

Nicht alle Saat geht auf – Grund und Boden müssen stimmen

● **Gute Saat braucht guten Boden.** Doch wie sieht der aus? Auf fest getrampeltem Boden hat Samen keinen Halt, wird kaputt getreten und kann nicht keimen. Wo Samen auf Granit stößt, sich also nicht in Erde wurzeln kann, vertrocknet er. Und ein Feld, auf dem das Unkraut wuchert, lässt dem Samenkeimling weder Luft noch Licht.

● Die Botschaft Jesu ist klar: Wer nur auf eingefahrenen Wegen unterwegs ist oder auf der Stelle tritt, wer Neuem keinen Raum zum Wachsen gibt oder Kopf und Herz mit andern Dingen füllt, bei dem besteht die Gefahr, dass der Same des Wortes Gottes keinen Grund und Boden findet, auf dem er wachsen kann. **Ein guter Same mag noch so gut sein, wenn ihm nicht der Boden bereitet ist, kann er seine Kraft nicht entfalten.**

✎ *Ein Wort, das nachdenklich macht: Wie offen sind Ihre Lebenswege noch? Wie verfestigt sind Ihre Gefühle und Gedanken, Ihre Vorstellungen überhaupt? Was nimmt in Ihrem Leben solchen Raum ein, dass Neues keine Chance auf Wachstum hat?*

● „Hören“ kann man ganz unterschiedlich: beiläufig, nebenher, überhören, weghören … **„Hören“ in tieferem Sinn heißt „wahrnehmen“ – das Gehörte für wahr nehmen, es auf sich wirken und zu Herzen gehen lassen**; im Herzen bewahren, was gesagt wird, und sich daran erinnern. Nur nachhaltiges Hören verklingt nicht im Nichts.

● **Gottes Wort sucht echte Resonanz.** Auch wenn es manchmal widerständig ist. So manche Erdkruste wird vom Samen durchbrochen. Doch solches Wachstum macht den Boden locker. Die Konkurrenz der Keimlinge ist offensichtlich. Doch nur eine Saat bringt wirklich Frucht. Auf Gottes Fruchtfolge zu setzen, lohnt. Auch wenn das Wachstum der Früchte Gottes eines fordert: Geduld. Denn wachsen und reifen lassen sich nicht erzwingen, beides braucht Zeit.

Licht ist dazu da, es für andere leuchten zu lassen

● Sprichwörtlich ist es geworden, das Jesuswort aus der Bergpredigt, dass wir das Licht nicht unter den Scheffel (= Eimer) stellen sollen (Mt 5,15). Ganz ähnlich klingen die Worte Jesu hier bei Lk: „Niemand zündet ein Licht an und bedeckt es mit einem Gefäß" (V 16). Es ist eine Feststellung und Aufforderung zugleich: **Licht macht nur Sinn, wenn es erstrahlen, für seine Umgebung leuchten kann. Licht will gesehen werden, erst recht, wenn es um „das Licht der Welt" geht** (Joh 12,46). Denn die Wahrheit – vom griechischen Urwort her: das, was nicht verborgen bleibt – will ans Licht kommen, gerade bei Jesus, der „Weg und Wahrheit" (Joh 14,6) ist.

● Wahrheit kommt ans Licht, ob sie verdeckt wird oder nicht. Wahrheit landet an, egal ob sie über Bord geworfen wurde. **Alles wird „offenbar", d. h. aufgedeckt im Licht dessen, der als das Licht überhaupt Licht ins Dunkel bringt.** Das Licht des Lebens kann nicht „geheim" bleiben, es breitet sich aus.

● Und dieses Licht steckt an. **Wer im Lichte Jesu lebt, glänzt, aber nicht von sich selbst und aus sich selbst heraus, sondern in und durch Jesu Licht.** Nicht wir müssen glänzen oder große Leuchten sein. Gott selbst lässt sein Licht durch uns strahlen. Nicht wir müssen Stars oder bewunderte Sternchen sein, **Gott macht's, dass unser Leben Leuchtkraft erhält.** Und eben darum sollen wir nicht unser Licht unter den Scheffel stellen und es für verzichtbar halten. Nein, wir müssen uns nicht kleiner machen, als wir sind: von Gott berufen und begabt, strahlend durch sein Licht. Gott ist und bleibt die Urquelle des Lichts – wie dies bei der Schöpfung war (vgl. 1Mose 1,3). Solches Licht ist „gut" und von der Finsternis geschieden (vgl. 1Mose 1,4). In Jesu Licht sehen wir „das wahre Licht, das alle Menschen erleuchtet, die in diese Welt kommen" (Joh 1,9). Weshalb sollten wir dieses Licht durch uns nicht leuchten lassen?!

● Nicht zufällig findet sich Jesu Wort über seine „wahre Familie" im Zusammenhang mit dem Gleichnis vom Sämann und dessen Deutung. Ging es doch in 8,1-14 darum, das Wort Gottes recht zu hören und recht danach zu handeln (V 8b.14f). Diese Begriffe nimmt Jesus nun auf und **definiert damit den Familienbegriff neu:** Diejenigen, „die Gottes Wort hören und danach tun", bilden *eine* Familie, und sie bilden *seine* Familie.

● Jesus bezieht damit sich selbst auch als Teil dieser Familie ein: Er ist „Bruder" der Jüngerinnen und Jünger. Damit bekommt die Gemeinschaft der Glaubenden eine ganz neue Qualität: **Es geht nicht lediglich um eine Gemeinschaft auf Zeit, nicht einfach um ein Lehrer-Schüler-Verhältnis, sondern um eine dauerhafte und unverbrüchliche Lebensgemeinschaft.** Die Kirche darf sich von daher als „familia Dei", als „Familie Gottes" verstehen. Jesus darf deshalb als „mein Bruder" gesehen werden, und die Christinnen und Christen weltweit sprechen sich untereinander als „Schwestern und Brüder" an. In diese engste Verbindung stellt Christus die, die ihm vertrauen und mit ihm nach Gottes Wort leben.

● **Jesus behandelt seine leibliche Mutter und die leiblichen Geschwister nach unserm Empfinden hier sehr schroff.** Damit verdeutlicht er die Ungeheuerlichkeit seines neuen Familienbegriffs. Dennoch ist das Band zu seiner Herkunftsfamilie damit nicht gänzlich gerissen, denn seine Mutter und seine Brüder sind, wie Lukas in Apg 1,14 berichtet, später auch Teil dieser neuen „familia Dei", und Jesu Bruder Jakobus wird eine leitende Aufgabe in der jungen Kirche einnehmen.

✎ *Viele Christenmenschen erleben, dass der Glaube an Christus ihre Familie entzweit. Solche Spaltung tut sehr weh und wird bei jeder Begegnung wieder neu bewusst. Beten Sie heute bitte besonders für Familien, die davon betroffen sind.*

● Wörtlich heißt es in V 23: „Ein Wirbelsturm stieß hinab auf den See." Die Jünger im Boot erleben also einen der **gefürchteten Fallwinde**, die von den Bergen, die den See Genezareth umgeben, unvermittelt herabstürzen und das Wasser gefährlich aufwirbeln.

● Mit dieser Begebenheit führt Lukas weiter aus, was **„Wort Jesu"** bedeutet. Es verkündigt nicht nur das anbrechende Gottesreich. Es ruft nicht nur in die Nachfolge und zu rechtem Tun auf. Sondern **das Wort Jesu ist in der Tat ein *göttliches* Machtwort, ja ein Schöpfungswort, dem die Naturgewalten unterworfen sind** und das selbst den schon unaufhaltbar erscheinenden Untergang abwenden kann!

● **Die Sturmstillung** wurde schon von der jungen Kirche als **eine Hoffnungsbotschaft in bedrohten Zeiten** verstanden: Wenn die ersten Christen ängstlich zu verzagen drohten, weil ihr Gemeindeschiff in Bedrängnis geraten war, dann wollten sie sich doch auf die große Vollmacht Jesu verlassen, der seine Kirche nicht untergehen lässt. Wenn Wind und Wellen Jesus gehorchen: Wie sollte er dann nicht auch in allen späteren Krisenzeiten seine Gemeinde retten können?!

● Man hat häufig versucht, diese Geschichte rational zu erklären. Etwa, indem man darauf hinwies, dass die Fallwinde urplötzlich ihre Kraft verlieren können, und der See sich wieder beruhigt. Aber ist das wirklich realistischer? Einige der Jünger waren ja im Hauptberuf Fischer am See Genezareth und kannten den See wie ihre Westentasche. Wäre es nur um ein allseits bekanntes Wetterphänomen gegangen, so hätten sie einen solchen „Taschenspielertrick" doch sehr leicht und rasch durchschaut! Lukas erzählt diese Begebenheit eben nicht aus naturwissenschaftlichem Interesse, sondern als **Zeichen für Jesu Vollmacht.** Er will damit all denen den Rücken stärken, die Christus vertrauen. **Es geht ihm nicht um Wetterphänomene in Galiläa – sondern um das Zutrauen in die Vollmacht Jesu.**

● Das klingt selbstgerecht, wie David sich hier darstellt (V 21f). Gott aber hat ihn mit seiner Gerechtigkeit eingehüllt, sodass David durch ihn gerechtfertigt wurde. **Gottes Gerechtigkeit wurde zu seiner Gerechtigkeit.** So sind auch Davids Hände rein, weil Gott sie gereinigt hat. **Gottes Gebote sind klar** und **Gottes Wege sind begehbar** (V 23) und **vollkommen** (V 31).

● **„Vollkommen"** heißt hier, eine Aufgabe **ans Ziel bringen**. So soll der Mensch **ausgerichtet sein** auf den Willen Gottes, um ihn zu erfüllen. In dieser Haltung ist er biblisch gesehen vollkommen.

● Auf den Wegen Gottes will David auch vollkommen gehen. Darin ist er **untadelig** und **hütet sich vor Schuld** (V 24). Das hat mit Sündlosigkeit nichts zu tun. Wer in dieser Vollkommenheit lebt, kann mit der Vergebung Gottes rechnen. Denn **gegenüber den Treuen ist Gott treu** (V 26.33).

● Mit diesem Gott kann David in den Kampf gegen seine unterschiedlichen Feinde ziehen. **Mit diesem Gott kann er über Mauern springen** (V 30). In finsteren Lebenssituationen ist Gott sein **Licht**, das seinen Weg Schritt für Schritt ausleuchtet (V 29).

● Gegenüber dem Handeln Gottes tritt er selber **demütig** zurück. Gott allein gibt ihm die Freiheit zum Handeln und zur Standfestigkeit (V 37). So **will David** das tun, was er tun muss (V 38.39.43). **Gottes Siege** verkündigt David durch die Beschreibung seiner Kämpfe mit Feinden gegen fremde Völker (V 40.41.44-49).

● Dieses großartige Lied Davids endet öffentlich vor den Heiden mit einem großen **Lob und Dank** (V 50). David dankt für die Gnade, die der lebendige Gott ihm und allen gegeben hat, die zu seinem Königshaus gehören.

✎ *Mit welchen Feinden haben Sie zu kämpfen? Ist Gott in jedem Fall auf Ihrer Seite? Wann fordert er Sie zum Kampf auf? Wann können Sie sich seines Rückhalts sicher sein?*

● Was Jesus hier tut, ließ wohl vielen seiner Zeitgenossen den Atem stocken. Anderen stand vermutlich der Mund staunend offen, während einige ganz Verwegene nur schwer ein Lachen unterdrücken konnten. Denn **Jesus befreit hier nicht nur einen Mann von einem ungeheuer starken Dämon. Jesus macht diesen Dämon auch noch vor aller Augen lächerlich.** Denn der wehrt sich, muss dann aber schnell kapitulieren und mit Jesus sogar über sein künftiges Schicksal verhandeln! Dass der Dämon ausgerechnet in die Schweine geschickt werden will, illustriert für Jesu Zeitgenossen, dass er nicht zur Welt Gottes gehört. Denn ein frommer Jude würde solche Tiere nie anfassen!

● Welche **destruktiven Kräfte** dieser Dämon hat, davon zeugt der bemitleidenswerte Zustand des Besessenen. Er lebt sogar bei den Toten! Die böse Macht hat ihn so gefangen genommen, dass sie sich seiner Sprache bemächtigte. Und auch der Name des Dämons ist sprechend: „Legion", also immerhin 6.000 Mann stark!

● **Lukas beschreibt in diesem Kapitel 8 auf vielfältige Weise Jesu Vollmacht.** Er hat, so zeigte es gestern die Sturmstillung, Macht über die Naturgewalten. Nun lesen wir: Jesus ist nicht nur ein Heiler, der von Besessenheit befreit. Er hat sogar solche innere Kraft, dass die Dämonen sich vor ihm demütigen. So stark ist das Wort Jesu, dass er die Rache dunkler Mächte nicht fürchten muss. Es kristallisiert sich zunehmend heraus: **Im Reden und im Tun Jesu ist Gott selbst am Werk.** V 39 stellt das ganz ausdrücklich heraus.

● Bemerkenswert auch: Der Geheilte will sich Jesus anschließen. Doch der schickt ihn zu seiner Familie und in seine Dorfgemeinschaft! **Jesus sendet den Mann also bewusst als Zeugen für Gottes Vollmacht hin zu den Menschen in seiner Alltagswelt.** Da der Ort Gerasa in der halbjüdisch, halbheidnischen Region östlich des Sees Genezareth liegt, wird der geheilte Mann sogar zum Boten Jesu jenseits des rein jüdischen Gebiets.

● Bisher beschrieb Lukas im Kapitel 8, dass Jesus Vollmacht hat über Naturgewalten und böse Mächte. Doch noch viel mehr: **Jesus ist auch stärker als der Tod.** „Tod" im doppelten Sinn, dem sozialen und dem leiblichen Sterben.

● **Die beiden Geschichten** von der blutflüssigen Frau und von der Tochter des Jairus **sind** über die **Zahl 12 eng miteinander verwoben.** Zwölf Jahre ist die Frau an Blutungen erkrankt, befindet sich deshalb beständig im Zustand der „Unreinheit" (3Mose 15,19) und kann nicht mehr am gesellschaftlichen und religiösen Leben teilnehmen. Das Mädchen stirbt mit ihren 12 Jahren kurz vor dem Schritt ins Erwachsenwerden. Besonders tragisch: Sie stirbt, während Jesus sich um die leidende Frau kümmert.

● Die Frau berührt Jesu Gewand und spürt auf geheimnisvolle Weise heilende Kräfte. Im anschließenden Gespräch zwischen Jesus und der Geheilten zeigt sich, dass **hier nicht eine magische Zauberkraft am Werk** war! Vielmehr **hat das Vertrauen der Frau in die Vollmacht Jesu ihr geholfen** (V 48).

● „Deine Tochter ist gestorben", so kommt ein Bote dem Jairus entgegen. Jesus lässt diese Nachricht nicht gelten. Er geht zu dem Mädchen, doch er nimmt nur die Eltern und drei Jünger mit hin ein in das Sterbezimmer. **Das Kind, das tot war, kommt durch die Berührung mit Jesu Hand ins Leben zurück** – verbunden mit dem spürbaren Glauben der Eltern (V 50).

● Jesus hat **Macht über den Tod!** Diese ungeheuerliche Erfahrung **soll aber geheim bleiben.** Deshalb werden die Eltern – anders als der zuvor geheilte Gerasener (V 39) – ausdrücklich gebeten zu schweigen. Wie also nicht jede Heilung in den engsten Jüngerkreis führt, so folgt auch nicht aus jeder Heilungserfahrung unmittelbar die Zeugenschaft. Und die stärkste Vollmacht Jesu, den Tod überwinden zu können, soll sogar absolut geheim bleiben. **Jesus lehnt ein triumphales Zur-Schau-Stellen seiner Macht ab.**

● Jesus beteiligt seine Jünger nun offensiv an seinem Verkündigungswerk. Bereits bei ihrer Berufung (6,13ff) hatte er sie ja mit dem Titel **„Apostel"** bezeichnet. Nun werden sie dieser Auszeichnung erstmals gerecht. Lukas betont dies sprachlich, indem er ein griechisches Verb für „aussenden" verwendet, das aus demselben Wortstamm gebildet wird wie der Begriff „Apostel". **Die Zwölf leben nun erstmals, wozu sie berufen wurden.** Anders als im Markusevangelium (Mk 6,7ff) werden sie nicht ausdrücklich zu zweit losgeschickt. Laut Lukas erhalten sie also eine höhere Eigenständigkeit, wie sie ihren Auftrag ausfüllen wollen.

● **Der apostolische Auftrag** wird in V 2 so umgeschrieben: **predigen und heilen.** Wie das öffentliche Auftreten Jesu hat sich auch der Dienst der Jünger gleichermaßen in Reden und Tun zu bewähren. **Verkündigung und Diakonie gehören deshalb bis heute untrennbar zusammen.**

● Die Apostel sind **mit großer geistlicher Vollmacht ausgestattet.** Im beeindruckenden Gegensatz dazu steht ihre materielle Kargheit. Sie sollen sogar auf einen Stab verzichten (V 3), d. h. ohne jeden Schutz gegen wilde Tiere oder Räuber z. B. losziehen. Jesus verlangt von ihnen völlige Gewaltlosigkeit. Sie verlassen sich auf die Vollmacht Gottes, nicht auf die Kraft von Waffen.

● **Als Kontrast** zu diesen friedfertigen Aposteln verweist der Evangelist auf **König Herodes** und schildert, dass die Kunde von Jesus mittlerweile auch bei ihm angelangt ist. Ihn überkommt Unruhe. Er teilt zwar nicht die Mutmaßungen anderer, Jesus könnte der auferstandene Johannes sein oder der wiedergekommene Prophet Elia. Doch **er fürchtet die machtvollen Taten Jesu.** Den Wunsch, ihn persönlich kennenzulernen, wird Jesus ihm erst erfüllen, wenn er verhaftet ist. Und auch dann wird er sich nicht auf ein Gespräch mit dem Despoten einlassen (23,8ff). **Jesus sieht sich**, wie immer wieder von Lukas betont, **vorzugsweise zu den „kleinen Leuten" gesandt!**

● Über das **Speisungswunder** berichten alle vier Evangelien. Aber nur der Evangelist Lukas verortet es bei Betsaida. Es ist laut Joh 1,44 der Heimatort der Jünger Philippus, Andreas und Petrus. Dieser Ort liegt außerhalb des Herrschaftsgebiets von König Herodes und bietet Jesus somit einen gewissen Schutz vor dessen Einfluss.
● Mit dem Speisungswunder zeigt Jesus – wie zuvor bei der Stillung des Sturms, der Heilung des Besessenen und der blutflüssigen Frau sowie der Auferweckung von Jairus' Tochter –, wie **umfassend und grenzenlos seine Vollmacht** ist. Mit der Kraft seines Wortes verwandelt er ein paar Brote und Fische in so viel Nahrung, dass 5.000 Mann satt werden. Er überbietet damit selbst die großen Propheten Elia und Elisa, von denen ebenfalls Speisungswunder berichtet wurden (1Kön 17,8-16; 2Kön 4,1-7.42-44).
● Auch zur „Speisung der 5.000" gibt es – ähnlich wie zur Sturmstillung – **rationale Erklärungen**. Etwa, dass alle Anwesenden es Jesus gleichtaten, ihren Proviant hervorholten und mit anderen teilten. Nun, das wäre in der Tat schon wunderbar und brächte unsere Welt viel weiter! Aber **Lukas erzählt eben nicht von einer – überaus wünschenswerten – menschlichen Teilungsbereitschaft, sondern von Jesu Kraft**. Und die ist wahrhaft göttlicher Natur. Und: Sie ist überströmend! Denn Jesus gibt eben nicht knauserig nur so viel, wie gerade zum Sattwerden nötig ist, sondern mehr als genug!
● Auch in dieser Erzählung stellt Lukas **„die Zwölf"** besonders heraus. Sie unterstützen Jesus bei der Vermehrung von Brot und Fisch und bekommen somit Anteil an seinen Wundertaten. Lukas meint mit „den Zwölf" ja immer die späteren Apostel (vgl. V 1 und 10). **Ihre Rolle im Speisungswunder verstärkt vorausnehmend, welche Rolle ihnen künftig zukommen soll:** Jesus wählte sie aus, um Menschen von der unendlichen Güte Gottes zu berichten und ihnen an Gottes Heil und Fülle Anteil zu geben.

● **Wer ist Jesus?** Diese Frage drängte sich allen auf, die die Predigten und Wunder Jesu miterlebten. Manche Mutmaßungen waren im Umlauf (nahezu wortgleich V 7-9). Jesus stellt diese Frage nun seinen engsten Vertrauten. **Petrus** beantwortet sie: **„Du bist der Christus Gottes."** Dieses sog. „Christusbekenntnis des Petrus" findet sich in allen Evangelien.

● Lukas liegt ja das Mk vor. Hier aber übernimmt er nicht einfach dessen Wortlaut, sondern ergänzt: der Christus „Gottes". (Ähnlich ergänzt Matthäus: „... des lebendigen Gottes Sohn" Mt 16,16). Lukas und Matthäus sahen sich wohl genötigt, dem Petrus-Bekenntnis die christliche Eindeutigkeit zu geben: **Nur Jesus ist der wahrhaft von Gott Gesandte.**

✎ *Formulieren Sie einmal mit einem eigenen Bekenntnis, wer Jesus für Sie ist.*

● Bereits in V 21-27 wird deutlich: **Dieses Bekenntnis hat Konsequenzen!** Christus hat nämlich eben nicht Triumphzüge, Machtdemonstrationen und Verehrung zu erwarten, sondern Leid, Schmähung, Folter und Tod. Und auch die, die zu ihm gehören, müssen mit einem ähnlichen Schicksal rechnen. Ja, **es wird sogar ein besonderes Kennzeichen der Christusnachfolge sein, „das Kreuz auf sich zu nehmen" und Unrecht und Verachtung um des Glaubens willen zu ertragen.** Dazu bereit zu sein, ist eine besondere Anforderung an die Christen. Aber bequemer ist Nachfolge nicht zu haben.

● **Rätselhaft** erscheint zunächst **V 27**. Ist hier gemeint, dass manche der leiblich Anwesenden nicht sterben werden, sondern lebend ins Reich Gottes hinüberwechseln? Dagegen spricht: Als das Lukasevangelium entstand, waren die Zeitgenossen von Jesus sicherlich bereits gestorben. Die Aussage in V 27 „... bis sie das Reich Gottes sehen" dürfte Lukas auf die Ausbreitung der Kirche beziehen, die als Werk des Heiligen Geistes Gottes Reich auf Erden repräsentiert.

● Nachdem Petrus in Jesus „den Christus Gottes“ erkannt hatte (V 18-20), wird ihm sowie Johannes und Jakobus **ein besonderer Blick** geschenkt, **quasi „hinter die Kulissen“.** Durch das Miterleben der sog. „Verklärung“ werden diese Jünger in ihrem Glauben und ihrer Erkenntnis bestärkt.

● Wie immer, wenn Wesentliches im Leben Jesu geschieht, betet er. Und nun verändert sich dabei sein Gesicht. Elia und Mose, die großen Propheten des AT, gesellen sich zu ihm. Sie bereiten Jesus auf „sein Ende“ in Jerusalem vor. Damit ist zunächst die Kreuzigung gemeint, und so erinnern auch viele Einzelheiten dieses Verklärungsberichts unmittelbar an Jesu Gebet am Ölberg kurz vor seiner Verhaftung. **Zugleich liegt über der Verklärungsgeschichte schon der Glanz von Ostern.** Denn „die Erfüllung“ in Jerusalem umfasst ja auch Jesu Auferstehung, die Himmelfahrt und die pfingstliche Gründung der Kirche.

● Die Jünger erleben dies schlaftrunken wie im Traum mit. Sie hören nicht, was gesprochen wird. Aber sie nehmen doch Mose und Elia wahr. Auch wenn sie nicht verstehen, was da im Einzelnen vor sich geht, spürt Petrus **den besonderen Moment.** Ihn **will er festhalten und „Hütten bauen“** (V 33).

● Dann hören die Jünger Worte vom Himmel. **Gottes Stimme wird laut und bekennt sich zu Jesus:** „Dies ist mein auserwählter Sohn.“ Den Jüngern trägt diese Stimme auf: „Den sollt ihr hören.“ **Gott selbst also bestärkt hier doppelt:** Jesus zeigt in Gottes Namen den Weg zum Heil. Und: Die Jünger hören es höchstpersönlich aus dem Munde des Höchsten, dass sie dem richtigen Mann folgen und dass ihre Nachfolge Gottes Weg ist!

● Die drei Jünger sind zutiefst beeindruckt. Aber sie behalten zunächst für sich, was sie gesehen und gehört haben. Sie tun dies (anders als Mk 9,9f) aus eigenem Antrieb. **Sie müssen das Erlebte wohl erst verarbeiten.** Und werden es wohl erst begriffen haben, nachdem auf das „Ende“ in Jerusalem ein neuer Anfang kommt.

● David hatte **Gottes Heiligtum**, die Stiftshütte, auf den Berg Zion gebracht.

● **Zion** war ursprünglich eine von David eroberte kanaanitische Stadt (2Sam 5,7). Später wurde das ganze **Gebiet um den Tempel** herum und dann die **ganze Stadt Jerusalem** Zion genannt. Der **„heilige Berg"** ist der **Tempelberg.**

● Die **Frage, wer ins Heiligtum hineingehen darf** (V 1), war an Gott gerichtet und hatte **zwei Gründe:**

→ Davids Sohn **Absalom hatte** seinem **Vater** den **Zutritt** zum Heiligtum, in dem die Lade Gottes stand, **verboten.**

→ Auf dem Transportweg der **Lade** hatte Usa in guter Absicht die Lade mit seinen Händen **festhalten** wollen, weil die den Wagen ziehenden Rinder ausglitten und die Lade zu kippen drohte. Der darüber zornige **Gott ließ Usa** auf der Stelle an der Lade **sterben** (2Sam 6,7).

● Die göttliche **Antwort** ist zuerst **allgemein** gehalten:
Der **Gast in Gottes Heiligtum** soll einen **untadeligen Lebenswandel** haben, **gerecht** handeln und die **Wahrheit** sagen.

● Dem folgen **Einzelheiten für einen tadellosen Menschen:**

→ Ein Gerechter **verleumdet** einen anderen Menschen **nicht.**

→ Er fügt seinem Nächsten absichtlich **nichts Böses** zu.

→ Er **schmäht** einen anderen **nicht,** weil er ihm damit die Freiheit nimmt.

→ **Bösewichter und Schurken** sind für ihn **keine Vorbilder.**

→ Er **ehrt den Gottesfürchtigen.**

→ Er **hält seine Versprechen** und Eide, auch wenn er dadurch mal Nachteile hat (3Mose 5,4).

→ Er **verleiht kein Geld zinsbringend** (3Mose 25,36).

→ Er nimmt **keine Bestechungsgeschenke** gegen Unschuldige an (5Mose 27,25).

✎ *Vergleichen Sie diese Aufzählungen mit den Zehn Geboten. Was fällt Ihnen auf?*

● Drei Jünger hatten die Verklärung Jesu aus nächster Nähe miterlebt. Jetzt steigen sie vom Berg herunter und kehren in den Alltag zurück. Sie werden sofort mit dem Leid von Menschen konfrontiert.
● Ein Mann tritt aus der Menschenmenge heraus und bittet Jesus, seinen Sohn zu heilen. Die Symptome, die der Mann schildert, deuten auf **epileptische Anfälle.** Doch heißt es im Text, dass das Kind **von einem Geist hin- und hergerissen** wird. Die Jünger konnten den Jungen jedoch nicht heilen.

✎ *In Lk 9,1 gibt Jesus seinen Jüngern die Macht über alle Dämonen, sodass sie in der Lage sind, Krankheiten zu heilen. Hier jedoch sind sie machtlos. In 10,17 wiederum erleben sie diese Macht ganz konkret. Wie würden Sie diese Spannung beschreiben, in der die Jünger sich befinden?*

● Bevor Jesus den Jungen heilt, wendet er sich gegen seine Jünger. **Der Vorwurf,** sie seien ein **„ungläubiges und verkehrtes Geschlecht“,** erinnert an den Vorwurf, den Mose dem Volk Israel machte (5Mose 32,5.20). **Den Jüngern fehlt die klare Ausrichtung auf Gott und das Vertrauen auf seine Macht.**
● Die Heilung zeigt die Vollmacht Jesu. Diese Machtdemonstration ruft bei den Zuschauern Fassungslosigkeit hervor. So etwas haben sie noch nicht gesehen; die Macht, die im Handeln Jesu offenbar wird, ist mit nichts zu vergleichen.
● Direkt im Anschluss an dieses Heilungswunder kündigt Jesus an, dass er in die Hände von Menschen überantwortet werden wird. Damit weist er auf sein Leiden und sein Sterben hin. **Größer könnte der Kontrast kaum sein.**
● Mit drei Ausdrücken in V 45 („sie verstanden nicht“, „es blieb ihnen verborgen“ und „sie begriffen nicht“) hebt Lukas hervor, dass es ein grundlegendes Nichtverstehen ist. **Die Größe Jesu und sein Leidensweg gehören untrennbar zusammen. Das eine ist nicht ohne das andere zu verstehen.**

● Die Leidensankündigung Jesu ruft tiefes Unverständnis bei den Jüngern hervor. Warum soll ihr Herr ohnmächtig den Menschen ausgeliefert werden? Das passt nicht in ihre Vorstellungswelt.

● Stattdessen überlegen sie, wer von ihnen wohl der Größte ist. Ihre Gedanken sind ganz darauf ausgerichtet, sich von den anderen abzuheben und eine bessere und wichtigere Stellung einzunehmen. **Während Jesus davon spricht, den Weg des Leidens zu gehen, geht es seinen Jüngern um Rang und Namen.** Wieder könnte der Kontrast kaum größer sein.

● Jesus weist seine Nachfolger nicht zurecht, sondern nimmt eine **Zeichenhandlung** vor. Er stellt ein kleines Kind neben sich und gibt ihm so eine besondere Stellung. Denn in der damaligen Zeit erfuhren Kinder kaum Wertschätzung bzw. Beachtung. Im Gegenteil, von einem jüdischen Lehrer wird der Spruch überliefert: „Der Schlaf am Morgen, der Wein am Mittag, das Geplauder mit Kindern und ein Sitzen in der Versammlung des gemeinen Volkes bringen den Menschen aus der Welt."

● Mit einem deutenden Wort erklärt Jesus diese Handlung. Wer ein für unwürdig und unwichtig gehaltenes Kind annimmt, der nimmt nicht nur Jesus selbst, sondern letztlich den Vater im Himmel auf. Damit wird **das Denken der Jünger geradezu auf den Kopf gestellt.** Wahre Größe zeigt sich nicht darin, dass man sich über andere erhebt bzw. von ihnen abhebt, sondern darin, dass man sich den Schwachen und Geringen zuwendet. **Nur wer klein ist bzw. sich kleinmacht, der ist letztlich im geistlichen Sinne groß!**

> ✎ *Lesen Sie Jak 2,1-4. Dort wird den Lesern vor Augen geführt, wie sehr man in der Gemeinde weiter an den alten Vorstellungen hängt und sich von Macht und Reichtum blenden lässt. Warum fällt es so schwer, Größe im Sinne Jesu zu zeigen? Wo lassen Sie sich heute blenden?*

✎ *Vergleichen Sie die Aussage Jesu in V 50 mit dem, was von ihm in Lk 11,23 überliefert ist. Warum scheinen sich diese Aussagen auf den ersten Blick zu widersprechen?*

● Bereits in den vorigen Abschnitten wurde deutlich, dass die Jünger ihren Herrn nicht verstehen. Dieses Unverständnis setzt sich in diesen Versen weiter fort. Die Jünger berichten von einem **fremden Wundertäter,** der im Namen Jesu Dämonen austreibt. Wo und wann sie auf ihn trafen, bleibt im Dunkeln.
● Dieser Fremde wird offenbar von ihnen abgelehnt, dabei lässt die Begründung aufhorchen: „Er folgt dir nicht ***mit uns*** nach." Doch macht bereits der Zusammenhang (siehe 10,1ff) deutlich, dass die Schar der Jünger nicht auf die Zwölf begrenzt ist. Es gibt noch mehr, die Jesus nachfolgen und in seinem Namen handeln. **Die Zwölf haben keinen Monopolanspruch darauf, allein in der Autorität ihres Herrn zu wirken.**
● Jesus weist das (unausgesprochene) Anliegen, diesen Fremden in die Schranken zu weisen und sein Wirken zu unterbinden, zurück. Er ist zwar nicht mit den Zwölfen unterwegs, er schadet ihnen aber nicht. Warum soll er also zurechtgewiesen werden?
● Jesus fordert damit seine Jünger auf, **sich nicht in Revierkämpfen zu verlieren.** Die Jünger sind in unterschiedlicher Weise unterwegs und handeln entsprechend verschieden. Doch der Kernauftrag bleibt für alle bestehen: **Es geht darum, im Namen Jesu zu reden und zu handeln.**

✎ *Schlägt die Offenheit Jesu hier in Beliebigkeit um? Kann jeder tun und lassen, was er will, wenn er nur darauf hinweist, dass es im Namen Jesu geschieht? Lesen Sie noch einmal den oben genannten Vers Lk 11,23 in seinem Zusammenhang. Wie wird deutlich, dass die Ausrichtung auf Jesus keinerlei Kompromisse duldet?*

● Mit V 51 wird ein neuer Abschnitt eingeleitet. **Jetzt rückt das Ziel Jerusalem wieder ins Blickfeld.** Zugleich wird damit deutlich, dass die Zeit Jesu auf Erden ihrem Ende entgegengeht.

● Um auf direktem Wege von Galiläa nach Jerusalem zu gelangen, muss der Weg durch Samaria gewählt werden. Zu Fuß dauert die Reise etwa drei Tage. Man ist also darauf angewiesen, unterwegs ein Quartier zu finden. Das Gebiet der Samaritaner galt frommen Juden als problematisch, da diese früher ihr eigenes Heiligtum auf dem Berg Garizim hatten (um 128 v. Chr. zerstört) und weiterhin Gott dort verehrten und nicht in Jerusalem. Die Wallfahrt Jesu mit seinen Jüngern nach Jerusalem ist offenbar der Grund, warum man ihnen ein Quartier verweigert.

● Die beiden Söhne des Zebedäus reagieren empört auf die Ablehnung. Sie wünschen sich ein unmittelbares Gottesgericht, bei dem die Dorfbewohner vom Erdboden vertilgt werden. Dass die Ablehnung Jesu und seiner Botschaft nicht ohne Folgen für die Zuhörer bleibt, hatten sie in der Aussendung gehört (9,5).

● Jesus weist Johannes und Jakobus deutlich in die Schranken, das entsprechende Wort im griech. Urtext kann mit „tadeln", „zurechtweisen", „anfahren" oder auch „bedrohen" wiedergegeben werden. **Wiederum zeigt sich, dass die Jünger nicht verstanden haben, wie ihr Herr mit Menschen umgeht.** Sie wollen das unmittelbare Gerichtshandeln, haben aber offenbar die Worte Jesu vergessen, mit denen er sie zur Feindesliebe auffordert (6,27f). Es soll eben nicht Gleiches mit Gleichem vergolten werden. **Maßstab für das Handeln ist vielmehr die von Gott erfahrene Barmherzigkeit;** sie befähigt dazu, selbst dort zu vergeben, wo einem unrecht getan wird (6, 36f).

✎ *Wie kann die Erinnerung an die Barmherzigkeit Gottes unser Herz so berühren, dass wir zu einem veränderten Handeln fähig werden?*

● Es geht in den drei kurzen Begegnungen Jesu um **radikale Nachfolge.** Jesus provoziert seine Zuhörer, weil er gängigen Meinungen widerspricht und unbedingte Autorität für sich in Anspruch nimmt.
● Zunächst kommt jemand zu Jesus und möchte ihm nachfolgen. Jesus hält ihm die **Konsequenzen** vor Augen. Der Menschensohn hat kein Dach über dem Kopf. Schon die Geburtsgeschichte Jesu zeigt (Mt 2), dass er auf der Flucht ist, später hat er keinen Heimatort. Selbst die einleitenden Worte verdeutlichen (V 57): Er ist mit seinen Jüngern „auf dem Weg“.
● Danach ruft Jesus einen anderen in die Nachfolge. Die Anrede („Herr“) unterstreicht, dass der Mann diesem Ruf auch folgen will. Dass er zuvor aber seinen verstorbenen Vater beerdigen möchte, entspricht nicht nur den damaligen Erwartungen, sondern dem, was aus den Schriften überliefert war (vgl. Sir 38,16f). Jesus verstört geradezu seine Zuhörer, weil **sein Ruf in die Nachfolge keinerlei Aufschub duldet.** Soll doch der Tote von anderen (geistlich) Toten bestattet werden.
● Bei der dritten Begegnung tritt wieder einer an Jesus heran, der ihm nachfolgen möchte. Offensichtlich ist ihm bewusst, dass er heimatlos sein wird. Daher möchte er sich vorher von seinen Angehörigen verabschieden.
● Wer Jesus nachfolgen will, muss bereit sein, **den Blick nach vorne zu richten und nicht zurückzuschauen.** Das Bildwort vom Bauern, der seinen Acker bestellt, veranschaulicht: Man kann nur dann gerade Furchen ziehen, wenn man unbeirrt nach vorne blickt. **Der ungeheure Anspruch Jesu, dass seinem Ruf alles unterzuordnen ist, fordert heute wie damals heraus.**

✎ *Es geht in diesen Begegnungen aber nicht nur um ein entschlossenes Loslassen und beherztes Abschiednehmen. Was ist die Verheißung bzw. Perspektive, mit der Jesus zu radikaler Nachfolge auffordert? (Vgl. 1Mose 12,1-3.)*

● Die Aussendung der 72 Jünger knüpft direkt an die vorigen Verse an, wo Jesus über die Nachfolge sprach. Die, die mit ihm gehen, werden in die Orte gesandt, in die er selbst gehen wollte. **Sie sollen paarweise unterwegs sein** – das hilft ihnen, glaubhafte Zeugen zu sein; zudem können sie sich so in den Herausforderungen gegenseitig unterstützen (anders dagegen Lk 9,1ff; siehe Auslegung vom 10. Februar). **Der Auftrag ist eng mit dem Gebet verbunden;** Gott ist und bleibt der Herr, er ist verantwortlich, und er soll die entsprechenden Arbeiter in die Arbeit rufen. Die Sendung durch den Herrn bewahrt die Boten aber nicht vor Anfeindung und Bedrohung, sie sind **wie Schafe schutzlos unter Wölfen.**

● Den Boten werden **klare Instruktionen** mit auf den Weg gegeben, wie sie sich verhalten sollen. Auf die sog. negativen Anweisungen in V 4 folgen die längeren positiven Aufträge.

● Zunächst einmal soll der Eindruck vermieden werden, es ginge den Boten um den eigenen Vorteil. Sie leben nicht auf Kosten anderer, und sie sollen auch kein Vermögen anhäufen.

● Doch eine falsche Bescheidenheit ist auch fehl am Platz – „ein Arbeiter ist seines Lohnes wert“ (V 7; vgl.1Tim 5,18). Wenn die Boten in einem Haus Aufnahme finden, so sollen sie dort bleiben, damit der Gastgeber nicht gekränkt wird.

● Die Worte Jesu beschreiben **beide Fälle – die freundliche Aufnahme, aber auch die deutliche Zurückweisung.** Die Botschaft zielt darauf ab, dass die Zuhörer sie annehmen und sich dem „Reich Gottes“ (oder besser: „der Königsherrschaft Gottes“) öffnen. Wenn sie sich aber weigern, so sollen sie wissen, welche ernsten Konsequenzen es für sie hat.

● Jesus verbindet diesen Fall, dass sich Menschen seiner Botschaft verschließen, mit drei Städten, in denen er besonders gewirkt hat. Den nahe beieinanderliegenden Ortschaften Chorazin, Betsaida und Kapernaum wird das Gericht angedroht, weil sie Jesus abgelehnt haben (vgl. Mk 1,21; 2,1; 8,22; 9,33).

● Psalm 9 und 10 sind im griechischen AT (Septuaginta) ein zusammenhängender und sogenannter **alphabetischer Psalm.** Die Versanfänge richten sich nach der Buchstabenfolge des hebräischen Alphabets. **Psalm 10 ist der zweite Teil** dieser Einheit.

● **Drei Teile** lassen sich in diesem Psalm erkennen:

→ **Klage** über Gottesferne und Gottlosigkeit (V 1-11).

→ **Anrufung** Gottes und Aufruf an ihn zu handeln (V 12-15).

→ **Lob Gottes,** weil er hörte und gehandelt hat (V 16-18).

● Der Psalm beginnt mit der klagenden **Frage „Warum“**, die bis heute in vielen Herzen aufbricht. Der Beter ist **verzweifelt** über die **Gottlosigkeit** seiner Mitmenschen. Hinzu kommt das Gefühl seiner **Einsamkeit.** Warum ist **Gott** auch für ihn so **weit weg** und greift nicht ein? Ist er überhaupt noch da?

● Die **Gottesleugner** werden von dem Beter großartig beschrieben, weil er aufs Engste mit ihnen zusammenlebt – wohingegen Gott offensichtlich „ferne“ ist (V 1).

● Der Gottlose lebt egozentrisch nur nach eigenen Maßstäben. Seine **Gier** nach Wohlstand ist unersättlich. **Lebenssicherheiten** schafft er sich selbst (V 6). Er muss kein Freund der Wahrheit sein. Durch **Lug und Trug** schafft er Unheil und Unterdrückung (V 7). Er **anerkennt keinen Richter über sich.** Wie ein wildes Tier lauert er auf die nächste Beute (V 8-11).

● Wie ein **Weckruf** ist das Gebet mit der dringenden Bitte, Gott möge doch endlich dem Unrecht ein Ende setzen, da er die Nöte doch sehe (V 12-15).

● **Gott sei Lob! Gott hört!** Er hat die Geschicke der Welt und aller Völker in seinen Händen. Dabei vergisst er die großen und die kleinen Nöte der Menschen und besonders die der Hilfsbedürftigen nicht (V 16-18).

✎ *Hatten Sie angesichts von Unrecht schon einmal das Gefühl, dass Gott sich verbirgt und von „ferne“ zuschaut? Haben Sie schon einmal sein Eingreifen erlebt?*

● Kurz nach dem Bericht von der Sendung der 72 Jünger (10,1-12) hören wir nun von ihrer **Rückkehr. Im Vordergrund ihres Berichtes steht die Freude, dass sie Macht über die Dämonen hatten.** Ob die Zuhörer ihrer Botschaft geglaubt haben und umgekehrt sind, bleibt hingegen offen. Hier setzt offenbar auch die Kritik Jesu an. Die Freude über die Macht über unreine Geister ist vergänglich. Die Jünger sollen sich stattdessen darüber freuen, dass ihnen ewiges Leben geschenkt ist.

✎ *Ob unsere Namen „im Himmel", d. h. im „Buch des Lebens" geschrieben sind, wird zum entscheidenden Kriterium, ob wir einmal für immer zu den Geretteten gehören. Lesen Sie dazu Phil 4,3; Offb 3,5; 17,8; 20,12.15.*

● Jesus erinnert seine Jünger daran, dass sie ihre **Vollmacht einzig und allein von ihrem Herrn** haben. Er hat sie ihnen übergeben, und kein Widersacher kann ihnen schaden. Die Überlegenheit Jesu über Satan wird hier vorweggenommen, sichtbar wird sie erst in Tod und Auferweckung Jesu und ihre Endgültigkeit wird erst am Ende der Zeit offenbar werden.

● An die Rückkehr der Jünger schließt sich ein Lobpreis Jesu an, der auffallend oft vom Vater handelt. **Der Vater ist zu loben,** weil er den Unmündigen (d. h. den Schwachen, Einfachen und Ungebildeten) das Geheimnis des Reiches Gottes offenbart hat. Sie verstehen es, während sich die eigentlich Kundigen schwertun. **Der Glaube ist eben nicht an menschliche Klugheit gebunden. Alle können im Sohn den Vater kennenlernen.**

● In den letzten Versen spricht Jesus seine Jünger direkt an und wendet sich ihnen persönlich zu. Sie können sich glücklich schätzen, ihn zu hören und zu erleben. Das, was frühere Generationen ersehnt und erhofft hatten, erleben sie nun ganz konkret. Vor ihren Augen und Ohren erfüllt sich, was über so viele Jahrhunderte hinweg verheißen war.

Was muss ich tun, um das ewige Leben zu ererben? (V 25). Um diese Frage ist es still geworden in unseren Breiten. Wir fragen heute doch eher: „Wie kann mein Leben gelingen – und wie hilft mir der Glaube dabei?" Die Frage nach dem „ewigen Leben" scheint in große Ferne gerückt zu sein.

● Für den Schriftgelehrten war dies eine ernste Frage. Jesus gibt ihm eine klare Antwort: „Liebe Gott von ganzem Herzen, von ganzer Seele, mit all deiner Kraft und deinem ganzen Gemüt, und deinen Nächsten wie dich selbst."

● Wie der Nächste zu lieben ist, wird zunächst nicht gesagt. Wir verbinden mit dem Wort „Liebe" häufig „Gefühl". Doch Jesus sagt dem Mann und damit auch uns: **Es geht nicht in erster Linie um unser Gefühl, sondern dein Wille ist gefragt.** Willst du Gott von ganzem Herzen, mit allen Kräften lieben, dann wird sich dein Alltag ändern. Nicht nur, dass du bei deinen Entscheidungen dann zuallererst dem Willen Gottes in deinem Leben Raum gibst, auch deine Sicht auf den Nächsten und dein Verhalten ihm gegenüber wird sich ändern.

● In dem bekannten Gleichnis gehen die beiden frommen Männer an dem Hilfsbedürftigen vorbei; offenbar hat die Erfüllung ihrer religiösen Pflichten Vorrang gegenüber einer spontanen, so nicht eingeplanten Hilfe für den unter die Räuber Gefallenen.

● **Gott von ganzem Herzen lieben schließt ein, die Welt mit andern Augen zu sehen, spontan benötigter Hilfe den Vorrang zu geben – und so Gott zu ehren.**

● Wir müssen nicht die Welt retten. Aber wir sollen bereit sein zu praktischer Hilfe, wo sie spontan und konkret von uns gefordert wird – so, wie es der Samariter in dem Gleichnis tut.

✎ *Jesu Aufforderung: „Gehe hin und tu desgleichen!", ist auch eine Aufforderung an uns, in den Begegnungen heute Gott zu lieben, indem wir andern die jetzt erforderliche Hilfe leisten.*

Selbst Psychologen haben diese Geschichte von Maria und Marta analysiert. Sie stehen für eine bestimmte seelische bzw. charakterliche Grundhaltung: Marta, die aktive, nach außen Gewandte, stets darum bemüht, sich den anstehenden Aufgaben und Herausforderungen zu widmen – und Maria, die eher Passive, in sich Gekehrte und ihr Leben Reflektierende.

● Doch letztlich geht es hier nicht um die beiden Schwestern. **Es geht um Jesus und die Haltung der Schwestern zu ihm.**

● Menschen wie Marta sucht jede Gemeinde. Sie packt selbstverständlich mit an, wo ein Gemeindefest zu organisieren ist oder Gäste zu bewirten sind. Stets dienstbereit und zur Stelle: Das ist doch nicht verwerflich, möchte man einwenden.

● Maria wird oft als die Träumerin angesehen, die andere die Arbeit machen lässt. Doch was Jesus an ihr lobt (V 42), ist nicht ihre Untätigkeit, sondern ihre Bereitschaft, ihm zuzuhören. Eben das hat in diesem Moment Vorrang für sie. **Sich praktisch *einsetzen* für Jesus oder sich seiner Botschaft *aussetzen*.** Das kann auch heute für Sie zu einer Alternative werden.

● Johannes Busch: **„Wir haben heute in unseren Gemeinden viele aktive Leute, aber nur wenige die aus der Stille kommen.“** Es ist für unsere Nachfolge und unser Wachsen im Glauben nötig, dass wir uns Zeit nehmen für Jesus. Das müssen wir wollen; es ergibt sich nicht von selbst.

● Wenn Jesus von Maria sagt, dass sie „das gute Teil erwählt“ hat (V 42), dann wertet er damit die Dienstbereitschaft von Marta nicht ab. Aber er macht klar, dass **das Hören auf ihn Vorrang hat vor allem Tun.**

● Die Wahl so zu treffen, wie Maria es tat, ist heute für uns oft eine Anfechtung. Wir haben so viele Dinge zu tun, oft gleichzeitig, und wir sind zufrieden, wenn wir unser Pensum schaffen. – Maria wählt den Platz zu Jesu Füßen. Sie will jetzt in seiner Nähe sein. Das war damals entscheidend für Marta – und es kann heute entscheidend für Sie sein.

Die Jünger kommen zu Jesus und wollen von ihm das Beten lernen. Es ist davon auszugehen, dass sie Jesus beim Beten zugehört haben. Damals beteten die Menschen laut. Aber bei Jesus war es offensichtlich so, dass sich sein Beten nicht auf die vertrauten liturgischen Worte beschränkte, sondern dass er mit eigenen Worten zu Gott betete.

● Wer betet, muss wissen, wie er den anspricht, zu dem er betet. **Jesus macht den Jüngern Mut, Gott als „Vater“ anzureden.** Sie dürfen sich als Kinder des himmlischen Vaters verstehen. Es ist ein Vorrecht, Gott so anreden zu dürfen – auch für uns.

● Jesus sagt seinen Jüngern, dass sie **zunächst Gottes Ziele zum Inhalt ihres Betens** machen sollen. So werden sie beteiligt an dem Willen Gottes in dieser Welt. Die **Heiligung des Namens Gottes steht dabei ganz oben:** Gottes Name soll in unserer Welt, an jedem Tag geehrt werden. **Sein Reich**, das mit dem Kommen Jesu angebrochen ist, **soll endgültig sichtbar vor aller Welt triumphieren.** Bis heute leiden wir daran, dass dieser Triumph des Reiches Gottes noch aussteht. Mit jedem Vaterunser beten wir dafür.

● **Aber auch für all das, was unser tägliches Leben praktisch ausmacht, dürfen wir bitten:** „Unser täglich Brot gib uns heute ...“ Damit bitten wir um Nahrung, aber auch um Bewahrung, Wohnung, Auskommen und Einkommen, Familie, Frieden in der Welt ... **Kein Anliegen ist zu unwichtig, dass wir es nicht im Gebet vor Gott ausbreiten dürften.**

● **Die Bitte um Vergebung unserer Schuld binden wir an unsere eigene Vergebungsbereitschaft.** Dass wir Vergebung von Gott erbitten und erwarten, schließt ein, dass wir selbst vergebungsbereit sind.

● **Die Bitte um Bewahrung vor den Versuchungen des Widersachers ist ein weiteres, wichtiges Anliegen im Vaterunser.** Wie oft gelingt es dem Bösen, uns zu Fall zu bringen, sodass wir am Ende womöglich unser Heil verspielen. Eben davor möge uns Gottes Gnade bewahren.

Kommen Ihnen nicht manchmal auch **Zweifel,** ob Gott denn wirklich Ihr Gebet erhört und ob Ihre Bitten auch in seinem Sinn sind? Nach der Lehrstunde zum Vaterunser folgt nun eine kleine **Geschichte über den Wert der Freundschaft.**

● Im Orient ist Freundschaft oft sehr existenziell, die Hilfe des Freundes geradezu lebensnotwendig. Alle, die von Jesus die Geschichte von dem nachts dringend um Brot bittenden Freund hören, brauchen keine große Erklärung dazu: **Gott ist unser Freund, er lässt uns nicht im Stich, wenn wir seine Hilfe dringend brauchen.** Wir mögen mit unsern Bitten zu den ungewöhnlichsten Zeiten zu ihm kommen.

● V 9-13: Jesus legt noch einmal nach. Er ermutigt dazu, ganz konkret bei Gott „anzuklopfen" und dabei nicht lockerzulassen. Bitten – suchen – anklopfen, das ist die Vorgehensweise eines orientalischen Bettlers damals. Mit dieser Einladung, es genau so zu machen, wird unsere Stellung im Gespräch mit Gott noch einmal verdeutlicht. **Bettler sind wir. Wir haben kein „Recht auf Erfüllung" unserer Bitten. Aber wir haben jeden Tag unseres Lebens einen Vater im Himmel, der seine bittenden Kinder nicht hinhält.**

● Brot, Fisch und Ei: Das waren zur Zeit Jesu Grundnahrungsmittel für die Menschen in Palästina. **Jesus sagt uns damit, dass es Gott wichtig ist, uns mit allem zu versorgen, was wir zum Leben brauchen.**

✎ *Überlegen Sie einmal selbstkritisch: Sind Sie eigentlich noch dankbar für die tägliche Versorgung durch Ihren himmlischen Vater? Ist da nicht eine Gewöhnung eingetreten, dass Sie nahezu einen „Rechtsanspruch" für sich geltend machen? Dass wir Tag für Tag liebevoll von Gott versorgt werden, lässt diese Erfahrung womöglich zur gedankenlos hingenommenen Selbstverständlichkeit werden. – Lassen Sie es uns täglich neu einüben, Gott für das dankbar zu sein, was wir sind und haben.*

Die Auseinandersetzungen zwischen Jesus und den Pharisäern und Schriftgelehrten nehmen an Schärfe zu. Offenbar kamen einige Gesetzeslehrer aus Jerusalem, um Anhaltspunkte für eine Verurteilung Jesu zu finden.

● Ganz selbstverständlich geht das NT davon aus, dass der Widersacher Gottes, der Satan, auch „Beelzebub" genannt, sowie im Dienste des Satans stehende Dämonen real existieren und es darauf anlegen, die Menschen zu verführen und zu verderben.

● Unsere aufgeklärte Zeit hat immer wieder den Teufel und seine Dämonen in den Bereich der Fabel verbannt. Doch ein nüchterner Blick in die Welt mit all ihren Nöten, Süchten und Problemen belehrt uns eines Besseren. **Die Mächte der Finsternis sind real, aber sie sind durch Jesus Christus besiegt und können uns nichts anhaben, wenn wir uns unter den Schutz Jesu stellen.** Auch heute erfahren Menschen im Vertrauen auf Jesus z. B. Befreiung von den Dämonen versklavender Süchte.

● Zurück zum Text. Die Haltung der Jerusalemer Schriftgelehrten ist klar: Für sie steht Jesus im Bunde mit den Mächten der Finsternis. Er arbeitet mit den Dämonen zusammen.

● Jesus widerlegt diese Argumentation mit dem logischen Hinweis, dass kein Reich, auch nicht das Reich der Finsternis, existieren kann, wenn es in sich zerstritten ist. **Wenn er mit den Dämonen paktieren würde: Wie kann er sie dann mit seinen Worten austreiben, d. h. ihrer Wirksamkeit berauben?** Das macht keinen Sinn!

✎ *Was heißt das für uns? Die Mächte der Finsternis werden auch heute versuchen, uns von Jesus wegzuziehen durch Zweifel, verlockende Versprechen, die uns am Ende nur Unheil bringen. Da gilt es, ganz nahe bei Jesus zu bleiben.*

● V 27f: **Dabei lehnt Jesus allen Kult um seine Person ab.** Dafür preist er die glücklich, die Gottes Wort hören, annehmen, bewahren und beherzigen.

● Wie Psalm 10 gehört auch dieser zu den **alphabetischen Psalmen.** Dem hebräischen Alphabet folgend, beginnt jeder Vers mit einem anderen der 22 Buchstaben.

● „Zu dir, Jahwe, erhebe ich meine Seele." **Beten ist ein Aufsteigen der Seele zu Gott.** Im Angesicht Gottes verlieren die Kleinigkeiten des Alltags ihre Bedeutung. Die Bitten nach Wegweisung (V 4 „zeige mir"), Begleitung (V 5 „leite mich") und Unterweisung (V 4f „lehre mich") sind jetzt für ihn wichtig. Dabei erinnert der Beter an seine sündhafte Vergangenheit (V 7: „gedenke nicht") und gleichzeitig an Gottes Barmherzigkeit und Güte (V 6: „gedenke").

● Der Beter ist **einsam** und lebt **in Angst, Jammer und Not** (V 16-18). Seine **Schuld** drückt ihn, selbst die aus seiner **Jugend** (V 7).

● Er weiß, **wenn Gott ihm nicht vergibt** und seine Seele nicht bewahrt, wird er nicht errettet. Dann ist er **verloren** und geht kaputt. Dann ist er den Anfeindungen, dem Hass und der Schadenfreude seiner Gegner hilflos ausgesetzt (V 2.19). So bittet er um **Vergebung** (V 7.11.18).

● **Sehnsucht nach Liebe** von und zu Gott kennzeichnen den Gerechten vor Gott. Deshalb **harrt** er auf ein Wort seines Gottes (V 4-5). Es lohnt sich, auf ihn zu sehen (V 15) und seinen Bund mit seinen Geboten zu halten (V 10.14).

● Gott lässt ihn nicht im Stich. Er rettet ihn aus seinen Nöten und vergibt ihm seine Schuld. Deshalb kann er frei von Schuld und reinen Herzens auf den Wegen Gottes im Gehorsam weiterleben. **Das Geschenk der Vergebung bewahrt ihn vor Selbstgerechtigkeit und Hochmut.**

● Die Erfahrung der Gnade und Treue Gottes lässt ihn von sich selber wegblicken auf sein **Volk Israel,** das auch die Erlösung durch Gott aus seinen Nöten braucht.

✎ *Was machen Sie mit Sünden Ihrer Vergangenheit, wenn sie aus der Erinnerung wieder hochkommen?*

● V 29: „Dies ist ein böses Geschlecht ...“, das ist nicht im Sinne einer moralischen Abwertung gemeint. **„Böse“ beschreibt ihre Haltung gegenüber Gott, dem Vater von Jesus. Sie sind gegen Gott eingestellt, weil sie gegen Jesus vorgehen.**

● Die **Zeichenforderung wird zurückgewiesen** mit dem Hinweis auf **Jona.** Jesus macht am Beispiel von Jona auf sein bevorstehendes Sterben und seine Auferstehung aufmerksam. Nun war Jona ja nicht wirklich tot und ist somit auch nicht wirklich auferstanden. Der **Vergleichspunkt** liegt in den drei Tagen, in denen Jona im Bauch des Fisches verbrachte bzw. Jesus tot war. Während damals die Menschen in Ninive nach der Predigt des Jona umkehrten, sind die Zuhörer von Jesus dazu offenbar nicht bereit.

● Jesus führt seinen Zuhörern noch eine Geschichte aus dem AT vor Augen. Die **Königin von Saba** besuchte Salomo (1Kön 10,1ff; 2Chr 9,1ff). Diese Königin wird im Gericht einmal die augenblickliche Generation anklagen. Ohne es ausdrücklich zu erwähnen, gibt Jesus hier **Aufschluss über das Endgericht.** Es findet auf jeden Fall statt, und selbst die Bürger von Ninive, die einst Buße taten, werden die unbußfertigen Juden dann verurteilen.

● Bei vielen Einzelfragen, die dieser Abschnitt heute aufwirft, **können wir festhalten:**

→ An unserer **Haltung zu Jesus** als dem Sohn Gottes werden wir einmal in Gottes Gericht beurteilt.

→ **Jesu Sterben und seine Auferstehung werden durch das AT bereits bezeugt** – sinnbildlich etwa in der Jona-Geschichte.

Somit nimmt Jesus den Schriftgelehrten alle Argumente aus der Hand, mit denen sie meinten, ihn ablehnen zu können.

● Das gilt auch heute, es gibt keine wissenschaftlichen Argumente oder gar Beweise, um Jesus mit seinem Anspruch, der verheißene Messias und Heiland der Welt zu sein, abzulehnen. Es ist **immer zuerst eine Willensentscheidung,** bei der es heißt: „Wir *wollen nicht*, dass dieser über uns herrsche“ (Lk 19,14).

Die kleinen Fischer- und Bauernhütten in neutestamentlicher Zeit hatten oft keine Fenster. Die einzige Lichtquelle war eine Öllampe, die den Menschen Orientierung gab. Deshalb kann Jesus hier ohne große Erklärungen das Bild des Lichtes „umdeuten". **Das Auge wird in einer zweifachen Weise zum Licht für den ganzen Menschen:**

→ V 34: **einmal nach innen, in das Leben des Menschen.** Was nehme ich mit meinen Augen nicht alles auf? Und ist das, was ich sehe, auch förderlich für meine Christusnachfolge? Jesus spricht davon, dass wir durch unser Sehen so gefangen werden können, dass es dem ganzen Menschen schadet. Denken wir etwa an die Werbung, die unsere Begehrlichkeit für bestimmte Produkte weckt, ohne dass wir sie wirklich brauchen. Wovon lassen wir uns blenden und ablenken, was für unser Leben und unsern Glauben abträglich ist? Es hat sich auch nach 2000 Jahren nichts geändert. Wir nehmen täglich durch unser Auge Dinge, Gedanken und Eindrücke auf, die oft schädlich sind.

✎ *Lassen Sie uns darauf achten, auf wen oder was wir unsere Blicke richten! „Nein" sagen kann eine angemessene Reaktion sein. Nein zu Bildern, Eindrücken, Gedanken, die die Gradlinigkeit meines Glaubens und Lebens beeinträchtigen.*

→ V 36 wird eine andere Seite unseres Lebens angesprochen. **Mein Körper, mein ganzes Wesen kann und soll Licht sein. Klarheit, Offenheit, Transparenz sollen mein Leben bestimmen.** Dann begegne ich andern Menschen ohne jeden Hintergedanken, ohne jede Spur von Zweideutigkeit. Jesus will heute in uns leuchten, dass unser Leben hell wird, und er will durch uns leuchten. Durch die Art und Weise, wie wir klar leben; klar und eindeutig in Wort und Tat auf den Heiland der Welt hinweisen. Das wird nicht immer einfach sein. Es ist aber auf jeden Fall Christus gemäß und wird unsere Nachfolge erkennbar machen.

● Jetzt treibt Jesus **die Konfrontation auf die Spitze.** Er ist Gast bei einem Pharisäer. Auch mit ihnen pflegt er Tischgemeinschaft. Die Einladung zeigt eine gewisse Offenheit des Pharisäers für Jesus und seine Verkündigung.
● Doch schon bevor man sich zum Essen niederlässt, verstößt Jesus gegen die Tradition. Der Ordnung entsprechend hätte er die rituellen Waschungen vollziehen müssen. Auf die Frage des Gastgebers, warum er das nicht tue, reagiert Jesus mit einer **Generalanklage an die Pharisäer.**
● **Mit äußeren religiösen Zeremonien, rituellen Handlungen, penibler Befolgung gesetzlicher Pflichten** trugen die Frommen damals ihren Glauben zur Schau und **beschwerten zugleich die einfache Bevölkerung damit.** Die Regeln, die sie aufstellten und deren strikte Einhaltung sie erwarteten, waren für hart arbeitende Menschen einfach nicht einzuhalten. Das sorgte bei der **frommen Elite für ein Gefühl der Überlegenheit und der Verachtung für das einfache Volk.** Eben das greift Jesus frontal an.
● V 45: Einer der Schriftgelehrten versteht die Anklage und sagt, dass Jesus damit nicht nur die Pharisäer, sondern auch sie „schmähe". Das stimmt, aber es löst keine Einsicht bei ihm aus. **Gibt es einen schlimmeren Vorwurf als den, dass man Menschen unerträgliche Lasten auferlegt, es sich aber selbst dabei gut gehen lässt?**

✎ *Von Jesus den Spiegel vorgehalten zu bekommen, ist nie eine lieblose Verurteilung. Es ist die Chance, sich und sein Tun zu erkennen, umzukehren und Gott die Ehre zu geben. Lesen Sie das Wort von Jesus so, dass es auch für Sie ein Spiegel ist, der Ihnen zeigen will, wo ihr Glaube zur frommen Selbstdarstellung führt, statt echt zu sein. Wir alle brauchen diesen Spiegel, denn wir stehen immer wieder in der Gefahr, dass sich unser Glaube in Äußerlichkeiten erschöpft.*

● V 31-34: Am Beginn des letzten Weges nach Jerusalem kündigt Jesus seinen Jüngern ein drittes Mal seine bevorstehende Passion an. Und auch jetzt verstehen sie ihn nicht. Jesus sieht seinen Weg bereits im AT angekündigt, siehe z. B. Jes 53,10; Jer 11,19; Sach 12,10. Das zeigt, dass sein Weg ans Kreuz nicht Schwachheit oder Scheitern ist. **Vielmehr ist dieser Leidensweg Gottes längst beschlossener Weg zu unserem Heil.**

● **„Menschensohn"** ist nach Dan 7,14 ein Hoheitstitel, der beinhaltet, dass dem Menschensohn von Gott die Macht als Weltrichter verliehen ist. Der, dem alle Macht gegeben ist, gibt sich in die Hände der Menschen – für uns.

● Die V 35-43 ereignen sich, als Jesus in der Nähe von Jericho ist. Jericho hatte sowohl im AT als auch im NT eine große Bedeutung. Es ist eine der ältesten Städte weltweit und die tiefst gelegene Stadt der Welt (259 Meter u. d. M.).

● Hier in Jericho sitzt ein Blinder – wahrscheinlich Bartimäus (Mk 10,46) – und bettelt, um nicht hungern zu müssen. Als Bartimäus die vorbeikommenden Menschen hört, fragt er nach, wer käme. Als man ihm sagt, dass es Jesus von Nazareth sei, schreit er nach Jesus und bittet ihn um Hilfe. Wenn er dabei Jesus als „Sohn Davids" bezeichnet, sieht er nach 2Sam 7,12ff in Jesus den verheißenen Messias. Jesus hört sein Rufen und bleibt stehen. Wenn Jesus auch noch auf dem Weg ins Leiden Zeit hat für einen Einzelnen und sich um ihn kümmert, sollte er dann nicht auch für uns Zeit haben und unser Gebet hören? Vorbildlich für uns ist es, wie sich Bartimäus nicht durch andere einschüchtern lässt, unbedingt zu Jesus zu kommen, vorbildlich auch sein Vertrauen in Jesus und dass er ihm nach seiner Heilung nachfolgt und Gott lobt.

✎ *Trotz Blindheit hat Bartimäus den Durchblick, der vielen Sehenden heute fehlt. Oder wie sehen Sie das?*

● In Jericho lebt Zachäus. Als Oberzöllner hatte er von den Römern die Zollstation von Jericho gepachtet. Dafür bezahlt er eine fixe Summe. Weil der Rest der Einnahmen in die eigene Tasche geht, versucht er durch hohe Zollgebühren möglichst viel für sich herauszuschlagen. Deshalb war er wohlhabend. Im Volk sind die Zöllner verhasst. Zum einen, weil sie mit den Römern zusammenarbeiten, und zum anderen, weil sie die Leute „aussaugen".

● Als nun Jesus von einer großen Menschenmenge begleitet durch Jericho zieht, möchte auch Zachäus Jesus sehen – vielleicht aus Neugier, vielleicht aber auch aus einem tieferen Grund. Weil er klein ist und keine Chance hat, sich durch die Menge nach vorne zu drängeln, steigt er auf einen Maulbeerfeigenbaum. **Er tut alles, um Jesus zu sehen, selbst wenn er sich damit der Lächerlichkeit preisgibt.** Als aber Jesus an der Stelle vorbeikommt, bleibt er stehen ... „**und er sah auf**" (V 5).

● **Es bleibt Jesus nicht verborgen, wenn ein Mensch ihn sucht.** Mitten in der Menge sieht er den **einen** und spricht ihn mit seinem Namen an. Bis heute ist Jesus der Einzelne wichtig. Er kennt auch uns persönlich mit unserem Namen.

● Ab V 5 geht es im Grunde nur noch um Zachäus und Jesus. Jesus ruft Zachäus vom Baum und lädt sich bei ihm ein. Und Zachäus „nimmt ihn auf mit Freude" (V 6).

● Durch die Begegnung mit Jesus verändert sich das Leben von Zachäus. Er bekennt seine Schuld und bittet um Vergebung. Als Zeichen, dass er es ernst meint, verspricht er, von seinem unrecht erworbenen Besitz abzugeben und Schuld wiedergutzumachen. Zugleich wird er ein Jünger Jesu.

● Während Zachäus sich freut, wird draußen gemurrt. Die Menge hatte erwartet, dass Jesus mit einem Sünder wie Zachäus ins Gericht geht. **Aber Jesus ist gekommen, die Verlorenen zu suchen,** sie zum Glauben einzuladen und ihnen das ewige Heil zu schenken. Das ist auch heute sein Wunsch.

● V 12-14: Im 1. Teil des Gleichnisses erzählt Jesus von einem Mann, der in ein fernes Land zieht, um dort die Königswürde zu erlangen. (Im Hintergrund steht wahrscheinlich die Geschichte von Archelaus, dem Sohn von Herodes dem Großen, der nach Rom zog, um von Kaiser Augustus die Königswürde zu bekommen.) Bevor er geht, gibt er seinen Knechten jeweils 100 Drachmen (1 Drachme ist der Tageslohn eines ungelernten Arbeiters). Er traut ihnen also viel zu und beauftragt sie: **„Handelt, bis ich wiederkomme!“**

● Mit diesem Gleichnis spricht Jesus von sich und seinen Nachfolgern. Nicht sofort wird Jesus sein Reich sichtbar aufrichten. Zuerst wird er sterben, auferstehen und mit seiner Himmelfahrt zu seinem Vater zurückgehen. Erst nach längerer Zeit wird er wiederkommen und sein Reich sichtbar vor aller Welt aufrichten. Bis zu seiner Wiederkunft – so der Auftrag Jesus – sollen wir als seine Nachfolger Menschen durch Wort und Tat zum Glauben an ihn einladen. **Jesus vertraut uns als seinen Mitarbeitern seine Frohe Botschaft an.** Er verspricht uns für unseren Dienst seinen Heiligen Geist. Jesus ist kein Skeptiker. Er traut es dem verkündigten Wort zu, dass es nicht leer zurückkommt.

✎ *Überlegen Sie: Wo und wie können Sie für Jesus wirken?*

● V 15-27: Im 2. Teil geht es um die Rechenschaft, die Jesus bei seiner Wiederkunft von uns verlangt. Dann wird seine „Königswürde“ (V 15) sichtbar werden, die er jetzt schon hat, nämlich dass ihm alle Macht gegeben ist (Mt 28,18). Zugleich wird er uns nach unserer Treue fragen, die nicht unbelohnt bleibt. Dann wird deutlich, welche Frucht er durch uns schaffen konnte. Der „tüchtige“ Knecht ist der Treue. Der „böse“ Knecht fürchtet sich vor Jesus. Sein Verhältnis zu ihm ist von Misstrauen und Argwohn geprägt. Deshalb bleibt er untätig. Sollten wir nicht aus Dankbarkeit und Liebe zu Jesus gerne und fröhlich für ihn und unsere Nächsten da sein – auch heute?

✎ *Kommt Ihnen V 15b bekannt vor? Ich schreibe diese Auslegung im Jahre 2019; da war dieser Vers Jahreslosung. Erinnern Sie sich noch? Was hat dieser Vers Ihnen damals bedeutet?*

● Ps 34 ist kunstvoll gestaltet:

→ Die ersten Buchstaben aller **Verse** bis auf den zusammenfassenden V 23 **folgen dem hebräischen Alphabet.**

→ In jedem Vers kann man mehr oder weniger die für die Psalmen typische **Parallelität der Versteile** sehen, die entweder mit anderen Worten denselben Gedanken widergeben oder aber einen mehr oder weniger strengen Gegensatz bilden (z. B. Ps 1,6). Dazu kommt die sog. ergänzende Parallelität, in der der zweite Versteil den ersten fortführt, ohne ihn abgewandelt zu wiederholen (z. B. V 15).

✎ *Versuchen Sie einmal diese Parallelitäten zu entdecken.*

● Dass der Psalm kunstvoll gestaltet ist, bedeutet nun aber nicht, dass er nicht Anhalt im konkreten Leben hätte:

→ Der Psalm ist die Antwort des Beters auf die ihm **geschenkte Gottesnähe**; mit seinem Lob will er „**die Armen**" anstecken, sich diesem Lob anzuschließen – um so die gleiche Erfahrung zu machen.

→ Der Beter stellt seine eigene Erfahrung vor (Hilfeschrei – Erhörung – Rettung) und sagt damit: „Genau so ist Gott, er will **Arme und Bedrängte** retten bzw. sich als **Schutzwall** (als schützender Engel) rings um alle lagern, die von Feinden bedroht werden, und sie so retten" (V 8, vgl. 2Mose 14,19).

→ „**Die Armen**" werden eingeladen, selbst leibhaftig („schmecket") die überprüfbare („und sehet": „untersucht") Erfahrung zu machen, dass Gott der HERR „gut" ist („freundlich" V 9).

→ **Selbst wenn augenblickliche „Realitäten" das Gegenteil nahelegen: Wo Menschen Gott ehren, kehren sich die Verhältnisse um** (V 11: vgl. 1Sam 2,5; Lk 1,53).

Dieser Text berichtet vom Einzug Jesu in Jerusalem, bei dem Jesus noch nicht das sichtbare Gottesreich aufrichtet, wie es manche erwartet hatten. Doch scheint hier etwas davon auf, dass Jesus der Herr aller Herren und König aller Könige ist.

● In V 28-34 macht **Jesus** deutlich, dass er **der Messias** ist. Als er sich von Jericho auf den Weg nach Jerusalem macht, **setzt sich Jesus an die Spitze des Zuges** (V 28). Das ist königliches Verhalten – so wie einst Salomo an der Spitze des Volkes in Jerusalem als König einzog (1Kön 1,40).

● Als Jesus dann an den Ölberg nahe Jerusalem kommt, schickt er zwei Jünger nach Betfage, um dort ein Eselsfüllen loszubinden und zu Jesus zu bringen, damit er darauf in Jerusalem einziehen kann. Damit erfüllt sich, was der Prophet Sacharja (Sach 9,9) angekündigt hatte: „Siehe, dein König kommt zu dir, ... arm und reitet auf dem Füllen einer Eselin." Mit dieser **Zeichenhandlung** macht Jesus deutlich, dass er der angekündigte Messias und König Gottes ist. Nicht ein Pferd, das Reittier der Mächtigen, wählt er aus, sondern einen jungen Esel, das Lasttier der armen Leute. **Damit macht Jesus deutlich, dass er ein dienender König** ist. Er, der Herr aller Herren, kommt, um uns mit seinem stellvertretenden Sühnetod zu dienen. Das ganze Geschehen zeigt, dass **Jesus der souverän Handelnde** bleibt und seine Passion kein ihm widerfahrendes Missgeschick ist, dem er ohnmächtig ausgeliefert wäre.

● In V 35-40 jubelt **das Volk** Jesus **als Messias** zu. Die Menschen legen Kleider auf den Weg als Zeichen der Königswürde, mit der sie Jesus ehren. Je näher sie Jerusalem kommen, umso mehr loben sie Gott voller Freude und bekennen Jesus nach Ps 118,26 als den „Kommenden" (was ein Titel für den Messias ist). So zieht Jesus als der König in Jerusalem ein. Der Herr aller Herren kommt, um uns mit seinem Leiden und Sterben zu dienen. Sollten wir ihm dafür nicht danken und ihn loben?

● In V 41-44 **weint Jesus über Jerusalem.** Nur zweimal wird in der Bibel berichtet, dass Jesus weint; beim Tod des Lazarus in Bethanien am Ölberg (Joh 11,35) und hier. **Das Weinen Jesu zeigt uns, dass er** nicht nur wahrer Gott, sondern **auch wahrer Mensch ist.** Deshalb: Was immer uns an Leid widerfährt: **Jesus leidet mit und versteht uns.**

● Jesus weint über Jerusalem, weil er traurig ist, dass viele in Jerusalem und in seinem Volk – zu dem Jesus doch zuerst gekommen ist – nicht erkennen (wollen), „was zum Frieden dient". Viele in Jerusalem und in seinem Volk wollen nicht wahrhaben, dass sie Jesus zum Frieden mit Gott brauchen. Wenn sie an ihn glaubten, würde er ihnen Frieden mit Gott schenken.

● Die Konsequenz ihrer Ablehnung Jesu ist **die Ankündigung des Gerichtes Gottes.** Dieses Gericht wird sich im Jahr 70 n. Chr. vollziehen, als Jerusalem von den Römern erobert und zerstört wird.

● V 45-46 erzählt von der **Tempelreinigung.** Der Tempelbezirk umfasst neben dem eigentlichen Tempel die Vorhöfe der Priester, der Männer, der Frauen und der Heiden. In Letzterem waren Geldwechsler und Händler, die an Opferwillige Opfertiere verkauften. Wenn Jesus die Händler aus dem Tempel vertreibt, dann ist dies **eine Zeichenhandlung, mit der Jesus mehrere Dinge deutlich macht:**

→ Zum einen weist sein Handeln darauf hin, dass er mit seinem bevorstehenden Sterben das Opfer für unsere Sünden ist und es daher keine Opfertiere mehr braucht.

→ Zugleich gibt es nach Sach 14,21 in der Endzeit im Tempel keine Händler mehr. Mit Jesus hat also die Endzeit begonnen.

→ Schließlich erinnert Jesus mit dem Begriff der „Räuberhöhle" an Jer 7,11. Es ist Jesus wichtig, dass wir nicht nur religiöse Regeln befolgen, ansonsten aber nicht nach Gott fragen.

● V 47-48 zeigt uns **Jesus als Lehrer im Tempel.** Während die Menschen auf Sensationen aus sind, lehrt Jesus und verkündigt.

● V 1f: Eine wahrscheinlich vom Hohen Rat abgesandte Delegation kommt zu Jesus. Sie besteht aus Hohepriestern (meist Sadduzäer), aus Schriftgelehrten (meist Pharisäer) und aus Ältesten (weltlicher Adel). **Sie fragen Jesus nach seiner Vollmacht.** Das ist keine nebensächliche Frage. Sie wollen herausfinden, in welchem Auftrag Jesus handelt. Redet und handelt er in seinem eigenen Namen, im Namen des Teufels bzw. Beelzebuls (Mt 12,24) oder im Namen Gottes? Handelt Jesus im eigenen Namen oder im Namen Beelzebuls, dann wäre sein Reden und Tun Gotteslästerung. Täte er es im Namen Gottes, dann müssten sie ihm glauben und ihn als Sohn Gottes anerkennen.

● V 3f: Nach rabbinischer Art **antwortet Jesus mit einer Gegenfrage,** nämlich mit der Frage nach der Vollmacht Johannes des Täufers. Dass Jesus nach der Vollmacht des Täufers fragt, ist nicht von ungefähr. Zum einen ist Johannes der Wegbereiter Jesu. Zum anderen hatte der Täufer Jesus als das Lamm Gottes, das der Welt Sünde trägt, als Messias und als Sohn Gottes bezeugt (Joh 1,24-34).

● V 5-8: Die Delegation zieht sich zunächst zur Beratung zurück. So muss man V 5 verstehen. Sie wissen: Antworten wir: „Die Taufe des Johannes geschah im Namen Gottes“, dann fragt uns Jesus: „Warum habt ihr dann nicht auf ihn gehört?“ Dann hätten wir ihm ja auch glauben müssen, als er Jesus als Lamm Gottes, als Messias und Gottessohn bezeugt hat. Antworten wir: „Die Taufe des Johannes ist nicht von Gott“ – was ihre Meinung war –, dann stellen wir uns damit gegen die Überzeugung des Volkes, das Johannes verehrt. **Aus Menschenfurcht stehen sie nicht zu ihrer** Überzeugung, geschweige denn zur **Wahrheit.** Jesus dagegen schweigt als Zeichen seiner Souveränität.

✎ *Jesus lässt sich weder von Menschenfurcht noch von Menschengefälligkeit leiten. Liegt darin aber nicht oft eine Versuchung für uns?*

● Wie so häufig greift Jesus zunächst einen Vorgang aus dem alltäglichen Leben auf: Große Teile des Landes, vor allem in Galiläa und am Jordan, gehörten ausländischen Großgrundbesitzern, die nur die Gewinne abschöpften und deshalb sehr verhasst waren. Die Aggression der Pächter ist also nicht übertrieben.

● Dreimal schlägt der Versuch fehl, die vertragsmäßig festgelegten Abgaben einzutreiben, wobei sich die Brutalität der Pächter von Mal zu Mal steigert.

● Dann aber nicht selbst zu kommen, sondern den Sohn zu senden, bedeutet für die Pächter: Der Besitzer könnte verstorben sein, und wenn nun auch der Erbe tot ist, dann gehört nach palästinensischem Recht der Weinberg tatsächlich dem, der ihn zuerst bebaut. Auch dieser Zug entspricht also sehr realistisch der damals üblichen Rechtsauffassung. Dass es anders kommt und sie sich verrechnet haben, ist ihr Unglück.

● In der jüdischen Tradition sah man in **Israel Gottes Weinberg** (Jes 5), die Führer entsprechen dann den Pächtern – die Boten kann man als die Propheten verstehen, und die Tötung des „lieben Sohnes" (V 13) ist natürlich ein Hinweis auf Jesu bevorstehenden gewaltsamen Tod.

● Die Botschaft hinter dem Gleichnis ist eindeutig: In Israels Geschichte haben immer wieder die Führer, von den Königen bis zu den Hohepriestern, den „Besitz", Gottes auserwähltes Volk, veruntreut. Sie setzen sich an Gottes Stelle und verachten, ja töten die Boten Gottes.

● **Der Schluss des Gleichnisses** (ab V 16) bringt in prophetischer **Doppeldeutigkeit die Verwerfung der ursprünglich Berufenen und die Berufung anderer (Völker)** ins Spiel. Der Protest (V 16b) ist verständlich, aber Jesus erinnert an die Tempelliturgie (Ps 118): Das singt ihr doch immer!

● **So ist Gott, hart gegen die Verräter, aber großzügig gegenüber den neu Berufenen.** Und seine Zuhörer müssen sich entscheiden, auf welcher Seite sie stehen.

● Erneut will man Jesus in die Enge treiben. **Die Steuerfrage wurde damals heiß diskutiert.** Während man in Jerusalem zähneknirschend den Römern Steuern zahlte, gab es in Galiläa immer wieder Aufstände dagegen.

● **Die Fangfrage** (V 22) ist geschickt formuliert: Sagt Jesus Ja, stellt er sich auf die Seite der Besatzer, sagt er Nein, ist er ein Aufständischer. In beiden Fällen kann man gegen ihn vorgehen.

● Es geht hier aber nicht um allgemeine Steuern, sondern speziell um den **Tiberiusdenar**, eine relativ kleine Münze, kaiserliches Privatgeld für die Kopfsteuer, von 14–37 n. Chr. geprägt. Diese Münze war nur für den Kaiser bestimmt, auf ihren Missbrauch stand die Todesstrafe.

● V 24: Ein frommer Jude besaß solche Münzen nicht. Auch Jesus nicht, aber seine Gegner müssen jetzt in ihre Taschen greifen! Peinlich, sie haben offensichtlich dieses verhasste Geld.
Bild und Aufschrift lauten „Kaiser Tiberius, der anbetungswürdige Sohn des anbetungswürdigen Gottes" auf der Vorderseite. Auf der Rückseite war die Mutter des Kaisers eingeprägt, umringt von dem Text „Pontifex maximus" („oberster Priester"). **Damit verlangte diese Münze die Anbetung des römischen Kaisers, was in jüdischen Augen höchste Gotteslästerung darstellte** (im Tempel verboten, deshalb die Wechsler!).
V 25: Die geniale Antwort: „Dann gebt dem Kaiser zurück, was dem Kaiser gehört, und gebt Gott zurück, was Gott gehört", so wörtlich. **Eine doppelte Botschaft: Wenn ihr so fromm sein wollt, dann fasst dieses Geld doch gar nicht erst an, und vor allem: Gott etwas zurückgeben, das heißt im AT 25-mal: seine Gelübde erfüllen, sich ihm zu weihen und ganz neu hinzugeben.**

✎ *Wo sehen Sie heute die Gefahr, dass wir als Christen zwar loyal gegenüber unserm Staat sind, aber Gott den schuldigen Gehorsam schuldig bleiben? Vgl. Apg 5,29.*

Sadduzäer und Pharisäer sind unterschiedliche religiöse Gruppen, die in der nachexilischen Zeit (ab ca. 400 v. Chr.) entstanden. **Die Sadduzäer bildeten die jüdische Aristokratie, orientierten sich nur an den fünf Büchern Mose und lehnten jegliche Form einer Auferstehung ab.**

● Der konstruierte Fall soll den Glauben an die Auferstehung lächerlich machen und geht zurück auf 5Mose 25, nach der eine Witwe durch die Schwagerehe leibliche Nachkommen haben sollte.

● Damals (und bis heute) stellt man sich landläufig das Leben nach der Auferstehung wie eine verlängerte, aber in allem vollkommene Fortsetzung des Diesseits vor. **Jesus aber lehnt solche menschlichen Jenseitsvorstellungen radikal ab.** Das Leben nach der Auferstehung ist **keine Neuauflage unseres irdischen Lebens** mit der Geschlechterspannung von Mann und Frau, sondern etwas völlig anderes: ein Geschenk Gottes, dessen man gewürdigt wird (V 35), wobei **das jenseitige Leben engelgleich sein wird.** Heirat, Fruchtbarkeit und Fortpflanzung sind keine Themen mehr. Deshalb geht das konstruierte Beispiel der Sadduzäer völlig an der Wirklichkeit der Auferstehung vorbei.

● Mit einer Schlussbemerkung zur Gotteserscheinung am brennenden Dornbusch (2Mose 3,6) beendet Jesus das Streitgespräch mit der Aussage, dass **Gott ein Gott der Lebenden** sei: „Wer zu Gott gehört, weilt nicht im Reich der Toten“ (Walter Grundmann). In dieser Frage steht Jesus an der Seite der Pharisäer.

✎ *Wie beurteilen Sie Vorstellungen über das Jenseits, die unsere Kultur zwar geprägt haben, aber eigentlich nicht aus der Bibel stammen (z. B. Platons Lehre von der Unsterblichkeit der Seele)? Wie empfinden Sie die Aussage Jesu, dass es im Himmel nicht mehr Männer und Frauen gibt, weil wir dann den „Engeln gleich“ sein werden? – Welche Hoffnung haben Sie im Blick auf Ihre verstorbenen Angehörigen?*

● Ps 84 ist ein Klagegebet, eine „**Sehnsuchtsklage**“ eines Menschen, der fern vom Tempel, vom Ort der Gegenwart Gottes ist.

● Es gibt drei Strophen: **V 2-5** ist eine **Liebeserklärung** an den Tempel, **V 6-8** beschreibt die wundervolle Kraft der **Sehnsucht** nach (dem im Tempel gegenwärtigen) Gott, **V 9-13** lobt Gott als **Quelle des Lebens**.

● Die drei Strophen bauen aufeinander auf: Der Psalm beginnt mit der Faszination darüber, dass es in dieser Welt einen Ort gibt, an dem Gott „wohnt“, ein **„Haus“** Gottes bei den Menschen – und den Tieren (1. Strophe). Diese Faszination treibt den Beter des Psalms und mit ihm noch viele andere auf den **(Pilger-)Weg** zu diesem Haus, um dort Gott selbst zu begegnen (2. Strophe). Höhepunkt ist die 3. Strophe: Wer das Haus dieses Gottes betritt, **begegnet Gott selbst.**

● Der in Ps 84 gezeichnete „Pilgerweg“ hat wahrscheinlich eine reale Tempelwallfahrt als Hintergrund. Andererseits kann er ein Bild für das alltägliche Leben bzw. das Leben insgesamt abgeben.

✎ *Wo begegnet Ihnen Gott? Nicht zuerst die äußere Pracht der Tempelanlage, sondern ihre „innere“ Qualität bewegt den Beter: Es ist der Ort, den Gott sich erwählt hat, wo man ihn sehen, hören und erleben kann und wo viele Menschen zusammenkommen, die sich dort „zu Hause“ fühlen – so wie die Vögel, die dort nisten.*

● Besonders schön finde ich die Beschreibung der Auswirkungen auf Menschen, die sich ganz auf Gott ausrichten: V 7: Wenn solche **„gottbegeisterten“ Menschen** durch Regionen des Todes gehen, verwandeln sie (!) diese **Wüsten in paradiesische Oasen**, in denen Wasser des Lebens entspringt. V 8 steigert noch: Anders als „normale“ Wanderer werden diese **„Gottespilger“** nicht müde. Im Gegenteil: Die Sehnsucht nach Gott setzt in ihnen **ungeahnte Kräfte** frei (V 8a wörtl.: „von Kraft zu Kraft“).

● War Jesus zuletzt der Gefragte, so stellt er diesmal seinen Zuhörern eine Frage, und zwar ausgerechnet zum **Psalm 110**, der schon damals in der Auslegung heftig umstritten war.

● Ursprünglich schildert Psalm 110 wohl in Kurzfassung das **uralte Ritual einer orientalischen Königseinsetzung**, wie sie auch in anderen Kulturen üblich war: Ein Hofprophet spricht die feierlichen Worte, der König wird symbolisch an den Ehrenplatz rechts vom Thron der Gottheit gebeten, während sich unterworfene Könige der Feinde so niederwerfen müssen, dass der siegreiche König seine Füße auf ihren Rücken stellen kann (oft auch bildlich dargestellt).

● **Die Schwierigkeiten** beginnen dort, wo nicht ein Hofprophet, sondern **David selbst** (V 42) **als Verfasser vorausgesetzt** wird: Zu wem spricht er eigentlich? Denn wenn der Messias nur ein Nachkomme Davids ist, dann ist man argumentativ in der Sackgasse – wie Jesus in V 44 deutlich zeigt. Die einzig mögliche Antwort nennt Jesus nicht ausdrücklich – aber jeder versteht: **Jesus ist als Messias nicht bloß ein Nachfahre Davids, sondern Gottes Sohn – und damit auch Davids Herr.**

● Jesus bricht diese Diskussion ab und **warnt seine Zuhörer vor der Ehrsucht der religiösen Führung** – mit drei Beispielen ihres Verhaltens. **Zu aller Ehrsucht kommt noch die Habgier.** Eventuell steht hinter der Bemerkung von V 47 der Brauch, sich die Gebete für die Witwen von ihnen teuer bezahlen zu lassen. Gelegentlich habe ich solche fragwürdigen Bräuche auch bei christlichen Kirchen in Zentralasien erlebt: Man wirft Geld zusammen mit einem Gebetsanliegen in einen Kasten.

✎ *Sehen Sie auch heute die Gefahr, dass religiöse Amtsträger ihre Macht und ihren Einfluss zur eigenen Selbstdarstellung missbrauchen? Wie bleiben Christen in leitender Funktion gegen die Droge „Macht“ gefeit?*

● Im Gegensatz zu den wohlhabenden und hoch geachteten Führern waren **Witwen zur Zeit Jesu sehr benachteiligt**, und manche Theologen meinten sogar, Gott strafe sie mit ihrem Los für irgendeine (verborgene) Sünde.

● Während wir heute (nach dem Jesuswort in Mt 6,1-4) diskret unsere Kollekte z. B. in den Klingelbeutel einlegen, waren **Spenden damals eine öffentliche Angelegenheit.** Man musste dem Priester seine Gabe überreichen, der prüfte sie und legte sie dann ein, manchmal sogar mit einer lautstarken Ansage der Summe (vgl. Mt 6,2). Und alle umherstehenden Tempelbesucher staunten oder klatschten Beifall bei entsprechender Spendenhöhe. Ich kann mir die mitleidigen Blicke der Leute bei der extrem geringen Spende der Witwe lebhaft vorstellen. Aber: Ihre „zwei Scherflein“ sind in etwa das damalige Existenzminimum für einen Tag. **Die Witwe gibt damit alles, was sie hat.**

● „Ein Mensch sieht, was vor Augen ist, Gott aber sieht das Herz an“ (1Sam 16,7) – genau das macht Jesus seinen Zuhörern klar. Er wertet die Spende der Witwe also völlig anders als die übrigen Tempelbesucher. **Nicht die Höhe der Spende ist bei Gott wichtig, sondern die Gesinnung dahinter.**

● Ich habe früher als Missionsleiter viele tausend Spendenbescheinigungen unterschrieben, und immer wieder kam mir dabei dieses Gleichnis in den Sinn. Ich wollte mich bewusst nicht blenden lassen von den hohen Beträgen einiger Großspender, die aus ihrem Überfluss gegeben hatten. Natürlich war ich auch für ihre Spenden dankbar.

✎ *Würden Sie in der Gemeinde wichtigen Geldspendern anders begegnen als den Kleinspendern? – „Spenden kann man so nebenbei, Opfer müssen wehtun“ – stimmen Sie diesem Satz zu? Im NT wird übrigens nie vom Opfer geredet, wenn es ums Geld geht. Dieser Begriff ist seit Jesu Opfertod besetzt.*

● V 5f: Herodes hatte den **Neubau des Tempels** im Jahre 21 v. Chr. begonnen – die Restarbeiten zogen sich aber noch bis kurz vor der Zerstörung Jerusalems durch die Römer (70 n. Chr.) hin. Er war sicherlich **das imposanteste Gebäude in ganz Israel** und man glaubte, er bestehe ewig und sei das Zentrum des messianischen Reiches. Die heutige Klagemauer besteht aus Resten der Fundamente des damaligen Tempels.

● V 7-11: Doch Jesus lässt sich nicht blenden, er sieht weiter und deutet **eine schreckliche Zukunft** an. Auf die Frage seiner Jünger nach dem Wann nennt er nur **die Vorzeichen: Verführung durch selbst ernannte Heilsbringer, politisches Chaos, Kriege und Naturkatastrophen.** Eigentlich alles Ereignisse, die immer wieder passieren, die aber in ihrer Heftigkeit und Häufigkeit in unserer Zeit zugenommen haben. **Es geht allerdings gar nicht um einen Endzeitfahrplan,** sondern um die Einsicht, dass sich die Weltgeschichte eben nicht immer weiter zum Besseren entwickelt – wie es bis heute manche Fortschrittsenthusiasten verkünden –, sondern auf das von Gott gesetzte Ende zusteuert.

● V 12-19: **Auch den Jüngern**, die sich immer wieder Hoffnungen auf Ministerposten machen (z. B. Mk 10,35ff), **sagt er eine notvolle Zukunft voraus**, wie sie z. B. unter Kaiser Domitian (81–96 n. Chr.) eintreffen wird und in der Offenbarung des Johannes ihren Niederschlag findet. In der Apostelgeschichte lesen wir, wie die Gemeinde sich als neue Familie versteht (Apg 4,32) und die Bindungen zur Herkunftsfamilie gelockert oder gar aufgelöst werden. Den Hass und die Ausgrenzung von Gesellschaft und der eigenen Familie (vgl. Mi 7,6) erfahren heute vor allem Muslime, die zum christlichen Glauben konvertieren.

✎ *Lassen Sie uns heute besonders für verfolgte Christen beten – und dafür, dass wir das Leiden um Christi willen nicht scheuen, wenn es uns einmal treffen sollte.*

Unser Abschnitt hat **verschiedene Ebenen der Erfüllung.** Zunächst deutet vieles auf die Eroberung Jerusalems durch die Römer hin (70 n. Chr.). Aber damit ist die Prophetie nicht erledigt, sondern weist über diese erste Ebene hinaus auf weitere und größere Erfüllungen. **Eine Prophetie ist nicht erledigt, wenn sie sich zum ersten Mal erfüllt hat.** Der Fehler vieler Endzeitspekulationen auch unserer Zeit liegt u. a. darin, biblische Prophezeiungen einseitig und vollumfänglich auf die eigene Zeit zu beziehen bzw. zu beschränken.

● V 20-24: Der **Kirchenvater Euseb** (263–339 n. Chr.) beschreibt in seiner berühmten Kirchengeschichte, dass die Christen sich vor der Belagerung Jerusalems an die Worte Jesu erinnerten, nach Pella (östlich des Jordans) flohen und so gerettet wurden. Erst danach sei das grausame Gericht über Jerusalem hereingebrochen. Der Zeitzeuge **Flavius Josephus** (37–100 n. Chr.) nennt in seiner ausführlichen Beschreibung des Jüdischen Krieges 97.000 Gefallene, aber 1,1 Millionen Tote insgesamt.

● V 25-28: **Die gesamte Schöpfung gerät aus den Fugen**, ihre bisherige Ordnung löst sich auf, nicht nur als Umweltkatastrophe auf der Erde, sondern im ganzen Kosmos. Das erinnert an die Visionen der Offenbarung des Johannes. Die Menschen können nur hilflos zusehen, ohne irgendetwas steuern zu können. Das macht natürlich abgrundtiefe Angst. **Aber nicht die Angst steht am Ende, sondern das Kommen Jesu.** Darum gehen Christen nicht einer untergehenden Welt, sondern der Wiederkunft Jesu entgegen. Christen sollen den Kopf nicht in den Sand stecken, sondern **„Kopf hoch!“ ist die Devise.**

✎ *Gegen die hier geschilderten Katastrophen sind unsere Umweltängste sicher nur ein kleines Vorspiel. Wie sollen sich Christen in der gegenwärtigen Klimadiskussion – zwischen Verharmlosung und Alarmismus – verhalten?*

● In V 7 hatten die Jünger gefragt, wann das ganze Unheil eintreffen werde. **Jesus** nennt aber auch jetzt kein Datum, sondern **appelliert an das eigene Urteilsvermögen der Jünger.** So wie sich in der Natur der Sommer ankündigt, so deuten die Naturkatastrophen die neue heilsgeschichtliche Epoche an.

● Schwierigkeiten bereitet V 32. Wahrscheinlich bezieht sich dieses Jesuswort „... bis es alles geschieht" ausnahmsweise nur auf die bevorstehende Zerstörung Jerusalems im Jahr 70. Aber dann weitet sich sein Blick prophetisch auf die gesamte noch ausstehende Geschichte.

● V 34–36: **Jesus warnt davor, die Realität des Endes zu verdrängen.** Was hier für das Ende der Welt gilt, das gilt in gleicher Weise auch für das Verdrängen unseres eigenen Endes. Martin Luther hat dafür die klassische Formulierung gebraucht: „Homo incurvatus in se ipsum." **Der in sich selbst gekrümmte Mensch: Das sei die Ursünde.** Sie äußert sich darin, dass der Mensch nur mit sich selbst und den eigenen Interessen beschäftigt sei und den Blick nicht mehr freibekomme für das, was Gott prophezeit und tut und was der Nächste braucht.

● Es gibt auch heute eine religiöse Überbetonung der eigenen Befindlichkeit, eine Art religiöse incurvatio. Etwa wenn die Anteilnahme an der Not anderer der ständigen Sorge um das eigene Wohlergehen weichen muss. Wir werden uns vielleicht über manche unserer selbstbezogenen Wünsche, Ziele und Gebete schämen, wenn wir einmal vor Jesus stehen.

● V 37-38: Jesu Predigt bewirkt eine **zwiespältige Reaktion**: Die einen hören ihn mit der Faust in der Tasche (z. B. 20,26), die anderen können nicht genug von ihm lernen. **Jesus gegenüber kann man nicht neutral bleiben – das gilt bis heute.**

✎ *Was bewirken die Endzeittexte von Lk 21 bei Ihnen – Angst, Zweifel, Vorfreude, Zuversicht, Vergewisserung – oder was sonst?*

Mit Kap. 22 beginnt im Lk die Passionsgeschichte, auf die letztlich alle Evangelien hinauslaufen. Auch wenn die Passionsgeschichte mit den Auferstehungsberichten vom Umfang her nur einige Kapitel umfassen, trifft das Wort von Martin Kähler zu: **„Die Evangelien sind im Grunde Passionsgeschichten mit ausführlicher Einleitung.“** Alles in den Evangelien Berichtete zielt demnach auf die Berichte vom Leiden, Sterben und Auferstehen von Jesus und seiner Bedeutung für unser Heil.

● V 1 erweckt den Eindruck, als ob das Fest der Ungesäuerten Brote mit dem Passafest identisch sei. Im jüdischen Festkalender folgt aber das siebentägige Fest der Ungesäuerten Brote auf das Passa. Weil aber schon am Passafest der ganze Sauerteig aus den Wohnungen entfernt sein musste (2Mose 12,15), wurde im Volksmund das Fest der Ungesäuerten Brote (Mazzen) auf das Passa übertragen.

● V 2: **Der Verrat des Judas** wird damit begründet, dass der Satan in ihn gefahren sei. „Es ist eine unbestreitbare Tatsache, dass Satan nicht in den Judas hineingefahren wäre, wenn Judas ihm nicht die Tür geöffnet hätte“ (William Barclay). **Judas ist daher verantwortlich für seinen Verrat.**

✎ *Trotzdem bleibt die Frage: Warum Judas Jesus verraten hat: Ging es ihm ums Geld? Wollte er durch seinen Verrat Jesus dazu zwingen, nun endlich seine Macht als Messias unter Beweis zu stellen? Oder war er von Jesus enttäuscht und verriet ihn aus Verbitterung? Wie sehen Sie das?*

● V 4-6: Zu seinem Verrat trifft Judas sich mit den vornehmsten Priestern. Zu ihnen gehören auch die „Hauptleute“: Männer aus dem Priesteradel, die den Kommandanten der Tempelwache stellen, um Ruhe und Ordnung aufrechtzuerhalten. Aus Angst vor dem Volk soll Jesus ohne großes Aufsehen verhaftet werden – und damit offensichtlich nicht während der bevorstehenden Festtage.

● Ps 22 gilt wegen seiner dramatischen Bilder, seiner leidenschaftlichen Anklage Gottes und wegen seiner Aufnahme in der Passionsgeschichte (Mk 15,20-41) als *der* biblische **Klagepsalm** überhaupt.

● In der Tat wird an ihm besonders deutlich, dass Klage in der Bibel kein Jammern ohne Richtung ist, sondern **der aus tiefstem Gottvertrauen aufsteigende Schrei nach Gott.** Und das gilt selbst dann, wo alles gegen Gott spricht.

● Die Klagepsalmen sind **ein Gebetsweg in der Spannung zwischen dem Empfinden, von Gott verlassen zu sein, und der Suche nach Gottes Nähe.** Dieser Gebetsweg bewirkt eine Verwandlung des Beters, der sich in die innere Gewissheit hineinbetet, dass Gott trotz allem auf seiner Seite steht und ihn retten wird.

● Dieser Wechsel der Perspektive im Gebet ist bereits der Beginn der Rettung, sodass die Klagepsalmen mit dem Dankversprechen enden, das die eigentlich erst erbetene Rettung als bereits geschehene Rettung vorwegnimmt – dazu aber am nächsten Sonntag mehr.

● Der erste Teil der Klage setzt mit der einzigartigen Doppel-Anrufung „**mein Gott, mein Gott**“ ein. Die Klage betont die vom Beter gelebte und gesuchte Lebensgemeinschaft mit Gott dem HERRN. Dazu kommt die Frage „Warum?“ bzw. „Wozu?“ (das hebräische Fragewort fragt nicht nach der Ursache, sondern nach dem Sinn und dem Ziel!).

● Faszinierend ist am Ende der zweite Teil von V 22: „Du hast mich erhört.“ Diese an dieser Stelle überraschende Aussage steht im Kontrast zum Anfang des Psalms („ich rufe, doch antwortest du nicht“, V 3). Dort steht das gleiche hebräische Wort wie in Vers 22b. **Der Gebetsweg führt den Beter zurück zur Erfahrung der Gemeinschaft mit Gott mitten in seinem Leid.**

✎ *Könnte so ein „Gebetsweg“ ein hilfreicher Umgang mit dem Leid sein, das Sie im Leben erfahren (haben)? Wie könnten Sie diesen Weg gestalten?*

● V 7-13: Auch wenn Jesus in der Passionsgeschichte zum ohnmächtigen Spielball der Mächtigen zu werden scheint, zeigen diese Verse, dass er **die Oberhand über das Geschehen** behält. Er schickt Petrus und Johannes mit einem klaren Auftrag zur Vorbereitung des Passamahles los, und es geschieht alles auf wunderbare Weise so, wie er es vorausgesagt hat.

● V 14-20: Für die Juden ist die **Passafeier** bis heute **das Fest der Erinnerung an die wunderbare Befreiung Israels aus der ägyptischen Knechtschaft und an den Bund, durch den Gott Israel zu seinem Volk erwählt hat.** Jesus scheint das Fest zunächst ganz nach der vertrauten Liturgie mit seinen Jüngern zu feiern. Dazu gehört schon am Anfang, den Becher mit dem Wein unter den Festgästen kreisen zu lassen (V 17), und auch noch einmal zum Abschluss der Mahlzeit (V 20). Darüber hinaus gehören eine Reihe von Symbolspeisen (wie z. B. bittere Kräuter oder hart gekochte Eier) zur Passamahlzeit (oder „Sedermahl", wie es heute heißt). Die Evangelisten konzentrieren sich dagegen ganz auf den Wein und das ungesäuerte Brot, den Mazzen. Ihnen gibt Jesus eine völlig neue Deutung: Indem er seinen Leib für die Jünger opfern und sein Blut für sie vergießen wird, entsteht das Volk des „neuen Bundes". So wie Gott damals durch das Blut der Lämmer (2Mose 24,8) das Volk aus der Knechtschaft befreite, **so werden jetzt die Jünger durch das Blut von Jesus aus der Knechtschaft der Sünde befreit.**

● V 21-23: Dass Judas das Abendmahl noch zusammen mit den andern Jüngern mitfeiert, zeigt **Jesu grenzenlose Güte,** der selbst in diesem Moment seinen verräterischen Jünger nicht von sich stößt, sondern ihm zeigt, dass er auch für ihn sein Leben hingibt.

✎ *Vgl. Sie V 23 mit Mt 26,22: Wo schätzen die Jünger Ihrer Meinung nach das eigene Verhalten realistischer ein?*

● V 24-27: Eigentlich ist es unbegreiflich, dass sich die Jünger in diesem Moment darüber streiten, wer denn wohl der Größte von ihnen ist. Wie unsensibel, ja vermessen muss man sein, sich angesichts des bevorstehenden Kreuzestodes von Jesus darüber zu ereifern, ob man bedeutender ist als die andern Jünger! Statt seine Jünger nun einmal richtig zusammenzustauchen, erklärt ihnen Jesus besonnen, dass in seinem Reich **andere Maßstäbe** gelten. Zwar lassen sich die römischen Cäsaren gerne als „Wohltäter“ (griech. „euergetes“) feiern, aber in Wirklichkeit beuten sie ihre Untertanen nach Strich und Faden aus. Im Reich Gottes – und damit auch in der Gemeinde – weist **die Karriereleiter nach unten: zum Dienst an andern** (griech. „diakonein“, ursprünglich: „durch den Staub gehen“). Aber Jesus redet nicht nur darüber; **er gibt ihnen als ihr Herr selbst ein Beispiel des Dienens,** etwa indem er den Jüngern vor dem Abendmahl die Füße wäscht (Joh 13,1-17) und als Gastgeber des Passamahles selbst mit den Speisen zu Tisch aufwartet, was sonst von einem Diener des Hauses übernommen wurde.

✎ *Überlegen Sie einmal, wie sehr in uns Menschen der Hang zum Herrschen steckt (vgl. 1Mose 3,5: das Versprechen der Schlange „Ihr werdet sein wie Gott!“) und wie gering unsere natürliche Neigung zum Dienen ausgeprägt ist. Was hilft Ihnen, eine ehrliche Dienstbereitschaft zu entwickeln?*

● V 28-30: Ebenso überraschend wie der Rangstreit der Jünger ist, klingen nun auch **die Worte von Jesus über die Treue der Jünger** in den Zeiten, in denen er angefochten wurde. Jesus verspricht ihnen dafür als Lohn die Tischgemeinschaft in seinem vollendeten Reich und die Mitherrschaft über „die zwölf Stämme Israels“. Wo Luther hier übersetzt „bestimme ich für euch“ (V 29f), steht im Griechischen das Verb „diatithemai“, das so viel wie eine testamentarische Verfügung bedeutet.

● V 31-34: Unvermittelt wendet sich Jesus seinem Jünger Petrus zu und warnt ihn, dass der Satan, so wie er in Judas gefahren ist (V 3), auch die übrigen Jünger zum Abfall verführen will. Wie gut, dass Petrus da den Stärkeren an seiner Seite hat, der für ihn vor Gott eintreten wird. Trotzdem wird es in Zukunft für Petrus **nötig** sein, **sich abermals zu bekehren**, obwohl er die erste Bekehrung, nämlich Jesus nachzufolgen (Lk 5,10), ja bereits vollzogen hat.

✎ *Bekehrung ist demnach kein einmaliger Vorgang. Als Christen sind wir immer wieder herausgefordert, umzukehren bzw. uns neu zu orientieren. Das galt für Petrus nach der Verleugnung von Jesus, aber auch später, als er erkennen muss, dass Gott die Person nicht ansieht und daher sein Heil den Heiden ebenso gilt wie den Juden (Apg 10,34f). – Wo haben Sie in Ihrem Leben als notwendig erkannte Bekehrungen vollzogen? Was gab den Ausschlag dazu?*

● V 35-38: Mit der Erinnerung daran, dass die Jünger bisher nie Mangel hatten, verbindet Jesus nun die Ankündigung, dass **künftig notvolle Zeiten** auf sie zukommen. Da sei es dann wichtig, entsprechend vorzusorgen. Irritierend ist in diesem Zusammenhang der Hinweis, seinen Mantel zu verkaufen und dafür ein Schwert zu kaufen (V 36). Offenbar haben die Jünger aufmerksam zugehört, denn sie zeigen ihm sogleich zwei Schwerter, die sie bei sich tragen. Irritierend sind diese Worte, weil sie so gar nicht zu der Haltung von Jesus passen, auf Gewalt zu verzichten (V 51). Ich verstehe Jesus so, dass er seinen Jüngern hier Mut machen möchte, sich **in künftigen Verfolgungszeiten nicht als wehrlose Opfer der Willkür anderer auszuliefern**, sondern sich zu wehren – notfalls auch mit dem Schwert. Allerdings ist dies kein Freibrief für Christen, für die Ausbreitung des Evangeliums Gewalt anzuwenden.

● V 39-41: Offensichtlich war es für Jesus und seine Jünger eine gute Übung, im Anschluss an das Passamahl den Ölberg aufzusuchen, um dort eine Zeit der Stille und des Gebets zu verbringen (Joh 18,2). Das erklärt auch, warum kurze Zeit später die römischen Soldaten zu Jesus genau an diesen Ort kommen, um ihn zu verhaften. – Im Unterschied zu dem Bericht im Mt (26,36ff) zeigt sich Jesus hier nicht „betrübt bis an den Tod" und bittet die Jünger auch nicht mehrmals, bei ihm zu bleiben und mit ihm zu wachen. **Statt den seelsorglichen Beistand der Jünger** in dieser schweren Stunde **in Anspruch zu nehmen, mahnt er sie nur: „Betet, damit *ihr* nicht in Anfechtung fallt!"**

● V 42-46: Zwar ringt Jesus auch im Lk darum, dass ihm der bittere Todeskelch erspart bleibt, doch schickt er sich zugleich gehorsam in den Willen Gottes. Dass ihm daraufhin **ein Engel zu Hilfe** eilt und ihn stärkt, wird **nur bei Lk** erwähnt. Allerdings findet sich diese Aussage wie auch der folgende V 44 in einigen wichtigen Textüberlieferungen so nicht. Es könnte ein Hinweis darauf sein, dass ein späterer Bearbeiter des Textes an dieser Stelle deutlicher herausstellen wollte, dass **Jesus in dieser Stunde selber auch zutiefst angefochten** war, mit dem Tode rang und der Schweiß wie Blutstropfen an ihm herunterlief.

✎ *Es fällt auf, dass Jesus im Lk eher ruhig und überlegen in seinen Tod geht. Vgl. Sie dazu nur einmal die letzten Worte von Jesus, wie sie uns die Evangelisten überliefert haben: Lk 23,43.46 mit Mt. 27,46; Mk 15,34 und Joh 19,26.27.28.30. – Steht uns aber nicht ein selbst zutiefst angefochtener, um den seelsorglichen Beistand seiner Jünger bittender Jesus näher als einer, der souverän dem Tod ins Angesicht sieht? Ein Jesus, der „Bitten und Flehen mit lautem Schreien und Tränen vor den gebracht hat, der ihn aus dem Tode erretten konnte"? (Hebr 5,7).*

● V 47f: Eine „Schar“ (griech. „ochlos“ = „ungeordneter Haufe“, „Pöbel“) unter der Leitung von Judas nähert sich Jesus, um ihn gefangen zu nehmen. Mit einem **perfiden „Freundschaftskuss“** verrät Judas seinen Herrn, um ihn auf diese Weise gegenüber seinen Häschern als den Gesuchten zu identifizieren. Jesus lässt diese Geste nicht einfach über sich ergehen, sondern tadelt Judas wegen seiner Untreue und seines Verrats. Es ist **das letzte Wort,** das Jesus an seinen treulosen Jünger richtet.

● V 49-51: Während die Jünger insgesamt ratlos sind, wie sie sich verhalten sollen, greift einer von ihnen – nach Joh 18,10f ist es Petrus – entschlossen zum Schwert und schlägt dem Knecht des Hohepriesters ein Ohr ab. Mit einem gebieterischen Wort („Schluss damit!“) geht Jesus dazwischen und heilt den Verletzten: Mit diesem **letzten Heilungswunder** offenbart Jesus noch einmal **seine wahre Berufung als „Heiland“** (vgl. Lk 2,11) und setzt zugleich seine schwer bewaffneten Gegner ins Unrecht.

● V 52f: Dass sich bereits die Hohepriester unter dem Verhaftungskommando befinden, wird nur von Lk berichtet. Jesus wendet sich an sie und die übrigen Anführer und macht ihnen klar, wie **lächerlich und verlogen ihr Verhalten** ist. Mit ihrem nächtlichen Unternehmen erwecken sie den Eindruck, als müssten sie einen seit Langem gesuchten, untergetauchten Schwerverbrecher zur Strecke bringen. Dabei hätten sie Jesus jederzeit am helllichten Tage im Tempel verhaften können. Aber sie taten es nicht, weil sie Angst vor dem Protest des Volkes hatten. So wählen sie die Heimlichkeit der Nacht und zeigen damit, dass sie ein Werkzeug „der Macht der Finsternis“ sind.

✎ *Dunkelheit und Heimlichkeit sind bis heute eine verführerische Mischung: Wer Böses im Schilde führt, scheut das Licht des Tages. Machen Sie sich das an Beispielen klar!*

● V 54-57: Sofort nach seiner Verhaftung wird Jesus in den hohepriesterlichen Palast gebracht. Aus dem Jüngerkreis scheint ihm nur **Petrus** dorthin zu folgen, allerdings nur „von ferne“. Offensichtlich hat er sich fest vorgenommen, **sein Versprechen**, Jesus bis in den Tod hinein zu folgen (V 33), **in die Tat umzusetzen.** Ungehindert mischt er sich unter die Knechte und Mägde, die sich in der nächtlichen Kälte an einem Feuer wärmen. Als eine Magd bemerkt, dass er wohl auch zu den Gefolgsleuten von Jesus gehört, leugnet er seine Zugehörigkeit zu Jesus ab, ohne überhaupt direkt angesprochen und danach gefragt worden zu sein.

✎ *Es ist oft gerätselt worden, warum Petrus, ohne überhaupt bedroht zu sein, einem einfachen Dienstmädchen gegenüber seinen Herrn verleugnet. Er hatte in diesem Moment doch nichts zu befürchten. – Wie sehen Sie das?*

● V 58-60: Noch zwei weitere Male verleugnet Petrus Jesus, als er nun auch direkt auf seine Verbundenheit mit ihm angesprochen wird. Selbst beim dritten Mal, als einer sich offensichtlich wegen seines Dialekts auf seine Herkunft aus Galiläa an ihn wendet, stellt er sich ahnungslos: „Mensch, ich weiß nicht, was du sagst!“ Vergleicht man den Bericht des Lk mit dem des Mt (26,69-75), so steigert sich Petrus im Mt geradezu in die verhängnisvolle Spirale einer zunehmenden Distanzierung von Jesus: Erst stellt er sich ahnungslos, dann schwört er, Jesus nicht zu kennen – und schließlich will er verflucht sein, wenn er Jesus kennt.
● V 61f: Schon der Hahnenschrei hätte Petrus an sein gebrochenes Versprechen erinnern sollen, doch hier bei Lk ist es **der Blick von Jesus,** der ihn trifft und ihm sein Versagen bewusst werden lässt. Es ist kein vorwurfsvoller, eher ein liebevoll-trauriger Blick, der ihn ins Herz trifft und ihn bittere Tränen der Reue vergießen lässt.

● Was für eine Fortsetzung des ersten Abschnitts, den wir am vergangenen Sonntag betrachtet haben! In den V 23-32 findet sich das Dankversprechen, das bereits jetzt, **noch vor dem Eintreffen der erhofften Rettung,** diese Rettung vorwegnimmt. Der Beter sieht sich bereits inmitten seiner Geschwister und der Gemeinde, mit denen er seine Rettung und die dadurch erwiesene Wahrheit, dass Gott der HERR nämlich auf der Seite der Armen und der Leidenden ist, feiern **wird.**

● V 24-27 ist der Text, mit dem der Beter dann zum gemeinsamen Fest vor Gott mit Essen und Trinken einladen will.

● Im letzten Abschnitt (V 28-32) sieht der Beter seine Rettung gleichzeitig als Zeichen dafür, dass Gott der HERR der ganzen Welt ist. Wo immer die **Macht des Todes gebrochen** oder besiegt wird, wird die **Gegenwart des Reiches Gottes** sichtbar.

● In V 30 werden **sogar die Toten aufgefordert,** Gott den HERRN als lebendigen und lebendig machenden Gott zu preisen. Das ist einzigartig angesichts der sonst üblichen Aussagen insbesondere in den Psalmen, dass die Toten Gott den HERRN nicht (mehr) loben können (vgl. Ps 6,6; 30,10; 88,11-13; 115,17 und öfter).

● **Jesus** hat nicht nur die Klage dieses Psalms übernommen und durchlebt, sondern auch die Rettung erfahren, von welcher der Schlussteil des Psalms spricht. Dass er in beidem, in Leiden und Verherrlichung, mit seinen Brüdern solidarisch ist (V 23), betont ausdrücklich der Hebräerbrief (Hebr 2,10-12; 5,7-8).

✎ *Mit dem heutigen Sonntag beginnt die Karwoche. Es ist eine gute Tradition, sich in das Leiden Jesu hineinzudenken, hineinzuversetzen, hineinzuvertiefen. Gottes Sohn ist den Weg des Leidens gegangen (mit Psalm 22 auf den Lippen und im Herzen), und Gott der Vater hat ihn auferweckt. Was bedeutet das für unseren Umgang mit Leiderfahrungen heute?*

● V 63-65: So wie bis heute unzählige Menschen Opfer von Willkür und Gewalt der Mächtigen werden, ergeht es **Jesus** nach seiner Verhaftung: Er wird zum **Spielball einer entfesselten Soldateska,** die ihn verhöhnt, verlästert und ihr grausames „Blinde-Kuh-Spiel" mit ihm treibt. Offensichtlich lässt Jesus die ihn erniedrigende Schmach still über sich ergehen. Er weiß: **Dies ist die Stunde der Macht der Finsternis** (V 53).

● V 66-69: Nach rabbinischer Ordnung dürfen Prozesse über Leben und Tod nur am Tage geführt werden. So vergehen einige Stunden zwischen der Verhaftung von Jesus und dem Beginn seines Prozesses vor dem Hohen Rat (griech. „Synedrion"). Dieser obersten jüdischen Religionsbehörde gehören 71 Mitglieder an, darunter Schriftgelehrte, Pharisäer sowie Mitglieder aus dem Priester- und Laienadel (Sadduzäer). Den Vorsitz führt als Hohepriester Kaiphas, der eigentlich Joseph hieß. „Zur korrekten Durchführung eines Verfahrens wie das gegen Jesus gehörten genaue Zeugenvernehmungen, durch die die Schuld des Angeklagten zu erhärten war" (Karl Heinrich Rengstorf). Im Unterschied zu den übrigen Synoptikern berichtet Lk nichts davon, sondern lässt das Synedrium Jesus sogleich die Frage vorlegen: **„Bist du der Christus?"** In seiner Reaktion wirft Jesus seinen Anklägern vor, dass sie an der Wahrheitsfindung nicht interessiert sind. **Zugleich verwahrt er sich gegen eine politische Missdeutung seiner Sendung,** wie sie ihm von seinen Gegnern zur Rechtfertigung ihrer Anklage untergeschoben wird. **Er ist kein politischer Messias, sondern der Menschensohn, der zur Rechten Gottes erhöht wird.**

● V 70f: Der Hinweis auf seine Erhöhung (vgl. Ps 110,1), führt seine Ankläger zu der abgewandelten Frage: „Bist du denn Gottes Sohn?" **Mit der klaren Antwort von Jesus „Ich bin es!" ist für den Hohen Rat der Tatbestand der Gotteslästerung erfüllt.** Da braucht es jetzt auch keine weiteren Zeugen mehr.

● V 1-6: Weil der **Hohe Rat keine Vollmacht** besitzt, **Todesurteile zu vollstrecken, muss Jesus** zu diesem Zweck **dem römischen Prokurator Pilatus vorgeführt werden.** Da nicht zu erwarten ist, dass Pilatus einen Juden wegen Gotteslästerung zum Tode verurteilt, muss man andere schwerwiegende Anklagen gegen Jesus ins Feld führen, um ihn endgültig zu beseitigen. So fahren die Mitglieder des Synedriums das **schwere Geschütz** auf, Jesus habe zu öffentlicher Unruhe angestiftet und zum Steuerstreik gegenüber der römischen Besatzungsmacht aufgerufen. Dazu habe er den Anspruch erhoben, der Messias, d. h. König zu sein. Auch als Jesus die Frage des Pilatus bejaht, der „Juden König" zu sein, **bleibt Pilatus von seiner Unschuld überzeugt.** Er kann sich nicht vorstellen, dass sich hinter diesem harmlos erscheinenden Angeklagten ein gefährlicher politischer Volksaufwiegler verbirgt. Seine Reaktion lässt die Ankläger umso hitziger ihre Vorwürfe vorbringen, indem sie behaupten, Jesus wiegle das ganze Land auf.

● V 7-12: Als Pilatus erfährt, dass Jesus aus Galiläa stammt, sieht er die Chance, den „Fall Jesus" an Herodes Antipas loszuwerden, weil der von den Römern eingesetzte Landesfürst über Galiläa herrscht. Herodes hatte schon früher den Wunsch, Jesus persönlich kennenzulernen (Lk 9,9). **Doch Jesus verweigert sich sowohl dem Wunsch nach einem Wunder als auch der Antwort auf die ihm von Herodes gestellten Fragen.** Am Ende verhöhnt Herodes Jesus und schickt ihn als Zeichen ironischen Spottes in einem weißen Gewand, dem Ornat eines jüdischen Königs, zu Pilatus zurück.

✎ *Es hat den Anschein, als ob Jesus wie ein ohnmächtiges Opfer zwischen irdischen Machthabern hin und her geschubst wird. In Wirklichkeit aber ist nicht Jesus der Willkür anderer ausgesetzt, sondern seine Ankläger sind es. Warum?*

● V 13-16: **Der Hickhack um die Verurteilung Jesu geht weiter.** Nachdem auch Herodes keine Schuld an ihm findet, schickt er ihn zurück zu Pilatus. Der möchte ihn, ebenfalls von der Unschuld von Jesus überzeugt, freilassen. Um seinen Anklägern entgegenzukommen, ist er bereit, Jesus auspeitschen zu lassen. Damit soll die Sache dann ihr Bewenden haben. „Vielleicht hat Pilatus gemeint, so allen Beteiligten am besten gerecht zu werden, dem Drängen der Gegner auf Tötung Jesu ebenso wie dessen Unschuld. In Wirklichkeit hat er durch diesen Versuch einer Zwischenlösung **endgültig darauf verzichtet, eine gerechte Entscheidung zu treffen,** und sich dem Vernichtungswillen des Synedriums grundsätzlich gebeugt" (Karl Heinrich Rengstorf).

● V 17-25: Pilatus hat die Rechnung ohne das aufgewiegelte Volk gemacht. Das fordert unerbittlich den Tod von Jesus, ja seine Kreuzigung und an seiner statt die Freilassung von Barabbas, einem vermutlich gewalttätigen Anführer der Zeloten. **Welch ein makabres Spiel: Der zu Unrecht als Aufrührer angeklagte Jesus soll gekreuzigt werden – und der tatsächliche Aufrührer freikommen.** Noch zweimal setzt sich Pilatus für die Freilassung von Jesus ein. Doch die Menge fordert immer heftiger, ja geradezu tumultartig, den Tod von Jesus. Da gibt Pilatus schließlich dem Mob nach, um nicht seine Macht als Prokurator aufs Spiel zu setzen (vgl. Joh 19,12) und es sich mit den Juden zu verscherzen.

✎ *Pilatus ist das Beispiel eines Menschen, der wider besseres Wissen und Gewissen handelt, weil er seine Macht nicht aufs Spiel setzen möchte und lieber auf „Volkes Stimme" hört, statt bei der Wahrheit zu bleiben. So wird er schuldig am Tod von Jesus. – Sehen Sie auch in Ihrem Leben die Gefahr, um äußerer Vorteile willen gegen Ihr Gewissen zu handeln und so schuldig zu werden?*

● V 26: Nach römischem Recht war es durchaus üblich, dass ein Todesurteil sofort vollstreckt wurde. Ebenso war es gängige Praxis, dass der zum Tode Verurteilte sein Kreuz selbst zur Hinrichtungsstätte schleppen musste. In diesem Fall wird ein zufällig von der Feldarbeit kommender Jude namens **Simon genötigt, für Jesus das Kreuz zu tragen.** Ob Jesus unter der Last des Kreuzes zusammenbrach, wie manche Ausleger annehmen, wird weder hier noch in den anderen Passionsberichten überliefert. Klar ist allerdings, dass später zwei Söhne des Simon zur christlichen Gemeinde in Rom gehören (Mk 15,21; Röm 16,13). **So hat das unfreiwillige Kreuztragen segensreiche Auswirkungen für Simon und seine Familie.**

✎ *Simon wird oft als sinnbildliches Beispiel dafür hingestellt, dass wir in der Nachfolge von Jesus bereit sein sollen, sein Kreuz zu tragen. Aber Jesus sagt nicht, dass wir sein Kreuz tragen sollen, sondern unser eigenes: Mk 8,34 par. Worin besteht der Unterschied?*

● V 27-31: Neben der Volksmenge folgen auch eine Reihe von Frauen dem Zug. Im Unterschied zu dem aufgehetzten Mob, der unablässig sein „Kreuzige! Kreuzige!“ geschrien hatte, klagen und beweinen diese Frauen Jesus auf dem Weg ans Kreuz. Jesus findet die Kraft, sich ein letztes Mal an diese Frauen zu wenden. Er kündigt ihnen an, dass schon bald ein verheerendes Gericht über Jerusalem hereinbrechen wird und es besser wäre, wenn sie keine Kinder mehr zur Welt gebracht hätten. Zu denken ist an die schon wenige Jahrzehnte später folgende Eroberung und Zerstörung Jerusalems (70 n. Chr.). „Jesus, der wie ein gemeiner Verbrecher gekreuzigt werden soll, vergleicht sich mit dem grünen Holze. Die Bevölkerung Jerusalems ... gleicht immer mehr dem dürren Holze, womit man den Ofen heizt, d. h. sie reift dem Gericht entgegen“ (Fritz Rienecker).

● V 32-38: Zusammen mit zwei Verbrechern wird Jesus an der Hinrichtungsstätte gekreuzigt. Die Bedeutung des Namens **„Golgatha“ = „Schädelstätte“** ist bis heute nicht geklärt. Aber ganz offensichtlich befindet sich dieser **Ort außerhalb der Stadtmauern,** weil ansonsten die Stadt durch die Toten verunreinigt worden wäre. Während das Volk stumm dem Geschehen zuschaut und die römischen Hauptleute und Soldaten Jesus verspotten, **bittet dieser trotz qualvoller Schmerzen seinen Vater um Vergebung für seine Peiniger.**

● V 39-43: Während bei Mk (15,32) und Mt (27,44) beide Verbrecher Jesus verspotten, erkennt im Bericht des Lk einer der Übeltäter, dass der mit ihnen gekreuzigte Jesus unschuldig ist, ja, mehr noch, dass mit ihm das Reich Gottes angebrochen ist. **Auf sein ehrliches Bekenntnis** („wir empfangen, was unsere Taten verdienen“) **und seine demütige Bitte hin** („gedenke an mich, wenn du in dein Reich kommst“) **verspricht Jesus ihm, dass er noch *heute* mit ihm im Paradies sein werde.** Das „Heute“ hat zu manchen Fragen Anlass gegeben: Wie kann Jesus unmittelbar nach seinem Tod bereits im Paradies sein? Musste er nicht zunächst „hinabsteigen in das Reich der Toten“, wie wir im Credo bekennen? Vielleicht können wir es so verstehen: Im Moment unseres Todes sind wir den Bedingungen von Zeit und Raum enthoben, d. h. zwischen Tod und Auferstehung gibt es für Verstorbene keine „Wartezeit“. So kann Paulus schreiben, dass er Lust habe, „aus der Welt zu scheiden und bei Christus zu sein“ (Phil 1,23).

● V 44-49: Die angesichts des Sterbens Jesu **hereinbrechende Finsternis** versinnbildlicht, dass nun **mit Jesus „das Licht der Welt“ (Joh 8,12) verloschen** ist. Dagegen ist **der zerrissene Vorhang im Tempel** ein Zeichen dafür, dass **durch Jesu Tod der Zugang zu Gott** (im Tempel: der Weg ins Allerheiligste, der nur einmal im Jahr dem Hohepriester erlaubt war) **für alle möglich wird** (vgl. Hebr 10,19f).

● Jesus ist tot. Nun drängt die Zeit. Der Sabbat beginnt in wenigen Stunden; **wegen des Passafestes** ist er ein besonders wichtiger Feiertag. Da **darf kein Leichnam am Kreuz hängen.** Schon 5Mose 21,22f schreibt vor, dass ein zum Tod Verurteilter noch vor der Nacht begraben werden soll.

● **Josef** stammt aus Arimathäa (hebr.: Rama); aber hier in Jerusalem hat er sich schon ein **Familiengrab** in den Felsen hauen lassen. **Es lag in unmittelbarer Nähe zum Ort der Kreuzigung.** Im Evangelium taucht Josef hier zum ersten Mal auf. Er ergreift mutig und schnell die Initiative: Erlaubnis von Pilatus einholen, ein Leinentuch besorgen, das eigene Grab öffnen, den Leichnam transportieren und einbalsamieren. Nach Joh 19,39 half ihm **Nikodemus** dabei (wir kennen ihn aus Joh 3).

● Beide, Josef und Nikodemus, waren in Jerusalem keine Nobodys, sondern höchst angesehene Mitglieder des Hohen Rates. Josef wird „gut und gerecht" genannt (V 50), mehr noch: Er war „heimlich ein Jünger Jesu" (Joh 19,38). Das Urteil des Hohen Rates über Jesus trug er nicht mit.

● So wird Jesus also noch am Karfreitag-Spätnachmittag begraben, und zwar nahe bei Golgatha (später hat man über beide Orte eine Kirche gebaut: die Grabeskirche in Jerusalem).

✎ *Was bedeutet Ihnen die Nachricht, dass Jesus begraben wurde? Sogar im Glaubensbekenntnis sagen wir „... begraben ..." Warum ist das so wichtig? – Was tat Jesus am Karsamstag? Vgl. 1Petr 3,18-20; 4,6.*

● Von den Jüngern berichtet Mt 26,56: „Da verließen ihn alle Jünger und flohen." **Doch einige Frauen**, die „mit ihm gekommen waren aus Galiläa" (V 55), **folgen zum Grab.** Mt und Mk nennen ihre Namen: **Maria von Magdala und Maria, die Mutter des Joses** (Mk 15,47; Mt 27,61). Jetzt blicken sie zum Grab – und ahnen nicht, dass sie hier bald die ersten Zeuginnen des Auferstandenen werden.

„Der Herr ist auferstanden! Er ist *wahrhaftig* auferstanden"– so grüßen sich heute Christen in aller Welt. Also: Frohe Ostern! Oder doch nicht? Eher skeptische Ostern? Sträubt sich unsere Vernunft nicht gegen die Tatsächlichkeit der Auferstehung? Dürfen wir an Ostern überhaupt so fragen?
Wir dürfen, denn **der Ostermorgen beginnt mit Skepsis und Kopfschütteln.** Die Evangelien berichten übereinstimmend: Die Frauen erschraken (V 5); die Jünger glaubten es nicht und hielten das, was die Frauen erzählten, für „Geschwätz" (V 11). **Das leere Grab stößt zuerst auf Unverständnis, die Botschaft der Engel auf Zweifel.**

● Wie aber kommt es zum **Osterglauben**?

→ **Durch das Wort der beiden Männer** (Engel, V 6): „Er ist nicht hier, er ist auferstanden." Zur weiteren Erklärung verweisen sie auf das, was Jesus selbst angekündigt hat (Lk 9,22; 18,32f) und was sich nun erfüllt: Jesus starb für unsere Sünde und wurde auferweckt in ein neues Leben. So hat es Gott geplant, so geht Jesus den Weg durch Leid, Schuld und Tod, um uns den Weg der Hoffnung auf unsere Auferstehung zu bahnen.

→ **Durch die Begegnung mit dem Auferstandenen.** Das zeigen die folgenden Osterberichte: Erst als Jesus den Jüngern und Frauen erscheint und sich als Gekreuzigter und Auferstandener zu erkennen gibt, werden Skepsis und Unglaube überwunden.

✎ *Warum erwähnt Paulus in 1Kor 15,3-8 unter den Osterzeugen die Frauen nicht, obwohl sie sogar bei Mk und Mt zuerst dem Auferstandenen begegnet sind? (Mt 28,9f; Mk 16,9).*

● Lukas nennt drei Frauen mit Namen: Maria von Magdala, Johanna und Maria, des Jakobus Mutter. Dass sie und andere zu ersten Osterzeuginnen wurden, war bemerkenswert, ja in der damaligen Männerwelt geradezu anstößig. Aber gerade darin spiegelt sich die **Würde, die Jesus Frauen entgegenbrachte.**

● Der Spannungsbogen über dieser Erzählung fällt auf: Am Anfang heißt es: „Ihre Augen wurden gehalten, dass sie ihn nicht erkannten" (V 16). Am Ende steht: „Da wurden ihre Augen geöffnet, und sie erkannten ihn" (V 31). **Wie kommt es zu solch offenen Augen, zum Erkennen?**

● Emmaus lag etwa 12 Kilometer von Jerusalem entfernt. Die beiden Wanderer gehörten zum erweiterten Jüngerkreis Jesu. Wir erfahren nur den Namen des einen: **Kleopas.** Sie sind noch traumatisiert durch das, was sie am Freitag erlebten. Der, dem sie vertraut hatten, wurde auf schrecklichste Weise getötet. **Nun sind ihre Pläne zerbrochen, ihre Hoffnungen enttäuscht, ihr Glaube am Ende.** Sie haben vom leeren Grab gehört, sind dadurch aber nur noch mehr verunsichert. Jesus ist ein für allemal tot, denken sie.

● Doch Jesus lebt. **Der Auferstandene ist auf einmal bei ihnen.** Er, der nicht mehr an Raum und Zeit gebunden ist, geht nun mit auf ihrem Weg, teilt ihre Zeit. Doch dass Jesus ihr Begleiter ist, erkennen die beiden erst im Rückblick.

> ✎ *Haben Sie solche Erfahrungen auch schon gemacht? Dass Ihnen erst im Rückblick die Augen dafür geöffnet wurden, dass Sie nicht allein waren, sondern Jesus bei Ihnen war?*

● Die Augen der Jünger werden durch Wort und Mahl geöffnet:

→ Jesus erklärt ihnen Sterben und Auferstehen des Messias als Erfüllung der Schrift (= „Mose und Propheten" V 27). Das betonte „musste" (V 26) bedeutet: Was an Karfreitag und Ostern geschah, war Gottes Plan, kein blinder Zufall oder tragisches Scheitern. Was im AT angekündigt war, ist nun in Jesus erfüllt.

→ Doch die beiden erkennen erst, wer ihr Begleiter ist, als dieser mit ihnen das Brot bricht. V 30 erinnert an die **Einsetzungsworte des Abendmahls.** Am Ende wird aus dem traurigen Emmausweg der beiden ein froher Rückweg der Osterzeugen.

● Ostersonntagabend in Jerusalem. Als die beiden Jünger von Emmaus zurückkehren und behaupten, sie hätten den Herrn gesehen, sind die Zurückgebliebenen verständlicherweise noch verwirrt. **Zum Osterglauben finden Sie erst, als der Auferstandene selbst ihnen begegnet.** Die Veränderungs-Dynamik bei den Jüngern umrahmt diesen Abschnitt:

→ V 37: Sie erschrecken und meinen, Jesus sei ein „Geist".

→ V 41: Sie können es „noch nicht glauben vor Freude".

→ V 45: Sie verstehen „die Schrift" – und dadurch erkennen sie Jesus als Auferstandenen.

✎ *In 1Kor 15,3-5 schreibt Paulus zweimal „nach der Schrift". Warum betont er das so?*

● Wie vorher den Emmausjüngern erklärt Jesus auch hier: Was in seinem Sterben und Auferstehen geschah, war nicht Zufall oder tragisches Schicksal, sondern Gottes Plan. Er ist in der Bibel, in unserem AT, vorgezeichnet. **Zum Weg des Messias (= Christus) gehört das Leiden und dann die Auferweckung, der Sieg über Schuld und Tod.** So befreit Gott von Sünde, so beginnt er seine neue Schöpfung.

● Wir können Jesus nicht mehr wie die Jünger sehen und (im wörtlichen Sinn) begreifen. Die Erscheinungen als Auferstandener gehören in den Zeitraum zwischen Ostern und Himmelfahrt (allein Paulus kann als österliche „Spätgeburt" Jesus noch sehen, vgl. 1Kor 15,8). Jesus zeigt sich den Jüngern als Auferstandener, mit Fleisch und Blut, berührbar und mit der Fähigkeit zu essen – also nicht als Geist, nicht in einem Scheinleib, wie später von Leugnern der Auferstehung behauptet wird. Sein Körper zeigt einerseits die Wunden der Kreuzigung, andererseits kann er vor den Emmausjüngern unversehens verschwinden (V 31) und durch verschlossene Türen kommen. **Zum Osterglauben finden die Jünger aber letztlich nicht durch das Berühren des Körpers, sondern durch das Verstehen der biblischen Botschaft.**

● Jesus führt seine Jünger hinaus bis „in die Nähe von Betanien" (so wörtl. V 50). Genauer nennt Apg 1,12 als Ort den Ölberg.

● ... „schied er von ihnen und fuhr auf gen Himmel" – nur mit diesem kurzen Satz beschreibt Lukas hier das bewegende und einschneidende Ereignis. **Es geht ihm bei der „Himmelfahrt" nicht um eine Sensation. Wichtig sind vielmehr Segen, große Freude, Gotteslob.** So beginnt die Zeit, in der Jesus nicht mehr sichtbar, sondern auf andere Weise bei den Seinen ist:

→ **Segnend** begleitet er sie in die kommende Zeit. Sie sind auch in Zukunft nicht allein auf sich gestellt.

→ **Mit großer Freude** kehren die Jünger nach Jerusalem zurück, nicht etwa traurig, verlassen oder zweifelnd.

→ Voll **Gotteslob** kommen sie im Tempel zusammen.

● **Damit endet das Evangelium dort, wo es begann: im Tempel.** Am Anfang kündigt dort ein Engel die Geburt des Johannes an, des Messias-Boten (Lk 1,11-13). Nun ist der Messias gekommen. Nun hat er die Erlösung vollbracht und kehrt zum Vater zurück. Der Tempel ist der Ort, wo seit Jahrhunderten das Volk des Alten Bundes zusammenkommt und Gott anbetet. Und er wird nun der Ort, wo die Geschichte der Gemeinde Jesu beginnt. Von hier geht das Evangelium hinaus in alle Welt.

● Lukas berichtet in **Apg 1,1-12 noch einmal** von der Himmelfahrt. Das war in der antiken Geschichtsschreibung nicht ungewöhnlich: Lk 24,50ff schließt das Evangelium ab; Apg 1,1ff eröffnet die Geschichte der Apostel bzw. der Gemeinde und leitet zum Pfingstfest über; darum auch die unterschiedlichen Akzente in den Berichten. Beide bezeugen: **Jesus ist nicht einfach verschwunden, sondern er ist bei Gott. Er regiert als Auferstandener, er ist bei seiner Gemeinde und führt sein Werk weiter.**

✎ *Vergleichen Sie damit den Himmelfahrtsbericht in Apg 1,1-12, vor allem V 8. Was wird dort mehr/anders betont?*

Der Kolosserbrief

Die Gemeinde in Kolossä (heute südwestliche Türkei) besteht überwiegend aus Heidenchristen (2,13). Sie wurde nicht von Paulus, sondern vermutlich von Epaphras, einem seiner Mitarbeiter, gegründet (1,7; 4,12f). Paulus sitzt im Gefängnis – eventuell in Ephesus (4,18: „Gedenkt meiner Fesseln"). Acht Namen von Paulusmitarbeitern werden genannt, die sich auch im Philemonbrief finden. Das spricht für eine gewisse zeitliche Nähe beider Briefe.

Anlass für den Brief ist eine Irrlehre, die in die Gemeinde eingedrungen ist oder eindringen will. Sie gibt sich aus als „Philosophie" (2,8) und drängt darauf, überirdische Naturmächte und Gewalten, die auch als „Engel" bezeichnet werden, zu verehren (2,18), um teilzuhaben an der ganzen Fülle der Gottheit. Das kann angeblich erreicht werden durch äußerst strenge Askese (Verbot bestimmter Speisen und Getränke) und durch das Einhalten bestimmter (Fest-)Tage, Neumonde und Sabbate (2,16.20-23). Diese Irrlehre versucht also, den Glauben an Christus zu ergänzen, zu überhöhen, umzugestalten: „Jesus und die Naturmächte", „Jesus und die Gestirne".

Paulus zeigt demgegenüber die Größe und Überlegenheit Jesu Christi auf. Er ist der „Schöpfungsmittler" und der „Versöhner der Welt" (1,15-23). In Christus haben wir den ganzen Reichtum Gottes. „In ihm liegen verborgen alle Schätze der Weisheit und der Erkenntnis" (2,3); „in ihm wohnt die ganze Fülle der Gottheit leibhaftig", er ist „das Haupt aller Mächte und Gewalten" (2,9.10). Er hat über alle triumphiert, ihnen die Macht genommen. Wer auf Christus getauft und so mit ihm gestorben und auferstanden ist, der ist auch den Weltelementen und Schicksalsgewalten gestorben. Sie haben keine Macht mehr über die Glaubenden, und sie haben kein Recht und keine Ansprüche mehr an sie (2,12-15).

Im zweiten Teil des Briefes finden wir Wegweisungen zu einem wahren christlichen Leben, auch in Ehe, Erziehung und Beruf, sowie Aufrufe zu beharrlichem Gebet (3,1–4,6) und zuletzt viele Informationen und Grüße (4,7-18).

Ein Brief aus dem Gefängnis (vgl. 4,18, vermutlich in Ephesus) an die Gemeinde in Kolossä, ca. 160 Kilometer entfernt im Südwesten der Türkei, einst von Epaphras, einem Mitarbeiter von Paulus (V 7), gegründet. Paulus kann z. Zt. nicht missionieren, aber er kann beten, ermutigen, lehren, vergewissern, die Größe Jesu Christi vor Augen malen und so vor Irrlehren bewahren.

● V 1f: Paulus betont nachdrücklich, dass es Gott gewollt hat, ausgerechnet ihn zum Gesandten Jesu Christi zu machen. Das aber erhöht ihn nicht über andere, er ist und bleibt **Bruder** seiner Mitarbeiter und **Bruder** der Mitchristen in Kolossä. Ein starker Verweis auf die Geschwisterschaft aller Christen!

● V 3-8: Die **ausführliche Danksagung** zu Anfang fällt auf. Im Danken sehen wir uns als Beschenkte. Paulus dankt Gott für den Glauben, die Liebe und die Hoffnung dieser jungen Gemeinde. **„Glaube, Hoffnung, Liebe“** (1Kor 13,13; 1Thess 1,3) nennt er häufig als **Frucht** der Verkündigung von Gottes Gnade, seiner vergebenden Zuwendung und seiner unerschütterlichen Verlässlichkeit. Auf einen wahren Freund ist Verlass. Das gilt auch für Epaphras im Blick auf die Christen in Kolossä (V 7; 4,12).

● V 9-12: Dem Dank folgt die **Fürbitte.** Wir versprechen anderen allgemein: Ich bete für dich! Paulus aber sagt **konkret,** wofür er Gott bittet: um Einsicht und Durchblick in Gottes Wollen und Wirken, um ihm im Alltag auf vielfältige Weise zu entsprechen. „Wie Gott, so auch ihr!“ Das ist unsere Würde! Um Gottes Willen zu verstehen, bedarf es einer tiefen Gemeinschaft mit ihm; sie soll wachsen und so Frucht bewirken. Dazu befähigt und stärkt Gottes Geist. Indem Paulus die Fürbitte konkret benennt, zeigt er eine Perspektive auf, was aus uns werden kann.

✎ *Also: Hinsehen, was Gott an unseren Geschwistern in der Gemeinde tut, und sie wie hier im Kol im Gebet begleiten!*

Gottesdienst in Kolossä im Haus der angesehenen Witwe Nympha (4,15). Mit dabei Onesimus und Tychikus mit dem Paulus-Brief (4,7-9). Dieser soll den noch jung im Glauben Stehenden **die Weite und Fülle Jesu Christi** aufzeigen. Die meisten von ihnen waren vor Kurzem noch Anhänger verschiedener religiöser Kulte, philosophischer Theorien, jüdisch geprägter Weisheitslehren. In ihren Köpfen und Herzen spuken immer noch Angst machende Gedanken über die Kraft von Naturmächten, den Einfluss von Engelmächten, über die Gestirne als Schicksalsmächte, die an festen Tagen zu verehren sind. Sie sind zerrissen, weil Vertrauenspersonen sagen: „Jesus ist großartig, seine Vergebung hat uns aus dem Dunkel ins Licht geholt“ (V 13f), aber die alleinige Zentralfigur der Weltgeschichte und des Weltalls ist er damit nicht. „Jesus und ...“ muss es heißen, „Jesus und die Gestirne“, „Jesus und die Naturgesetze“. Es gibt doch Lebens- und Wissenschaftsbereiche mit eigenen Gesetzmäßigkeiten und Normen! Also: Jesus und ...!

● Als die Lesung beim heutigen Briefabschnitt ankommt, erläutern die Briefüberbringer, dass Paulus hier einen **„Christushymnus“** der ersten Christen zitiert, der aus zwei parallel aufgebauten Strophen besteht: (**1**) **Jesus – der Schöpfer bzw. der Schöpfungsmittler** (V 15-18a), und (**2**) **Jesus – der Weltversöhner** (V 18b-20).

● Betont ist „alles“ (8-mal) und „Er selbst“(= Christus, 11-mal). **Die Kernbotschaft: Alles, die ganze Fülle ist in Christus** (V 19). Christus ist beides: Schöpfer **und** Versöhner. In ihm ist alles zusammengehalten, alles wieder zusammengefügt, ein Zusatz-Glaube ist unnötig, ein Gespaltensein bei aller Fülle somit überwunden (V 21-23).

✎ *Was bedeutet es für Ihr Verhältnis zur Welt, zum Beruf, dass alles auf Christus hin geschaffen ist und in ihm zusammengehalten wird?*

● Jesus ist alle Macht im Himmel und auf Erden gegeben (Mt 28,18). Dies allen Geschöpfen zu bezeugen, sieht Paulus als vorrangigen Dienst (V 23). Und er weiß sich als Diener der Gemeinde Jesu (V 25). Bei seiner Berufung wird ihm klar gesagt, dass dieser **Dienst mit viel Leiden verbunden** ist (Apg 9,16). Dies erfährt er gerade wieder im Gefängnis. Andere Leiderfahrungen nennt er mehrfach, z. B. 2Kor 4,10-12; 11,23-29.

● V 24: **Neu,** überraschend und missverständlich ist die Aussage **„... und erfülle durch mein Fleisch, was an den Leiden** (wörtlich „Trübsalen") **Christi noch fehlt"**. Was ist gemeint, was nicht? Dass Jesu Leiden am Kreuz zu unserer Versöhnung vollständig ist und daher keiner Ergänzung bedarf, bezeugt Paulus in allen Briefen nachdrücklich. „Trübsal" nennt er dabei Jesu Passion allerdings nie. **Was ist also gemeint?**

● Einige vermuten: Christus identifiziert sich so mit seinen Boten, dass er an deren Ablehnung mitleidet. Andere denken: Das Heilsgeschehen in Kreuz und Auferstehung muss trotz Widerstand bezeugt werden. Beides gehört ganz eng zusammen. Die Weitergabe ist die notwendige, noch fehlende Ergänzung. – Andere Gedanken sind möglich.

● V 26f: Was ist das **Geheimnis,** das früher verborgen, jetzt aber offen daliegt? Israel hat Gottes Reden in seiner Geschichte erfahren. Anderen Völkern ist Gottes Wollen weitgehend verborgen geblieben. Keiner konnte ahnen, was Abraham verheißen wurde: Alle Völker sollen durch ihn gesegnet werden (1Mose 12,3). Jetzt aber ist das damals Beschlossene und bisher Verschlossene vor aller Augen. **Christus ist der Heiland aller, er ist der Bürge, dass auch die Nicht-Juden an Gottes Herrlichkeit teilhaben werden.**

● V 28f: Deshalb ist das Mühen um jeden Menschen sinnvoll und nötig, denn jeder ist „in Christus" durch seine Versöhnungstat schon in Gottes Frieden (V 20) hineingestellt. Dass jeder das erfährt und freudig aufnimmt, dazu sind wir wie Paulus berufen.

● Ps 116 ist ein **Danklied.** Er besteht aus zwei Teilen: dem Bekenntnis zu Gott dem HERRN und der **Erzählung von der Rettung** aus Todesgefahr (V 1-11) und der **Ankündigung eines Dankopfers** inmitten des Gottesdienstes (V 12-19).

● Der Beter hat gemerkt, dass letzten Endes nur das Festhalten an Gott aus dem Machtbereich des Todes herausführt, während das Vertrauen auf Menschen enttäuscht.

● Der Tod wird als dynamische Macht erfahren, die das Leben stört und schließlich zerstört.

● Die Erzählung von der Rettung in V 3-9 blickt zurück auf den Hilfeschrei zu Gott in V 4 und auf die Rettung in V 6 und 8.

● Im Zentrum der Beschreibung dieses Weges steht das grundsätzliche Bekenntnis, ja, fast so etwas wie ein Lehrsatz: **„Der HERR ist gnädig und gerecht, und unser Gott ist barmherzig. Der HERR behütet die Unmündigen“** (V 5-6a). Es geht um die rettende Gerechtigkeit Gottes des HERRN.

● Der **Dank im Gottesdienst** ist so etwas wie eine Erwiderung des Geretteten auf das Gute, das Gott getan hat. Er ist Ausdruck der Erkenntnis des Beters, dass Leben immer geschenktes Leben ist.

✎ *Fest geprägte, vorformulierte Danklieder, ein „Lehrsatz“ im Gebet? – Sind das leere Worte ohne Lebensbezug? Die Psalmen sind immer Ausdruck lebendiger Gotteserfahrung, die mit anderen Glaubenden geteilt wird und dann erst eine feste Form erhält. So lädt auch dieser Psalm dazu ein, für sich selber darüber nachzudenken: Wo finde ich mich wieder? Was kann ich zu meinem Gebet machen? Welche Gotteserfahrung können wir heute miteinander austauschen?*

● Wenn Christen diesen Psalm beten, können sie in ihm die Struktur der **Abendmahlsfeier** wiederfinden: den Bericht von der Rettung in den Einsetzungsworten und das anschließende gemeinsame Feiern im gemeinsamen Essen und Trinken beim Abendmahl.

● Paulus sorgt sich um Menschen, **die er gar nicht persönlich kennt.** Die Gemeinden in Kolossä, Laodizea und Hierapolis (4,13) sind durch Epaphras entstanden, aber das ändert nichts an seiner Gesamtverantwortung. Diese jungen Christen gilt es nicht nur „bei der Stange zu halten", sondern sie so zu **stärken, sie ganz in Christus zu „verwurzeln und zu gründen"** (V 7), dass sie immun sind gegen „betrügerische und verführerische" Parolen religiöser und philosophischer Irrlehrer. Dieses Mühen und Ringen um Menschen bedeutet **Kampf, Auseinandersetzung, Leidenschaft** (V 1). Zwar ist Paulus gesundheitlich angeschlagen, aber er kämpft mit Geduld, Entschlossenheit und Durchhaltevermögen.

● Mit dem Lobpreis, dem Hymnus auf Christus als dem **Schöpfer und Versöhner** (1,15ff), hatte Paulus schon begonnen, den weiten Horizont des Glaubens und die **Fülle in Christus** aufzuzeigen. Doch der Lobpreis muss durch überzeugende Argumentation und vertiefende Lehre erläutert und befestigt werden. **Unser Herz muss gestärkt und unser Verstand muss mit Erkenntnis und Verständnis, mit Einblick und Durchblick „gefüttert" werden.** Unsere ganze Person soll von Christus ergriffen und erfüllt werden (V 2).

● Gottes Geheimnis ist in Jesus gelüftet. In ihm liegen **alle Schätze, die unser Leben reich machen:** der Schatz durchhaltender und durchtragender **Liebe**; der Schatz des **Trostes**, der all unsere Verluste umfängt und auffängt; der Schatz der **Hoffnung**, die auch im Blick auf die Gefährdung unserer Erde nicht resigniert; der Schatz der **Vergebung**, die entlastet und neuen Lebensmut gibt; der Schatz der **Freude**, die selbst im Leide noch durchbricht und Bestand hat.

✎ *Wer sich Jesu Reichtum verdankt, wird auch reichlich danken. Das Danken zeigt, ob wir ganz in Christus verwurzelt sind (V 7). Wie steht es um die Dankbarkeit in Ihrem Leben?*

● Augen auf! Die Gefahr sehen! Genau hinhören! Betrüger entlarven! Menschenmeinung steht gegen Gottes Geheimnis in Christus. Aufmerksam sein, wenn Menschen philosophieren, in Jesus begegne uns nur „ein bisschen Gott“, Gott sei doch gewaltiger, großartiger als „nur Jesus“. Dazu ein klares NEIN! **Gott hat seine ganze Macht und Großartigkeit wie durch ein Brennglas auf Jesus konzentriert. In ihm ist Gott sozusagen „komplett“** (1,19). Wer mehr über Gott zu wissen vorgibt, weiß in Wirklichkeit weniger. Deshalb ist nur eins wichtig: **eng mit Jesus verbunden bleiben, „in ihm“ sein** (V 10f). Nur so haben wir Anteil an der „Fülle Gottes“.
● V 9: „Leibhaftig“ bedeutet hier „wirklich, wahrhaftig“. Das Wort verstärkt das „(Ein-)Wohnen“ der ganzen Fülle in Christus.
● V 10.15: Christus ist „das **Haupt** aller Mächte und Gewalten“, – so schon der Christus-Hymnus in 1,16. Alle Herrschaften und Mächte sind durch Christus und zu ihm hin geschaffen. Sie sind Geschöpfe in seiner Hand. Und durch die Auferstehung ist er als „der Erstgeborene von den Toten“ (1,18) allem vor- und übergeordnet, ihr **Haupt.** ER hat „die Mächte und Gewalten ihrer Macht entkleidet“ (V 15), sie besiegt, als machtlos an Ostern vorgeführt. Wie kann man besiegten, gedemütigten Mächten da noch huldigen, von ihnen Lebenskraft erwarten?
● V 12: Durch die **Taufe** (damals Erwachsenen- und Bekenntnistaufe) sind alle in Jesu Gemeinde aufgenommen, und Christus ist ihr Haupt (1,18). Taufen ist kein äußeres Ritual, sondern bedeutet „eine Beschneidung der Herzen“ (Röm 2,29), eine grundlegende Verwandlung des Menschen, Neues entsteht, „auferweckt durch den Glauben aus der Kraft Gottes“.
● V 14: Diese Verwandlung ist möglich durch Jesu Stellvertretungstod am Kreuz. Dort hat er den Schuldbrief gegen uns zerrissen.

✎ *Lesen Sie als Begleittext Hesekiel 36,26f!*

Bisher hat Paulus mit allen Mitteln versucht, den Christen in Kolossä und Laodizea **die Größe Christi vor Augen zu malen** – als Schöpfer und Versöhner, als Haupt der Gemeinde und als Haupt über alle (Natur-)Mächte, als Wohnraum der ganzen Fülle Gottes, als Befreier von aller Schuld und als Grund aller Hoffnung auf die Teilhabe an Gottes Herrlichkeit. **Sein Ziel: Alle und jeden so in Christus zu verwurzeln und zu befestigen, dass sie gegen jede Irrlehre, gegen Lug und Trug gewappnet sind.**

● Deshalb geht er erst jetzt auf die tiefen Anfechtungen und dicken Probleme der Gemeinden ein. Nun wird konkret benannt, was die vor Ort propagierte Philosophie anbietet und welche kultischen Forderungen als dringlich und notwendig von ihr erhoben werden. Leider ist der Urtext hier z. T. beschädigt, z. T. verschwommen, sodass manches Vermutung bleiben muss.

● Klar ist aber, **alle Angebote sind „Zusatzstoffe"** für einen angeblich wahren Christus-Glauben, denen „Jesus allein" nicht genügt. Manche Speisen und Getränke sind zu meiden, andere als „heilige" Mahlzeit einzunehmen. Bestimmte Feiertage sind einzuhalten, vermutlich durch Sternkonstellationen errechnet, da scheinen Engel besonderes geeignet als Heilsvermittler.

● Die **fromm erscheinenden Zusatzforderungen** werden von Paulus **entlarvt als „menschliche Gebote und Lehren"** (V 22), als „selbst erwählte Frömmigkeit" (V 23) mit viel Eigenprofilierung und Aufgeblasenheit (V 18f). Die Irrlehrer schüren die Angst, es könnte etwas zur ewigen Seligkeit fehlen. So zwingen sie Menschen mit Verboten und Geboten in Abhängigkeiten, während Christus zur Freiheit berufen hat, zur Freude an den guten Gaben der Schöpfung Gottes (V 21f).

✎ *Wo werden heute Christen gut gemeinte menschliche Ordnungen als heilsnotwendig auferlegt? Kennen Sie Beispiele aus Ihrem Umfeld?*

● An Ostern rufen wir uns zu bzw. antworten: „Der Herr ist auferstanden. Er ist wahrhaftig auferstanden!" Der Jubel des Paulus reicht weiter: **Christus ist auferstanden und wir mit ihm** (V 1). Christus ist nicht als Einzelner, als Privatperson auferweckt worden, sondern „Er ist der Anfang, der Erstgeborene von den Toten" (1,18). Paul Gerhardt singt: „Ich hang und bleib auch hangen an Christus als ein Glied; wo mein Haupt durch ist gangen, da nimmt er mich auch mit" (EG 112,6). **Jesus ist mit den Toten auferstanden!**

● V 3: Woran kann man das festmachen? Paulus antwortet: An eurer **Taufe!** Da wurde euer Leben eng mit dem Leben Jesu verknüpft. Da wurdet ihr **eingepflanzt in sein Sterben und Auferstehen;** da wurde euer kleines Menschenleben zusammengewebt mit der Passions- und Auferweckungsgeschichte von Jesus. Da ist Altes, Widergöttliches gestorben und Neues, Heilsames geboren. Und das kann, soll und will euer Leben jetzt prägen.

● V 1: Jesus ist auferweckt und erhöht worden, d. h. er ist in die Weltherrschaft eingesetzt. Deshalb **schaut nach oben, wo Christus ist;** orientiert euch an ihm, nicht mehr an dem, was auf Erden gang und gäbe ist. Ihr gehört ihm, und so hört auch auf ihn. Er will und wird euer Wollen und Tun leiten. Das ist keine Weltflucht, im Gegenteil: Er **„erdet"** uns, bestimmt uns zu Hoffnungsträgern und Mutmachern für diese Erde, weil er der **Welt-Heiland** ist.

● V 3b: Altes ist gestorben – ja, aber ich bin immer noch der alte Adam. Das stimmt, aber das ist nicht die volle Wahrheit, denn „euer Leben ist verborgen", aber aufbewahrt bei Christus. **Ihr seid noch keine Schmetterlinge, sondern erst Raupen.** Man kann noch nicht sehen, was ihr einmal sein werdet. Wer ihr in Wahrheit seid, sieht nur Christus. Bei seiner Wiederkunft werdet ihr selbst sehen, was ihr seit Ostern schon längst seid. Aus dieser Zuversicht und Gewissheit dürfen wir leben (vgl. 1Joh 3,1-3).

Das sind konkrete Handlungsanweisungen für das alltägliche (Miteinander-)Leben. Unsere **Verwandlung ist nicht abgeschlossen; sie ist ein Prozess, ein Werden** (Martin Luther). **Etwas muss aus- und anderes angezogen werden.** An- oder Ausziehen ist etwas Äußeres. Unsere Gesinnung können wir doch nicht wechseln wie ein Kleidungsstück. Warum gebraucht Paulus ein so äußerliches Bild?

● Die ganze Bibel zeigt: **Was den Menschen ausmacht, trägt er nicht in sich selber.** Er ist nicht gleichbedeutend mit seiner Gesinnung, seinem Charakter, seinen Eigenschaften. Was ihn ausmacht, ist etwas, das gleichsam „außen" ist: **sein Verhältnis zu Gott und zu anderen Menschen.** Hier unterscheidet sich der „alte" und der „neue" Mensch. Der Schwerpunkt in V 5 und 8f liegt zunächst auf unseren negativen Umgangsformen, die abzulegen, zu „töten" sind.

● Wir stellen fest: Das kriegen wir nicht hin! Was wie eine unerfüllbare Forderung klingt, ist in Wahrheit jedoch der Aufruf, das in der Taufe, der Wiedergeburt schon geschenkte Leben auch zu praktizieren – durch Christus, der in uns wohnt, durch seinen Geist, der Veränderung bewirkt. Auf uns allein gestellt wäre das alles nur Krampf. **„Nun aber"** (V 8) **hat Gott eine neue Grundlage** mit neuen Möglichkeiten **geschaffen,** Christus gemäß zu leben, das **gute Werk, das ER angefangen hat, wachsen zu lassen und zu vollenden** (Phil 1,6).

● Unser neues Kleid ist Christus: **„Wer getauft ist", hat Christus „angezogen"** (Gal 3,27). Das ist das Grundlegende, aber nichts Einmaliges. Deshalb: „Zieht an den Herrn Jesus Christus" (Röm 13,14), fallt nicht zurück in euer altes Leben. Es ist befreiend zu wissen, wir sind von Christus umhüllt, geborgen und werden durch ihn erneuert.

✎ *Gebetsvorschlag: „Herr, an dieser Stelle brauche ich dringend ein neues Kleidungsstück! Zeige mir, wo noch?"*

Gestern hieß es: „Legt ab!“ Heute heißt es: „Zieht an!“ Den „Lastern“ von gestern werden heute „Tugenden“ entgegengestellt. **Es gilt, nicht nur Böses zu vermeiden, sondern vor allem Gutes zu tun.** Und dabei soll Christus transparent, erkennbar werden, und unsere „guten Werke“ sollen zum Lob Gottes führen (Mt 5,16).

● Anders als bei einer Modenschau sollen die Kleider nicht nur angesehen und gekauft werden, sondern die genannten **Kleidungsstücke sollen „angezogen“, als Geschenk mitgenommen und dauerhaft als Alltagskleidung getragen werden.**

● Nach außen soll deutlich und sichtbar werden, wer die mit Kleidern Beschenkten in Wahrheit sind: **Erwählte, Heilige, Geliebte** (V 12). Das sind sie nicht aufgrund besonderer Vorzüge, sondern allein durch Gottes freie, wohlwollende Entscheidung. In unserem Miteinander und im Gegenüber zu anderen, im Reden und Tun soll erkennbar werden: Hier wird im Namen und in der Kraft Jesu gehandelt, und deshalb soll in allem eine **große Dankbarkeit Gott gegenüber** durchscheinen (V 15b und 17b).

● Das Danken lenkt unsere Augen ab von uns selbst; es macht frei von dem dauernden Kreisen um uns selbst. Im Danken stirbt der selbstsüchtige alte Adam. Dankbar zu werden gelingt am ehesten da, wo das Wort Christi möglichst großen Raum unter uns gewinnt, wir im freudigen Singen und zuversichtlichen Beten darauf antworten und uns zugleich dadurch untereinander trösten, ermutigen, zurechthelfen und in der Erkenntnis Gottes weiterbringen.

Das Reiferwerden des Christen ist ein immer tieferes Dankbarwerden.
Nach Friedrich von Bodelschwingh

● In der Mitte des Textes, also im Zentrum, aber stehen **Liebe und Frieden** (V 14f), die alles umfassenden Gaben Gottes. Ohne sie bliebe alles andere ohne Wirkung auf Veränderung.

● Viele Menschen können diesen Psalm auswendig – Sie auch? Im Gegensatz zu manchen anderen Texten, die ich im „Kirchlichen Unterricht“ auswendig lernen musste, hat sich mir dieser Psalm sofort eingeprägt, vermutlich aus zwei Gründen:

→ Die Beschreibungen aus der Natur leuchteten mir sofort ein und erzeugten eigene innere Bilder.

→ Der Spitzensatz **„Du bist bei mir“** (V 4b) wurde für mich zu einer Zentralaussage biblischen Glaubens: Unser Gott ist ein den Menschen zugewandter Gott.

● Psalm 23 ist fast so etwas wie ein Glaubensbekenntnis, allerdings festgemacht an konkreten Lebenserfahrungen:

→ **Mir wird nichts fehlen**, wenn Gott mein Hirte ist (V 1b).

→ **Weiden** mit frischem Grün: Glück in einer kargen Welt (V 2a).

→ Noch mehr Glück bedeutet es, neben frischem Grün auch frisches **Wasser** zu haben (V 2b).

→ Im Rückblick und in der Hoffnung nach vorne kann ich sagen: **Ich gehe immer gute Wege** (V 3b).

→ Das glaube und hoffe ich, **auch wenn das Tal finster ist** (V 4).

→ Ich lasse mir das Feiern nicht nehmen, selbst im Angesicht meiner Feinde (V 5).

● Das alles aber ist gebunden an das Bekenntnis **„Du bist bei mir“.** Dieser Satz hat selbst einen so kritischen Geist wie Immanuel Kant beeindruckt, er schreibt: „Ich habe in meinem Leben viele kluge und gute Bücher gelesen. Aber ich habe in ihnen allen nichts gefunden, was mein Herz so still und froh gemacht hätte, wie die vier Worte aus dem 23. Psalm: ‚Du bist bei mir.‘“

✎ *Gibt es Kernsätze des Glaubens, die in Ihrer Biografie wichtig geworden sind?*

● Der betende Mensch will und kann mit Gott sein: Das Bekenntnis vom Hirten, der leitet, geht über in die neue Perspektive, **immer im Hause dieses Hirten zu wohnen.**

Anstößig, überholt – so die Reaktion vieler auf diese älteste **„Haustafel“** des NT. Wir haken nach: **Was will Paulus, was will er nicht?**

● Paulus will die damalige **hierarchische Gesellschaftsstruktur** nicht heiligsprechen. Er sieht in dieser Zuordnung in Ehe, Familie und Beruf **keine zeitlose göttliche Schöpfungsordnung**, wie das manche bis heute vehement vertreten. Auf die Schöpfung wird in diesem Text kein Bezug genommen, aber siebenmal auf Christus als dem Herrn.

● Kurzformeln werden schnell überlesen, geben aber dem Ganzen sein besonderes Gepräge: **„in dem Herrn“**, **„in der Furcht des Herrn“**, **„von Herzen dem Herrn“** (V 18.22.23). Verstärkt wird das durch die Rahmenverse 17 und 23: „Alles, was ihr tut ...“ und durch den Rückbezug auf die Leitworte in V 12-15: Barmherzigkeit, Freundlichkeit, Friede ... Davon soll das alte hierarchische System durchdrungen und so zugleich verändert werden.

● Paulus fragt: Wie kann die Lebensveränderung, die wir durch Christus erfahren und die eine neue Wertigkeit und Wertschätzung (3,11) bedeutet, auch in den alltäglichen Zuordnungen zwischen Ehepartnern, Eltern und Kindern, Herren und Sklaven gelebt werden? Es gibt immer ein „Oben und unten“, das Zusammenleben und Miteinander-Arbeiten muss geregelt werden, sonst wird es chaotisch. Aber das Wie ist offen. **Die Wirklichkeit Christi in seiner Dienstbereitschaft bzw. Hingabe soll in unsern menschlichen Beziehungen aufleuchten.**

● Die in der damaligen Hierarchie „Oben“-Stehenden werden besonders angesprochen und herausgefordert, jeweils mit längerer Begründung (3,19.21; 4,1). **Es muss Folgen haben, wenn man einem Herrn gehört, der sich selbst zum Knecht macht** (Phil 2,7), der gekommen ist, „um zu dienen, und nicht, um sich dienen zu lassen“ (Mk 10,42-45). „Ihr seid zur Freiheit berufen“ (nicht zur Beliebigkeit), deshalb **„durch die Liebe diene einer dem andern“** (Gal 5,13).

Jetzt **ermutigt Paulus die Christen in Kolossä zum Gebet für andere und zur missionarischen Verantwortung für sie.** Beides gehört zusammen, befruchtet sich gegenseitig.

● Zu Gott, dem Vater, beten können ist „Kindes-Recht, nicht Knechtes-Pflicht“ (Otto Weber), Ausdruck einer vertrauensvollen Beziehung (Röm 8,15). Betont wird in V 2 das Dranbleiben, das **„Beten ohne Unterlass“.** Beten hält wach, weil es staunend dankt für Gottes fürsorgliche und treue Begleitung sowie für unsere Teilhabe an seinem weltweiten Versöhnungswerk.

● V 2: Der Aufruf zum Gebet verweist zunächst auf Gott selbst und von ihm her auf Menschen außerhalb der Gemeinde. **Missionarische Arbeit braucht viele „betende Wachposten“.**

● V 3: Paulus erbittet Gebetsunterstützung für sich und seine Mitarbeiter. Durch solche Fürbitte werden wir zu aktiven Mitarbeitern an Gottes Mission. **Nur er kann verschlossene Türen öffnen, Menschen ihr oft verzagtes und trotziges Herz auftun.** Das verkündigte Wort Gottes selbst muss zur Tür werden, durch die Gottes Liebe in viele Lebensräume einziehen kann.

● V 5f: Den Glauben anderer können wir nicht machen. Dennoch nennt Paulus **Gesprächshilfen,** die dem Wesen des Evangeliums entsprechen: Wenn wir anderen freundlich, „mit Charme“ begegnen, leuchtet etwas auf von Gottes Güte. „Sich weise verhalten“ (V 5) meint unseren **Lebensstil,** der lesbar „wie ein Brief“ (2Kor 3,3) sein sollte. **Unser Leben redet meist deutlicher als unsere Worte.** Gespräche sollen nicht oberflächlich, langweilig sein, sondern „mit Salz gewürzt“, schmackhaft, mit Mut machendem Inhalt gefüllt, einladend erklärend und zielgerichtet aufklärend, wenn nach dem Grund unseres Glaubens gefragt wird (1Petr 3,15!).

✎ *Wo und wie wird in Ihrer Gemeinde die Bereitschaft und Befähigung zum Gespräch über den Glauben eingeübt?*

Zum **Briefschluss** gehören (1) **Kurzmitteilungen und Hinweise** zu den „Postboten“ (V 7-9), (2) eine überraschend lange **Grußliste**, auch mit Grüßen an die 16 Kilometer entfernte Gemeinde in Laodicea sowie die Anweisung zum Austausch der von Paulus gesandten Briefe (V 10-17), (3) am Ende **ein handgeschriebener Gruß mit Segenszuspruch** (V 18).

● Die Grüßenden werden einzeln genannt und näher charakterisiert. Die Gläubigen in Kolossä werden dagegen kaum mit Namen erwähnt. Der Grund: Paulus kennt die Gemeinde nicht persönlich, er ist nur durch Epaphras über sie informiert.

● Paulus teilt selten etwas über sein persönliches Leben mit, es sei denn, es hat unmittelbar mit seinem Dienst zu tun. Stattdessen schickt er Mitarbeiter, die die Gemeinden besuchen und konkret über sein Ergehen berichten, hier Tychikus und Onesimus (V 7-9; vgl. Eph 6,21f).

● Die Christen in Kolossä sorgen sich um Paulus, weil er verhaftet ist. Er möchte sie bei allem Ernst der Lage entlasten und trösten. So ermutigt er als Gefangener die, die in Freiheit sind, indem er Mitarbeiter sendet und sie „geliebte Brüder“ nennt. Er zeigt so, wie sehr er sie als Brüder braucht und ehrt.

● Erfreulich ist die Erwähnung des **Markus**, der ihn bei der 1. Misssionsreise im Stich gelassen hat (Apg 13,13). Deshalb kam es zum Bruch mit Barnabas, weil Paulus Markus zur 2. Missionsreise nicht wieder mitnehmen wollte (Apg 15,37-39; vgl. die Auslegung am 3. Juli). Seine Erwähnung hier und in Phlm 24 zeigt, dass man sich ausgesöhnt hat, wieder miteinander arbeiten kann. Paulus empfiehlt ihn und bittet, ihn herzlich aufzunehmen (V 10).

● Der Austausch der Paulusbriefe unter den Gemeinden (V 16) führte zuletzt zur Sammlung aller Paulusbriefe.

✎ *Wir sollten auch heute Briefe und Besuche mehr nutzen zum weltweiten Austausch unter Christen.*

Das Buch Daniel

Das Buch Daniel zählt in der hebräischen Bibel nicht zu den „Propheten“, sondern zu den Weisheitsschriften. Es gehört zur Gattung der „Apokalypsen“ wie im NT die „Offenbarung des Johannes“. „Apokalyptein“ (griech.) bedeutet: aufdecken, enthüllen, offenbaren. In der biblischen Apokalyptik geht es also um das Aufzeigen der verborgenen Kräfte der Weltgeschichte und um die Enthüllung von Geheimnissen über den Verlauf der gesamten Weltgeschichte – bis hin zur Vollendung.

Dieses Buch enthält Daniel-Berichte (Kap. 1–6) und Daniel-Gesichte (Kap. 7–12).

Daniel 1,1 datiert den Beginn der Erzählung auf das dritte Jahr Jojakims, also das Jahr 605 v. Chr. – also wenige Jahre vor der Zerstörung Jerusalems (587 v. Chr.). Das Buch spiegelt die Situation des Exils und zeigt den Blick in die nachexilische Zeit: Die Großkönige der riesigen Weltreiche der Babylonier, Perser, Griechen und zuletzt der Römer bestimmen das Leben. Viele Juden leben zerstreut unter Völkern, deren Herrscher andere Götter verehren und die für sich selbst göttliche Verehrung beanspruchen. Sie sind ständig von Verfolgung bedroht, denn sie können weder die Könige noch ihre falschen Götzen anbeten. Dan 1–6 zeigen an der Gestalt des Daniel und seiner Freunde, dass die Treue zu Gott und seine alleinige Verehrung sogar die heidnischen Machthaber beeindruckt, sodass sie vor dem Gott Israels Respekt bekommen.

In dieser Lage im Exil fragen sich viele: Warum wird die Welt von gottfeindlichen Großmächten regiert? Wann wird Gott die feindlichen Mächte stürzen und endlich sein Reich aufrichten?

Darauf antworten Dan 7–12: Der Sturz der Großmächte steht unmittelbar bevor. In Kürze wird Gott die Könige vom Thron fegen und selbst die Herrschaft antreten und sein Reich aufrichten (12,11). In diesem Reich werden die Märtyrer auferstehen und ewig leben (12,1-3).

Die Apokalyptik will verstehen, – deshalb werden Träume (Kap. 2 + 4), Visionen (Kap. 7) oder Zeichen an der Wand (Kap. 5) gedeutet. Engel sind nötig, um alles zu verstehen: Ein Engel erklärt schließlich die ganze Weltgeschichte bis zum Ende (Kap. 11–12). Daniel kann jetzt vieles verstehen (10,12-14). Und dieses Verstehen erstreckt sich anders als bei den Propheten auf die ganze Weltgeschichte (Kap. 2 + 7). Der Apokalyptik verdanken wir den weiten Horizont des Glaubens: die Respektlosigkeit vor den Mächtigen, den Überblick über den Weltenlauf, die Zuversicht in Gottes Stärke und die Hoffnung auf sein Reich.

Das Buch Daniel will, ähnlich wie die Offenbarung des Johannes, zur (Glaubens-)Treue bis in den Tod ermutigen – und zugleich trösten mit dem Hinweis, dass die scheinbar überlegene Macht der Mächtigen auf „tönernen Füßen steht“ (2,31-35.44f), nur kurze Zeit dauert (7 ist die Zahl der Fülle; 3 1/2 bedeutet: begrenzte Zeit) und alles auf Gottes ewiges Reich zuläuft (2,44). Deshalb werden in Dan 1–6 die heidnischen Könige als „Papiertiger“, als hilflose „Träumer“ dargestellt, die von Ängsten geschüttelt werden, Gottes Macht erfahren und ihn schließlich anbeten müssen.

● V 1-7: Nebukadnezar hatte im Frühsommer 605 bei Karkemisch das ägyptische Heer besiegt. Jerusalem wurde belagert, aber noch nicht zerstört. König Jojakim wurde nach Babylon deportiert, dazu Tempelgeräte, vgl. 5,2, sowie eine Anzahl diplomatischer Geiseln aus der jüdischen Oberschicht. Sie sollten am Königshof zu babylonischen Beamten ausgebildet werden. „Schrift und Sprache der Chaldäer“ (V 4) meint die Keilschrift, die aramäische Sprache und die Kenntnis der alten babylonischen Literatur. Ob Daniel die mit Freude gelesen hat?

● Daniel und seine Freunde bekommen neue Namen und damit eine neue Identität. „Beltschazar“ (V 7) bedeutet „Bel (= die Hauptgottheit Marduk) schütze das Leben des Königs“. Der Bezug auf den Gott Israels („Daniel“ – „Gott ist mein Richter“) wird ausgelöscht und Daniels Leben einer fremden Gottheit unterstellt. **Wie kommt es wohl, dass dieser Teenager dem Gott seiner Väter die Treue hält?**

● V 8-17: Als Beamtenanwärter wird ihm auch die Ernährung vorgeschrieben. Doch waren Fleisch und Wein den Göttern geweiht, ehe sie auf den Tisch kamen. Daniel geht mit seinem Glaubenskonflikt auf den zuständigen Beamten zu. „Gemüse“ (V 12) meint vegetarische Nahrung. Daniel schlägt einen Versuch vor, auf den auch der Beamte ohne besonderes Risiko eingehen kann. **Mir kommt Daniel wie ein gesunder Baum vor: In den Wurzeln und im Stamm ist er fest, in den Ästen flexibel.**

Die Gabe, Visionen und Träume im Licht Gottes zu deuten, wird Daniel noch oft einsetzen.

● V 18-21: Das Staatsexamen nimmt der König persönlich ab (V 19) und Gott stellt sich zum Glauben Daniels und seiner Freunde. Dieser bleibt sein Leben lang Hofbeamter. Das „erste Jahr des (persischen) Königs Kyrus“ ist 539 v. Chr. Daniel hat also mindestens 66 Jahre in babylonischen und persischen Diensten verbracht.

● Das zweite Jahr des Nebukadnezar dürfte das Jahr 603/2 v. Chr. gewesen sein, denn das Thronbesteigungsjahr, in diesem Fall 605/4, wurde als Jahr null gerechnet.

● V 1-11: Nebukadnezar hatte einen Traum, der ihn tief aufwühlte. Träume galten ihm als die Mitteilung der Götter und Schicksalsmächte. Daran muss Nebukadnezar zu Beginn seiner über 40-jährigen Herrschaft (605–562 v. Chr.) sehr interessiert gewesen sein. Ein orientalischer Herrscher und seine „Weisen", seine Astrologen und Magier, bildeten eine eigenartige Schicksalsgemeinschaft, sie waren beide voneinander abhängig. Die Wahrsager können den Traum erst deuten, wenn sie ihn gehört haben. Nebukadnezar will sich aber absichern: Nur, wenn sie in der Lage sind, ihm seinen Traum zu erzählen, kann er auch ihrer Deutung vertrauen (V 9).

● Eigenartigerweise wechselt die Sprache des Buchs von 2,4-7,28 vom Hebräischen ins Aramäische, der damaligen Weltsprache. Der Sprachwechsel ist bis jetzt noch nicht endgültig erklärt worden.

● V 12-19: Die drohende Lebensgefahr treibt Daniel und seine Freunde ins Gebet. Und tatsächlich: Daniel werden Traum und Deutung durch eine Offenbarung von Gott geschenkt.

Das heißt für uns: Alle Horoskope und Wahrsagemittel strikt beiseitelassen! Beten! Und die Gemeinschaft mit Menschen suchen, die beten.

● V 20-23: „Gott des Himmels" (V 18) – so nannte ein Israelit seinen Gott und Schöpfer, wenn er mit nichtjüdischen Menschen redete. Dieser Gott ist der HERR der Welt und der Weltgeschichte. Er zieht die Fäden und hat die Macht. Ihm ist nichts verborgen. „Du Gott meiner Väter" (V 23), so redet ihn Daniel nun an. Es ist der Gott, der sich Mose offenbart hat. Er ist der Vater Jesu Christi, der uns das Vaterunser geschenkt hat. Die „Väter" haben immer wieder Gottes Eingreifen erlebt, vgl. Ps 22,5-6. In dieser großen Gemeinschaft steht Daniel. In diese will ich mich auch stellen.

● V 24-30: Unverzüglich wird Daniel zum König gebracht. Der „Gott im Himmel" kann Geheimnisse offenbaren. Er ist der Herr über die Zukunft.

● V 31-35: Sorgfältig werden die Wiedergabe des Traums und seine Deutung unterschieden. Der **Traum** schildert ein großes Standbild, das vom goldenen Haupt abwärts aus insgesamt vier Materialien (Gold, Silber, Bronze, Eisen/Ton) besteht. Ein aus dem Nichts kommender Stein zerstört dieses und wächst selbst zu einem weltfüllenden Berg. Nichts anderes bleibt.

● V 36-45: Die **Deutung** hat es in sich. Vom Babylonischen Reich über das medo-persische, das griechisch-makedonische bis zum Römischen Reich führt eine Linie. Sie endet mit dem **Kommen des Himmelreichs** (V 44), das der „Gott des Himmels" aufrichten wird. Dieses beginnt mit dem Kommen Jesu in diese Welt (vgl. Mt 4,17).

● Was bedeutet das für Nebukadnezar? Zum einen, dass seine Herrschaft auch nur von begrenzter Dauer ist. Zum anderen, dass der „Gott des Himmels" allein über die Macht verfügt. Ehrt Nebukadnezar ihn? Wird in ihm eine Sehnsucht nach dem unvergänglichen Reich wach?

● Gibt es echte, wahre Prophetie? Diese Texte erheben diesen Anspruch (vgl. auch Jes 42,8-9). Dem will ich mit einem Grundvertrauen begegnen.

● V 46-49: Der König reagiert ganz im Rahmen seiner Kultur und Religion. Wie Daniel sich wohl dabei vorgekommen sein muss? Nebukadnezar ehrt dessen Gott: „euer Gott – über alle Götter und über alle Könige". Dieses Bekenntnis will etwas heißen! Der König von Babylonien hatte Israel erobert. Aber der Gott des Himmels setzte ihm einen Beamten in die Kanzlei, dessen Verkündigung sein Herz erreichen sollte. **Wer erobert wen?**

● Daniel wird zum Provinzstatthalter über die Region Babel befördert, dazu noch der Vorgesetzte der Weisen, also der Zukunftsdeuter. In diesem beruflichen Minenfeld hatte sich Daniel zu bewähren.

● Zunächst zwei **formale Beobachtungen.**

→ Der Psalm besticht durch eine **dreiteilige Gliederung:** V 1-3, V 4-6 und V 7f. Die zweimalige Bitte um Gottes Segen bildet den Rahmen, während die Psalmmitte den Dank der Völker herausstellt. V 4 und V 6 sind jeweils Refrain.

● Wie hängen die beiden Themen des Psalms, **Israels Bitte um Gottes Segen** und der **Dank der Völker,** zusammen?

→ Ein erster Schlüssel sind V 3 und V 8 – der Psalmist setzt voraus: Wenn Gott Israel segnet, dann wird das wahrgenommen. An Gottes Segen für sein Volk wird die Welt wiederum Gott erkennen, ihn fürchten und ihm danken.

→ Mehr noch: Die Völker freuen sich darüber, dass Gott regiert. Sie sehen: Sein Gericht ist gerecht.

→ Deutlich wird an diesem Zusammenhang von Israels Segensbitte und dem Dank der Völker auch, dass die **Bitte um Gottes Segen nicht eigennützig** geschieht. **Gott soll erkannt werden.** Das ist eine Herausforderung und eine Anfrage an unsere eigenen Bitten.

> ✎ *Die Bitte um Gottes Segen greift den Aaronitischen Segen auf. Lesen Sie 4Mose 6,24-26 und entdecken Sie, was Ps 67 anders macht.*

● Aus der Reihe der **Abweichungen vom Original des Aaronitischen Segens** will ich zwei herausgreifen:

→ Während 4Mose 6,24 mit dem Verb „segnen“ beginnt, stellt Ps 67 die Bitte um Gottes Gnade an den Anfang.

→ Anstelle des Gottesnamens Jahwe („HERR“), spricht Ps 67,2.7f von „Gott“ bzw. „unserem Gott“. Natürlich meint Ps 67 niemand anderes als Jahwe. Die offenere Gottesbezeichnung soll aber Gottes Anspruch unterstreichen, ein Gott aller Völker zu sein.

Ps 67 zeigt: Auch im AT war Gott der Gott der ganzen Welt, nicht nur der Gott Israels – und das erinnert uns an die öffentliche Bedeutung unseres geistlichen Lebens.

● Daniel ist bei der Einweihung des Standbildes nicht anwesend. Doch für seine Freunde Schadrach, Meschach und Abed-Nego wird dieser Tag buchstäblich zu einer Feuerprobe. Der Konflikt entzündet sich am ersten Gebot: **„Ich bin der HERR, dein Gott. Du sollst keine anderen Götter neben mir haben.“** Das „goldene Bild“ muss man sich eher als eine vergoldete Säule (Obelisk) vorstellen.

● V 1-7: Nebukadnezar wollte vermutlich die Einheit seines multikulturellen Reiches bekräftigen und damit auch die Vorherrschaft seiner Gottheit Marduk demonstrieren, also die Einheit von Staat und Religion herstellen. Den totalitären Anspruch des Staates, der auch Religion und Weltanschauung kontrollieren will, kennen wir leidvoll aus der deutschen Geschichte.

● V 8-15: Drei Männer tanzen aus der Reihe und werden prompt verklagt. Der religiöse Absolutheitsanspruch duldet keine Ausnahme. Ja, wer ist Gott?

● V 16-24: Die Antwort ist unmissverständlich: Lieber sterben als Gott die Treue brechen. Ob Gott sie bewahrt, bleibt ihm überlassen. Wie hätte ich reagiert? Man muss sich den „Feuerofen“ (V 17) am ehesten als einen tunnelartigen Schmelz- oder Ziegelofen vorstellen.

● V 25-30: Woher kommt der „vierte Mann“? Er sieht aus wie ein „Sohn der Götter“ – ein Engel. Die vier sind im Feuer und gleichzeitig in einer anderen Dimension, der das Feuer nichts anhaben kann. Nebukadnezar dämmert es: Sie sind „Knechte des höchsten Gottes“, das ist der Gott Israels. Der soll geehrt und nicht verlästert werden.

● Ist das wirklich so passiert, oder wird uns eine fromme Legende berichtet, die natürlich auch eine religiöse Botschaft enthält? Ich halte es für den angemessensten Umgang mit solchen Erzählungen, Gott Gott sein zu lassen und das Wunder ein Wunder.

● **Die Liste der jüdischen und christlichen Märtyrer ist lang. Eine Bewahrung haben wir nicht abonniert. HERR, mache mich treu!**

● Es ist sehr zu empfehlen, auch **Kapitel 4** zu lesen: Wieder träumt Nebukadnezar, und er weiß nicht, dass es um ihn geht. Gott widersteht den Hochmütigen. Doch schließlich beugt Nebukadnezar seine Knie vor diesem Gott. Ganz anders Belsazar.

● **Kapitel 5** handelt von der **letzten Nacht des letzten Vertreters der neubabylonischen Dynastie**. Belsazar ist der Sohn des letzten Königs Nabonid, der aber jahrelang abwesend war, sodass Belsazar die Regierungsgeschäfte führte. Daniel wird als „Dritter" eingesetzt. Als solcher erlebt er den Übergang auf die persische Vorherrschaft.

● Griechische Historiker (Herodot und Xenophon) berichten übrigens von einem rauschenden Fest im Königspalast. Die Perser erobern die Stadt Babylon (12.10.539 v. Chr.). Sie dringen dann auch in den Palast ein, und im Getümmel verliert Belsazar sein Leben.

● V 1-4: Belsazar vergreift sich an den Tempelgefäßen aus Jerusalem und damit an dem, dem sie geweiht sind. Der **Missbrauch der heiligen Tempelgefäße** aus Jerusalem war ein mutwilliger Affront. Mut der Verzweiflung?

● V 5-9: Die Antwort lässt nicht lange auf sich warten: „Und sieh! und sieh! an weißer Wand da kam's hervor, wie Menschenhand; und schrieb, und schrieb an weißer Wand Buchstaben von Feuer und schrieb und schwand." (Heinrich Heine). Belsazar ist ebenso betrunken wie entsetzt.

● V 10-24: Daniel wird gerufen, jetzt ein alter Mann. Was bedeutet die Schrift? Die Buchstaben entziffern ist eine Sache, aber die Bedeutung? Sie nimmt auf Belsazars Lästerung des „höchsten Gottes" Bezug.

● V 25-30: **„Gezählt – beendet; gewogen – zu leicht befunden; zerteilt – den Persern gegeben"**, eine erschütternde Botschaft. Die Worte sind nur in freier Anspielung zu deuten. Gott beendet hiermit das neubabylonische Reich. Belsazar bringt auf der göttlichen Waage nicht das, was er hätte bringen sollen. Die Herrschaft wird auf das medo-persische Reich übertragen. Wird dieses einmal auf der Waage bestehen?

Mit Kapitel 6 enden die Daniel-Erzählungen. Daniel war bis zum Anfang der persischen Vorherrschaft (vgl. 1,21) als hoher Regierungsbeamter tätig. Er ist nicht nach Jerusalem zurückgekehrt.

● V 1-10: Wer „Darius der Meder“ gewesen ist, bleibt eine offene Frage. Möglicherweise war es ein Unterkönig, den Kyrus über das ehemalige babylonische Herrschaftsgebiet (Mesopotamien, Syrien, Palästina) eingesetzt hatte (vgl. 9,1). Darius teilt sein großes Gebiet in 120 Verwaltungsbezirke ein. Daniel wird einer der drei Chefminister.

● Nun trifft ihn der Neid und Ehrgeiz seiner Kollegen. Er war eine integre Persönlichkeit. **Doch angreifbar war seine Gottesverehrung** (V 6). **Offensichtlich hat er daraus kein Hehl gemacht.**

● Im ersten Moment wirkt das neue Gesetz (V 8) seltsam: Darius ist doch kein Gott! Soll die nationale Einheit durch ein solches Dekret, wenn auch nur zeitlich befristet, hergestellt werden? Darius wäre dann so etwas wie der religiöse Stellvertreter der Götter oder der Gottheit. Wenn das religiöse Leben (Gebet) an den Staat oder den Herrscher gebunden wird, muss es zum Konflikt kommen. Wenn ein Staat dies fordert, setzt er sich selbst an Gottes Stelle. Die Geschichte ist voll davon.

● V 11-24: Wie reagiert Daniel darauf? Er spricht mit seinem himmlischen Vater über die neue Situation. Er betet wie jeden Tag. **Feste Gebetszeiten gehörten in seinen Tagesablauf.**

● Die Löwengrube war ein in die Erde vertiefter Zwinger. Es folgt eine schlaflose Nacht für Darius, der seinen besten Mitarbeiter nicht verlieren will. Dämmert ihm, gegen wen das übereilte Edikt zielte? Ein Engel, ein „Geheimagent Gottes“, hat Daniel bewahrt, vgl. Hebr 11,33.

● V 25-29: Ein neuer Erlass ergeht. Darius ehrt den Gott Daniels, den Gott des Himmels (vgl. 3,33), dessen Herrschaft nicht vergeht (vgl. 2,44). **Das Reich Gottes und die Reiche dieser Welt, das ist das Thema des Buchs Daniel.** Und die Treue zu diesem Gott, auch wenn es etwas kostet.

Nach den sechs Daniel-Erlebnissen enthalten Dan 7–12 vier Daniel-Visionen, ebenfalls in zeitlicher Reihenfolge. Kap 7,1, „das erste Jahr Belsazars", ist wohl 550 v. Chr.
Daniel empfängt eine interaktive Traum-Vision. Im Nachgang hält der den Inhalt und die Deutung schriftlich fest. Die Vision von den vier Tieren, dem Leiden des Gottesvolkes und dem Kommen des Menschensohns hat übrigens wie keine zweite die europäische Geschichtsschreibung bis ins 18. Jahrhundert geprägt.
● V 1-6: Kap. 2,44 hatte schon verkündigt, dass die Reiche dieser Welt endgültig von der Gottesherrschaft abgelöst werden sollen. Darauf baut Kap. 7 auf. Aus dem (Völker-)Meer treten im Lauf der Zeit vier Imperien auf. Sie werden mit wenigen bedeutsamen Pinselstrichen gezeichnet und sehr unterschiedlich gedeutet. Die Tiere sind Mischwesen, womit je ein besonderes Merkmal hervorgehoben wird. Auf den babylonischen Löwen, der seine Reichweite (Flügel) verliert, folgen der medo-persische Bär, der sich drei Rippen (Länder?) einverleibt, und dann das griechische Reich samt den Diadochen-Herrschern. Schnelligkeit (Panther) und Reichweite (Flügel) kennzeichnen es.
● V 7-8: Das vierte Tier kann mit keinem aus dieser Welt verglichen werden. Es ist ein zerstörerisches Wesen. Viele Ausleger denken an gewisse Züge des Römischen Reichs. Das „kleine Horn" ist ein Symbol der antigöttlichen und antichristlichen Macht.
● V 9-15: Szenenwechsel. Im Himmel tritt das Gericht über die Weltreiche zusammen. Das Urteil ergeht nach Beweismaterial („Bücher"). Hauptfigur ist der ewige Gott. Dann der Höhepunkt: Nicht von unten, sondern von oben kommt der Menschensohn. Dem wird von Gott in feierlicher Audienz die weltweite Herrschaft übertragen. **Das aramäische Wort für „dienen"** (V 14) **hat den Beiklang von „gottesdienstlich verehren, anbeten". Alle Völker und Sprachen der Welt beten den Menschensohn an** (vgl. Mt 28,18).

● V 16-18: Daniel ist in der Vision aktiv. Er bittet um Auskunft. Ein Deute-Engel erklärt ihm, dass es sich um Reiche der Welt handelt.

● V 19-26: Die geheimnisvollen Aussagen über das vierte Tier haben ihren Schwerpunkt in der ungeheuren Machtentfaltung des „kleinen Horns" (V 20). Das Gottesvolk geht durch eine Nacht des Leidens, in der es geradezu ausgelöscht wird (V 21). Diese Leidensnächte der Unterdrückung und Verfolgung gehen durch die Weltgeschichte und enden in der „großen Trübsal" (12,1). Programm und Ziel des antigöttlichen Herrschers ist es, Gott zu lästern, sein Volk zu vernichten und eine Ersatzfrömmigkeit einzusetzen (V 25). Die Leidenszeit dauert dreieinhalb Zeiten, eine geheimnisvolle prophetische Angabe.

● V 27-28: Dann aber wird die antigöttliche Macht beseitigt (V 11 + 22). Gott selbst schafft seinem Volk Recht. Der geheimnisvolle Menschensohn kommt nicht allein, sondern hat ein Volk um sich. Sie werden mit ihm herrschen und regieren. Ihm gehorchen dann alle Mächte der sichtbaren und unsichtbaren Welt.

● Daniel markiert sorgfältig das Ende der Rede des Deute-Engels. Er selbst fügt nichts hinzu. Die Vision hat ihn arg mitgenommen. Doch er behält sie genau im Gedächtnis.

● Daniel 7 bezeugt

→ die Abfolge und Geschichte der Weltreiche

→ die Herrschaft der antichristlichen Macht, die die Weltgeschichte durchzieht

→ das Weltgericht, womit das Kapitel der Weltreiche geschlossen wird

→ das ewige Gottesreich, verbunden mit seinem Volk und

→ den kommenden Menschensohn, ein messianischer Titel

„Jesu, stärke deine Kinder und mach aus denen Überwinder, die du erkauft mit deinem Blut! Schaffe in uns neues Leben, daß wir uns stets zu dir erheben, wenn uns entfallen will der Mut!" Wilhelm Erasmus Arends, EG 164.

Diese Vision handelt vom **Herrschaftswechsel von der Perserzeit** („Widder", vgl. V 20) **zur griechisch-makedonischen Epoche** („Ziegenbock", vgl. V 21). Ab V 9 tritt ein „kleines Horn" auf die Bühne. Damit wird die unheilvolle Herrschaft des Seleukidenkönigs **Antiochus Epiphanes IV.** (175–164 v. Chr.) umrissen, dessen Religionspolitik den Glauben Israels in den Jahren von 167–164 in höchste Bedrängnis gebracht hat.

● V 1-8: Der Ziegenbock ist das **Reich Alexanders des Großen.** Die Vision rafft das Geschehen prophetisch zusammen: Alexander hat die Perser nicht auf einmal, sondern in drei Anläufen besiegt (334, 333, 331 v. Chr.). Doch seine Macht zerbricht, und **vier Diadochenreiche** folgen ihm.

● V 9-14: Das kleine Horn wächst aus einem Diadochenreich heraus, und es entfaltet seine Wirkung besonders gegen das **„herrliche Land" (= Israel).** Das trifft auf die Herrschaft der Seleukiden zu, unter deren Einfluss Israel seit 198 v. Chr. steht. Der tägliche Opferkult im Tempel von Jerusalem wird unterbunden und der Hohepriester („Fürst des Bundes") des Amtes enthoben.

● V 15-27: Der Erzengel Gabriel (vgl. 9,21; Lk 1,26) tritt erstmals auf. Er erklärt Daniel die Vision, die in ferne Zukunft weist. Vom Datum des Empfangs (um 550 v. Chr.) bis zum Eintreffen (167–164 v. Chr.) gehen Generationen ins Land. Warum diese Langzeitauskunft? Weil der erwähnte Herrscher

→ Israel gegenüber brandgefährlich werden wird („gegen das heilige Volk" V 24f),

→ betrügerisch und verschlagen vorgeht, also nicht leicht durchschaut werden kann (V 25) und

→ den täglichen Opferdienst im Tempel aufhebt und ihn verwüstet, zerstört oder entweiht (V 11-12). Vgl. dazu 1Makk 1.

Das Volk Gottes soll gewarnt sein, wenn die Erfüllung langsam eintrifft, und den Herrscher durchschauen. Die prophetischen Visionen sind kein Sandkasten für Spekulationen, sondern lebenswichtige Ansagen. Sie erfordern Geduld und Wachsamkeit.

● Psalm 45 ist ein sog. Königspsalm. Der erste Teil des Psalms (V 1-10) sowie der Schluss (V 17f) besingen den gesalbten König mit seiner ihm von Gott zugedachten Rolle. Dazwischen rückt die „Tochter Zion" in den Fokus bzw. das Heil, das Gott ihr durch seinen König schenken will (V 11-16). In diesem Sinn stimmt die Überschrift, wenn sie den Psalm als **Brautlied** oder **Liebeslied** bezeichnet: Er besingt die **Liebe zu Gottes gesalbtem König** und wiederum **dessen Liebe zu seinem Volk**, verkörpert durch die Königstochter (V 11ff).

● Psalm 45 besingt den **König** (V 3-10.17f)

→ als von Gott gesegnet und mit Freudenöl gesalbt (V 3.8)

→ wie er über die chaotischen Mächte triumphiert (V 4-6)

→ und Gottes Gerechtigkeit durchsetzt (V 7f)

→ und das in Schönheit und Reichtum (V 3.9f).

→ Schließlich tragen auch seine Nachkommen dazu bei, dass Kosmos statt Chaos die Welt bestimmt (V 17f).

● Diese Auflistung idealisiert natürlich den König – kein normaler König würde ihr entsprechen. Und so können wir im hier besungenen König **den** Gesalbten, den **Messias,** sehen (V 8).

● Was für ein Vorrecht, dass dieser König sich nach seiner **Königstochter** sehnt (V 11ff), nach der Tochter Zion, Gottes Volk.

→ Dank dieses Königs darf sie ihre Sündengeschichte hinter sich lassen (V 11). Für ihn erstrahlt sie in neuer Schönheit (V 12).

→ Vor diesem Herrn sich zu verneigen ist eine Würde (V 12). Selbst die Völker kommen, um diese messianische Liebe anzuerkennen (V 13).

→ Die in der Königstochter personifizierte Gottesstadt wird zur Mutter vieler Nachkommen (V 17f).

● Die ideale Beschreibung dieses Königs und seiner Königstochter ist auf Hoffnung angelegt. Erfüllt hat sich diese in **Jesus Christus, Gottes König und Messias**. Seine Liebe schenkt neues Leben, Gerechtigkeit und Heil. Seinen Namen verkündigen wir und können ihm nur ewig für seine Liebe danken (V 18).

Mit Kapitel 9 sind wir im Jahr 538/37 v. Chr. und damit in der Anfangszeit der persischen Herrschaft angelangt, also 10–12 Jahre nach der Vision von Kap. 8 (vgl. 8,27). Gott hatte durch Jeremia angekündigt, dass Israel **70 Jahre** unter babylonischer Herrschaft stehen sollte. Diese Zeit ist nun vergangen. Was wird aus Gottes Verheißungen?

● V 2-3: Daniel hatte eine Abschrift der Verkündigung des Jeremia bei sich, er studierte also aufmerksam die Prophetenworte. Er erwartete, dass Gott zu seinem Wort steht. Die Ansage von der 70-jährigen babylonischen Herrschaft war im Jahr 605 ergangen (Jer 25,1) ... **Mit seinen offenen Fragen wendet er sich im Gebet an Gott.**

● V 4-14: Sein Gebet ist mit Bibelzitaten gesättigt. Er betet in geprägter Sprache (vgl. V 5 mit Ps 106,6). „**Wir**" sagt er und stellt sich damit bewusst in die Geschichte seines Volkes.

> ✎ *Irrwege in Kirche und Gesellschaft können uns empören. Bringen wir sie vor Gottes Thron als Menschen, die um ihre eigene Vergebungsbedürftigkeit wissen?*

Daniels Gebet kreist um einen Gedanken: Gott hatte durch Mose und die Propheten bei Bundesbruch Unheil angedroht, Israel hatte Gott über Generationen vergessen, und dann hat Gott seine Drohung wahr gemacht und damit zu seinem Bund gestanden (V 12a. 14b). „HERR, mit dem babylonischen Exil hast du uns kein Unrecht getan." **Daniel gibt Gott recht.**

● V 15-19: Mit „und nun" beginnt ein neuer Ton. Daniel erinnert Gott an seine Barmherzigkeit, auf der die Bundesbeziehung ruht. Nun betet er eindringlich: „HERR, höre! Tu deine Augen auf! Säume nicht!", „Wir liegen vor dir im Gebet" – ist Daniel im Gottesdienst oder in einer Gebetsversammlung? Er bittet um einen **neuen Anfang, „um deinetwillen, mein Gott!"**. Da wird er plötzlich unterbrochen. Daniel 9 ist das „unterbrochene Gebet".

Wieder begegnet ihm der **Erzengel Gabriel**, der ihm das „Gesicht“, also die Vision von Kap. 7 + 8, erklären soll.

● V 20-23: **Daniel bekennt auch seine eigenen Sünden** – er ist nicht perfekt, sondern braucht Vergebung.

● V 24-27: Der folgende Abschnitt gehört zu den schwierigsten im ganzen AT. Jedes hebräische Wort steht zwar im Wörterbuch, aber was ist die Aussage des Ganzen?

● **„Siebzig Wochen“** – es sind entweder prophetische Wochen unbekannter Länge oder „Jahrwochen“, also Einheiten zu je 7 Jahren. Die Zeitdauer ist ein göttlicher Beschluss („verhängt“). Ihr Ziel ist das Kommen von Gottes Heil. Frevel, Sünde und Schuld werden beseitigt. Ewige Gerechtigkeit wird gebracht, die Weissagungen werden erfüllt und das Allerheiligste gesalbt. Im gesamtbiblischen Rahmen ist es am natürlichsten, diese Sätze auf das Heil, das durch Jesus gekommen ist, zu beziehen. Kurz gesagt: **Nach 69 Jahrwochen erscheint der Christus.**

● Der Ausgangspunkt (V 25) ist die **Erlaubnis zum Wiederaufbau Jerusalems,** womit nach Jes 44,28 entweder das Kyrus-Edikt gemeint ist (538 v. Chr., vgl. Esra 1,1,-4) oder die Erlaubnis zum Mauerbau durch Artaxerxes (445 v. Chr., vgl. Neh 2,5).

● Die 70 Wochen werden in 7 + 62 + 1 unterteilt. Am sinnvollsten ist es, mit der griechischen Übersetzung in V 25 zu lesen: „... bis ein Gesalbter, ein Fürst kommt, sind es sieben Wochen und zweiundsechzig Wochen.“ Der lange Zeitabschnitt von 7 + 62 Wochen wird kurz charakterisiert: Jerusalem ist dann wieder aufgebaut, aber es ist „eine notvolle Zeit“. Der Schwerpunkt liegt auf der letzten Woche. **Der umgebrachte Gesalbte** (V 26) **ist dann Jesus Christus,** und die Zerstörung des Heiligtums der Jüdische Krieg. V 27 erwähnt wieder ein Unterbinden des Opferdienstes und eine Entweihung des Heiligtums (vgl. 7,25; 8,11). Jesus greift darauf zurück: Mt 24,15 und deutet damit an, dass diese Notzeit (in verschiedenen Formen) auch in der Zukunft wieder auftritt.

Kapitel 10–12 bildet einen einzigen Abschnitt. Es ist die längste und ausführlichste Prophetie im AT. Es lohnt sich, bei anderer Gelegenheit auch das ganze Kap. 11 zu lesen.

● V 1: Das dritte Jahr des Kyrus ist **536 v. Chr.** Daniel dürfte über achtzig Jahre alt sein.

● V 2-7: Er hält eine **dreiwöchige Trauer und Fastenzeit**, weil er die vorhergehenden Visionen und ihre Bedeutung für das Volk Gottes besser verstehen will. 10 Tage nach dem Passafest (V 4) tritt ihm am Tigris ein Engel entgegen. Daniels Begleiter verstecken sich.

● V 8-14: Er selbst wird ohnmächtig. Doch der Engel richtet ihn auf und redet ihm tröstlich zu. Der Engel wollte schon früher kommen, aber der Engel von Persien hat ihn drei Wochen lang daran gehindert. Jetzt hat der Erzengel Michael den Kampf übernommen und nun ist er frei, ihn zu besuchen und ihm ganz wichtige Dinge über die Zukunft seines Volkes mitzuteilen (V 14).

● V 15-19: Der Engel spricht Daniel buchstäblich Mut und Trost zu. **Daniel ist von Gott geliebt.** Welch eine Zusage! Um Jesu willen dürfen wir sie auch für uns hören.

● V 20-21: Der Engel von Griechenland wird als Nächstes als Gegner auftreten. Soll die Weitergabe der detaillierten Offenbarung von Kap 11–12 verhindert werden? Sie kommt aus dem „Buch der Wahrheit", offenbart also Gottes Pläne mit seinem Volk.

● Ein an der Heiligen Schrift orientierter biblischer Realismus wird die Aussagen über Kämpfe in der unsichtbaren Welt, also ein Ringen zwischen Engeln Gottes und des Feindes, nicht als legendenhaft abtun. Er wird aber auch den Hinweis auf Völkerengel nicht spekulierend erweitern. **Im Gebet nehmen wir Anteil an diesem Ringen.**

✎ *Vergleichen Sie Jos 5,13-15; 2Kön 6,17; Mt 26,53; Eph 6,10-12; Offb 12,7-9; 19,11-14.*

Der lange Ausblick in die Zukunft (Kap. 10–12) endet mit der **Ankündigung einer letzten, unüberbietbaren Trübsalszeit** (vgl. Mt 24,21) und dem **Ausblick auf die Totenauferstehung** – für die einen zum ewigen Leben, für die anderen zu „ewiger Schmach und Schande“.

● V 1-4: Michael ist der Engelfürst, der das Volk Gottes beschützt (vgl. Offb 12,7). Alle, die „im Buch“ geschrieben sind, im „Buch des Lebens“, werden „gerettet“, d. h. sie erreichen das Ziel der Ewigkeit. Sie werden nicht notwendig aus der Trübsal gerettet, sondern im Glauben bewahrt. Die Auferstehung hat einen doppelten Ausgang. Es ist die Stimme von Jesus, die alle Menschen aus den Gräbern ruft (Joh 5,28f). In V 4 sollte man besser mit dem hebräischen Text lesen: „Und die Erkenntnis (statt: Bosheit) wird zunehmen.“ **Die Bedeutung der Visionen wird sich der Gemeinde je nach Notwendigkeit mehr und mehr erschließen.**

● V 5-13: Ja, wann tritt denn das Ende ein? Die Antwort ist ebenso klar wie geheimnisvoll und feierlich: Die Dauer der Bedrängnis beträgt dreieinhalb Zeiten (vgl. 7,25) und das Ende tritt ein, wenn die „Zerschlagung der Macht des heiligen Volkes vollendet ist“, so mit dem hebräischen Text. Erst wird die Kraft des Volkes Gottes völlig aufgerieben sein, die Bosheit auf ganzer Linie gesiegt haben, doch dann greift Gott ein und macht dem ein Ende (vgl. 7,21). Dann beginnt sein ewiges Reich.

Dass Daniel hört und nicht versteht, können wir nachvollziehen („was wird das Letzte davon sein“?). Die Antwort mit zwei Zeitangaben (1290 und 1335 Tage) bleibt bis auf Weiteres geheimnisvoll. Daniel soll die Aussagen auf einer Buchrolle sorgfältig aufbewahren. **Gott wird selbst über seinem Wort wachen.** Auch wenn Daniel bald stirbt: Ihm entgeht nichts, er ist dabei in der Auferstehung (V 13). Das ist ein trostvolles Wort für alle Christen, deren Lebenszeit in diesen Tagen abläuft.

Die Sprüche Salomos (Teil III: Kap. 25–31)

Bei den „Sprüchen", in manchen Bibelübersetzungen auch „Sprichwörter" genannt, haben wir nicht wie sonst eine kontinuierliche Erzählung oder einen fortlaufenden Gedankengang vor uns, sondern eine Sammlung von vielen, häufig nur ein oder zwei Verse umfassenden Weisheitssprüchen. Das erschwert die tägliche Bibellese, weil fast jeder Vers für sich steht und auch die Themen schnell wechseln. Es wäre leichter, wenn die Sprüche thematisch zusammengestellt wären, wie z. B. „Geiz" (1,19; 15,27 u. a.) oder „Faulheit" (6,6-11; 10,4.26; 12,11.24.27; 13,4; 21,25 u. a.).

In den „Sprüchen" wird selten direkt von Gott gesprochen, wohl aber von den Ordnungen und Regelmäßigkeiten, die er in seine Schöpfung hineingegeben hat und deren Beachtung uns helfen soll, auch den Alltag von Gottes Weisheit und Wohlwollen prägen zu lassen. Damit das ganze Leben vor Gott und mit Gott gelingt.

Viele der Sprüche kennen wir als „Sprichworte". Meist wissen wir nicht mehr, dass sie aus der Bibel stammen, z. B. „Wer eine Grube gräbt, der wird hineinfallen" (Spr 26,27).

„Die Furcht (= Ehrfurcht) des HERRN ist der Anfang der Erkenntnis bzw. der Weisheit" (1,7; 9,10 u. ö.) – das ist der **Schlüsselsatz der biblischen Spruchweisheit.** Bei der täglichen Bibellese der „Sprüche" sollte man diesen grundlegenden Satz bei jedem Vers mitbedenken! Neben der Gottesfurcht wird immer wieder zum *Vertrauen* aufgerufen (3,5; 18,10 u. ö.). Gottesfurcht/Ehrfurcht und Vertrauen gehören im Gegenüber zu Gott aufs Engste zusammen.

In 1Kön 5,9-14 wird die Weisheit des Königs **Salomo**, des Sohnes Davids, gerühmt. Die Königin von Saba sucht ihn wegen seiner Weisheit auf (1Kön 10,1-13). Deshalb wird die gesamte Spruchweisheit dem König Salomo zugeschrieben, auch wenn die Sprüche später entstanden sind oder von anderen gesammelt wurden, z. B. von „den Männern Hiskias" (25,1), oder es sind „die Worte Agurs" (30,1) oder „die Worte Lemuels" (31,1).

Unser Abschnitt besteht aus einer Reihe von einzelnen Sprichwörtern, nur V 21 + 22 und wahrscheinlich auch V 16 + 17 gehören zusammen.

● Die meisten der Sprüche beginnen mit einem **vergleichenden Bild** oder einem Beispiel in der ersten Vershälfte, gefolgt von der konkreten Aussage in der zweiten Vershälfte. Viele Bilder drehen sich um **Wetterphänomene** und **Wasser** (Wolken, Nordwind, Kälte – Schnee, Wasser, Regen, Brunnen), andere um **Essen und Trinken** (Äpfel, Honig etc.). Beide Bereiche sind im Trinken von Wasser (V 21.25) miteinander verzahnt. In den meisten der restlichen Bilder geht es um **Körperteile** (Hals, Zunge, etc.). Einige Bilder greifen auf den Bereich **Schmuck** (goldene Äpfel, silberne Prunkschalen, Ohrring und Halsschmuck) oder **Werkzeug** (Hammer, Schwert, Pfeil) zurück. Die Zusammenstellung ist also nicht zufällig, sondern sie folgt dem Prinzip der **Stichwortverbindung**.

● Auch inhaltlich sind diese Sprüche miteinander verbunden: Es geht vor allem um das **Thema des guten Umgangs miteinander – im Reden und Handeln**. Gelobt wird, wer das Passende zur richtigen Zeit sagt, wer weise, wahr und klar kommuniziert und zuverlässig Nachrichten überbringt, wer Ausdauer und Standhaftigkeit zeigt, zugleich aber Zurückhaltung übt, wer bescheiden, freigiebig und versöhnlich lebt und wer sich selbst beherrscht. Gewarnt wird umgekehrt vor Angeberei, Übertreibung, Zank- und Streitlust, Verleumdung, Geheimnistuerei, Lüge, Ehrsucht und Wankelmut.

● Mag es sich auch oft um kleine Dinge handeln – die Taten haben große Wirkung und Hebelkraft zum Guten wie zum Bösen. – In V 22 wird ausdrücklich erwähnt, dass der HERR auf das Verhalten des Menschen reagiert: Wer dem Hungrigen zu essen und dem Durstigen zu trinken gibt, wird von Gott belohnt. Das gilt aber auch für alle anderen Verse: Gott stellt sich hinter das umsichtige und weise Reden und Handeln und er widersteht sündigem Verhalten.

Zwei Themen bestimmen den heutigen Abschnitt: Es geht um Torheit (V 1-12) und um Faulheit (V 13-16).

● **Torheit** (V 1-12): Die Sprüche, die über den törichten Menschen handeln, haben sehr originelle Vergleiche. Zum Teil sind sie überaus polemisch, sodass einem das Lachen im Hals stecken bleibt. **Ein Tor meint, weise zu sein, ist es aber nicht. Deshalb ist er auch unbelehrbar und beratungsresistent.** Damit schadet er nicht nur sich selbst, sondern richtet auch Schaden an. Deswegen ist es wichtig, einen Toren als solchen zu erkennen. Und dann ist es weise, ihm keine große Verantwortung zu übertragen und seine Torheit nicht durch falsches Lob zu verstärken – alles Maßnahmen zur Schadensbegrenzung.

● Die zwei Aussagen in V 4 + 5f scheinen sich zunächst zu widersprechen: V 4 warnt davor, sich in seinem Verhalten und Reden vom Toren beeinflussen zu lassen. Der Weise soll sich nicht auf die Ebene der dummen Fragen des Toren begeben. V 5 warnt davor, dem Toren nichts zu entgegnen, wenn man ihn damit im Glauben lassen würde, er sei weise.

● Die Beispiele von Torheit zeigen *via negationis* (auf dem Weg der Verneinung) etwas über **Weisheit,** die aber auch ausführlich positiv vorgestellt wird: Sie ist untrennbar mit Gottesfurcht und lebendigem Glauben verbunden und wirkt wohltuend (z. B. Sprüche 2-4).

● **Faulheit** (V 13-16): Auch wenn die Bilder und Vergleiche, mit denen der Faule beschrieben wird, lustig sind, täuscht das keineswegs darüber hinweg, dass auch Faulheit ein echtes Problem ist. **Faulheit ist im Grunde auch eine Form von Torheit und sie hat teils schlimme Konsequenzen:** Armut und Hunger z. B. können Faulheitsfolgen sein (vgl. Spr 6,11). V 13 bedeutet frei übersetzt: „Es liegt doch auf der Hand, dass es zu gefährlich ist, seinen Aufgaben nachzukommen." Ein ironischer Seitenhieb gegen „erlernte Hilflosigkeit" und damit zugleich ein Plädoyer für Verantwortung und Tatkraft.

● Im hebräischen Urtext beginnt das erste Wort des Psalms mit dem ersten Buchstaben des Alphabets (Aleph) und das letzte Wort mit dem letzten Buchstaben (Taw). Wie das ganze Alphabet vom ersten und letzten Buchstaben eingerahmt wird, so entscheidet sich das ganze Leben an der Frage, ob es von Gottes Wort getragen und der Lebensweg des Menschen ein Weg in der Nachfolge ist.

● Der Psalm gliedert sich in **drei Teile**. Zuerst wendet er sich dem Gerechten zu (V 1-3), dann gilt sein Augenmerk dem Frevler (V 4f) und schließlich zieht er die Quintessenz und fordert seine Beter zur Entscheidung auf (V 6).

● Am Beginn steht Gottes **„Wohl dem“**, das auf doppelte Weise näher bestimmt wird.

→ Ein dreifaches „nicht“ (V 1). Auffallend ist die Reihenfolge der drei Bewegungsverben „gehen, stehen, sitzen“. Sie mahnt eindringlich: Wer sich auf die Sünde einlässt, kommt nicht mehr von ihr los.

→ Ein doppeltes „ja“ (V 2): Gottes Thora soll unser Leben bestimmen. Die Übersetzung „Gesetz“ ist zwar nicht falsch, verleitet aber dazu, an einen erhobenen Zeigefinger zu denken oder gar Angst vor Gott zu bekommen. Zutreffender ist deshalb die Übersetzung „Wegweisung“. Gottes **Wegweisung** soll uns Lust machen.

● Ein Leben im Gehorsam gegenüber Gottes Wegweisung ist ein gelingendes Leben. Diese Botschaft steht bewusst am Anfang des Psalters. Auch wenn – wie im Psalter – Zeiten der Not und der Klage folgen, gilt Gottes Verheißung eines Lebens mit Bestand und Frucht, zeitlich und ewig.

● Keinen Bestand dagegen hat der Gottlose, der Gott und sein Wort verwirft.

● Die beiden Bilder vom Baum und von der Spreu veranschaulichen die Tragweite meiner Entscheidung, welchen Weg ich einschlage.

● „Der HERR kennt den Weg der Gerechten“ (V 6): „Kennen“ ist im Alten Testament keine Kopf-, sondern eine Beziehungssache: Der HERR kennt deinen Weg. Er hat ihn **auf sein Herz genommen**. Es ist sein Weg mit dir.

Auch dieser Abschnitt besteht aus Einzelsprüchen, von denen die ersten sechs drei Zweierpaare bilden.

● In **V 1-2** geht es um das **Rühmen** – das nachdrückliche Lob der eigenen Leistung. Wer für morgen ein Lob erwartet und es heute schon feiert, steht auf wackligem Boden. Wer weiß, ob er das Lob morgen wirklich verdient? Das Morgen ist uns verborgen, und wir können nicht über die Zukunft verfügen. Wir sollen in der Gegenwart leben. Wer sich selbst ständig in den Mittelpunkt lobt, wertet damit nicht selten zugleich andere ab.

● Die beiden Sprüche **V 3-4** sind parallel zueinander aufgebaut. Zuerst werden zwei Beispiele genannt für Dinge, die schwer zu (er-)tragen sind. Dann wird als Drittes angeführt, was noch unerträglicher ist: **Ärger über den Narren und Eifersucht.** Ersteres kann zwei Bedeutungen haben: mein Ärger über einen unvernünftigen Menschen – und der Ärger, den ein solcher mir und anderen antut. Dann doch lieber Sand und schwere Steine tragen. Eifersucht ist wie eine eiternde Wunde, sie zerstört Vertrauen. Dann doch lieber die offene Auseinandersetzung.

● In **V 5-6** geht es um eine **Liebe**, die den anderen ernst nimmt und ihn deshalb nicht ins Messer laufen lässt. Deshalb spricht die Liebe auch die schwierigen Dinge an, wenn es sein muss, und schweigt nicht ängstlich. Wer mich liebt, der ist mir von Herzen gut gesonnen, auch wenn er mich manchmal – vielleicht durch nötige Kritik – verletzt. Wer mich aber ablehnt, verletzt mich sogar durch Schmeichelei und unangemessene Gesten der vermeintlichen Zuwendung. (Vgl. auch Spr. 28,23.)

● **V 7** behandelt das Thema der **Zufriedenheit.** Wer immer Torte isst, wird sie bald satthaben. Wer dauernd im Luxus schwelgt, wird dessen überdrüssig. Die zweite Vershälfte will nicht sagen, dass Armut besser als Reichtum sei (vgl. das Gebet in Spr 30,8b), sondern will vielmehr aufzeigen: Viele Dinge wissen wir erst zu schätzen, wenn wir sie nicht mehr haben.

Unser heutiger Text ist gerahmt von einer Art „Refrain“; V 12 und V 28: Man geht besser in Deckung, wenn Gottlose das Sagen haben; lebt aber auf, wenn Leute in Leitungsfunktion sind, die nach Gottes Willen leben.

● Der innere Kern dieses Textabschnitts sind V 13 + 14: **Ein gottesfürchtiges Leben ist ein erfolgreiches Leben.** Beide Verse sind antithetisch aufgebaut (wie auch die meisten anderen in diesem Abschnitt), d. h. eine Aussage wird durch eine gegenteilige Aussage ergänzt. V 13 zeigt, dass heimliche Sünde nicht zum Erfolg führt. Wer aber die falschen Wege von Gott bereinigen lässt und diese Wege nicht mehr beschreitet, der erlebt Gottes Erbarmen und gelingendes Leben. Die Frage ist also: Möchte ich an Gott und seinem Willen festhalten und ein gesegnetes Leben führen? Dann habe ich den guten Weg gewählt.

● Die Bibel weiß freilich auch, dass dieser Zusammenhang von Tun und Ergehen nicht immer so „funktioniert“, es gibt keinen Automatismus. Hiob z. B. lebte nach Gottes Willen und erfuhr dennoch viel Leid, Ablehnung und Entbehrung. Trotzdem stand er aber unter Gottes Schutz.

● Die anderen Verse nun nennen **konkrete Beispiele**, wie es aussieht, wenn man in Gottes Willen lebt – oder auch nicht. Besonders wird das Thema **Geld und Besitz** thematisiert: Wer dies unrechtmäßig oder gewaltsam an sich bringt (V 16.24), und wer ihm in Habgier nachjagt (V 19.20.22.25), wird letztlich in Unfrieden leben, Mangel leiden, und (von Gott und Menschen) gestraft werden. Wer aber maßvoll, fleißig und ehrlich sein Leben lebt, für seinen Unterhalt sorgt und auch anderen gibt, der wird von Gott gesegnet und von Menschen geachtet (V 16-27).

● Jesus greift das in der Bergpredigt auf (Mt 6,19-34): Man soll sich nicht auf der Erde Schätze sammeln, sondern im Himmel, damit man sein Herz (also seine Gedanken und seine Gesinnung) darauf ausrichtet.

Thematisches Zentrum der Einzelsprüche, die in unserem heutigen Abschnitt zusammengestellt sind, ist die **Wirkung** eines Menschen auf seine Umgebung.

● **V 1-11: Weise und Toren** und deren atmosphärische Wirkung werden gegenübergestellt. Gerechte tun gut, Gottlose bringen Übel. Toren sind unterdrückerisch (2), schlechte Haushalter (3), ausbeuterisch (4), unaufrichtig und gefährlich (5f), unbarmherzig (7), aufrührerisch (8), unversöhnlich (9), unbeherrscht (11). Weise hingegen lassen einen aufatmen (2), man freut sich über sie (3), sie treffen weise Entscheidungen und geben langfristigen Halt (4), sie erleben selbst Freude und Zufriedenheit durch ihr Denken und Handeln (6), sie haben den Unterdrückten im Blick (7), sie sind versöhnlich (8), stehen auf der Seite der Aufrichtigen (10), und sie bügeln manche Torheiten anderer aus (11). Sie leben das, was Gal 5,22 als „Frucht des (Heiligen) Geistes" bezeichnet. Es liegt auf der Hand, dass der Wohlfühlfaktor steigt, wenn Gerechte und Weise die Atmosphäre einer Familie, einer Gemeinde, einer Stadt oder gar eines ganzen Landes bestimmen.

● **V 12-17** verbindet die Themen **Erziehung und Leiten**. Nach biblischen Maßstäben soll jemand, der eine Leitungsfunktion wahrnimmt, dies umsichtig, gerecht und zum Wohl der anderen tun. Hierzu muss er/sie selber eine von Gott geprägte Persönlichkeit sein, gottesfürchtig und mit klaren Maßstäben. Auf dem Weg dorthin braucht auch er/sie Begleitung (er/sie wird nicht sich selbst überlassen) und Korrektur (V 15). Körperliche Züchtigung (V 15/17) ist jedoch heute kein angemessenes Erziehungsmittel mehr und zudem gesetzlich verboten.

● **V 18** setzt **Gesetz und Offenbarung** parallel und bindet damit beides stark zusammen. Auch heute können wir das, was Gott von uns will, am klarsten in seinem Wort lesen. Wo Gottes Wille gelebt wird, erleben die Beteiligten Wohlergehen, ohne Gott hingegen „verwildert" ein Volk.

● Ps 47 gehört zur ersten Gruppe der Korachiter-Psalmen (Ps 42–49) und bildet mit seinen beiden „Nachbarn“, Ps 46 und 48, eine Einheit unter dem Thema „Zion“. Anders als bei den beiden umgebenden Psalmen wird in Ps 47 jedoch nicht die prächtige Stadt Gottes besungen, sondern er ist ein **Hymnus über den Weltenkönig,** in den nicht nur das Gottesvolk, sondern alle Welt einstimmen sollen.

● Der Psalm hat zwei Teile, wobei beide Hälften, **V 2-6** und **7-10,** parallel gestaltet und aufeinander bezogen sind (in der Malerei spricht man von einem zweiteiligen Bild, einem Diptychon): Sie beginnen je mit **Aufrufen an die Festgemeinde zum Lobpreis** mit Klatschen, Jauchzen und Singen (V 2.6f). Es folgen **Begründungen, weshalb der HERR dies verdient** („denn ...“, V 3.8). Daran schließen sich **Aussagen über seine Völkerherrschaft** (V 4.9) sowie zum von „Jakob“ bzw. „Abraham“ abstammenden Gottesvolk (V 5.10a) an. Am Schluss der beiden Psalmteile (V 6.10b) geht der Weg in einer **gottesdienstlichen Prozession** aufwärts und man blickt zuletzt auf den, der „hoch erhaben“ ist.

● Von alters her ist dieser Psalm in der Kirche mit **Christi Himmelfahrt** in Verbindung gebracht worden: Jesus Christus kehrt zurück in die himmlische Sphäre und tritt seine Macht an zur Rechten des Vaters; mit seiner Auferstehung und Erhöhung wird der Messias zum Herrn über alle Welt eingesetzt. Und seine Gemeinde glaubt, bekennt und lobsingt: **Er ist schon im Regiment!** ... bis einmal alle Völker dies erkennen müssen und einstimmen werden. So darf Ps 47 auf Christus als HERRN hin gelesen werden.

> ✎ *Lesen Sie dazu Phil 2,6-11, wo nach Jesu Erniedrigung im zweiten Teil von seiner Erhöhung die Rede ist! Nehmen Sie sich Zeit, dem dreieinen Gott für sein großes Erlösungswerk zu lobpreisen!*

● **V 1-6**: Mit V 1 wird ein neuer Autor genannt: **Agur.** Er ist uns sonst unbekannt. Massa ist ein ismaelitischer Stamm in Nordarabien (der Fürst Massa war einer der Söhne Ismaels; 1Mose 25,14). Agur kennt aber den Gott Israels persönlich. In den folgenden Versen gibt es viele Anklänge an Hiob (z. B. Hiob 26,8f; 38,28-34), der auch Nicht-Israelit war. Von sich aus kann der Mensch Gott nicht erkennen und verstehen (V 2-4), Gott aber gibt sich durch sein eigenes Reden in seinem Wort zu erkennen (V 5-6).
● **V 7-9** ist das **einzige Gebet im Sprüchebuch.** Agur betet um zwei Dinge: 1. dass Gott ihn sein Leben **aufrichtig und ehrlich** leben lässt und 2. um eine **angemessen-maßvolle Versorgung** Gottes (nicht zu viel und nicht zu wenig) – nachahmenswert!
● **V 10:** Selbst einen Sklaven darf der alttestamentliche Mensch nicht verleumden. Der Fluch eines solchen sündigen Handelns kommt auf einen selbst zurück.
● **V 11-14.17**: In vier gleich aufgebauten Sätzen wird eine Generation in ihren Hauptsünden geschildert: Aufstand gegen die Elterngeneration (V 17 schließt daran nochmal an), falsche Selbsteinschätzung in Bezug auf die eigene Reinheit, stolze Augen und niederträchtige Unterdrückung der Armen und Notleidenden.
V 15f: „Zwei, drei, vier" – ein Zahlenspiel. Zunächst geht es allgemein um **Maßlosigkeit und Habgier**, die mit saugenden Blutegeln verglichen wird. Etwas schwierig zu verstehen ist die Aussage zum „verschlossenen Mutterleib"; ein Beispiel für die maßlose Forderung einer Frau ohne Kinder findet sich in 1Mose 30,1.
● **V 18f:** Hier finden wir die erste einer Reihe von Sprüchen mit einer 3 + 1-Struktur. Es begegnet in der Bibel immer wieder als Stilmittel, dass zunächst einige Dinge genannt werden – und am Abschluss, sozusagen als das +1, ein weiteres, das alles zuvor Genannte übertrifft und damit besonders betont wird. Schon damals also war die Liebe zwischen Mann und Frau ein nicht erklärbares Phänomen.

● **V 1f:** Wie Agur (30,1) ist auch **Lemuel** ein Ismaelit. Er überliefert uns, was seine Mutter ihn gelehrt hat, um ihn auf seine Regierungstätigkeit vorzubereiten. Ihre Lehre ist weise. Sie nennt ihren Sohn „Sohn meines Gelübdes" (vgl. Hannas Gelübde in 1Sam 1,11).

● **V 3:** Ein erster Rat der Mutter bezieht sich auf **den Umgang mit Frauen.** An König Salomo sehen wir, wie dessen Frauen „sein Herz verleiteten" und er nicht mehr „ungeteilt" dem HERRN diente (1Kön 11,1ff). Lemuel soll diesen Fehler nicht begehen.

● **V4-7:** Ein Herrscher soll sich auch **nicht dem Alkohol hingeben,** damit er seine **Pflichten nicht vernachlässigt.** Wie sich ein Leiter verhält, hat besonders starke Auswirkung auf andere, daher ist es wichtig, dass Leiter gottesfürchtig sind, einen guten Charakter und eine klare Sicht der Dinge haben. Auch im NT sind deshalb die Maßstäbe, die an Leiter angelegt werden, besonders hoch (z. B. 1Tim 3,1-7). Gegen verantwortlichen Alkoholgenuss hat die Bibel nichts einzuwenden (vgl. 1Tim 5,23). Nach V 6f sollen die Elenden mit Wein versorgt werden. Das ist sicher auch in einem übertragenen Sinn zu verstehen: Man soll den Notleidenden Gutes tun.

● **V 8f:** Bisher erfuhren wir vor allem, was Lemuel nicht tun soll. Jetzt wird gesagt, worauf er seine Kraft und Zeit verwenden soll: aktiv einzutreten für diejenigen, die sich selbst nicht mehr helfen können. Wer selbst nicht mehr sein Recht verteidigen kann („Stumme") und hilflos ist, für den soll er helfend eintreten und für ihn sprechen. Der König ist oberster Richter; er soll seine Position nutzen, **den Unterdrückten zu ihrem Recht zu verhelfen.**

✎ *Wo kann ich meine persönliche Position nutzen, dass Notleidende zu ihrem Recht kommen? Was muss ich loslassen, um mich auf Gottes Willen konzentrieren zu können?*

Dieser David-Psalm gliedert sich in **vier Teile:**

→ V 1-3: Bekenntnis der Zuflucht beim HERRN angesichts von Widersachern.

→ V 4-6: Sehnsucht nach der Nähe Gottes im Tempel.

→ V 7-10: Bitte an Gott um Erhörung und Beistand.

→ V 11-14: Gebet um Wegleitung, Aussprechen der Zuversicht, Vertrauensaufruf.

● Nachdem der Psalm so zuversichtlich begonnen hat, kommt das **Gebet aus der Not** (V 7ff) unverhofft. Bei Psalmen ist die Abfolge nicht immer zeitlicher Art. Es ist anzunehmen, dass ein früheres, inzwischen erhörtes Gebet „zitiert" wird und die Zuversicht zu Beginn und den Aufruf am Ende gleichsam bestätigt.

● Die Wichtigkeit der **Zuflucht und Geborgenheit bei Gott**, die mehrfach ausgesprochen wird, lässt die dahinterstehende Not, die Schutzlosigkeit und Gefährdung, deutlich werden. Von vielerlei Feinden und ihrer Bedrohung (u. a. durch Verleumdung, V 12) ist die Rede. Umso eindrücklicher ist sein Vertrauen auf Gott, das uns anstecken will – gleich zu Beginn (V 1): „Der HERR ist mein Licht und mein Heil; vor wem sollte ich mich fürchten?" Trotzdem bedarf es immer wieder der Ermutigung und des Aufrufs zum vertrauensvollen Festhalten an ihm – wie uns der Schluss zeigt (V 14): „Harre des HERRN! Sei getrost und unverzagt und harre des HERRN!"

● In V 8 wird Gott betend **sein eigenes Wort „vorgehalten"**: „Ihr sollt mein Antlitz suchen!" Der Beter löst es für sich ein und bestätigt: „Darum suche ich auch, HERR, dein Antlitz." Manchmal muss das Gotteswort auch gegen Zweifel und Anfechtung laut ausgesprochen und festgehalten werden – so wie Jesus dies angesichts der Versuchung durch den Teufel getan hat.

✎ *Lesen Sie dazu Mt 4,1-11! Am Ende führt das Festhalten und Kämpfen mit dem Wort dazu, dass der geistliche Widerstand nachlässt (vgl. Mt 4,11).*

Die Apostelgeschichte des Lukas

Lukas lässt auf sein „Evangelium“ einen Bericht über das weitere Wirken des auferstandenen Christus folgen. Die Apostelgeschichte ist also der zweite Teil seines Gesamtwerks. Er zeigt den Weg der Christusbotschaft von Jerusalem nach Rom bis ins Zentrum der römischen Weltmacht. Jesu letztes Wort vor seiner Himmelfahrt (Apg 1,8) ist zugleich „Gliederung“ der Apostelgeschichte: „Ihr werdet die Kraft des Heiligen Geistes empfangen ... und werdet meine Zeugen sein in Jerusalem (Apg 1–7), in ganz Judäa und Samaria (Apg 8–12) und bis an das Ende der Erde“ (Apg 13–21: drei Missionsreisen; Apg 21–28: drei Gefangenschaften, zuletzt in Rom). Am Schluss heißt es: „Paulus aber blieb zwei volle Jahre in seiner eigenen Wohnung (in Rom) und nahm alle auf, die zu ihm kamen, predigte das Reich Gottes und lehrte von dem Herrn Jesus Christus mit allem Freimut ungehindert“ (28,30.31).

1. Alles Wirken der Apostel ist nicht denkbar ohne die Kraft des Heiligen Geistes. Der Geist bevollmächtigt und sendet, lässt Gemeinden entstehen und wachsen, durchkreuzt menschliche Pläne und öffnet Türen in neue Landstriche. Jemand schrieb zu Recht: „Der Heilige Geist ist der Missionsdirektor.“

2. Lukas zeigt durch viele Reden, dass die Ausbreitung des Evangeliums vor allem eine Wirkung von „Predigten“ ist. Neues wird durch Reden markiert: der Beginn der Heidenmission (7,1ff und 10,34ff), der Höhepunkt der Mission unter Heiden (17,22ff), der Abschluss der Mission des Paulus im Osten (20,18ff).

3. Petrus ist in der ersten Hälfte (Apg 1–12), Paulus in der zweiten Hälfte (Apg 13–28) die dominierende Gestalt. Lukas bemüht sich um eine gewisse Parallelität zwischen Petrus und Paulus: Von beiden werden je acht Reden überliefert; beide heilen einen Lahmen (3,2ff; 14,8ff); beide wecken einen Toten auf (9,40f; 20,10); beide überwinden einen Magier (8,18ff; 13,8ff); von beiden geht eine magische Heilwirkung aus (5,15; 19,12); beide werden wunderbar aus der Haft befreit (5,17ff; 12,2ff; 16,23ff).

4. Lukas berichtet von drei Missionsreisen und drei Gefangenschaften des Paulus (jeweils sieben Kapitel). So wird deutlich: Mission und Leiden gehören zusammen; ja, das Leiden der Gemeinde bzw. einzelner Apostel kann zum „Missionsmittel" Gottes werden. Im Gefängnis erfahren Menschen von Jesus, die sonst nie erreicht würden. Missionarisches Wirken (verbunden mit Verfolgung) durchzieht die ganze Apostelgeschichte.
5. Der Titel „Apostel"-geschichte verleitet dazu, nur das Wirken der Apostel als „Mission" zu sehen. Lukas zeigt jedoch gleich zu Beginn, dass das „Leben der Gemeinde" ebenfalls missionarisch ist. Seine zusammenfassenden Berichte über die ersten Christen machen in den Schlusssätzen deutlich (2,47b; 5,14): Ihr Zusammenleben, ihr Zusammenstehen hat anziehende Wirkung.
6. Von großer Bedeutung für den Weg der Mission sind die griechisch sprechenden Judenchristen, der Kreis um Stephanus und Philippus, auch „Hellenisten" genannt. Sie werden häufig übersehen, siehe auch 6,1-7; 11,19-26. Nicht die Apostel, sondern Stephanus bekennt als Erster, dass seit Jesu Tod und Auferstehung der Tempel und das Gesetz nicht mehr heilsentscheidend sind (6,11-14). Er wird deshalb der erste christliche Märtyrer (7,54ff). Die Stephanusgruppe wird verfolgt, muss Jerusalem verlassen, nicht die Apostel (8,1). Die Verfolgten beginnen in Antiochia mit der Heidenmission (11,19-26). In diese Gemeinde kommt Paulus und erlebt hier das „gesetzesfreie Evangelium". Antiochia wird seine „Missionsgemeinde", die ihn und Barnabas aussendet (13, 1-3) und die sein Missionswerk kräftig unterstützt.
7. Paulus ist vorrangig „Stadtmissionar". Man beachte seinen unterschiedlichen Zugang zu den Menschen in Philippi, Thessalonich, Athen, Korinth und Ephesus (Apg 16–19). Bei der zweiten Missionsreise wirkt er intensiv 18 Monate in Korinth (18,11); während der dritten Missionsreise über zwei Jahre in Ephesus (19,8 + 10). Er hofft, dass von den Städten aus das Evangelium u. a. durch Händler auch in das Umland der Zentren gelangt.

Wie alles begann: Wenn wir heute in unsern Gemeinden das Feuer der ersten Tage oft schmerzlich vermissen, fragen wir unwillkürlich nach dem Zauber und der Kraft der ersten Tage der christlichen Gemeinde. Genau hier erfahren wir neue Inspiration und die nötige Beauftragung durch Jesus für unsere Tage. Lukas nimmt uns anhand des 2. Bandes seines Berichts in die Zeit hinein, als das Reich Gottes durch das Wirken der Apostel und ihre missionierenden Gemeinden sich immer mehr ausweitet von Jerusalem – über ganz Judäa und Samaria – bis in die weite heidnische Welt hinein. Diese ersten Verse setzen bereits gekonnt Akzente, legen das **Thema** (V 8) offen und bieten ein **Gliederungsschema** (siehe Einleitung in die Apg).

● V 1-4 stellt eine Einleitung wie schon der Anfang des Lk dar. Lukas will Theophilus einen sorgfältig recherchierten Bericht geben, sicherlich durchzogen mit seinen theologischen Überlegungen. Jesu Leben und Lehre bieten den Deuterahmen für das weitere Geschehen. Bereits entscheidend sind die **Erwählung der Apostel** und die **Verheißung des Heiligen Geistes** durch Jesus.

● V 4-8 weisen auf die **Ausrüstung** und die **Beauftragung der Apostel** hin. Die Himmelfahrt Jesu wird zum Missionsstart der Jünger. Zur Ausrüstung zählen die Lehre Jesu, die Leidensbereitschaft und die Kraft des Heiligen Geistes. **Der Auftrag lautet, Zeuge sein** – mit steter Überschreitung von Grenzen – beginnend in Israel, dem von Gott ersterwählten Volk, bis hin zu den Nationen (= Heiden).

● V 9-14 berichten unspektakulär von der Himmelfahrt Jesu und der Versammlung der ersten Jünger. Hier liegt eine besondere **Kraft für die missionierende Gemeinde**, (Augen)-Zeuge werden zu dürfen, wie Jesus in die Wirklichkeit Gottes eingeht, und als Gemeinde doch weiterhin im Gebet mit ihm verbunden zu bleiben. Dabei bildet sich ein erstes **Netzwerk der frühen Christen in einer Hausgemeinde** von Aposteln, Frauen, der Mutter Jesu und den Brüdern Jesu.

Im Kern geht es hier um die Nachberufung des frei gewordenen Platzes im Zwölferkreis. Dabei leitet ein dreifaches Bedürfnis, die **Symbolzahl 12** wiederherzustellen. Die 12 Jünger stehen sowohl für die 12 Stämme des Gottesvolks aus der Anfangszeit als auch für die Hoffnung der endzeitlichen Wiederherstellung ganz Israels. Zugleich sind sie durch den Auferstandenen **als Apostel berufen und gesandt zum Dienst am Evangelium.**

● V 15: Die Zahlensymbolik weist schon auf **das schnelle Wachsen der Gemeinde** hin. Um die 12 steht bereits ein Jüngerkreis von 120 Jüngern. In Apg 2,41 wächst die Gemeinde bereits auf 3000 Personen an und in Apg 4,4 nochmals auf 5000.

● V 16-22: Petrus begründet **die Notwendigkeit einer Nachwahl** durch das Ausscheiden von Judas Iskariot. Sie enthält zudem den Versuch, dessen rätselhaftes Schicksal anhand von Bibelworten zu deuten. Es ist einer von drei in der Urgemeinde umlaufenden Berichten (vgl. Mt 27,3-10), die den Blutacker als Ortsangabe gemeinsam haben.

● V 23-26: Es werden **zwei Bedingungen zur Nachwahl** gestellt, die Lukas hier betont:

→ Er muss **Augenzeuge des irdischen Wirkens Jesu** sein.

→ Er muss **Zeuge des Auferstandenen** sein und damit von ihm zur Verkündigung des Evangeliums beauftragt sein.

● Lukas ist es wichtig, dass das Zeugnis sich auf das irdische Reden und Wirken Jesu zurück bezieht. So sollen die Apostel die Garanten für die authentische Jesus-Überlieferung sein.

● V 26: Gebet und Losverfahren stellen **Gott als den eigentlich Handelnden** heraus.

✎ *Eine gesunde und wachsende Gemeinde sorgt dafür, Menschen in die Mitarbeit zu berufen und zu senden. Wie erleben Sie es in Ihrer Gemeinde: Wird man eher zufällig Mitarbeiter – oder werden in einem bewusst geistlichen Akt Mitarbeiter für Ihre Aufgaben zugerüstet, berufen und gesandt?*

Der Pfingstbericht stellt einen ersten Höhepunkt in der Apg dar. **Die Verheißung von Apg 1,8 beginnt sich zu erfüllen,** und die Jünger werden befähigt, öffentlich als Zeugen aufzutreten. Mehr noch: Sie können in anderen Sprachen das Evangelium verkünden, und fremdsprachige Zuhörer verstehen sie. Das Doppelbuch des Lukas zeigt, dass **das Pfingstwunder von ähnlicher Bedeutung** ist **wie der Geistempfang Jesu** in Lk 3,21f. Auch dort folgt die erste öffentliche Predigt Jesu in Nazareth (Lk 4,16-21).

● V 1: Pfingsten bezeichnet das damalige jüdische Wochenfest (5Mose 16,9f). Ein Dankfest für die Erstlingsgabe der Ernte. Welche Symbolik! „Alle“ bezieht sich auf den Zwölferkreis.

● V 2 weist **Ausdrucksformen der Gotteserscheinung** im AT auf (2Mose 19): **Sturm und Feuer.** Das griechische Wort für Geist = „pneuma“ wie auch das hebräische „ruach“ bedeuten auch „Wind“. Das Signalwort „plötzlich“ oder „vom Himmel her“ weist auf Gottes autonomes Handeln hin, das menschlichem Planen und Wirken entzogen ist.

● V 3: Auf den Jüngern erscheinen **Feuerzungen als Zeichen der Nähe Gottes** (2Mose 19,18; 13,21; 3,2f). Auch wenn dann Petrus in seiner Predigt das Geschehen auf die Geistesgabe der prophetischen Rede („weissagen“) deutet (2,15ff), geht es hier ursprünglich um das eigentliche spätere **Sprachenwunder.**

● V 4: **Deutung des Geschehens:** Die Jünger werden erfüllt vom Heiligen Geist. Sie werden befähigt, in anderen Sprachen zu reden.

● V 5-13: Die Wände des Hauses lösen sich geradezu auf und Menschen aus ganz Jerusalem werden Zeugen des Geschehens. Dem **Sprachenwunder** folgt jetzt ein **Hörwunder.** Jeder versteht die Botschaft in seiner eigenen Sprache. Die Völkerliste ist keine Auflistung verschiedener Sprachen, sondern führt Gebiete mit dort mehrheitlich wohnenden Diasporajuden auf. So kommt die **gesamte Judenschaft** in den Blick. **Doppelte Reaktion:** Während die einen innerlich aufgewühlt („entsetzt“) über die Botschaft des Petrus sind, treiben andere darüber ihren Spott.

Die Pfingstpredigt (2. Petrusrede) hat in der Apg eine **programmatische Bedeutung.** Die Jünger wenden sich in Erfüllung von Apg 1,8 erstmals missionarisch an die Öffentlichkeit und werden zu Zeugen der Botschaft Jesu. Ähnlich wie bei der Antrittspredigt Jesu in Nazareth (Lk 4,18f) geht auch die Predigt hier von einem Verheißungstext des AT aus und deutet mit ihm das gegenwärtige Heilsgeschehen.

- V 14: Adressaten sind die jüdischen Zuhörer. Petrus redet nicht im eigenen Namen, sondern für die übrigen Elf mit.
- V 15f: Es ist nicht das Reden von Betrunkenen, sondern vor ihren Augen erfüllt sich die Prophetie aus Joel 3,1-5.
- V 17-21: Lukas zitiert den Joel-Text aus der griechischen Übersetzung des AT, der Septuaginta. – Joel sagt die endzeitliche Erneuerung des Volkes Israels voraus, indem Gott seinen Geist auf „alles Fleisch" ausgießt. Doch gilt **sein Geist insbesondere den Schwachen und Hoffnungslosen.** Bei Joel kommen auch die alten und jungen Menschen, die Frauen, die Mägde und Knechte in den Blick. Sie alle sind nun gleichermaßen vertraut mit Gottes Willen und bedürfen keines besonderen Vermittlers mehr.
- Lukas trägt sein Verständnis der Joel-Verheißung ein: Die Prophetie hat sich hier und heute schon erfüllt, auch wenn die endgültige Aufrichtung des Reiches Gottes noch aussteht. Lukas deutet die **Geistausgießung als Befähigung zur prophetischen Rede**, indem er gegenüber dem hebräischen Text in V 18 „... und sie sollen weissagen" ergänzt.

> ✎ *„Prophetisch reden" bzw. „weissagen" meint im NT eine den Hörer im Herzen treffende, Schuld aufdeckende und zur Buße leitende Verkündigung. Mangelt es heute nicht oft daran?*

- Eine besondere Pointe besteht darin, dass er die Wendung in V 21 „Name des Herrn" auf Christus bezieht wie auch Paulus in Röm 10,13. Im hebräischen Text hieß es noch „Name Jahwes".

Es beginnt der **christologische Hauptteil der Pfingstpredigt** (V 22-40). Er ist geprägt durch ein **urgemeindliches Verkündigungsschema**, das vom **Kontrast** gekennzeichnet ist. Unheilstat der Juden (V 23) – Heilstat Gottes (V 24.36) – Aufforderung zur Umkehr (V 38). Auffällig ist hier, dass **ein Verständnis des Heilstodes Jesu „für uns"** – also als Stellvertretung bzw. Sühne – **dabei fehlt.** Kritisch angemerkt konnte dieses Kontrastschema den späteren Antisemitismus begünstigen (...„ihr [Juden] habt ihn ans Kreuz geschlagen und umgebracht"). Doch ist das Kontrastschema hier aufgeweicht durch den Hinweis auf den „Ratschluss Gottes" und den Einschub „durch die Hand der Ungerechten" (V 23!).

● V 22-23: Die Anrede „ihr Männer von Israel" betont ihre Zugehörigkeit zu dem von Gott erwählten Volk (3,12; 5,35). Das Kontrastschema betont sodann die Schuld der Zuhörer. **Und doch handelte Gott bereits in dieser Geschichte heilsam:** Er bestätigt Jesus, indem er ihn zu Taten und Wundern bevollmächtigt; er wird hingegeben nach seinem Ratschluss.

● V 24: Als **Heilstat** setzt Gott **die Auferweckung Jesu** gegen die Schuld der Zuhörer. Vielleicht ein Anklang an 1Mose 50,20? Das Bild „befreit aus den Wehen des Todes" unterstreicht den Übergang zu etwas grundsätzlich Neuem als einem endzeitlichen Geschehen (vgl. Mk 13,8).

● V 25-28: Der Sieg über den Tod wird jetzt durch einen **Schriftbeweis aus Ps 16,8-11** untermauert. Die Predigt interpretiert den Psalm über das ursprüngliche Verständnis hinaus – als Vertrauen des Beters zu Gott, selbst in Todesgefahr bewahrt zu bleiben – im Sinne einer **Hoffnung auf eine leibliche Auferweckung** Diese ist allerdings bereits in der Auslegungsgeschichte des pharisäischen Judentums angelegt.

✎ *Wie wichtig ist es für Sie, dass unser Glaube seine Wurzeln im AT hat?*

Mit den Versen 29-36 liegt ein neuer Argumentationsstrang vor. Darin weist Lukas nach, dass der zur Rechten Gottes erhöhte Herr und Christus den Heiligen Geist ausgegossen hat.

- V 29-31: Zunächst weist Lukas auf das noch vorhandene imposante Grabmal Davids auf dem Südhügel innerhalb der Stadtmauer hin. Es war zu seiner Zeit noch vorhanden, stürzte aber später während des Bar-Kochbar-Aufstandes (132–135 n. Chr.) ein. Es ist ein Zeichen dafür, dass **David noch nicht auferstanden** ist und die Verheißung auf seinen Nachkommen zielt. Zitiert wird die Nathanweissagung (2Sam 7,12f) in der Fassung von Ps 132,11.
- V 32: Gott hat Jesus auferweckt. Die Jünger sind dessen Zeugen. **Die Aufgabe des Zeugen** wird hier wie später noch öfters durch Lukas beschrieben (Apg 1,8; vgl. 3,15; 4,33; 5,32; 10,41; 13,31). Die Jünger sollen die Macht der Auferweckung Jesu und ihrer Bedeutung bis hin zur Geistausgießung bezeugen.
- V 33: Jesus wird zur Rechten Gottes erhöht. Damit erhält Jesus Anteil an der Herrschaft Gottes. Dies ist auch die Voraussetzung dafür, dass der Heilige Geist des Vaters durch Jesus ausgegossen werden kann.
- V 34f: Der **klassische Schriftbeweis** für die Erhöhung Jesu liegt in **Psalm 110,1, dem am häufigsten zitierten Vers des AT** (vgl. Mk 12,36; 1Kor 15,25; Kol 3,1; Eph 1,20; Hebr 1,13).
- V 36: In einem ersten Fazit wird Israel die Schuld am Tod Jesu vor Augen geführt. Und doch ist die Grundaussage hier positiv: **Gott hat den gekreuzigten Jesus zum „Herrn und Christus" gemacht.** Manche Ausleger vertreten die Auffassung, dass hinter dieser Formulierung die frühe Vorstellung steht, wonach Gott Jesus erst durch die Erhöhung zum Christus (d. h. Messias bzw. Gesalbten) gemacht habe. Lukas nähme hier dann eine alte Christologievorstellung auf, auch wenn er selbst die Überzeugung vertritt, dass der irdische Jesus bereits der „Gesalbte" und „Herr" ist (siehe Lk 2,11; 4,18).

Die Petruspredigt hat eine zutiefst „erschütternde“ Wirkung: Die Hörer spüren, dass sie reagieren müssen. **Alle Missionsreden der Apg zielen auf ein „Antwortgeschehen“**, das vielfältig ausgedrückt werden kann.

● V 38.41: Hier heißt es „Tut Buße“ und „[sein] Wort annehmen“ (vgl. 8,14). Vgl. die anderen Formulierungen: „zu Jüngern machen“ (14,21: Luther 2017: „unterweisen“), „dem Glauben gehorsam werden“ (6,7), „zum Glauben kommen“ (9,42). Dass diese unterschiedlichen Ausdrücke dasselbe meinen wie „Bekehrung“, zeigt das Nebeneinander von Apg 11,17 und 11,18!

● Es geht nicht um eine bestimmte Begrifflichkeit, sondern um die Sache: **Umkehr als Grundentscheidung und Anfangserfahrung.** Eine „Unbestimmtheit des Glaubens“, von der schwammige EKD-Studien sprechen, erklärte schon Altbischof Wölber für unvereinbar mit dem biblisch-reformatorischen Glaubensverständnis. Und der katholische Theologe Rudolf Schnackenburg schreibt: „Auch Jesus hat, wie schon Johannes der Täufer, die Umkehr als eine einmalige, doch für immer gültige Tat gefordert.“

● V 41: Sie „wurden hinzugefügt“ war Fachausdruck für den **Anschluss an die (jüdische) Gemeinschaft** und meint auch hier den Bruch mit dem bisherigen Leben, d. h. Umkehr und Anschluss an eine neue Gemeinschaft. – Eine kritische Untersuchung kann bestätigen, dass die Zahl „3000“ glaubwürdig ist. Viele Faktoren, vor allem die damals sehr dichte Bebauung Jerusalems, sprechen für eine hohe Bevölkerungszahl von bis zu 100.000 Einwohnern, abgesehen von der hohen Zahl der Pilger zum Wochenfest.

● V 40: Petrus „bezeugte und ermahnte“ die Zuhörer, sich „retten zu lassen aus diesem verkehrten Geschlecht“. Das ist keine unverbindlich-nette, sondern dringliche „Einladung“.

✎ *Wie leidenschaftlich liegt Ihnen die Rettung unserer Mitmenschen am Herzen?*

Dies ist der erste der „**Sammelberichte**“ der Apg (vgl. 4,32-35; 5,12-16). Sie stellen „im Blick auf den Urtyp christlichen Gemeindelebens in der Anfangszeit der Kirche in Jerusalem die Grundelemente heraus, die jederzeit christliche Gemeinde ausmachen sollen“ (Alfons Weiser).

● V 42 umschreibt die **überlebensnotwendigen neuen Gewohnheiten** der Bekehrten:

→ **„Beständigkeit“** (vgl. 1,14; 2,46; 6,4) ist unerlässlich für jedes Wachstum.

→ Ihr **„Gebet“** geschieht in Anknüpfung an jüdische Gebetssitten (vgl. 3,1) und in neuen eigenen Gebeten (4,23-31). Die **„Lehre“** stellt die Kontinuität zum Ursprung, zur Jesusverkündigung, her und geschieht in den Häusern und in der Öffentlichkeit (4,2.18; 5,21; 18,11.25). **„Brotbrechen“**, d. h. Abendmahl und gemeinsame Mahlzeiten gehören zusammen (V 42.46).

● V 46: Sie sind (wie schon Lk 15!) von der großen **Freude** über Gottes Rettungshandeln erfüllt (vgl. 8,8; 11,23; 15,3).

● V 44f: Die Gemeinschaft (griech. „koinonia“) ist umfassend: ein **Nehmen und Geben geistlicher und materieller Güter**. Diese Einheit ist sehr schön abgebildet in Röm 15,26; Gal 6,6; Phil 4,14ff. Das NT betont die Gemeinschaft gerade dort, wo sonst am ehesten Solidarität versagt wird: beim Besitz und im Leid. **Einmütigkeit** angesichts der Bedrängnis in der Mission hat neues Wachstum zur Folge (vgl. 4,24 mit 4,31.33; 5,12.14).

● Die **Gütergemeinschaft** war keine (Zwangs-)Vergesellschaftung, wie 4,34f und 5,4 eindeutig zeigen. Aber die Realität war aufsehenerregend genug, eine Erfüllung biblischer Verheißungen (5Mose 15,4) und antiker Menschheitsträume. Im Gegensatz dazu war sie kein Ideal aus unwirklicher Vorzeit. Und sie ist keineswegs gescheitert – die Verarmung der Jerusalemer Gemeinde (Apg 6) hatte andere Gründe –, sondern ist vielmehr überregional ausgeweitet worden und hat Schule gemacht (vgl. 11,27-30).

● V 1f: Um 15 Uhr findet der dritte und letzte der täglichen Gottesdienste im Tempel statt. Der Zustrom an Gottesdienstbesuchern eröffnet dem gebrechlichen Mann die Chance zu reichlich Almosen. Wenn sein Betteln Erfolg hat, dann jetzt. Die „Schöne Tür" – wegen ihrer prunkvollen Gestaltung so genannt – liegt wohl zwischen dem Vorhof der Heiden und dem der Frauen.

✎ *Wo liegen bei uns Glanz und Elend nahe beieinander?*

● V 3-7: Petrus und Johannes werden – wie alle anderen Besucher auch – vom kranken Bettler um eine Gabe angegangen. Mit der erwarteten Geldspende kann Petrus nicht dienen, wohl aber mit der Vollmacht, den Gelähmten im Namen Jesu zu heilen. Petrus fordert den Bettler nicht nur auf, sich zu erheben, sondern er hilft ihm auch dabei. Indem der Gelähmte aufsteht, wird er gesund. Nicht Petrus heilt, sondern Jesus Christus.

● V 8: Die Heilung tritt sofort ein und zeigt sich daran, dass der Geheilte umherspringt und geht. Und sie zeigt sich in seiner **Reaktion: „… und lobte Gott"**. Der ehemals Gelähmte weiß, wem er letztlich alles zu verdanken hat. Die wiederhergestellte Gesundheit ist das eine – das neue, gute Verhältnis zu Gott das andere.

● Das erfreulich Neue seiner Lage zeigt sich auch daran, dass der Bettler nun mit den beiden Aposteln den Tempel betreten kann, was ihm vorher versagt war. Denn als Gelähmter war er kultisch unrein. Nun steht ihm die „Schöne Tür" weit offen.

● V 9f: Das Umhergehen und das Gotteslob des Geheilten ziehen Kreise. Es löst bei den Umstehenden „Verwundern" und „Entsetzen" aus.

Wenn wir Gott loben, sind wir in unserem Element. Erst dann ist uns wirklich geholfen, wenn uns aufgeht, wem wir die Hilfe zu verdanken haben.

● V 11f: Das geschehene Wunder macht neugierig. Der ehemals Gelähmte und die beiden Apostel werden zur Zielscheibe des Interesses. Es kommt zu einem Volksauflauf in der „Halle Salomos", die wohl auch der Versammlungsort der Gemeinde im Tempel war (siehe Apg 5,12). **Petrus spricht Klartext.** Er weist alle Aufmerksamkeit und Bewunderung konsequent von sich und Johannes weg. „Was starrt (so wörtlich) ihr uns an?" Die beiden Apostel verstehen sich keineswegs als Verursacher des geschehenen Wunders.

✎ *Wo sehen Sie heute Gefahren, dass sich Verkündiger in den Vordergrund drängen und „anhimmeln" lassen?*

● V 13-15: Petrus klärt die Anwesenden über die Ursache bzw. den Verursacher des geschehenen Wunders auf. Dabei greift er auf die Geschichte des Volkes Israel zurück, die ihn ja mit seinen Hörern verbindet. Dann kommt **der springende Punkt:** Während Gott sich zu seinem „Knecht Jesus" bekannt hat, haben ihn die Israeliten vor dem Statthalter Pilatus „verleugnet" und ihn dem Tod preisgegeben. Der „Mörder" Barrabas war ihnen lieber. Sie haben sich mit ihm identifiziert und sind darüber selber zu Mördern geworden. **Aber Gott hat durch die Auferweckung von Jesus eine neue Seite in seiner Heilsgeschichte aufgeschlagen.** Der hingerichtete Jesus ist zum „Fürsten des Lebens" geworden. „Dessen sind wir Zeugen." Die beiden Apostel stehen dafür ein. **Beweisen können sie die Auferstehung zwar nicht, wohl aber bezeugen,** denn sie haben den Auferstandenen vielfältig und leibhaftig erlebt.

● V 16: Petrus „betont, dass die Heilung durch den Namen Jesus geschehen ist aufgrund des Glaubens, den der Gelähmte ihm entgegenbrachte, eines Glaubens, den Jesus geweckt hat" (Alfons Weiser). **Dass der Gel**ähmte Vertrauen zu Petrus fasst, hat **Jesus in ihm bewirkt.** Er hat ihn dazu „stark gemacht".

● V 17f: Mit der Anrede „Brüder" setzt eine ermahnende Passage der Rede von Petrus ein. Der Hinweis auf das Fehlverhalten der Hörer dient nicht zu deren Entschuldigung, sondern zeigt die **Blindheit** auf, in der das Volk einschließlich seiner „Oberen" gefangen war. Mit dem „Gott aber ..." zeigt Petrus dagegen die Linie der Heilsgeschichte auf, die von den alttestamentlichen Propheten direkt hin zum leidenden Jesus führt. **Gott hat auf den „krummen Linien" des Volkes Israel für alle Heil entstehen lassen.** Er hat sich trotz der Sünden Israels nicht aufhalten lassen, seinem Volk Gutes zu tun.

✎ *Aus Bösem ist letztlich Gutes erwachsen. Kennen Sie ähnliche Zusammenhänge aus Ihrem Leben? Vgl. 1Mose 50,20.*

● V 19-23: Als einzig angemessene Folge ergibt sich daraus: Die Umkehr wird doppelt angezeigt: **„Tut Buße"** meint die Änderung des Sinnes, **„Bekehrt euch"** dazu die praktische Hinwendung zu Gott. **Die heilsame Folge: Sünde wird vergeben.** Damit bricht eine Zeit des Aufatmens an („Zeit der Erquickung"), die bis zur Wiederkunft von Jesus reicht. Bis dahin hat Jesus seinen Platz im Himmel. An uns ist es, heute auf Jesus „in allem" zu hören und ihm zu folgen. Ob die Wiederkunft Jesu eine Zeit des Heils für Israel sein wird, entscheidet sich daran, dass das Volk umkehrt und Vergebung seiner Sünden findet.

● V 24f: Noch einmal der Hinweis auf die Fülle der Propheten. **Die Geschichte des Volkes Israel läuft erkennbar auf Jesus zu.** Petrus verknüpft das Geschehene mit den gegenwärtigen Personen. Außerdem zeigt er die Bestimmung Israels auf, Segen für „alle Völker" zu sein.

● V 26: Erneut unterstreicht Petrus die guten Absichten Gottes mit seinem Volk und mit den Zuhörern. Gott hat „seinen Knecht Jesus ... gesandt, euch zu segnen". Sein Ziel ist klar: **Umkehr und strikte Hinwendung zu Jesus.**

● V 1-3: Alle Arten von Volksauflauf sind seit jeher den Herrschenden verdächtig. Sie fürchten um ihren Einfluss. So auch während der Rede des Petrus. **Zweierlei missfällt den Mächtigen: dass einfache Leute „das Volk lehren".** Das steht ihnen nicht zu. **Obendrein stößt ihre Botschaft sauer auf: Jesus und seine Auferstehung.** Petrus und Johannes werden aus dem Verkehr gezogen und die Nacht über verhaftet.

● V 4: Das Wort des Petrus hat mächtig gewirkt. Die Zahl der Gemeindeglieder legt kräftig zu, was den Verdruss der Mächtigen noch gesteigert haben dürfte.

● V 5-7: Am nächsten Tag trifft sich der Hohe Rat. Der Hohepriester führt den Vorsitz. Zum Gremium gehören u. a. auch maßgebliche Mitglieder der hohenpriesterlichen Familien, die hohe Tempelämter innehatten. Dazu kommen „Schriftgelehrte", die sich durch ihr Studium als Kenner der Heiligen Schrift erwiesen hatten. Der Rat ist über den Anlass der Tempelrede des Petrus bereits informiert. **Frage nur: Aus welcher Vollmacht haben die Apostel geheilt?**

● V 8-10: Petrus geht zunächst ehrerbietig auf die Frage ein. Seine Reaktion wird zu einer kleinen **Missionspredigt.** Dabei tritt der Kontrast deutlich hervor: Ihr habt Jesus gekreuzigt – Gott hat ihn auferweckt. **Jesus ist also keine für immer beseitigte Person, sondern er ist lebendig und wirkt unter uns.** Von ihm gehen heilende Kräfte aus, die am Gelähmten erkennbar geworden sind.

● V 11f: Hier greift Petrus ein Jesuswort aus Mt 21,42 auf, das sich auf Psalm 118,22f stützt: Den „von euch Bauleuten" als nutzlos weggeworfenen Stein hat Gott zum Eck- bzw. Schlussstein erhoben. **Der verachtete Jesus wird damit zur zentralen Gestalt für das Heil. Kein anderer ist in der Lage, uns zu „retten"** (so wörtlich). Mit Gott ins Reine zu kommen, geht ausschließlich durch Jesus. Darum haben die Reformatoren das „solus Christus" („Allein Christus") als entscheidenden Eckpfeiler unseres Glaubens betont.

● V 13-16: Der Hohe Rat ist perplex über den „Freimut“ bzw. die Unerschrockenheit, mit der ihnen die Apostel gegenübertreten. Die beiden hatten weder ein schriftgelehrtes Studium absolviert noch eine rhetorische Schulung durchlaufen. **Die Spitzenvertreter des Judentums werden Jesus nicht los, sondern sind jetzt mit seinen unerschrocken auftretenden Boten konfrontiert.** Das Gewicht des Faktums in Gestalt des geheilten Gelähmten wiegt schwer. Da muss man sich erst mal intern klar werden, wie mit dieser heiklen Lage umzugehen ist. In der Formulierung „mit diesen Menschen“ (V 16) klingt ein verächtlicher Unterton an. Man fühlt sich ihnen weit überlegen.

● V 17-20: Es droht die Gefahr, dass die Jesusbewegung weiter um sich greift und von den religiösen Führern nicht mehr eingedämmt werden kann. Deshalb fordert man die Apostel auf, den Namen Jesus in der Öffentlichkeit nicht mehr zu nennen. **Jesus soll totgeschwiegen werden.** Doch damit gerät man bei den beiden Aposteln an die falsche Adresse, geht es doch bei der Verkündigung des Namens Jesus darum, Gott gehorsam zu sein. Hier wird von den beiden Aposteln Unmögliches verlangt. Der Name Jesus steht für sie nicht zur Disposition. **Es ist für die Apostel unmöglich, das Redeverbot zu befolgen, sind sie doch Augen- und Ohrenzeugen dessen geworden, was mit Jesus geschehen ist** (vgl. 1Joh 1,1-3).

● V 21f: Wofür soll man die Apostel bestrafen? Da bleibt dem Hohen Rat nichts anderes übrig, als die beiden streng zu vermahnen. Immerhin hat die Nachricht von der Heilung in Jerusalem bereits hohe Wellen geschlagen. Mit der Betonung des Alters des ehemals Gelähmten wird noch einmal das Gewicht des Wunders unterstrichen.

✎ *Was meinen Sie: Kann man Christ sein, ohne sich anderen gegenüber als Christ zu erkennen zu geben?*

Der Psalm wirkt urtümlich und wird sehr alt sein. Er ist ein **Hymnus** auf den HERRN, in der Himmelswelt und Schöpfung aufgerufen zu werden, ihm die Ehre zu geben und ihn als herrschenden König über alle und alles anzuerkennen.

● Der **Aufbau** ist kunstvoll:

→ Im Rahmen befinden wir uns im Himmel: Aufrufe zum Lobpreis der Himmelswesen (V 1-2) und Bezeugung seiner immerwährenden Königsherrschaft (V 10-11).

→ Darin eingelagert werden Gottes majestätisches Erscheinen und seine Auswirkungen gepriesen: über Wassern (V 3-4) wie über Wüste und Wäldern (V 8-9).

→ In der Mitte sind gewaltige Bäume und Berge davon betroffen (V 5-7).

● Alles dreht sich um den HERRN: Der **Gottesname** erscheint 18-mal (!). Das zweithäufigste Wort ist, stets mit Gott verbunden, die **„Stimme“** (7-mal, jeweils die inneren drei Strophen beginnend): Dass der HERR sich kraftvoll in Gewittererscheinungen kundtut, wird betont. Anders als heute sehen und hören Menschen im Alten Orient in Donner und Blitz das direkte Eingreifen Gottes.

● Zu Beginn schreiben die Himmelswesen dem HERRN „Stärke“ zu (V 1), zum Schluss reicht dieser seinem Volk „Kraft“ dar (V 11). Bei der Rettung vor den Ägyptern am Schilfmeer hat das Gottesvolk erstmals seinen HERRN als immerwährenden König besungen (vgl. 2Mose 15,1.18). **Israels Rettung aus der Knechtschaft** ist vergleichbar mit derjenigen, die das neue Gottesvolk ins Leben rief und von den Christen an **Karfreitag und Ostern** gefeiert wird: Jesus Christus hat uns durch den Tod zu neuem Leben befreit. Die Tod wie Leben bringenden Wasser sind Abbild für die Taufe (zu den „Wassern“ vgl. auch Ps 29,3.10).

✎ *Lesen Sie, wie in Offb 15,1-4 die Lieder der beiden Gottesrettungen einst zusammen gesungen werden: das „Lied des Mose“ und das „Lied des Lammes“!*

● V 23f: Der Weg der beiden Apostel führt sie „zu den Ihren", d. h. zur Gemeinde. Dort hat man das Geschehen aufmerksam verfolgt. **Der Dank für die Freilassung von Petrus und Johannes mündet in das „einmütige" Loben Gottes,** der gerade eben seine Macht bekundet hat. Gott wird hier bezeichnet als der, der unumschränkt herrscht (griech. „despotes"). Bevor es zur Bitte kommt (V 29f), wird Gott zunächst als Schöpfer gepriesen, dem wir alles Geschaffene verdanken.

✎ *Welche Rolle haben Lob und Dank in Ihrem Gebet?*

● V 25-28: Die Gemeinde greift zur Deutung des Geschehenen auf David und seine Psalmen zurück. „Gott wird als Schöpfer gefeiert, weil er der Herr der ganzen Geschichte ist, an der Israel und die Heiden (V 27b) beteiligt sind" (Rudolf Pesch). **Gegen Gottes Macht kommen keine Menschen und Kräfte an – damals wie heute.** Die geballte Macht der Gottesgegner hat langfristig keine Chance. Sowohl David (V 25) als auch Jesus werden als „Knechte" bezeichnet, an und mit denen Gott seinen Ratschluss ins Werk gesetzt hat.

● V 29f: Bemerkenswert ist, dass **die betende Gemeinde** nicht um ein Ende des „Drohens" der Feinde **bittet,** was ja verständlich wäre, sondern **um „Freimut" (griech. „parrhesia") für Gottes „Knechte".** Nicht die äußere Bedrohung wird als gefährlich betrachtet, sondern die Möglichkeit, dass die Botschaft des Evangeliums aus Angst vor den Drohgebärden der Machthaber verstummt. Gott wird gebeten, sein wunderbares Wirken fortzusetzen, das sich in der Heilung des Gelähmten gezeigt und erhebliche Breitenwirkung zur Folge hat.

● V 31: War es ein kleines Erdbeben? Oder ist eher an eine innere Erschütterung zu denken? Wir wissen es nicht. Entscheidend ist: Was vorher von zwei Aposteln gesagt wurde, zieht Kreise: Nun breitet die gesamte Gemeinde das Evangelium unerschrocken aus.

Ging es im Kap. vorher um einen Ausschnitt aus dem Leben der Urgemeinde, so tritt jetzt ihr Leben im umfassenden Sinn ins Blickfeld. Dabei fallen **zwei grundsätzliche Bereiche** ins Auge: **das Verkündigen des Evangeliums und die soziale Situation.**

● V 32: Es ist sprichwörtlich geworden: **„ein Herz und eine Seele“.** Das verwundert nicht, denn Gottes- und Nächstenliebe sind in der jungen Gemeinde eng ineinander verschränkt. Bereitwillig wird den bedürftigen Gemeindegliedern persönliches Eigentum zur Verfügung gestellt.

✎ *Ungetrübte Harmonie war auch in der Urgemeinde kein Dauerzustand, sondern eine „Momentaufnahme“: siehe 5,1ff.*

● V 33-35: Für „Kraft“ steht im Griechischen „dynamis“. Im Zentrum der Verkündigung: die Auferweckung von Jesus als christliches Zentralereignis. Sie ist nicht ein christlicher Programmpunkt unter vielen, sondern Dreh- und Angelpunkt. Denn ohne Auferstehung bliebe von Jesus lediglich ein Märtyrerschicksal übrig. Mit der Auferstehung steht und fällt unser christlicher Glaube (siehe auch Paulus in 1Kor 15,14-19). Die „große Gnade“ zeigt sich nicht nur im inneren Erleben, sondern auch in den praktischen Folgen: Wer in der Gemeinde Not leidet, profitiert von der Großzügigkeit derer, die vermögender sind. Die Apostel sorgen dafür, dass jeder bekommt, was er zum Leben braucht (siehe auch 2Kor 8,14).

● V 36f: Josef bzw. **Barnabas wird besonders hervorgehoben.** „Die Tatsache, dass das wohltätige Verhalten des Barnabas in Erinnerung blieb, lässt einen Sonderfall und nicht einfach das übliche Verhalten aller erkennen, ganz abgesehen davon, dass es nicht viele wohlhabende Christen in der Urgemeinde gegeben haben wird“ (Alfons Weiser). Barnabas, der hier erstmals genannt wird, ist später eine der führenden Persönlichkeiten in der urchristlichen Missionsgeschichte.

Die christliche Gemeinde wird nicht nur von außen bedroht (siehe Kap. 4), sondern auch durch das, was sich in ihrer Mitte zuträgt und die schöne Harmonie (V 32) schlagartig zerstört.

● V 1-3: **Hananias und Saphira bilden einen negativen Kontrast zu Barnabas** (4,36f). Ihr Ackerverkauf ist aller Ehre wert. Aber: Mit Wissen und Übereinstimmung seiner Frau behält Hananias einen Teil des Verkaufserlöses für sich, vermittelt aber gegenüber Petrus den Eindruck, dass der gesamte Erlös der Gemeinde zugute kommt. **Petrus durchschaut das trübe Spiel.** Ihm ist klar, dass es der „Satan" war, der Hananias zur Lüge trieb. Hananias hat nicht nur Menschen belogen, sondern auch den „Heiligen Geist", d. h. Gott selbst.

✎ *Man könnte einwenden: Was kann Hananias dafür, dass der Satan sein Herz erfüllt und ihn zur Unwahrhaftigkeit verleitet? Ist er nicht Opfer statt Täter? Was meinen Sie?*

● V 4-6: Hananias hatte allen Spielraum, sich ehrlich zu verhalten. Jeder in der Urgemeinde war so frei, sein Eigentum für sich zu behalten. **Die schreckliche Folge: Hananias stürzt hin und stirbt.** Kein Wunder, dass eine „große Furcht" ausbricht. Hananias wird zugedeckt, hinausgetragen und begraben, ohne dass seine Frau Saphira etwas davon erfährt.

● V 7-11: Dann wiederholt sich die Szene. **Saphira bekommt eine Chance, die Wahrheit zu sagen** und sich vom Verhalten ihres Mannes zu distanzieren. **Doch sie nutzt sie nicht,** sondern deckt die Sünde ihres Mannes. Petrus legt klar, dass durch solches Verhalten nicht nur Menschen getäuscht werden, sondern auch „der Geist des Herrn" hinters Licht geführt wird. Daraufhin kündigt Petrus Saphira ihren Tod an, der „sogleich" eintritt. Das Geschehen bestürzt nicht nur die Dabeistehenden, sondern die ganze „ekklesia". (Der Begriff wird hier zum ersten Mal für die Gemeinde gebraucht.)

Die freimütige Verkündigung (4,31.33), die Wunder im Volk (5,12-16) und die wachsende Zahl der Jesusanhänger (5,14) bewirken, dass die Apostel ins Gefängnis geworfen werden.

● V 17-25: Das **Befreiungswunder** geschieht ausdrücklich, damit die Apostel die „Lebensworte" weiter verkündigen können. Bei der erneuten Verhaftung machen die Sadduzäer **zwei bemerkenswerte Aussagen:**

● V 26-28: Die Apostel hätten mit ihrer Lehre „Jerusalem **erfüllt**". Was die Gegner negativ meinen, ist eine unbewusste eindrucksvolle Bestätigung für das „**Wachsen des Wortes**" und den Verheißungshintergrund ihrer eigenen Tradition: Die „Lehre" vom Messias erfüllte die ganze Stadt wie die Herrlichkeit Jahwes das Heiligtum (2Mose 40,34; Hag 2,7 u. a.) und wie das Reich Gottes die ganze Erde „füllen" wird (Dan 2,35).

✎ *Haben Sie schon einmal erlebt, dass das Evangelium an Ihrem Wohnort zum „Stadtgespräch" wurde?*

● V 28b: Im zweiten Vorwurf liegt wohl eine Anspielung auf das Wort der Juden vor Pilatus vor „Sein Blut komme über uns und unsere Kinder!" (Mt 27,25). Darin könnte die Angst der Mörder vor einer Erfüllung jener Selbstverfluchung zum Ausdruck kommen, sei es durch die Wut des verführten Volkes (vgl. V 26), sei es durch ein Gottesgericht, wie es im Jahr 70 n. Chr. tatsächlich mit der Zerstörung Jerusalems über sie hereinbrach.

● Die biblischen Parallelen (1Kön 21,21f u. a.) sprechen dagegen, dass in Mt 27,25 eine Prognose für die *gesamte* weitere Geschichte des jüdischen Volkes gemeint ist. Im Unterschied zu seiner **verhängnisvollen Wirkungsgeschichte** einer jahrhundertelangen Judenfeindschaft ist dieses Wort nur auf die Zeitgenossen Jesu und des Evangelisten zu beziehen. Das ist kein „Antijudaismus", sondern ist eine Geschichtsdeutung, die Juden und Christen gemeinsam ist (vgl. 3Mose 20,9).

Eine unerwartete Wende tritt ein durch den Rat des (älteren) Gamaliel, den Lehrer des Paulus (Apg 22,3). Er argumentiert mit **geschichtlichen Beispielen von zwei Volksanführern mit messianischem Anspruch.**

● V 36f: Nach ihm versprach ein gewisser **Theudas** seinen Anhängern, dass er sie trockenen Fußes durch den Jordan führen könne. Seine Anhänger wurden vom Prokurator Fadus (44–46 n. Chr.) gefangen und Theudas enthauptet. – **Judas**, der Galiläer, trat um 7 n. Chr. auf und begründete die gegen Rom gerichtete zelotische Bewegung. Der jüdische Schriftsteller Josephus berichtet nichts von seinem Ende. Aus der anderen Reihenfolge („danach") und weil Fadus erst 10 Jahre nach dieser Szene wirkte, schließen Ausleger, dass diese Beispiele nicht aus der Gamalielrede selbst stammen könnten. Gamaliel könnte aber einen anderen Theudas gemeint haben und Josephus nennt drei Aufrührer mit Namen Judas in 10 Jahren.

● V 38f: Der Hohe Rat soll **die Lehre aus der Geschichte ziehen und den Ausgang dieser Jesusbewegung Gott überlassen.** Sonst könnten sie sich als Feinde Gottes erweisen, was sie faktisch später mit der Ermordung des Stephanus tun und jetzt im erneuten Predigtverbot für die Apostel samt Auspeitschung.

● V 41f: **Die Apostel** lassen sich trotz blutenden Rückens nicht einschüchtern. Vielmehr **danken** sie **dafür, dass sie „gewürdigt werden, um seines Namens willen Schmach zu tragen"**, und setzen ihre Predigt- und Lehrtätigkeit unbeirrt fort: öffentlich (im Tempel) und unter den Jesusnachfolgern (in den Häusern).

✎ *Rechnen Sie damit, dass sich Gottes Sache trotz Widerständen durchsetzen wird? Lassen Sie sich von scheinbar übermächtigen „Zeitgeist-Strömungen" und glaubensfeindlichen Stimmungen einschüchtern oder spornt es Sie an, weiter das Evangelium von Jesus und biblische Maßstäbe zu bezeugen?*

Das zahlenmäßige Wachstum der Jesusnachfolger („Jünger" V 1), das wir uns wünschen, führt auch zu neuen **Konflikten.**

● Häufig fühlt sich **eine Gruppe vernachlässigt**, damals die griechisch sprechenden Witwen, die bei der ansonsten gut organisierten jüdischen Armenversorgung unberücksichtigt blieben. Damit steht die Glaubwürdigkeit der endzeitlichen Gemeinde auf dem Spiel. (Heute geschieht das z. B., wenn Muslime Christen werden, aus den starken Familienverbänden ausgestoßen werden und dann keine Unterstützung in der Gemeinde finden.)

● V 2-6: Die **Konfliktlösung** hat mehrere Aspekte:

→ **Die Gemeindeleitung nimmt das Problem ernst und beteiligt alle Glaubenden** (Transparenz und Partizipation). Das könnte heute ein Gesamtmitarbeiterkreis sein, in dem die Mitarbeiter aber auch geistlich weitergeführt werden.

→ **Die Leiter** lassen sich nicht einfach vor den Karren jeder Erwartung spannen, sondern **bleiben ihrem Hauptauftrag treu** (Priorität und Konstanz): dem Gebet (überraschend für die meisten Pastoren und Gemeindeältesten heute) und der Verkündigung. Sie sehen aber auch ihre diakonische Verantwortung und suchen daher nach unbescholtenen, geistlichen und kompetenten Mitarbeitern.

→ **Die Mitarbeiter** werden für ihren sozialen Dienst **eingesegnet,** aber nicht für immer darauf festgelegt. Stephanus (Kap. 7) und Philippus (Kap. 8) wirken später als Evangelisten.

● V 7: Die geistliche Konfliktlösung, neue Strukturen und die Treue zum Auftrag führen **zu neuem Wachstum.** Der für Lukas typische Ausdruck: „Das Wort wuchs und vermehrte sich" (siehe 12,24; 19,20). Lk stellt dabei das Wachstum in einen **weiten heilsgeschichtlichen Rahmen:** zunächst als Erfüllung der Verheißungen der Wachstumsgleichnisse Jesu (Lk 8,4-15; 13,18-21). Und zugleich in Kontinuität zum Wachsen des Gottesvolkes Israel, das im AT mit dem Ausdruck „wuchs und vermehrte sich" bezeichnet wird (1Mose 28,3; 35,11; 2Mose 1,7.12.20; Jer 3,16 u. a.).

Der kurze Psalm ist der **erste aller Davidpsalmen.** Nach dem durch Gottes Einsetzung über alle Feinde triumphierenden Messias von Ps 2 erleben wir in den ersten Psalmen danach einen König in großen Nöten, der aber Zuflucht bei Gott sucht und findet.

● Der Psalm gliedert sich nach der Überschrift (V 1) in **drei Teile:**

→ V 2-4: Klagegebet angesichts vieler Feinde mit Zuversichtsbekenntnis.

→ V 5-7: Rückblick auf frühere Gebetshilfe (V 5f wie 8b sind als Erfahrungen aus der Vergangenheit zu fassen) mit Zuversichtsbekenntnis.

→ V 8-9: Bittgebet mit Zuversichtsbekenntnis und Segensbitte.

● Betont ist die **große Menge der ihn umzingelnden Feinde** (das Wörtlein „viel“ erscheint in V 2f.7, „alle“ in 8). Besonders perfide ist, dass er mit **falsch-frommen Worten** bei Gott abgeschrieben wird: „Er hat keine Hilfe bei Gott“ (V 3b).

✎ *Solche Worte können auch uns treffen: als Einreden, die in uns aufsteigen und die Zuwendung Gottes streitig machen wollen. Welche „Wortpfeile“ treffen Sie? Lesen Sie die Antwort darauf in V 4 und dazu Eph 6,16f!*

● David bringt seine Not samt dem bösen Wort der Gegner vor Gott ins Gebet und spricht Gott sein Vertrauen aus – er ist **„der Schild für mich“ gegen alle Angriffe** von Widersachern.

● Der erste Davidpsalm gibt uns in der Überschrift einen Hinweis, in welchem Zusammenhang er zu lesen ist: David war auf der **Flucht vor seinem Sohn Absalom** (vgl. 2Sam 15–17). In der Erzählung gelingt die Rettung mit List und lediglich in 2Sam 15,31 finden wir ein kurzes Stoßgebet. In den Psalmen lernen wir David als hilfsbedürftigen, Gott in der Not vertrauenden Beter nochmals anders kennen – und als Mitbetende dürfen wir in seine Fussstapfen treten und die alten Worte sprechend und singend immer wieder vor Gott bringen.

● Nachdem mit der Wahl der sieben Almosenpfleger (Diakone) ein neuer Abschnitt in der Geschichte der urchristlichen Gemeinde begonnen hat, greift Lukas nun **Stephanus** heraus: ein Mann voll „Gnade und Kraft“ (V 8). An seinem Schicksal zeigt er die möglichen Konsequenzen eines Lebens mit Jesus. Vermutlich war er **der erste christliche Märtyrer** überhaupt.

● Die Diakone arbeiteten vermutlich schwerpunktmäßig unter den Christen aus den Diasporajuden. **Deutlich wird, dass sie nicht nur diakonische Tätigkeiten verrichteten, sondern immer auch missionarisch von Jesus sprachen.**

✎ *Ein für andere einladendes Christsein braucht einen authentischen Lebensstil. Dazu ist es unabdinglich, dass Wort und Tat, Zeugnis und tatkräftige Hilfe, zusammengehören wie zwei Seiten einer Münze. Das ist der Baustein für ein einladendes Christsein, das andere ins Fragen bringt. Brauchen wir heute nicht mehr denn je Christen, die durch ihre Lebensweise andere aufrütteln? Lesen Sie dazu 1Petr. 3,15!*

● **Stephanus fällt auf durch seine Wunder und Zeichen.** Die Menge ist beeindruckt. Juden aus den Diasporasynagogen setzen sich kritisch mit Stephanus auseinander, treffen aber auf einen Mann, der ihnen Rede und Antwort steht, ohne dass sie ihm etwas entgegensetzen können.

● Als sie merken, dass sie ihm nicht beikommen, werden ihre Methoden radikaler. Zunächst schwärzen sie ihn bei den Schriftgelehrten und Ältesten an, stacheln dann das Volk auf und stellen falsche Zeugen auf, die vor dem Hohen Rat aussagen. Die Parallelen zum Prozess gegen Jesus sind unübersehbar.

● **Anklagepunkte gegen Stephanus** sind die Kritik am Tempel und an der jüdisch-gesetzlichen Lebensordnung (so auch bei Jesus und später auch bei Paulus, Mt 26,61 und Apg 21,21 oder 24,6). Mit diesem Vorwurf sind Verhaftung und Prozess vorprogrammiert.

● Die große Verteidigungsrede des Stephanus lässt sich gliedern und zeigt, dass zwei Themenstränge parallel laufen.

→ **Personen der Heilsgeschichte:**

Abraham V 2-8; Jakob, Josef V 9-16; Mose V 17-44; David, Salomo V 45-52.

→ **Große Themen, die für Israel eine Rolle spielen:**

Die Verheißung des Landes V 2-19; die Erlösung des Volkes V 20-39; der Gottesdienst V 40-50; die Anrede an die Zuhörer V 51-53.

● Stephanus will seine Zuhörer von der Übereinstimmung der christlichen Botschaft mit dem AT überzeugen. Dabei wird deutlich, dass er sie gewinnen will („Brüder und Väter" V 2).

✎ *Auch wir sind manchmal in der Situation, dass wir den christlichen Glauben zu verteidigen haben. Wichtig ist dabei das richtige Abholen der Gesprächspartner. Dazu gehören Fingerspitzengefühl und Liebe zum Gegenüber.*

● Stephanus zeigt, dass er sich auskennt in den Schriften des AT.

→ **Abraham** wurde von Gott in das Land Kanaan versetzt, das ihm aber nicht gehörte, sondern erst den Nachkommen. Der Bund der Beschneidung wird eingesetzt. **Isaak** und **Jakob** werden nur kurz erwähnt.

→ **Josefs** Lebensgeschichte wird ausführlich beschrieben. Bei Josef spricht Stephanus von Gnade und Weisheit (V 10). Lukas beschreibt Stephanus ebenfalls mit eben diesen Eigenschaften (6,5.8.10). Darunter wurden in der damaligen Zeit praktische Fähigkeiten und wissenschaftliche Bildung verstanden. Josef wurde im alten Judentum neben Salomo zu den Weisen schlechthin gezählt. Nach Josef wächst das Volk in Ägypten und wird versklavt.

→ **Moses** Leben wird ausführlich beschrieben und in 3 mal 40 Jahre gegliedert. 40 Jahre von der Geburt bis zur Ermordung des Aufsehers; 40 Jahre als Fremdling in Midian und schließlich 40 Jahre von der Berufung bis zur Wüstenwanderung.

● Unser Abschnitt fährt fort mit der Berufung des **Mose**. Damit beginnen seine letzten 40 Lebensjahre. Durch die Berufung in der Wüste beim brennenden Dornbusch wird er zum „Anführer und Befreier“ (V 35) über ein Volk gesetzt, das ihn nicht wirklich will. Er führt Israel die nächsten 40 Jahre heraus aus Ägypten, durch die Wüste bis zur Grenze des verheißenen Landes.

● Gleichzeitig wird **von Mose aber ein neuer Bogen gespannt zu Jesus** hin, indem er verheißt: „Einen Propheten wie mich wird euch Gott erwecken aus euren Brüdern“ (V 37). Die geschilderte Parallele zeigt, dass Mose und Jesus in gleicher Weise vom Volk Israel abgelehnt wurden.

● Stephanus kommt dann auf den **Gottesdienst** zu sprechen und nimmt damit einen gegen ihn erhobenen Anklagepunkt auf. In der Wüste konnte das Volk den Gott wohlgefälligen Gottesdienst feiern, indem sie um die Gegenwart Gottes in der Stiftshütte ohne Schlachtopfer und andere Opfer wussten. Aber sie haben den Gott ehrenden Gottesdienst verlassen, indem sie das Goldene Kalb und die Götzen anderer Völker anbeteten (vgl. Sie dazu die Kultkritik des Propheten Amos in Am 5,25ff). **Stephanus ist nicht grundsätzlich gegen den Tempelkult, aber gottgefälliger Gottesdienst erschöpft sich nicht in einem äußerlichem Ritual. Der innere Gottesdienst, die richtige Herzenseinstellung ist entscheidend für das Gottesverhältnis.**

● In V 51-53 geht Stephanus zum **direkten Angriff** gegen seine Zuhörer über. „Halsstarrig und unbeschnitten an Herzen und Ohren“ (V 51) lautet sein Vorwurf. Obwohl sie äußerlich zum Gottesvolk gehören, stellen sie sich dem Wirken und Heilsplan Gottes entgegen, was zur Ablehnung von Jesus führte. Als er ihnen dann noch vorwirft, das Gesetz nicht zu beachten, rüttelt er am Zentrum ihrer Heilsgewissheit, die sie durch vermeintlich strikte Befolgung der Gebote erworben zu haben glaubten. Damit ist endgültig das Ende ihrer Toleranz erreicht.

Als Lukas die Apostelgeschichte schrieb, war **die Verfolgung und Hinrichtung von Christen an der Tagesordnung.** Das wird mit ein Grund gewesen sein, warum er den Prozess und die Hinrichtung des Stephanus so ausführlich dokumentiert.

● Die am Prozess gegen Stephanus Beteiligten sind außer sich vor Wut, als Stephanus endet (V 54). Das wird durch seine **Vision vom geöffneten Himmel** noch gesteigert. Er sieht wie einst Jesaja (Jes 6) die Herrlichkeit Gottes und „den Menschensohn zur Rechten Gottes stehen“ (V 56). Diese Aussage dürfte den Zorn seiner Ankläger noch mehr angestachelt haben, da sie glaubten, die Sache mit dem Gotteslästerer Jesus endgültig zu den Akten gelegt zu haben. **Nun sieht Stephanus Jesus an der Ehrenseite Gottes.**

● Wutentbrannt gehen sie gegen Stephanus vor. Das unterstreicht den Verdacht, dass der reguläre Prozess gegen Stephanus jetzt in **blanker Lynchjustiz** endet. **Stephanus wird vor der Stadt gesteinigt.** Dabei ist es üblich, dass die Zeugen die ersten Steine werfen. Wie schon Jesus am Kreuz (Lk 23,34) bittet auch Stephanus um Vergebung für seine Feinde (V 60).

● **Nach dem Tod des Stephanus beginnt in Jerusalem eine große Verfolgung.** Allerdings dürfte die sich vor allem gegen die christlichen Juden aus der Diaspora gerichtet haben. Zum einen wird nämlich erwähnt, dass die Apostel in Jerusalem bleiben können und „fromme Männer“ (V 2) Stephanus bestatten und eine große Totenklage halten. Es werden also offensichtlich nicht alle Christen vertrieben.

● **Drahtzieher der entstehenden Verfolgungswelle wird Saulus**, der den Versuch macht, die Gemeinde (des Stephanus?) auszurotten, indem er Männer und Frauen verhaftet.

✎ *Verfolgung, Verhaftung und Martyrium trifft Christen zu allen Zeiten. Können wir uns darauf vorbereiten?*

Mit Kap. 8,4 beginnt der zweite Teil der Apostelgeschichte: **Die Mission unter den Heiden.** Die Verfolgung in Jerusalem eröffnet neue Arbeitsfelder. An verschiedenen Stellen wird deutlich, dass der erhöhte Christus durch den Heiligen Geist diesen Weg über Israel hinaus weist. Auch schon im Missionsauftrag (Apg 1,8) wird nach Jerusalem und Judäa **Samarien** genannt.

● **Philippus**, einer der sieben Diakone, kommt als einzelner Missionar nach Samarien, vermutlich in die Hauptstadt **Sychar**, und erlebt einen **großen geistlichen Aufbruch**. Aus Apg 21,8f wird deutlich, dass er eine Familie hatte (darunter vier weissagende Töchter).

● Schon Jesus hat in der Gegend gewirkt. Die Begegnung mit der Frau am Jakobsbrunnen (Joh 4) fand hier statt. Jesus und seine Botschaft waren also nicht ganz unbekannt. Philippus verkündigt ihnen nun den auferstandenen Christus und eröffnet ihnen damit den Zugang zum Heil. Haben ihnen die Juden diesen Zugang vormals verwehrt, so geschehen in ihrer Mitte nun viele Zeichen und Wunder als Hinweis auf die auch für sie angebrochene Heilszeit. Darüber herrscht in der Stadt Freude.

● Wo Licht ist, ist auch Schatten. An der Person des Magiers **Simon** wird deutlich, dass **die Verkündigung des Evangeliums auch widergöttliche Mächte auf den Plan ruft.** Anfänglich schließt sich Simon der Erweckungsbewegung an, will aber dann von Petrus und Johannes die Vollmacht der Geistverleihung erkaufen, um damit Geschäfte machen zu können und von den Menschen bewundert zu werden. Doch als Petrus ihn deswegen scharf ins Gericht nimmt, scheint Simon sein Verhalten zu bereuen, und er bittet um die Fürbitte der Apostel.

✎ *Was ist die Motivation für Ihre Mitarbeit in der Gemeinde? Wer soll dadurch geehrt werden? Es lohnt sich, dies immer wieder selbstkritisch zu überprüfen! Die Ehre gebührt IHM!*

● Mitten in seiner aufblühenden Gemeindearbeit erhält **Philippus** von Gott eine **neue Platzanweisung.** Trotz der vielen Aufgaben, die er in Sychar noch bewältigen müsste, bleibt Philippus hörbereit für Gott. Der stellt ihn in eine neue Aufgabe, die alles andere als attraktiv ist: Er wird 80–100 Kilometer zu Fuß in den Süden, in eine „öde" Gegend geschickt, ohne schon seinen genauen Auftrag zu kennen.

✎ *Auch Sie sind vielleicht mit bestehenden Aufgaben in der Gemeinde voll ausgelastet. Sind Sie trotzdem offen dafür, dass Gott Sie an einer anderen Stelle gebrauchen will, auch wenn die neue Aufgabe nicht attraktiv ist?*

● Philippus kommt durch seinen Gehorsam in eine **von Gott mit Maßarbeit vorbereitete Situation.** Ein **mächtiger Beamter am Hof der äthiopischen Königin** ist auf dem Heimweg von einer Pilgerreise. Er hatte erlebt, dass ihm in Jerusalem der Zugang zum Tempel und damit **zum Heil verwehrt** war. Lediglich eine Schriftrolle, deren Inhalt er nicht versteht, konnte er erwerben.

● Wieder erhält Philippus eine Anweisung von Gott: „Halte dich zu diesem Wagen!" Beherzt greift Philippus in das Geschehen ein, indem er den hohen Staatsbeamten fragt: „Verstehst du auch, was du liest?" Daraufhin kann Philippus dem Afrikaner anhand von Jes 53 erklären, dass Jesus auch für ihn sein Leben geopfert hat. Nach der bitteren Abfuhr in Jerusalem ist das für den Afrikaner **pures Evangelium.** Es folgt ein kurzer Taufunterricht und daraufhin tauft Philippus ihn in einem Fluss. Wahrscheinlich hätte der Getaufte noch viele Fragen gehabt, aber plötzlich wird Philippus vom Geist an eine andere Stelle geführt. Er muss den Afrikaner mit seinem frisch erwachten Glauben allein – aber fröhlich – weiterziehen lassen. Für uns ist daraus zu lernen: **Auch wir dürfen immer wieder die Verantwortung für andere Menschen an Gott abgeben.**

● **„Mein Gott, wie lange noch willst du mich vergessen?** Wie lange verbirgst du dein Antlitz vor mir? Wie lange noch soll ich mich quälen in meinem Herzen Tag für Tag und Nacht für Nacht? Wie lange noch? Mein Gott, schau mich doch an und antworte mir! Lass meine Augen wieder einmal leuchten, bevor ich ganz erledigt bin!“ Das schreit der Beter aus dem alten Israel seinem Gott entgegen – nicht nur David, sondern nach ihm und mit ihm alle, die diesen Klagepsalm mitbeten.

● **Wie lange noch?** So empfinden auch wir Christen heute viele Situationen, die uns schwer belasten. Hat das noch etwas mit dem Gott zu tun, „der alles so herrlich regieret“, dem Gott, „der mich liebt, der mich kennt und bei meinem Namen nennt“? Ist dieser inhaltsreiche Kinderlied-Vers heute noch meine Überzeugung, mein ehrlicher Glaube?

● An einer Stelle der Weltgeschichte hat Gott eindeutig gezeigt, wie er zu uns steht: dass er uns kennt, dass er uns nicht vergessen hat. Er hat auf Golgatha sein Gesicht nicht verborgen, ja, er hat uns in sein Herz schauen lassen, hat sich selbst – in seinem eigenen Sohn – für uns alle dahingegeben. Eindeutig und grenzenlos ist Gottes Liebe für uns. Und als Jesus von Menschen verraten und verurteilt am Kreuz hing und zu Gott schrie: Warum hast du mich verlassen?, da hat Gott geantwortet. **Gott hat Jesus nicht vergessen, er hat ihn auferweckt. Das ist Gottes Antwort auch an uns. Ostern ist die Garantie dafür, dass Gott uns nicht vergisst, keinen Einzigen,** in keiner noch so belastenden Situation. Unzählige Schwestern und Brüder im Volk Gottes, zu dem ich auch gehören will, haben das erfahren.

● Darum will ich mit einstimmen in den so überraschenden Schluss dieses Klagepsalms: **„Ich aber traue darauf, dass du so gnädig bist.** Mein Herz freut sich – auch mitten in der Klage! –, dass du so gerne hilfst. Ich will dem HERRN singen, dass er so wohl an mir tut.“

Was für Gegensätze! Auf der einen Seite tobt **Saulus** (das ist sein hebräischer Name, **Paulus** sein lateinischer), der mit hohepriesterlicher Vollmacht und geplanter Gewaltanwendung Christen aus Damaskus nach Jerusalem verschleppen will. Das war nach seiner Ansicht der Wille Gottes! (Vgl. Gal 1,13f). Auf der anderen Seite hat Gott längst anderes geplant: **Gerade diesen fanatischen Christenverfolger hat er für seine beginnende weltweite Mission ausgesucht.**

● Nicht äußere Gewalt, sondern himmlischer Lichtglanz und eine Stimme werfen Saulus zu Boden. **Beides zusammen zeigt Gottes Wirken: Licht und Wort.** Licht gehört zu dem heiligen Gott z. B. Ps 27,1. Doch Licht allein genügt noch nicht, sondern das Wort Jesu kommt hinzu.

● V 4ff: Der Auferstandene macht Saulus durch seine Frage klar, dass er ihn selbst, also nicht in erster Linie die Christen, verfolgt. Damit bekommen auch wir einen Einblick in Vorgänge, die uns hinter die Kulissen der geplanten Christenverfolgung blicken lassen. Saulus fragt, wer ihm hier begegnet, und **Jesus offenbart sich ihm als der wahre Gott und Herr.**

● Der zu Boden geworfene, erblindete Verfolger wird nun zu einem auf Hilfe angewiesenen Geführten. Gottes Licht hat ihn erblinden lassen. Es wird ihm in diesen drei Fastentagen das innere Licht, eben Gottes Licht, aufgehen, und er wird von Jesus selber weitere Wegweisung bekommen (V 6). **Man spricht oft von der Bekehrung des Paulus. Doch hier wird deutlich, dass Jesus Christus Saulus zu sich bekehrt.**

● Jesus Christus überblickt bis heute die ganze Situation seiner verfolgten Gemeinde und greift aus der unsichtbaren Welt in die sichtbare ein. Seine Gedanken sind weitreichender als unsere.

✎ *Bedenken Sie unter diesem Aspekt die Nachrichten über Christenverfolgung heute und lassen Sie Ihre Fürbitte davon bestimmen.*

Szenenwechsel: Zwiegespräch zwischen Gott, dem Herrn, und seinem Jünger **Hananias in Damaskus.** Hier spricht Gott zu einem ganz „normalen" Menschen und gibt ihm genaue Anweisungen für die nächsten Schritte. Doch der hat **erhebliche Vorbehalte,** denn er hat bereits viel Böses über diesen Saulus gehört und weiß auch um seine Pläne, die Christen in Damaskus gefangen zu nehmen. Offen spricht er seine Vorbehalte vor Gott aus. Doch nach den Einwänden informiert der Herr Hananias über **seine Pläne mit Saulus:**

→ Ein **„auserwähltes Werkzeug"** soll der in Gottes Hand werden. Solche Erwählung geschieht durch Gott selbst (Joh 15,16).

→ **Vor höchsten Machthabern und vor seinem eigenen Volk Israel soll Saulus den Namen Jesus Christus bezeugen.** Was für ein schwerer Auftrag! „Gerade der, der den Namen Jesus austilgen wollte von der Erde, wird diesen Namen in die Welt hineintragen wie kein anderer"(Werner de Boor).

→ **Erwählung und Leiden im Dienst schließen sich nicht aus.** Saulus wird viel Leid erfahren. Das wird ihm Gott selber zeigen, und es tritt auch schon bald ein.

● Diese Gottesworte überwinden die Skepsis Hananias, und er gehorcht. Er darf Saulus durch Handauflegung von der Blindheit befreien.

✎ *Hatte Hananias zuvor vor Gott seine Vorbehalte und seinen inneren Groll gegenüber Saulus zum Ausdruck gebracht, redet er ihn jetzt mit „Bruder" an. Was heißt das für unser Verhalten gegenüber Christen, mit denen wir uns aufgrund von negativen Erfahrungen schwertun?*

● Saulus macht jetzt ganze Sache, zögert und zaudert nicht, denn das, was ihm widerfahren ist, kam von Gott selber. Er lässt sich taufen und gibt damit sein altes Leben in den Tod. Jetzt ist es ihm klar, dass er zur Gemeinde der Christen gehört. Doch noch sind nicht alle Christen davon überzeugt (V 21).

● V 19b-24: Der einstige Verfolger Saulus wird von den Christen zunächst nicht anerkannt. Misstrauisch reagieren sie in Damaskus auf seine ersten Predigten. Das geschieht in der Synagoge. Dort ist Saulus ja zu Hause und dort spricht er jetzt von Jesus als dem Sohn Gottes. Die Juden werden von ihm in die Enge getrieben, weil seine Argumente nicht zu widerlegen sind. Ihre hasserfüllte Reaktion: Saulus muss sterben! So wie er vorher über Jesus gedacht hatte, so denken die Juden immer noch.
● V 25f: In dieser sich zuspitzenden Situation reagieren die Christen und bringen **Saulus auf abenteuerliche Weise in Sicherheit.** In 2Kor 11,32f berichtet er später davon. Saulus zieht sich nach Jerusalem zurück, wo er bei der christlichen Gemeinde auf die gleiche Skepsis stößt wie zuvor in Damaskus.
● V 27-29: **Barnabas** nimmt Saulus zu sich und erzählt den anderen Christen, was Saulus auf dem Weg nach Damaskus passiert ist: Er hat den Herrn gesehen und in Damaskus bereits über Jesus gepredigt. **Das fürsorgliche Zeugnis von Barnabas** nimmt den Christen die Angst, und Saulus darf nun unter ihnen sein. Das genügt ihm aber nicht. Er streitet sich mit den griechisch sprechenden Juden, denn er kann Griechisch. Es geschieht dasselbe wie zuvor in Damaskus: Mordpläne werden gegen ihn geschmiedet.

✎ *Barnabas zeichnet sich hier wie auch später (Apg 15,36ff) als Fürsprecher für andere aus. Gibt es Situationen in Ihrem Leben, in denen Sie ein Barnabas für andere waren?*

● V 30: Das von Jesus angekündigte **Leiden** tritt ein. Fürsorgliche Christen bringen Saulus nach Cäsarea, wo er vermutlich ein Schiff besteigt, das ihn in seine Heimatstadt Tarsus bringt.
● V 31 zieht **ein erstes Fazit:** Die Gemeinde in und um Jerusalem hat Frieden, nimmt Gott ernster als alle Bedrohung und wächst dadurch. Gottes Heiliger Geist steht ihnen bei.

Lukas erzählt jetzt wieder von **Petrus:** Lydda und Joppe in der Sharon-Ebene sind dessen Stationen auf der Reise, die ihn zu den „Heiligen" führt. **„Heilige" sind im NT Menschen, die sich von Gott in Beschlag nehmen lassen.** Entscheidend ist ihre Zugehörigkeit zu Jesus Christus, nicht ihre moralische Vollkommenheit. Petrus stärkt die kleinen Christengruppen, die in dieser Gegend entstanden waren (Apg 8,25; 9,31).

● V 32-35: Bereits früher hatte Petrus wie die anderen Jünger von Jesus **Vollmacht für Heilungswunder** bekommen: Mt 10,8. Der gelähmte Äneas wird von ihm geheilt. **Dabei macht Petrus klar, dass nicht er, sondern Jesus Christus heilt.** „Nicht der Apostel handelt hier, sondern Jesus wirkt in der Schöpfermacht Gottes am Kranken und bestätigt dadurch das Wort seines Boten" (Adolf Schlatter). Es bekehren sich daraufhin die Bewohner zu Jesus Christus, dem Heiler.

✎ *Die Gabe der Krankenheilung (vgl. 1Kor 12,9) scheint heute in den Gemeinden verschwunden zu sein. Oder machen Sie andere Erfahrungen? Wo sind die Gründe dafür zu suchen?*

● V 36-43: Petrus' nächste Begegnung hat genau wie die erste in Lydda weitreichende Folgen. Die Christin Tabita kümmerte sich vorbildlich um Bedürftige. Doch sie stirbt. Die Christen lassen daraufhin Petrus rufen, weil sie wahrscheinlich von der Heilung in Lydda gehört hatten. **Die Auferweckung der Tabita** erinnert stark an die Auferweckung der Tochter des Jairus durch Jesus: Lk 8,51-55. Bei dieser Auferweckung war Petrus dabei! Die Christen hatten auch vorher nicht verschwiegen, dass Jesus der Retter ist, hier jedoch wird seine **Auferstehungsmacht** sichtbar. Als Reaktion auf dieses Wunder kommen viele Menschen zum Glauben (V 42b).

● Dass **Petrus bei dem Gerber Simon zu Gast** ist, zeigt, dass er diesen trotz seines übel riechenden Handwerks nicht mied.

● Wie breitet sich das Evangelium von Jesus Christus in der Welt weiter aus? **Zwei völlig verschiedene Männer erfahren während ihrer Gebetszeit Außergewöhnliches.** Gott begegnet dem einen (Kornelius) durch eine **„deutlich sichtbare Erscheinung“** (so wörtlich V 3) und dem andern (Petrus) in einer **„ekstatischen Verzückung“** (V 10):

→ **Der Heide Kornelius** in hoher militärischer Position ist gottesfürchtig, betet regelmäßig und engagiert sich sozial. Während des Betens sieht er einen Engel Gottes auf sich zukommen, der ihn beauftragt, den noch unbekannten Petrus zu sich einzuladen. Sofort werden gottesfürchtige Bedienstete nach Joppe geschickt, um Petrus zu holen.

→ V 9 lenkt den Blick auf **Petrus.** Der betet auf dem flachen Hausdach seines Gastgebers Simon. Als er Hunger bekommt, gerät er in Ekstase und hat dabei eine Vision, in der er in einem ausgespannten Tuch Tiere sieht, die er schlachten und essen soll. Doch diese Tiere sind für einen Juden absolut verboten, weil unrein. Als eine dreimalige Aufforderung zum Essen erfolgt, verweigert Petrus sie dreimal. Als schließlich drei Fremde nach ihm fragen, gibt Gottes Geist ihm den Schlüssel zum Verständnis der Vision. Ihm wird gesagt, dass diese Heiden, die jetzt zu ihm kommen, von Gott geschickt wurden und er mit ihnen ziehen soll. So wird ihm klar, dass es nicht um unreine Tiere, sondern um in seinen Augen unreine Menschen geht. Gott selber öffnet Petrus die Augen, dass er erkennt: Das Evangelium gilt ebenso den Heiden wie uns Juden. Diese neue Erkenntnis hat zur Folge, dass die heidnischen Fremden eingeladen und beherbergt werden und Petrus anschließend mit ihnen zieht.

✎ *Wo sehen Sie heute Möglichkeiten, das Evangelium Menschen zu bezeugen, die vielleicht als Außenseiter gelten oder von der Gesellschaft ausgegrenzt werden?*

● Vorbehalte und Vorurteile hindern immer wieder die Mission. Daher greift Gott selber ein und räumt bei Petrus Vorurteile aus. Kornelius wartet mit Freunden und Verwandten sehnsüchtig auf Petrus und fällt ihm bei seiner Ankunft ehrerbietig zu Füßen. Petrus wehrt den Kniefall entschieden zurück und macht ihm klar, dass Gott allein die Anbetung gebührt. Er kann jetzt den Versammelten erklären, wie Gott seine Vorurteile ausgeräumt hat und er zu der Gewissheit gelangt ist, dass er „keinen Menschen gemein oder unrein nennen soll" (V 28).

● V 29-35: Nationale, kulturelle und religiöse Grenzen müssen überwunden werden, wenn Gottes gute Nachricht zu Nichtjuden kommen soll. Petrus überwindet seine Vorurteile und besucht Kornelius in seinem Haus. Besuche sind für die Begegnung mit Menschen anderen Glaubens entscheidend, denn sie stiften Gemeinschaft und führen hier zum Glauben an den auferstandenen Herrn Jesus Christus. Petrus erfährt, wie Gott nicht nur seine Schritte, sondern auch die von Kornelius gelenkt hat. Es ist dies für ihn eine weitere Bestätigung dafür, dass „Gott die Person nicht ansieht" (V 34).

● V 36-43: Nach dieser langen, spannenden Vorgeschichte ist Petrus an der Reihe, diesen Nichtjuden das Evangelium von Jesus Christus zu verkündigen. Er erzählt von Jesu Wirken in Israel, von seinem Kreuzestod, von seiner Auferweckung und von der Sündenvergebung. Damit legt er elementare Grundlagen des Glaubens. Er unterstreicht: Wir können bezeugen, dass Jesus Christus vom Tod auferweckt wurde.

● V 44-47: Während der Predigt schenkt Gott den Anwesenden seinen Heiligen Geist. Bei den Judenchristen herrscht darüber Verwirrung, bei Petrus jedoch Klarheit. Am Ende dieser Predigt lassen sich alle Anwesenden taufen, und Petrus bleibt noch ein paar Tage bei ihnen, um sie weiter über den Glauben an Jesus Christus zu lehren.

● Was für ein Psalm! Eine Aufforderung, einzusteigen in das universale Lob Gottes. **„Lobe den HERRN, meine Seele!“** Meine Seele, das bin ich selbst. Und was in mir ist, das sind meine Gedanken und Absichten, meine Sorgen und Leidenschaften.

● Das persönliche Gotteslob – „der **dein Leben** vom Verderben erlöst“ – wird in diesem Psalm in das eingefügt, was das Volk Israel in seiner Geschichte seit der Befreiung aus der Sklaverei damals unter Mose mit seinem Gott erfahren hat (V 7).

● Doch nicht nur die Gemeinde auf Erden soll Gott preisen, auch die himmlische Welt, ja sogar die ganze Natur und Tierwelt (alle seine Werke) sollen in das Lob Gottes einstimmen. Und ich kleiner Punkt im Weltall soll – darf – will – mitmachen, mit einstimmen (V 20ff). Darum der erste und der letzte Satz dieses Psalms: **„Lobe den HERRN, meine Seele!“**

● Die Verse 8-13 sind das gewichtige Mittelstück unseres Psalms. Es nimmt direkt Bezug auf den Bundesschluss am Sinai (2Mose 34). Schon dort heißt es: „Barmherzig und gnädig und geduldig ist der HERR und von großer Gnade und Treue.“ Doch was dort weitergeführt wird: „Er sucht die Missetat der Väter an den Kindern heim bis ins dritte und vierte Glied“, das wird hier in Psalm 103 nicht wiederholt. Das Gericht wird nicht verharmlost oder gar geleugnet, aber deutlich korrigiert durch eine vierfache Verneinung: „Er wird **nicht für immer** hadern und **nicht für ewig** zornig bleiben; er handelt **nicht** mit uns nach unseren Sünden und vergilt uns **nicht** nach unserer Missetat.“

● „Barmherzig und gnädig ist der HERR“ – Gnade ist kein schwaches Wort. Es ist das stärkste Wort. Es kann Tatsachen ungeschehen machen (nach Karl Hartenstein).

● Gott schafft Erneuerung und Verjüngung unseres Lebens durch seine Vergebung. Ein präziser Hinweis und Vorgriff auf das *sola gratia* des Neuen Testaments. Evangelium mitten im Alten Testament!

Die Jerusalemer Gemeinde ist entsetzt über das Verhalten von Petrus. Er, der Jude, hat mit unbeschnittenen Nichtjuden gegessen. Tischgemeinschaft mit Heiden: Das geht für Juden(christen) gar nicht! Die entscheidende Frage lautet nun: **Können Heiden gleichberechtigte Glieder der Gemeinde Jesu werden, wenn sie doch nicht in den Bund Gottes mit Israel gehören und nicht an das Gesetz gebunden sind?**

● Petrus hat in der Urgemeinde ja Autorität, doch auf die beruft er sich jetzt nicht. Er erzählt einfach, wie er von Gott die Gewissheit bekommen hat, dass auch Heiden zur Gemeinde Jesu gehören können. Mit kleineren Abweichungen gleicht sein Bericht dem von Apg 10. Er erzählt, wie Gott konkret in sein Leben und in das des Heiden Kornelius eingegriffen hat. **Es war Gottes Wille, den Juden Petrus mit dem Nichtjuden Kornelius zusammenzuführen!** Dann hat Gott den Heiden seinen Heiligen Geist geschenkt so wie vorher den Juden. Das erinnert Petrus an die Verheißung Jesu vor seiner Himmelfahrt. (Apg 1,5). Sein Fazit: „Wer war ich, dass ich Gott wehren könnte?“ (V 17).

● Mit diesem Bericht wird die **Grundlage für die spätere Kirche gelegt,** die jüdische und heidnische Gläubige nicht in zwei Kirchen trennt, sondern zu einer verbindet.

● Die Judenchristen erkennen jetzt, dass **Gott auf wunderbare Weise in dieser Geschichte Regie geführt hat,** und schweigen zunächst vor Ergriffenheit. Dann loben sie Gott für sein Handeln. Die Gläubigen in Jerusalem können sich jetzt mitfreuen an dem, was Gott an den Nichtjuden gewirkt hat, wenn auch viele Fragen damit längst noch nicht beantwortet sind und später (Apg 15) wieder auftauchen werden.

✎ *Gott führt für alle erkennbar Regie in dieser Geschichte. Aber manchmal „spinnt Gott leise Fäden“, wie es in einem Lied heißt. Kennen Sie solche Erfahrungen aus Ihrem Leben?*

Wie breitet sich die gute Nachricht von Jesus Christus weiter aus? **Durch Verfolgung!** Lukas knüpft an 8,4 an. Die Christenverfolgung, die nach Stephanus' Tod eingesetzt hat, bringt die Judenchristen in Bewegung, und sie ziehen als Verkündiger bis auf die Insel Zypern und nach Antiochia in Syrien. Ihre Adressaten sind zunächst nur Juden.

● Aber einigen von ihnen ist inzwischen klar geworden, dass das Evangelium auch den Heiden verkündet werden muss. Das geschieht in **Antiochia,** der drittgrößten Stadt im Römischen Reich, ein Schmelztiegel verschiedener Völker und Religionen. **Die Resonanz auf das Evangelium unter den Griechen ist überwältigend. Viele bekehren sich zu Jesus Christus.** Was soll jetzt mit diesen Menschen, die die jüdische Tradition nicht kennen, geschehen?

● V 22-26: Barnabas („Sohn des Trostes") soll den Neubekehrten helfen. **Von Barnabas wird nur Gutes berichtet:**

→ Er freut sich über die Gnade, die den Menschen dort widerfahren ist, und sieht nicht zuerst, woran es überall noch mangelt.

→ Er ist voll Heiligen Geistes und Glauben.

→ Er ist kein Einzelkämpfer und sucht daher für das neue Arbeitsfeld nach Mitstreitern. So macht er sich auf nach Tarsus, um Paulus für die Gemeindeaufbauarbeit in Antiochia zu gewinnen.

→ Ein Jahr lang festigen Barnabas und Saulus den Glauben der neuen Christen in Antiochia. – **Der Name „Christen"** für die Jesusanhänger **taucht hier zum ersten Mal auf** (V 26b).

● V 27-30: Die Christen in Antiochia erfahren von einem aus Jerusalem angereisten Propheten namens **Agabus,** dass eine große Hungersnot bevorsteht. Daraufhin zeigen die neuen Gläubigen ihre **Solidarität mit den Geschwistern in Jerusalem,** indem sie Geld sammeln, das dann durch Saulus und Barnabas nach Jerusalem gebracht wird.

✎ *Wie wird in Ihrer Gemeinde solidarisches Teilen praktiziert?*

Die Ersten werden die Letzten sein!

Die Verse sind eine **Geschichte der Rangumkehr.** Herodes, am Anfang mächtig, ist am Ende vom Sockel gestoßen und tot. Die Christen, am Anfang noch verfolgt und gedemütigt, sind am Ende frei und predigen das Evangelium.

● V 1-5a: In der Bibel steht der Name „Herodes" für Verfolgung und Not. Herodes Agrippa I. ist der Enkel Herodes des Großen (Mt 2) und der Neffe von Herodes Antipas (Mt 14). Um die Gunst des Volkes zu erlangen, verfolgt er die Christen als „gefährliche" jüdische Sekte. Im Fokus stehen dabei Jakobus und Petrus. Warum haben Mächtige Angst vor den Ohnmächtigen?

● V 5b: Ein Nebensatz, aber doch so entscheidend. **Die Gemeinde betet intensiv. Das ist die Kraft der Ohnmächtigen, die Waffe der Machtlosen.** In der Apostelgeschichte immer wiederkehrend – das Gebet für die Geschwister in der Verfolgung.

● V 6-11: **Gott wird aktiv.** Petrus verschläft fast die Befreiung. Erst im Rückblick merkt er, wie Gott auf wunderbare Weise wirkt und befreit. Vergleichen Sie die Befreiung von Petrus und Paulus (Apg 16,25ff) in ihrer Parallelität.

● V 12-17: Petrus eilt spontan zum Treffpunkt der Gemeinde. Die Gebetsversammlung ist erschrocken. **Die Gemeinde rechnet nicht wirklich damit, dass ihr Gebet erhört wird.**

✎ *Liegt manche Kraftlosigkeit unserer Gebete darin, dass wir gar nicht mehr erwarten, dass Gott antwortet?*

„Das Blut der Märtyrer ist der Same der Kirche."
Kirchenvater Tertullian

● V 19-23: Das Ende eines Königs. Sich als Gott verehren lassen – das lässt sich der wahre Gott nicht gefallen. So stirbt Herodes einen elenden Tod.

● V 24-25: In und durch Verfolgung wächst die Gemeinde und erlangt eine erstaunliche Ausstrahlung.

Gott selbst beruft und sendet Menschen zur Mission

● V 1-3 leiten einen neuen Abschnitt ein – **die Missionsreisen des Paulus** (13,1–21,17). Das Evangelium soll über Israel hinaus sowohl zu Heiden als auch zu Juden kommen (vgl. 1,8). Bisher standen Petrus und die Gemeinde in Jerusalem im Mittelpunkt. Jetzt beginnt die Zeit des Apostels Paulus, der von Antiochia aus die römischen Provinzen bereist. **Antiochia** am Orontes, im damaligen Syrien (heute: Türkei) gelegen, war römische Provinzhauptstadt. Es war die drittwichtigste Stadt im Römischen Reich. **Dort wurden die Jünger Jesu erstmals Christen genannt** (11,26). Dort beginnt auch die Mission im eigentlichen Sinn.

● In einer **Gemeindeversammlung** verschafft sich der Heilige Geist Gehör. Als Barnabas und Saulus von den Gemeindeleitern benannt sind, prüfen sie unter Fasten und Beten die Berufung, erbitten die Gnade und den Segen Gottes durch Handauflegung und lassen sie ziehen.

✎ *Wo und wie erleben Sie heute, dass Mitarbeiter in die weltweite Mission ausgesandt werden?*

● V 4-5: **Das erste Ziel ist Zypern**, die Heimat von Barnabas. In Salamis gehen Barnabas, Saulus und Johannes Markus, der Vetter des Barnabas (Kol 4,10), in die Synagoge. So hält es Paulus auch später. Die ersten Missionsgemeinden bestanden überwiegend aus Juden oder Menschen, die als Judengenossen durch Beschneidung zum jüdischen Glauben übergetreten waren.

● V 6-12: Der Heide und Statthalter Sergius Paulus hat Interesse am Evangelium. Dabei ist der jüdische Zauberer und Astrologe Elymas sein Berater. **Das Evangelium stößt auf unterschiedliche Reaktionen.** Widerstand auf der Seite Elymas, hohes Interesse bei Sergius Paulus. Paulus entlarvt Elymas' prophetisch und lässt ihn durch die zeitweise Erblindung die Macht Gottes spüren. Sergius Paulus kommt dadurch zum Glauben.

Gott schreibt Geschichte

● V 13: Von Zypern aus segeln Paulus und seine Begleiter nach Perga in Pamphylien, an der Südküste der heutigen Türkei. **Johannes Markus geht zurück nach Jerusalem.** Paulus sieht darin wohl eine **„Fahnenflucht“** des jungen Mannes (15,38).

● V 14f: Paulus kommt der Aufforderung der Synagogenvorsteher nach, an die versammelte jüdische Gemeinde ein „Wort des Zuspruchs, der Ermahnung“ zu richten. Er ergreift daraufhin das Wort. Es zeigt, dass er **inzwischen unter den Missionaren die führende Rolle übernommen** hat.

● V 16: Der Wink mit der Hand vor Predigtbeginn – damit verschafft sich Paulus Aufmerksamkeit. In Verbindung mit der Predigt wird vermutet, dass Lukas Paulus als selbstbewussten und begnadeten Redner darstellen will (vgl. allerdings den Vorwurf der Kritiker von Korinth: 2Kor 10,10).

● In V 16b-41 wird uns **die erste Predigt des Paulus in der Apg überliefert. Er beginnt mit einem heilsgeschichtlichen Rückblick** (V 16b-25). Die Schlüsselereignisse und -personen dieses Rückblicks sind: der Aufenthalt der Israeliten in Ägypten (V 17), ihre vierzigjährige Wüstenwanderung (V 18), die Eroberung und Besiedelung Palästinas (V 19), die sieben Völker im Land Kanaan, die Gott vernichtet (5Mose 7,1), die Zeit der Richter (V 20), das Königtum unter Saul und die positive Zuspitzung auf David hin: „Einen Mann nach meinem Herzen, der soll meinen ganzen Willen tun“ (V 21f). Von David ist der Bogen zu Jesus (V 23) nicht schwer zu schlagen. Gottes Verheißung des künftigen Messias geht in Jesus in Erfüllung. Eine wichtige Rolle spielt Johannes der Täufer als Vorläufer von Jesus (V 24f). Wie er will nun auch Paulus die Aufmerksamkeit seiner Zuhörer auf Jesus hinlenken.

✎ *Was lässt sich als „roter Faden“ in der Geschichte Gottes mit seinem Volk erkennen?*

Fundierte Verkündigung und deutlicher Ruf

● Wahrscheinlich handelt es sich bei der Wiedergabe der Predigt des Paulus in der Apg um eine Kurzfassung, die beispielhaft ist.

Um drei zentrale Themen geht es dabei:

→ Gott sandte Jesus als Messias und erfüllte damit die an die Väter ergangenen Verheißungen (V 25.27.29.30.32.33).

→ Der unschuldig ans Kreuz geschlagene Jesus wird von Gott auferweckt (V 26-37).

→ Wer an den gekreuzigten und auferstandenen Jesus glaubt, wird gerecht durch die Vergebung seiner Sünden (V 38f).

● **Dies sind die Kernstücke der Predigt:**

→ Jesus, der Messias

→ Die Auferstehung Jesu

→ Gerechtigkeit und Gnade Gottes

● **Mit dieser Botschaft fordert Paulus seine Zuhörer zur persönlichen Stellungnahme heraus.** Für sie ist diese Botschaft neu und erschüttert ihr bisheriges Glaubensfundament.

● V 38-41: Auf der einen Seite steht das Angebot der Vergebung durch den gekreuzigten und auferstandenen Jesus. Andererseits warnt Paulus am Schluss seiner Predigt mit dem Prophetenwort aus Hab 1,5 davor, die angebotene Vergebung abzulehnen.

● V 42f: Viele Juden und gottesfürchtige Judengenossen schenken der Botschaft Vertrauen und schließen sich Paulus und Barnabas an.

✎ *Auffallend, wie Paulus als geschulter jüdischer Theologe mit der Heiligen Schrift umgeht. Die Entschiedenheit, mit der er die Botschaft von Jesus als Alternative zum jüdischen Heilsweg der Gesetzeserfüllung herausstellt und zur Entscheidung zwischen diesen beiden Alternativen aufruft. Seine Verkündigung kann uns nachdenklich machen im Blick auf unseren Umgang mit der Bibel, auf die biblische Fundierung unseres Glaubens und auf unsere oft anzutreffende Zurückhaltung, die Botschaft im Ruf zur Entscheidung zuzuspitzen.*

● V 1-4: „**Mein König und mein Gott**" mit dieser sehr persönlichen und zugleich respektvollen Anrede beginnt der Beter sein Morgengebet. Er will kein Routinegebet so nebenbei sprechen, er wendet sich Gott konzentriert zu.

● V 5-8: Wahrscheinlich betet er zur Zeit des Morgenopfers im Tempel; darum zitiert er die Einlassbedingungen zum Tempel. Erfrischend präzise kommt der Psalm zur Sache: Er nennt Frevler und Lügner und Blutgierige. Sie alle stehen für eine Welt fern von Gott. **Auch wir ächzen jeden Tag unter der Fülle der Ungerechtigkeiten in der Welt.** Vieles nehmen wir eben so hin. Ein schwarzes Loch in unserer Lebens- und Glaubenswelt. **Jesus aber will, dass wir nicht hoffnungslos wegschauen. Er ermutigt und ermächtigt uns zu schreien: „Dein Reich – deine Herrschaft – komme!"** – auch schon in unsere jetzige Welt.

● Für den Psalmbeter ist klar: Die Frevler sollen keinen Zutritt haben zum Tempel. „Ich aber darf in dein Haus gehen." Doch der Beter begründet das **nicht mit seiner** Gerechtigkeit, sondern „durch deine große Güte", **dank deiner Gnade** (mit mir Sünder). Und so spricht Jesus in der Bergpredigt gerade denen den Einlass ins Himmelreich zu, die hungert und dürstet nach Gerechtigkeit.

● V 9: Eine Bitte in angefochtener Situation: „HERR, leite mich in deiner Gerechtigkeit – meinen Feinden zum Trotz. **Ebne vor mir deinen (nicht „meinen"!) Weg.**"

● V 10f: Statt einzustimmen in den schrecklichen Schrei: „Lass sie zu Fall kommen, stoße sie aus!", halten wir uns an Jesu Wort: „Vater, vergib ihnen, denn sie wissen nicht, was sie tun!"

● V 12: **Das Psalmgebet, das mit Seufzen begann, endet mit Freude und Jubel.** Keine momentane billige Freude, sondern Freude, die Bestand hat. „Ewiglich lass fröhlich sein in dir, die deinen Namen lieben."

● V13: **Rundum soll Gottes Schutz den Gerechten – den von Gott gerecht Gesprochenen – umhüllen,** „Denn du, HERR, deckest ihn mit Gnade wie mit einem Schilde."

Die Botschaft findet Glauben und ruft Gegner auf den Plan

● V 44f: Die Botschaft hat Kraft und wird zum Stadtgespräch. Sie erreicht die Herzen der Menschen. Aber es gibt auch **entschiedene Ablehnung. Warum?** Weil man den fremden Predigern den Erfolg neidet? Weil man eine Spaltung der jüdischen Gemeinde befürchtet? Weil der Anspruch der Gottessohnschaft Jesu Ablehnung hervorruft?

● **V 46f: Der Paradigmenwechsel:** Bisher galt die Mission von Paulus und Barnabas zuerst den Juden. **Die Heidenmission war der Judenmission nachgeordnet. Das ändert sich jetzt für Paulus.** Zwar gilt die Heilszusage Gottes den Juden als dem auserwählten Volk nach wie vor (vgl. Röm 9–11). Daher wird Paulus auch weiterhin die Synagogen aufsuchen und dort das Evangelium verkünden. Doch Gott will, dass **alle Völker** diese Heilsbotschaft kennenlernen. Der jetzt zu vollziehende Schritt hin zu den Heiden wird biblisch begründet (Jes 49,6).

● V 48f: Welche Mut machenden Reaktionen auf Seiten der Nichtjuden! Sie geraten in Freude und „preisen das Wort des Herrn". Ihnen hat sich etwas total Neues von Gott und seiner Heilsbotschaft erschlossen. **Diese Freude und der Glaube der Nichtjuden sorgen für eine weitere Verbreitung des Evangeliums.**

● V 50: **Gleichzeitig nimmt die Verfolgung zu.** Die Missionare werden wahrscheinlich mit Gewalt vertrieben (vgl. 2Tim 3,11). Diese Erfahrung wird sich auf den Missionsreisen wiederholen.

● **V 51:** Paulus und Barnabas tun genau das, was Jesus für diesen Fall schon seinen Jüngern geraten hat (Mt 10,14).

● V 52: Die „Jünger", also alle zum Glauben Gekommenen, werden „von Freude und Heiligem Geist erfüllt". **Gott bestätigt auf diese Weise die Echtheit ihres Glaubens.**

✎ *Was für eine Wirkung hatte diese Predigt! Nach allen Seiten! Warum ist heute davon oft wenig zu spüren?*

● V 1-3: Ikonion ist die nächste Station auf der Reise und eine blühende Stadt im Süden der heutigen Türkei. **Wieder ist die Reaktion auf die Verkündigung des Paulus zwiespältig.** Dem Gläubigwerden der einen stehen Hass und Hetze der anderen gegenüber. Trotz aller Bedrohung „lehren sie frei und offen“: Im Gehorsam zu ihrem Auftrag predigen sie, was ihnen aufgetragen ist.

● V 4-6: **Zwei Lager.** Das eine sind die Gläubigen um die Apostel. Das andere ist eine Allianz gegen die Apostel aus Heiden und einem Teil der Juden. **Die Missionare entgehen dem Anschlag und flüchten nach Lystra,** eine 26 v. Chr. gegründete Stadt. Sie ist eine römische Veteranenkolonie, liegt etwa 30 Kilometer von Ikonion entfernt und ist der Geburtsort von Timotheus.

● V 8-10: In Lystra gibt es offensichtlich keine Synagoge. Paulus begegnet einem Gelähmten. Das griechische Wort im Urtext bedeutet nicht nur „mit den eigenen Augen sehen“, sondern auch, dass ihm von Gott her etwas „aufgezeigt“ wird. **Paulus sieht den Gelähmten mit „Gottes Augen“.**

● V 11-13: **Das große Missverständnis.** Die Reaktion der Menschen ist ohne Kenntnis der griechischen Mythologie nicht zu verstehen. Der Dichter Ovid erzählt eine Legende, wie Götter in Menschengestalt in der Gegend auftauchen. So erscheint es den Menschen schlüssig, in Barnabas den Gott Zeus (als älteren) und Paulus den Gott Hermes (als sein Bote) zu sehen.

● V 14-18: „Seine Kleider zerreißen“ ist Ausdruck tiefster Empörung und Trauer. **Gegen den Götterkult bekennen die Apostel den biblischen Schöpfergott.**

✎ *Warum reden die Apostel jetzt nicht auch von Jesus? Von der Versöhnung durch seinen Tod und seine Auferstehung?*

● V 19f: Was für ein dramatischer Stimmungsumschwung! Erst huldigen, dann steinigen. Wir erinnern uns: Auch bei Jesus folgt auf das „Hosianna“ schon rasch das „Kreuzige ihn!“.

● V 21-23: In Derbe haben Paulus und Barnabas das Ziel der ersten Missionsreise erreicht. Es entsteht eine lebendige Gemeinde. Der Rückweg geht auf der gleichen Route trotz der schlimmen Erfahrungen und kürzerer Alternativen. Warum? **Sie werden in den noch jungen Gemeinden gebraucht, um die frisch Bekehrten im Glauben zu stärken und Älteste einzusetzen.** Paulus geht es nicht nur darum, als Evangelist Menschen für Jesus zu gewinnen, sondern er möchte als Lehrer und Seelsorger auch, dass die jungen Christen im Glauben verwurzelt sind. Dazu gehört die nüchterne Ermahnung, dass zum Weg der Christen das Leiden gehört (vgl. 1Thess 3,4).

● V 23: **Eine zukunftsfähige Gemeinde braucht Orientierung und Struktur.** Dafür setzen sie in jede der neuen Gemeinden Älteste ein, denn es war nicht abzusehen, ob sie in Zukunft die Gemeinden durch weitere Besuche würden stärken können.

● V 26-27: **Die Gemeinde von Antiochia** ist für Paulus und Barnabas **die geistliche Basis für ihre Missionsarbeit.** Deshalb legen sie der Gemeinde einen **Rechenschaftsbericht** über das ab, was sie während ihrer Sendung erlebt haben. Missionare sind keine Einzelkämpfer. Sie sind eingebunden in eine Gemeinschaft (vgl. Lk 10,17-24). Alles wird zusammenfassend erzählt. **Dabei wird die Annahme des Glaubens durch die Nicht-Juden besonders erwähnt.** Es ist nun an der Zeit, gezielt auf die Heiden zuzugehen und ihnen die Botschaft zu bringen. **Das ist die große neue Erkenntnis am Ende der ersten Missionsreise.** Sie entspringt nicht menschlicher Planung, sondern göttlicher Fügung.

✎ *Um als Christ treu im Glauben zu bleiben, brauchen wir eine Gemeinde mit klarer Leitung, in der wir Ermutigung, Stärkung und geistliche Begleitung erfahren. – Haben Sie das? Wenn nein: Was hindert Sie, lebendiges Glied einer Gemeinde zu sein?*

Kapitel 15 berichtet von der ersten großen **Zerreißprobe** der jungen christlichen Gemeinschaft. Der von Jesus bei seiner Himmelfahrt ausgesprochene Auftrag zur Mission „bis an die Enden der Erde“ (Apg 1,8) muss sich nun im Vollzug bewähren. Kap. 15 wird mit **„Apostelkonzil“** überschrieben. Es geht um die Streitfrage, die sich mit der Begegnung des Petrus mit dem heidnischen Hauptmann Kornelius (Apg 10f) angekündigt hat: **Wie können Judenchristen und Heidenchristen miteinander Gemeinschaft haben** und welche Gesetze sollen weiterhin gelten? Zwei Gruppen stehen einander gegenüber: die erste Gemeinde der Judenchristen aus Jerusalem und die aus Antiochia, die aus vertriebenen Judenchristen (vgl. Apg 8,1) und Heidenchristen besteht, die zudem Paulus in andere heidnische Gebiete zur Mission ausgesandt hatte.

● V 1-5: **Einige fordern die Beschneidung der neu zum Glauben gekommenen Heiden** (vgl. 1Mose 17,10). In V 5 treten Pharisäer auf, die über die Beschneidung hinaus noch das Einhalten des Gesetzes fordern. Paulus und Barnabas werden quasi „vorgeladen“, um Bericht zu geben. Anders schildert Paulus selbst in Gal 2,1-12 seine Reise nach Jerusalem „aufgrund einer Offenbarung“. **Göttliche Weisung und menschliche Beauftragung müssen sich allerdings nicht ausschließen.**

✎ *Kennen Sie solche Erfahrungen, die zuerst menschliche Beauftragungen waren, für Sie aber im Nachgang als göttliches Eingreifen sichtbar wurden?*

● V 6-12: In Vers 6 zieht sich die Gemeindeleitung zurück und streitet so lange, bis sich schließlich **Petrus** als ein anerkannter Gemeindeleiter zu Wort meldet. Er beruft sich nicht auf seine Amtsautorität, sondern **schildert noch einmal seine Erfahrung mit der Heidenmission, die nur auf das Eingreifen Gottes erfolgte.** In V 12 berichten nun Paulus und Barnabas über die erfahrenen Wunder bei der Heidenmission.

Nach langem Streit (V 7), der Rede des Petrus (V 7-11) und dem Erfahrungsbericht von Paulus und Barnabas (V 12) ergreift nun **Jakobus, der Bruder Jesu**, das Wort. Er gilt als eine tragende Säule der ersten Gemeinde. Im Grunde stimmt er Petrus (und damit auch Paulus) zu und bekräftigt das vorher Gesagte mit einem Schriftzitat.

● V 16-18: Amos 9,11f wird nach der griechischen Übersetzung der hebräischen Bibel, der Septuaginta, zitiert.

● V 19-21: Es wird nun von den Heidenchristen der Gemeinden keine Beschneidung, d. h. kein Übertritt zum Judentum, mehr gefordert. Nur einige Gesetze aus 3Mose 17f werden als **Auflagen für ein einträchtiges Miteinander** erwartet. Diese sind:

→ **Verzicht von Götzenopferfleisch**

→ **Verzicht auf Unzucht, d. h. Heirat unter Verwandten**

→ **Verzicht auf nicht geschächtetes Fleisch**

→ **Verzicht auf Speisen, die mit Blut zubereitet wurden**

● V 22-28: Dieser Beschluss wird nun auch noch der Gemeinde in Antiochia schriftlich als sogenanntes **„Aposteldekret“** überbracht. Besonders wichtig ist daraus Folgendes zu erwähnen:

→ Mit der Anrede „Brüder“ werden auch die heidenchristlichen Adressaten als gleichwertige Glieder des Gottesvolks anerkannt.

→ Es wird klar benannt, dass die Personen, die zuvor die Beschneidung forderten, nicht im Auftrag der Gemeinde handelten.

→ Die Verhandlungen und der Beschluss geschahen trotz der vorhergehenden Kontroversen einmütig. Damit wird deutlich, dass das Dekret von allen getragen wird.

● Spannend ist, dass Paulus in Gal 2 anscheinend nichts von dem Dekret weiß. Entweder ist er schon vorher abgereist und Lukas schildert in Kap. 15 Ereignisse, die zeitlich weiter auseinanderliegen, oder aber es geht im Dekret nur um die Gemeinde in Antiochia, um dort das friedliche Zusammenleben von Juden- und Heidenchristen zu gewährleisten.

● V 30-35 zeigen die positive Wirkung der Vereinbarung.

Kaum ist der große Streit, der Anlass für das Apostelkonzil war, beigelegt, da geraten Paulus und Barnabas in Antiochia aneinander. Barnabas hatte sich nach der überraschenden Bekehrung des Paulus für ihn eingesetzt (Apg 9,27), holte ihn aus Tarsus zurück (Apg 11,25f) und ging mit ihm auf die erste Missionsreise. **Grund des Streits ist Johannes Markus**, der sie in Perge verlassen hatte (Apg 13,13). Barnabas will dem jungen Mitarbeiter eine zweite Chance geben, Paulus lehnt dies ab, weil er ihn offensichtlich für unzuverlässig hält. **So kommt es zu der Trennung der beiden.** Barnabas und Johannes Markus brechen nach Zypern auf. Paulus macht sich mit Silas auf die Reise.

✎ *Manchmal trennen sich auch Wege von Menschen desselben Glaubens, weil über die Durchführung einer Aufgabe keine Einigung erzielt werden kann. Kennen Sie so etwas?*

● Letztlich hat die Trennung den praktischen Vorteil, dass nun **zwei Missionsteams unterwegs** sind. Offensichtlich hat Paulus später sein Urteil über Johannes Markus revidiert, und die beiden haben sich versöhnt. So nennt Paulus am Ende einiger Briefe Johannes Markus als Mitarbeiter (Kol 4,10; Phlm 24) und lobt ihn in 2Tim 4,11 ausdrücklich als „nützlich zum Dienst“.

● 16,1-5: Zunächst reisen Paulus und Silas in Gebiete der ersten Missionsreise. In Lystra (der Ort, an dem Paulus beinahe gesteinigt worden wäre) nehmen sie einen neuen Mitarbeiter auf, der im Laufe der Zeit zu **Paulus‘ engstem Vertrauten wird: Timotheus.** Auffallend ist, dass Paulus Timotheus beschneiden lässt. Als Sohn einer jüdischen Mutter gilt er nach der Halacha (der Auslegung der Thora) als Jude, wurde aber als Sohn eines Griechen nicht beschnitten. Dies geschieht nun aus Rücksicht auf mögliche jüdische Kritiker, weil Timotheus bekannt ist, und nicht weil Paulus seine Beschneidung als heilsnotwendig ansieht.

● Der Psalm beginnt – nach der vertrauensvollen Anrede – mit einem abgrundtiefen Hilfeschrei:
„HERR, mein Gott, ich flüchte mich zu dir; hilf mir vor allen Verfolgern und rette mich, damit niemand wie ein Löwe mein Leben zerreißt, mich packt und keiner ist da, der rettet“ (V 2f, EÜ).
● Warum wird der Beter verfolgt? Er wird beschuldigt, einen ihm zunächst nahe stehenden Vertrauten, mit dem er friedlich zusammenlebte, „geschädigt“, ihn betrogen zu haben (V 5). Man wirft ihm wohl vor, dass er sich am Eigentum eines Freundes bereichert habe. Mit dieser infamen Anklage treten seine Feinde sein Leben zu Boden und seine Ehre in den Staub (V 6).
● Dagegen beteuert der Beter vor Gott seine Unschuld (V 4-6). Er legt einen sogenannten „Reinigungseid“ ab. Für unsere Ohren erstaunlich ist seine Bitte: „HERR, schaffe mir Recht nach **meiner** Gerechtigkeit und Unschuld!“ (V 9). Diese Aussage darf aber nicht so verstanden werden, als behaupte der Beter seine Sündlosigkeit. Er beteuert seine Unschuld in der konkreten Anklage. Im Übrigen gilt auch für ihn: „Vor dir ist kein Lebendiger gerecht“ (Ps 143,2).
● Der Beter findet sich mit dem Unrecht, das sein Feind ihm antut, nicht ab. Er will sich aber nicht selbst Recht verschaffen. Nein, er appelliert an Gott, den gerechten Richter (V 12). Dabei denkt er im Schema vom Tun-Ergehen-Zusammenhang: Wer Gutes tut, dem wird Gutes widerfahren, wer Böses tut, erfährt Böses. So argumentiert oft die weisheitliche Theologie im späten AT. Wir kennen V 16 bis heute als Sprichwort: „Wer andern eine Grube gräbt, fällt selbst hinein.“ Und so sagt der Psalmbeter im Blick auf seinen Verfolger: „Sein Frevel wird auf seinen Scheitel fallen“ (V 17).
● **Der Psalm schließt mit einem Lobpreis, der auch uns auffordert, mit einzustimmen: „Ich will dem HERRN danken gemäß seiner Gerechtigkeit; ich will singen und spielen dem Namen des HERRN, des Höchsten“** (V 18, EÜ).

In diesen Versen wird berichtet, wie es zur Gründung der ersten Gemeinde auf europäischem Boden kommt. Spannend zu beobachten ist, wie dabei zunächst **die Reisepläne von Paulus und Silas von höchster Stelle zweimal durchkreuzt** werden, bevor sich für sie eine überraschende Tür nach Europa öffnet. Woran Paulus und Silas klar wurde, dass „der Heilige Geist" bzw. „der Geist Jesu" ihnen die Wege verbaut, wird nicht gesagt. Aber dass ihnen dann nach einer „Warteschleife" in der Küstenstadt Troas **der Weg nach Mazedonien „von Gott" gewiesen** wird, machen sie an einer **nächtlichen Vision** fest.

✎ *Haben Sie ähnliche Erfahrungen gemacht, dass Gottes Geist Ihnen eigene Pläne durchkreuzt hat und Sie erst nach einer Wartezeit Klarheit über den weiteren Weg bekamen?*

- Ab V 10 begegnet uns zum ersten Mal in der Apg **der Bericht aus der „Wir"-Perspektive.** Ob damit die Teilnahme von Lukas als Verfasser der Apg ausgedrückt wird, ist umstritten.
- Die erste Stadt, die besucht wird, ist **Philippi**. Es handelt sich dabei um eine römische Kolonie, die vor allem von Veteranen mit ihren Familien bewohnt wird, mit nur wenigen jüdischen Einwohnern. Es gibt keine Synagoge. Da am Fluss rituell notwendige Waschungen möglich sind, suchen die Missionare dort am Sabbat nach Juden, treffen aber nur auf einige Frauen.
- **Lydia** war eine wohlhabende Frau: Sie war Purpurhändlerin (aus Thyatira in Kleinasien stammend, einem Zentrum für die Purpurproduktion in der Landschaft Lydien – daher ihr Name) und Vorstand einer Hausgemeinschaft. Sie war als „Gottesfürchtige" schon eng mit dem jüdischen Glauben verbunden, bekehrt sich nach der Predigt des Petrus zu Jesus als „Herrn" und wird nun mit ihrem Haus, d. h. mit Familienangehörigen und den Bediensteten, getauft. Sie begreift, dass sie zum Wachsen ihres Glaubens auf die Gemeinschaft angewiesen ist (V 15).

Eine Magd (Sklavin) mit einem Wahrsagegeist bringt ihren Besitzern viel Geld ein. Dass dieser **Dämon tatsächlich den Durchblick auf die Wahrheit** hat, zeigt sich in V 17. Auch in den Evangelien wird Jesus von Dämonen als Sohn Gottes erkannt (vgl. Lk 4,34; Mk 1,23f.34 u. ö.).

● V 18: Paulus lässt sie zunächst gewähren. Schließlich spricht sie ja die Wahrheit aus. Erst nach einigen Tagen ständiger Verfolgung und lautstarker Belästigung fährt Paulus aufgebracht den Geist an (nicht die Frau!). Im Namen und in der Vollmacht Jesu treibt er den Dämon aus (vgl. Mk 16,17).

● V 19f: Damit scheint die Sache eigentlich „erledigt“. Aber **der Exorzismus sorgt für politische, ökonomische und soziale Komplikationen:** Die Besitzer der Frau sehen, dass ihre Gewinnquelle versiegt ist, und klagen Paulus und Silas bei den Stadtrichtern an. Was mit Timotheus und evtl. Lukas geschieht, wird nicht gesagt (Wechsel der „Wir“- zur „Sie“-Erzählung).

● V 20b: Die Anklage zeigt deutlich **den vorherrschenden Antijudaismus** im Römischen Reich: Zum einen werden Paulus und die anderen als Juden und nicht als Christen identifiziert. Zum anderen wird in dieser römischen Stadt durch ihr Auftreten ein Aufruhr befürchtet, der das öffentliche Leben in Gefahr bringt. Vgl. die Berufung des Paulus auf sein römisches Bürgerrecht in V 37 und in den späteren Verteidigungsreden, wenn er sich als römischer Bürger „outet“: Apg 22,25;23,27.

✎ *Unser Leben als Christen ist nie losgelöst von politischen oder sozialen Bezügen. Auch wenn in unserer Zeit verstärkt die Forderung laut wird, Religion sei Privatsache, hat sich unser Glaube stets in der Öffentlichkeit zu bewähren – auch wenn dies nicht primär angestrebt wird. Kennen Sie solche Momente, wo Sie mit Ihrem Glauben in der Öffentlichkeit „anecken“ – oder lieber auf „Tauchstation“ gehen?*

● Ohne Verhandlung werden Paulus und Silas ins **Gefängnis** gebracht, in dem sie gut bewacht werden. Es gibt eine dreifache Verschärfung der Haft: Gefängnis – innerstes Gefängnis – Sicherung im Holzblock. Damit ist eine Flucht ausgeschlossen.

Lob sei dir auch unter Tränen ...

● Obwohl sie ja wegen ihres Glaubens dort sitzen (auch wenn das nicht Anklagepunkt war), **loben sie Gott in ihrer Not.** Glaube bewährt sich gerade in solchen Situationen!

● Wie schon Petrus aus Gefangenschaft gerettet wird, geschieht es auch hier (vgl. Apg 12,6-10). Allerdings nutzen Paulus, Silas und erstaunlicherweise auch die anderen Gefangenen die Situation nicht zur Flucht. Der Gefängnisaufseher will sich aus Verzweiflung und Angst vor der bevorstehenden Strafe selbst umbringen. Paulus verhindert das.

● Noch immer hat der Wärter Angst, jetzt aber nicht mehr vor der bevorstehenden Strafe. Eigentlich ist er gerettet, weil die Gefangenen sich nicht aus dem Staub gemacht haben, aber **er spürt, dass ihm etwas Entscheidendes im Leben fehlt, und fragt, was er tun muss.**

● V 31: **Allein der Glaube ist entscheidend für die Rettung.** Hier wird in der Apg des Lukas die paulinische Rechtfertigungslehre sichtbar (vgl. Röm 3,28).

● Erst danach folgt eine Verkündigung. Dass **die Umkehr des Aufsehers echt ist und sich sein Leben grundlegend verändert hat,** zeigt sich schon daran, dass er persönlich die Wunden der Missionare verbindet. Er lässt sich taufen und bittet die ehemaligen Gefangenen zu Tisch.

● V 35-40: Die Stadtrichter merken am Morgen, dass sie die Gefangenen zu Unrecht eingesperrt haben (evtl. wegen des Tumults des Volks in V 22). Paulus will aber nicht einfach die Angelegenheit, d. h. das geschehene Unrecht seiner Gefangennahme, auf sich beruhen lassen. Er beruft sich nun auf sein Recht als römischer Bürger (wie später noch öfters).

Der Ruf nach Mazedonien, den Paulus in seiner Vision empfing (16,9), führt ihn in die Provinzhauptstadt – nach Thessalonich.

● V 1-3: In Thessalonich legt Paulus drei Wochen nacheinander den Juden die Schrift aus, um Jesus als den Christus (Messias) bekannt zu machen. V 3 erinnert an Jesu eigene Auslegung seines Leidens vor den Emmausjüngern (Lk 24,26).

● V 4f: **Der Erfolg bei den Juden ist mäßig, bei den zum Judentum Übergetretenen und wohlhabenden Frauen dagegen groß.** Das wird dann auch der Grund für die Anfeindungen in V 5 sein. Wohl weniger die theologische Lehre als vielmehr der Neid und der Verlust ihres Einflusses bringen die Juden dazu – ähnlich wie in Philippi –, Paulus und seine Leute anzuklagen.

✎ *Kann es sein, dass bei uns in den Gemeinden auch weniger häufig theologische Gründe Ursache von Spannungen und Streitigkeiten sind als vielmehr Neid bzw. Konkurrenzdenken?*

● V 6-9: Anders als in Philippi werden Paulus und seine Mitstreiter Timotheus und Silas nicht gefunden. Dafür müssen sich der zum Glauben gekommene Jason und andere vor den römischen Führern der Stadt verantworten. **Der Vorwurf, antirömisch zu handeln,** ist ähnlich wie in Philippi. Er wird noch gesteigert durch den **politischen Vorwurf**, es würde mit Jesus ein anderer Herrscher als der Kaiser in Rom als König verehrt. Durch eine Kautionszahlung kommen Jason und die Seinen wieder frei.

● V 10-15: Paulus und Silas kommen nach Beröa (etwas abseits der Via Egnetia, der berühmten antiken Handelsstraße) und beginnen dort wie gewohnt in der Synagoge zu predigen. **Erstaunlich,** dass Paulus sich bisher **trotz erfahrener Ablehnung und Bedrohung** nicht davon abbringen lässt, **zuerst die Synagogen aufzusuchen,** um den Juden dort das Evangelium zu predigen. Doch hier haben sie mehr Erfolg als in Thessalonich – jedenfalls bis von dort Juden kommen und Unruhe verbreiten.

Ohne seine Begleiter Silas und Timotheus erkundet Paulus die kulturell-geistige Metropole Athen quasi als Tourist. Als Jude ist er mit dem Bilderverbot (2Mose 20,4) aufgewachsen und wegen der vielen Götterstatuen erzürnt. Später wird er seinen Ärger herunterschlucken, denn er weiß, dass Wut und Ärger nicht hilfreich sind, wenn man Menschen für den Glauben gewinnen möchte.

● V 17-21: Wie gewohnt beginnt er seine Mission in der Synagoge, und wie gewohnt hören ihn zugleich auch Heiden. Gerade die Epikureer und Stoiker (zwei berühmte Philosophenschulen) sind verwundert, da sie in seiner Rede **ein neues Götterpaar** sehen: **Jesus und die Auferstehung** (das griechische „anastasis" wird als Personenname fehlgedeutet). Da die Athener gern Neues hören, wird Paulus auf den Areopag – wohl dem Platz vor der städtischen Behörde – geführt, um dort seine Lehre zu entfalten.

● V 22-24: Paulus lobt die Athener für das, was ihn zuvor erbost hat: Die Verehrung vieler Götter. **Mit dem Altar für „den unbekannten Gott"** wollten die Griechen nicht einen Gott erzürnen, dessen Name ihnen unbekannt war und den sie aus Versehen nicht verehrten.

● V 25-29: Paulus gibt hier **ein Lehrstück auch für heutige Predigt: einfühlsam und wertschätzend knüpft er an der Erfahrungswelt seiner Zuhörer an.** Er zitiert sogar einen griechischen Dichter, um ihnen dann Gott als Schöpfer aller Dinge und allen Lebens vorzustellen.

● V 30-31: Trotz einfühlsamer Anknüpfung erspart Paulus seinen Zuhörern auch nicht die **unbequeme Wahrheit von Umkehr und Gericht sowie die Einladung zum Glauben an Jesus.**

V 32-34: **Die Auferstehung ist der Knackpunkt,** der zu einer Ablehnung seiner Lehre führt. Oft wird behauptet, dass Paulus mit seiner Areopagrede keinen Erfolg hatte. Allerdings: Bei welcher Predigt heute kommen „einige" zum Glauben – wie es damals geschah?

Von Athen geht es jetzt nach Korinth. In diesem Abschnitt lesen wir von dem bis dato **längsten Aufenthalt von Paulus** in einer Gemeinde: **1,5 Jahre bleibt er in Korinth.**

● V 2f: Aquila und Priszilla mussten vermutlich Rom aufgrund des Claudius-Edikts verlassen, weil sie Juden waren. Weil jeder Rabbi auch ein Handwerk erlernte, war Paulus neben seiner Lehrtätigkeit **Zeltmacher** und arbeitet in der ersten Zeit in der Werkstatt von Aquila.

● V 4: Neben der Arbeit kann er anfangs nur an den Sabbaten in der Synagoge lehren. Es entsteht bereits eine kleine Gemeinde.

● V 5: Timotheus und Silas bringen nach ihrer späteren Ankunft vermutlich eine finanzielle Unterstützung aus Makedonien mit, die es nun Paulus erlaubt, vollzeitlich zu verkündigen.

● V 6: Dies führte zu **Konflikten.** Bei ihrem „Lästern" spielen die jüdischen Kritiker wohl darauf an, dass, wer am Holz hängt, verflucht ist (1Kor 1,23; Gal 3,13). Paulus setzt dagegen die symbolische **Fluchgeste des Staubabschüttelns.**

● V 7f: Paulus nimmt den Konflikt an und macht nun aus dem Haus direkt neben der Synagoge **ein christliches Lehrhaus.** Die Gemeinde wächst merklich (vgl. V 10 die göttliche Zusage von „einem großen Volk"). Auch Krispus, der Synagogenvorsteher, kommt zum Glauben. Er ist einer der wenigen, die Paulus selber getauft hat (1Kor 1,14).

● V 9f schildert eine Verheißung, deren Erfüllung wir in V 12-17 direkt nachlesen können. In der Verhandlung muss Paulus kein einziges Wort zur Verteidigung sagen.

● V 12: **Gallio,** der Prokonsul, ist historisch deshalb so wichtig, weil durch ihn die frühchristliche Geschichte genau datiert werden kann. Ende 49, Anfang 50 n. Chr. trat er sein Amt an.

V 17: Wer sind hier diejenigen, die Sosthenes – den Hauptankläger gegen Paulus – schlagen? Vermutlich sind es nicht Juden, sondern heidnische Zuschauer des Ganzen. Eine **frühe Form von Antisemitismus.**

● Beim flüchtigen Lesen dieses Psalms könnte man meinen, er sei das Gebet eines von Selbstgerechtigkeit verblendeten Menschen. Anlass dazu geben die Verse 1 und 11: „Ich bin unschuldig"/ „ich gehe meinen Weg in Unschuld".

● Das mit „ohne Schuld" bzw. „in Unschuld" übersetzte hebräische Wort (*tom*) meint „Ganzheit, Vollkommenheit". Es geht um das Bemühen, einen „ganzheitlichen" Lebenswandel zu führen. Es geht um einen Menschen, der unbeirrt seinen Lebensweg der sozialen Gerechtigkeit geht.

● Dies ist kein problematischer „Unschuldspsalm", sondern das Gebet für Menschen, die ihren Lebensweg im Einsatz für Recht und Gerechtigkeit entschieden gehen wollen – **als Konsequenz und Geschenk einer innigen Gemeinschaft mit Gott** (V 8). Sie setzen sich dabei Gottes Urteil aus (V 2) und erbitten von ihm Befreiung vom Bösen (V 11b).

● In V 4-7 distanziert sich der Beter vom Bösen. Er zieht eine entschiedene Trennungslinie zu Gruppen, die mit Meineid und Heuchelei ihre bösen Ziele durchsetzen. Er distanziert sich unmissverständlich von aller Mitwirkung bei organisiertem Verbrechen (V 5). Mit solchen Leuten (das Wort „Versammlung" in V 5 meint hier sogar „Verbrecher-Bande") setzt er sich nicht zusammen. Wo immer er konnte, hat er ihr Treiben bekämpft (**„hassen" meint:** „ablehnen", „verabscheuen", aber auch **aktiv dagegen angehen**).

● Freilich: Unser Beter erschöpft sich nicht in der Distanzierung vom Bösen und von den Bösen. Das ist vielmehr die Voraussetzung dafür, dass er sich zu Gott bekennen und ihn loben kann – und zwar laut und öffentlich (V 12b). Er hofft, dass so sein Leben inmitten seiner Glaubensgenossen ein authentisches Zeugnis für seinen Gott bleibt, auf dessen festem Grund er steht (V 12a).

✎ *Wovon müssen wir uns heute distanzieren, wenn wir „gerecht" leben wollen?*

Die dritte Missionsreise des Paulus beginnt, aber zuerst wird eine eingeschobene Episode erzählt (18,24-28).

● Mit **Apollos** wird von einem anderen christlichen Missionar erzählt, der aus Alexandrien kam. Apollos – äußerst gebildet – war wohl auch ein hervorragender Rhetoriker. In Ephesus trifft er auf Priszilla und Aquila, die ihm das Evangelium noch genauer auslegen – das meint: im Sinne des Paulus. Er wächst so zu einem streitbaren Verteidiger des christlichen Glaubens heran.

✎ *In Korinth ist Apollos dann so angesehen, dass sich viele auf seine Seite schlagen und sich dabei von Paulus abwenden. In 1Kor 3,1ff spricht sich Paulus entschieden gegen solches Konkurrenzdenken aus, das die Gefahr der Spaltung in sich trägt (vgl. 1Kor 1,12ff). – Kennen Sie das auch aus Ihrer Gemeinde? Wie gehen Sie damit um?*

● Aber auch 19,1-7 kreist um das Thema. **Paulus ist wieder** (wie in 18,21 angekündigt) **in Ephesus**. Hier trifft er einige, die „Jünger" genannt werden (V 1). Dabei denken wir oft sofort an Christen, aber vermutlich waren es Jünger des Johannes. Neben den christlichen Gemeinden entstanden auch an manchen Orten Gruppen von Johannesjüngern. Paulus macht ihnen deutlich: Wenn sie sich wirklich auf Johannes den Täufer berufen, dann sollten sie an den glauben, auf den er als Wegbereiter hingewiesen hat und der größer ist als Johannes (V 4, vgl. Lk 3,16), nämlich an Jesus. **Mit ihrer Taufe und der Handauflegung durch Paulus erleben sie ihr persönliches kleines Pfingsten.**

● **Beide Richtungen** (Johannes und Jesus) **leben auch in der Kirche weiter.** Kennzeichnend für Johannes ist die moralische Rigorosität als Folge der Umkehr (Lk 3,10 ff); kennzeichnend für die christliche Taufe ist der Empfang des Heiligen Geistes, die Verbundenheit mit Christus und die Eingliederung in die Gemeinschaft von Schwestern und Brüdern (Apg 2,37 ff).

Wie die Mission des Paulus in Ephesus vonstattengeht, ähnelt sehr der in Korinth (18,1-8): Erst lehrt er in der Synagoge, dann in einem eigenen Lehrsaal.

● V 11f: Heute wirken diese **Wunderbeschreibungen oft merkwürdig.** Besonders wenn es um „Schweißtücher" geht, die aufgelegt werden. Wichtig sind die ersten Worte, die den Unterschied auch zu den folgenden an Magie erinnernden Erzählungen ausmachen: **„Gott wirkte nicht geringe Taten ...**" Paulus geht es nie um seine Person – selbst wenn es um seine Tücher geht. Allein Gott wirkt.

● V 13-20: Wir können hier einen kleinen Einblick in die multireligiöse und synkretistische damalige Welt werfen, die der unseren vielleicht gar nicht so unähnlich ist. Es gab umherziehende – auch jüdische – Beschwörer, es gab Heilungsangebote aller Art. Magische Angebote an jeder Ecke. Ein wenig erinnert die Erzählung an das Angebot heutiger Buchhandlungen: eine kleine Ecke mit Bibeln und christlicher Literatur, aber viele Regale mit esoterischen Schriften. Alles vermischt sich. **Vielleicht galt die Maxime: Wer heilt, hat recht. Egal womit und wodurch.**

● Die **Episode mit den sieben Söhnen des Hohenpriesters** (V 14-17) macht deutlich: Zwar besitzt Jesus die Macht über die Geister, aber nicht jeder Scharlatan kann für sich den Namen Jesu benutzen, ohne in lebendiger Beziehung zu ihm zu stehen.

● V 18-20 zeigen noch einmal, wie es in der Gemeinde bzw. unter den Gläubigen selbst zugeht. Den frisch Bekehrten wird deutlich: Wir müssen uns neben unserm alten Leben auch von dieser verderblichen Literatur trennen. Und sie tun es **mit aller Entschiedenheit.**

✎ *Wie sieht es in Ihrer Gemeinde aus? Nehmen Sie esoterische Einflüsse oder gar Praktiken wahr? Wie viel Raum nimmt die Beschäftigung mit der christlichen Lehre ein?*

● V 21f: Hier kommt nun Rom als Ziel in den Blick.

Die Episode ist schön und klar erzählt, darum wird hier nur auf die wesentlichen Themen eingegangen.

● Die **unheilvolle Verbindung von Religion und Patriotismus** wird thematisiert. Dazu lässt sich ablesen, **wie Populismus funktioniert.**

→ Bürger werden zu **Wut-Bürgern**, obwohl viele gar nicht wissen, worum es eigentlich geht (V 32).

→ **Die Angst vor materiellen Verlusten** lässt den Aufruhr entflammen (V 25).

→ Diese Angst wird **zur globalen Bedrohung potenziert:** Nicht nur in Ephesus, auch in der ganzen Provinz (V 26), ja, auf dem ganzen Erdkreis (V 27) leiden die Geschäfte und der Kult.

→ Der persönliche Verlust wird **vermischt mit dem patriotistischen oder nationalistischen Stolz** (V 27).

→ Und schon stürmen sie los (V 29) und identifizieren und ergreifen **Sündenböcke** – Gaius und Aristarch. Beide sind **Ausländer und Anhänger einer anderen Religion.**

● V 33f: Es gibt auch noch andere Minderheiten in der Stadt, die Juden, die nicht mit den Christen in einen Topf geworfen werden wollen. Aber sie kommen gar nicht zu Wort. Zwei Stunden lang wird lautstark protestiert. Der Mob auf der Straße tobt.

● Aber am Ende siegt dennoch das Recht durch das besonnene Auftreten eines einzelnen Mannes. – **Drei Dinge** schein Lukas mit diesem Textabschnitt **besonders wichtig** zu sein:

→ **Christen brauchen das Recht nicht zu fürchten.** Sie stehen aber auch nicht außerhalb des Rechts. Natürlich kann Demetrius zur Klärung des Sachverhalts Anklage erheben.

→ Die Missionstätigkeit hat sich so weit durchgesetzt, dass **die Veränderungen überall zu spüren sind.**

→ **Christlicher Glaube und Populismus bzw. Nationalismus passen nicht zusammen.**

✎ *Wo entdecken Sie in Ihrem Umfeld ähnliche „nicht geringe Unruhen“ wie in diesem Text? Wie ist ihnen zu begegnen?*

Drei klar abgrenzbare Abschnitte finden wir hier.

● V 1-6: **Ein Reisebericht** von Ephesus über Makedonien nach Griechenland und wieder zurück bis nach Troas. Bei dieser Reise handelt es sich wohl um eine Visitation der Gemeinden. **Paulus besucht, ermahnt, lehrt und tröstet.** Das Passa- bzw. Osterfest feiert er mit seiner „Lieblingsgemeinde" Philippi (V 6).

● V 3: Der geplante Anschlag war vermutlich für die Schiffsreise geplant. Viele Juden fuhren um diese Zeit als Pilger nach Jerusalem. Paulus entzieht sich dem durch die Weiterreise an Land.

● V 7-12 erzählen eine **Episode in Troas.** Gleichzeitig können wir hier einen kurzen Einblick in die **Gottesdienstkultur der ersten Gemeinden** werfen. Er fand am Sonntag (am ersten Tag der Woche) statt, nicht morgens, sondern abends. Es ist ein Wort- bzw. Lehrgottesdienst (mit langer Predigt), und das Brotbrechen – das Abendmahl gehört auch dazu.

● In Troas versammeln sie sich im dritten Stock, Öllampen nehmen den Sauerstoff weg, und so ist das Einschlafen nicht verwunderlich, wobei Paulus vermutlich nicht nur sehr lange, sondern wohl auch langatmig predigt, denn er war kein guter Redner (vgl. das Argument seiner Kritiker in 2Kor 10,10). Interessant ist die Frage, ob **Eutychus** – der Name heißt: „Der Glück hat!" – wirklich tot war. Oder gibt das Ende von V 9 nur die Meinung derjenigen wieder, die ihn aufheben? Die Aussage des Paulus in V 10 lässt das vermuten. Auf jeden Fall wirkt Gott hier wieder einmal auf wunderbare Weise.

● V 13-16 nehmen den **Reisebericht wieder** auf. Warum Paulus zu Fuß und nicht per Schiff reisen will, darüber können wir nur spekulieren. Immerhin handelt es sich um eine Strecke von mehr als 40 Kilometer, die er an Land allein zurücklegt.

● Dass Paulus nicht noch einmal Halt in Ephesus macht, hängt vermutlich mit seiner Sorge zusammen, dort länger aufgehalten zu werden. Er möchte unter allen Umständen jedoch Pfingsten in Jerusalem feiern.

Dieser Text ist in der Apg die **einzige ausgeführte Rede des Paulus an Christen.**

✎ *Vergleichend zu dieser Rede kann man sehr schön 1Tim und 2Tim lesen, die in denselben Kontext hineinsprechen.*

● In dieser Rede (V 18-35) wechseln ständig Rückblicke und Vorausblicke ab. Paulus stellt sich in einer Art Rechenschaftsbericht als Vorbild für gute Gemeindeleitung hin.
→ Er hat dem Herrn gedient in aller Demut, mit Tränen, in Anfechtung (V 19);
→ er hat alles Wichtige verkündigt und gelehrt – öffentlich, in den Häusern (V 20) wie auch in Einzelgesprächen (V 31c);
→ er hat nichts unterlassen, Menschen den ganzen Heilsplan („Ratschluss") Gottes zu verkünden;
→ drei Jahre lang hat er Tag und Nacht jeden Einzelnen ermahnt und sie vor Verführern („reißende Wölfe") gewarnt (V 29-31);
→ er hat sich in keiner Weise selbst bereichert (V 33f).
Solches Verhalten erwartet er auch von den Ältesten, den Presbytern, die er auch „Bischöfe" (griech. „episkopoi", wörtlich „Aufseher") nennt (V 28). Ihnen allen obliegt, die ganze Herde zu weiden und damit auch zu schützen.
● Paulus weiß um die **Gefährdung der Gemeinde.** Es droht Gefahr von außen (V 29) und von innen (V 30). Glauben und christliche Gemeinschaft sind immer angefochten, auch aus den eigenen Reihen. Darum ist die **Wachsamkeit so wichtig.** Aber:
● V 32 verweist mit seinem Zuspruch auf das nötige Vertrauen auf Gottes gnädiges Wirken. Er ist es, der Gemeindeaufbau (dabei geht es nicht um die persönliche „Erbauung") und Heiligung ermöglicht und vollbringt.
● Das eigene Schicksal steht Paulus klar vor Augen. Er tritt seine letzte Reise an. Und sie wird mit dem Tod enden. **Der anrührende Abschied** stellt das Gebet für- und miteinander an den Anfang.

Paulus weiß, dass **seine Reise ein Weg ins Leiden** wird. Schon seit seiner Berufung steht das über seinem Leben (Apg 9,16). Außerdem liegen bereits zahlreiche Leidens- und Verfolgungssituationen hinter ihm (vgl. die Auflistung in 2Kor 11,23-28). So können ihn die beiden **Leidensankündigungen** in unserem heutigen Abschnitt nicht aus der Bahn werfen.

● In Tyrus trifft Paulus auf Jünger, die ihm aufgrund einer Eingebung des Heiligen Geistes sagen, er solle nicht nach Jerusalem ziehen. Das wirft die Frage auf, was Gott mit Paulus vorhat. Jerusalem: Ja oder Nein? Lukas als Autor der Apg nimmt durchaus ernst, dass die Information vom Heiligen Geist stammt. Was sie Paulus nahelegen, nämlich nicht nach Jerusalem zu ziehen, dürfte jedoch ihre eigene Schlussfolgerung sein.

● Es gibt offensichtlich einen wichtigen Unterschied zwischen einem Impuls Gottes und seiner Deutung. Paulus jedenfalls – ebenfalls vom Geist geleitet – ignoriert die Aussage und setzt seine Reise fort.

● Kurze Zeit später gibt es erneut **eine Weissagung durch den Propheten Agabus** (V 11). Bei den Jüngern löst sie Entsetzen aus. Es ist ähnlich wie bei Jesu erster Leidensankündigung (Mk 8,31-33). Doch Paulus weiß sich auf dem richtigen Weg. Den Ephesern gegenüber hatte er gesagt: „Durch den Geist gebunden, fahre ich nach Jerusalem" (Apg 20,22). **Was immer ihm in Jerusalem geschehen wird, nicht Menschen haben sein Schicksal in der Hand, sondern Gott.** Was ihm Mühe macht und geradezu „das Herz bricht", ist nicht sein eigenes bevorstehendes Leiden, sondern das Mitleiden seiner Brüder und Schwestern (V 13).

✎ *Wir merken, Impulse des Heiligen Geistes können – obwohl sie echt sind – durchaus verwirrend sein und verschieden gedeutet werden. Kennen Sie auch solche mehrdeutigen Situationen, und wie gehen Sie damit um?*

● Im hebräischen Psalter bilden die Psalmen 9 und 10 gemeinsam einen sogenannten Akrostichon: Jeder Vers beginnt mit einem Buchstaben in der Reihenfolge des hebräischen Alphabets. Deshalb sind sehr verschiedene Inhalte zusammengestellt.

● Der Beter unseres Psalms erlebt, wie ihn Gott aus Todesgefahr errettet (V 14f). Davon ganz ergriffen, wendet er sich seinem Retter zu: „Ich danke dem HERRN von ganzem Herzen!“ (V 2). Das ist ein Wunder, das er nicht für sich behalten kann. So etwas kann er nicht allein, stumm für sich verarbeiten: „Du erhebst mich **aus den Toren des Todes,** dass ich erzähle all deinen Ruhm **in den Toren der Tochter Zion**“ (V 14f).

● In diesen beiden Versen werden gekonnt die **Tore des Todes** den **Toren der Tochter Zion** gegenübergestellt: Dort steht des HERRN Thron. Die Namen der Feinde werden für immer vertilgt, „der HERR aber thront ewiglich“ (V 8).

● Mehrmals wechselt der Psalm mühelos vom Geschick des Einzelnen zu dem der Völker (V 5f, 14ff), von der Vergangenheit in Gegenwart und Zukunft (V 7-9).

● V 16f ist gekennzeichnet durch den sogenannten „Tun-Ergehen-Zusammenhang“ (siehe dazu auch die Auslegung zu Ps 7 vom 4. Juli).

● Besonderes Gewicht legt der Psalm auf **des HERRN Hilfe für die Armen:** „Er wird den Armen nicht für immer vergessen; die Hoffnung der Elenden wird nicht verloren sein ewiglich“ (V 19). Wie sich Gott einst des Elends seines Volkes in Ägypten erbarmt hat (2Mo 3,7-10), so auch hier: „Der HERR ist des Armen Schutz, ein Schutz in Zeiten der Not“ (V 10).

✎ ***Die Armen und die im Elend sind auch heute Gottes Herzensanliegen.*** *Sind sie auch unser, auch mein Herzensanliegen? Wir sind ganz persönlich gefragt nach unserem Engagement in unserer Gemeinde, in unserer Diakonie und Gesellschaft.*

● In Jerusalem angekommen, gibt es zunächst große Freude. **Paulus berichtet über die Erfolge der Mission unter den Heiden.** Und auch die Judenchristen können ihrerseits erzählen, dass Tausende von Juden zum Glauben an Jesus gekommen sind. Anders als die Heidenchristen befolgen sie jedoch weiterhin das jüdische Gesetz. Dass Paulus darüber anders denkt, bezeugen seine Briefe immer wieder. So dauern die Freude und das Lob Gottes nicht allzu lange, und **die grundlegende Problematik der Bedeutung des jüdischen Gesetzes für den christlichen Glauben** kommt auf den Tisch.

● Auch die neu bekehrten Judenchristen haben von der Einstellung des Paulus gehört und sind darüber empört. Aber sie kennen nur Halbwahrheiten. Paulus lehrt keineswegs den „Abfall von Mose" (V 21). Auch wenn er die Einhaltung der Thora nicht mehr für relevant hält, will er sie den Judenchristen nicht verbieten. Er besteht jedoch darauf, dass die Heidenchristen das jüdische Gesetz nicht befolgen müssen. **Es geht ihm um Freiheit für den jeweiligen Weg der beiden Richtungen.**

● Besonders brisant tritt das bei der **Frage der Beschneidung** hervor. Paulus kämpft in der Tat darum, dass zum Glauben an Jesus gekommene Nichtjuden sich nicht beschneiden lassen müssen. **Im Kern geht es nämlich um die Frage, ob Heidenchristen mittels der Beschneidung zunächst Juden werden müssen, um dann anschließend Christen sein zu können.** Das verneint Paulus ganz klar (vgl. z. B. Kol 2,11). Außerdem gibt es diesbezüglich seit dem „Apostelkonzil" einen offiziellen Konsens (Apg 15,20).

● Damals wie heute nützen in emotional aufgeheizten Situationen sachliche Informationen jedoch wenig. So lässt sich Paulus auf einen **Kompromiss** ein. Seine demonstrative Teilnahme an der Schlussphase eines Nasiräergelübdes nach 4Mose 6,13-21 soll als Zeichen die gewünschte Botschaft auf kurzem Wege und in emotionaler Sprache vermitteln und so zum Frieden beitragen.

Es geht weiter mit **Irrtümern, Missverständnissen und falschen Anklagen.** Diesmal sind es Juden, die den Mob anstacheln.

● Erneut wird das missionarische Wirken des Paulus pauschal verurteilt. Auch hier ist **die Distanz zum Gesetz**, die in der Missionsarbeit des Apostels immer wieder deutlich wird, richtig wahrgenommen. **Unwahr ist jedoch, dass damit eine Hetze gegen Gesetz und Tempel verbunden ist.** Gerade eben erst hat Paulus sich ja der Gesetzeserfüllung im Tempel unterworfen und damit **ein öffentliches Bekenntnis zur Tradition** abgelegt. Es stimmt, dass Paulus in Jerusalem mit dem Griechen Trophimus zusammen war. Aber es ist unzutreffend, dass er ihn in den Tempel mitgenommen hat.

● **Die Situation eskaliert gefährlich.** Der jüdische Mob will Lynchjustiz, noch bevor die Römer eingreifen. Die römischen Soldaten wollen das geltende Recht durchsetzen und nehmen **Paulus in Schutzhaft.** Der römische Oberst ist verblüfft, das Paulus mit ihm auf Griechisch sprechen will. Es wird deutlich: Auch der Hauptmann versteht den Tumult falsch. Er hält Paulus für einen Ägypter und den Kopf einer gefährlichen Terrorbande.

● Erstaunlich ist **das selbstbewusste Auftreten des Paulus.** Zunächst dem Oberst gegenüber, dessen Gefangener er schließlich ist. Dann aber auch gegenüber dem Volk. Statt sich in die sichere Burg zu begeben und endlich keiner unmittelbaren Gefahr mehr ausgesetzt zu sein, sucht er erneut nach einer Chance, sich zu rechtfertigen und der Öffentlichkeit die Zusammenhänge darzulegen. Dabei will er nicht diese Auseinandersetzung gewinnen. **Vielmehr möchte er die Menschen gewinnen.**

✎ *Wo erleben Sie in heutigen Debatten über religiöse und ethische Fragen derartige, emotional aufgeladene Vorurteile, Missverständnisse, Halbwahrheiten und Unterstellungen? Und wie reagieren Sie darauf?*

Wie bereits in Kap. 9 und noch einmal in Kap. 26 erzählt Paulus ausführlich seine **Berufungsgeschichte.**

● Der Mob, der ihn lynchen möchte, weiß nicht einmal, dass er Jude ist. So löst seine Rede auf Hebräisch Staunen und konzentrierte Aufmerksamkeit aus. **Paulus betont seine tiefe Verwurzelung im Judentum.** Als Schüler des bekannten Rabbi Gamaliel war er einer, der sich bestens in der Thora und den jüdischen Traditionen auskannte und gute Aussichten auf eine Karriere als jüdischer Gelehrter hatte. Für seine Einbindung ins Judentum kann er höchste Autoritäten benennen, wie die Ältesten und den Hohepriester (V 5) oder den angesehenen Hananias (V 12).

● **Paulus solidarisiert sich mit den Zuhörern und redet sie als Brüder und Väter an.** Er erzählt ihnen, wie gut er ihren Hass auf die Jesus-Bewegung verstehen kann. Er selbst verfolgte schließlich früher die neue Lehre bis auf den Tod (V 4). Paulus kennt die Situation, in der er sich selbst befindet, also nur zu gut und weiß, was in den Menschen vorgeht.

● Nicht einmal das scharfe Urteil des Petrus zu Pfingsten – ihr habt den Messias ans Kreuz genagelt (Apg 2,23) – kommt ihm über die Lippen. Stattdessen fährt er ruhig und sachlich fort. Aber er verschweigt auch nichts, um sein Leben zu retten. **Der Bruch** entsteht, als er davon redet, **dass Gott sich nun auch den Nichtjuden zuwendet. Das bedeutet das Ende der Exklusivität Israels.** Aber genau das ist ja das zentrale Anliegen der Menschwerdung von Jesus.

● Letztlich alles vergeblich? Keineswegs! Denn **Paulus geht es nicht um seine Verteidigung, sondern um Mission.** Es ist seine letzte Chance, zu seinem Volk zu sprechen, und er nutzt sie.

✎ *Kennen Sie Situationen, in denen ein gutes Gespräch über den Glauben oder ein Zeugnis plötzlich auf Ablehnung gestoßen ist? Was brachte die Situation zum Kippen?*

Der **Tumult** bricht erneut los, und der Oberst lässt **Paulus in Sicherheit** bringen. Er möchte in Ruhe seine Arbeit als Vertreter des Römischen Reiches tun. Dazu gehört zunächst, den Vorgang überhaupt zu verstehen. Wie in der Antike üblich, will er dazu die Folter verwenden. Trotz dieser für uns heute nicht hinzunehmenden Methode verlaufen alle nun folgenden Schritte streng nach rechtsstaatlichen Prinzipien.

● Mitten in aller Aufregung kann Paulus **seinen entscheidenden Trumpf** ziehen, dass er nämlich **römischer Bürger** ist. Der Hauptmann ist alarmiert und geht zum Oberst. Den packt die Furcht (V 29). Schließlich hätte er sich beinahe eines schweren Dienstvergehens schuldig gemacht. Wer weiß, welche disziplinarischen Folgen das für ihn nach sich gezogen hätte!

● Mit etwas Abstand zu den chaotischen Ereignissen geht es am nächsten Tag weiter. Der Oberst führt seine Aufgabe fort, Licht in die verworrene Situation zu bringen. **Aber Paulus steht ohne Fesseln, und das heißt ohne Vorverurteilung vor ihm. Er ist jetzt mehr Zeuge als Angeklagter.**

● Als Nächstes will der Oberst die Hohenpriester und die Ältesten anhören, um sich in aller Ruhe ein sachliches Urteil zu bilden. Er biedert sich ihnen nicht etwa an, sondern er „befiehlt“ (V 30) den jüdischen Würdenträgern zu erscheinen.

● **Das Prinzip des römischen Rechts „Auch der andere Teil muss gehört werden!“** ist bis in unsere heutige Rechtssprechung hinein gültig. Wenn auch leider nicht in jedem Land. Achten Sie auch in den nächsten Kapiteln einmal darauf, wie sorgfältig in der **Verhandlung gegen Paulus durchaus nach rechtsstaatlichen Prinzipien** vorgegangen wird.

✎ *Für Paulus ist die staatliche Gewalt von Gott eingesetzt und seine Dienerin. Lesen Sie Röm 13,1-7 vor dem Hintergrund der Apg. Sie werden den Text in einem neuen Licht sehen.*

Mit großer Souveränität geht Paulus in die Verhandlung. Nach der Schilderung des Lukas **ist er es, der die Initiative ergreift** und als Erster spricht, noch bevor die Juden etwas gegen ihn vorbringen können. Das hängt wohl auch damit zusammen, dass er als römischer Bürger Teil eines römischen Verfahrens ist.

● Er tritt keineswegs wie ein Angeklagter mit gesenktem Blick auf, sondern schaut dem Hohen Rat offensiv in die Augen. **Er redet sie als „liebe Brüder" an,** ohne jedoch irgendwelche Amtstitel zu erwähnen. Und er erklärt das jüdische Gericht im Grunde für nicht zuständig, sondern **beruft sich direkt auf Gott,** vor dem er mit reinem Gewissen dasteht.

● Dass der Hohepriester Hananias ihn von Mitgliedern seiner Delegation schlagen lässt, ist eine **freche Anmaßung** angesichts der Prozessführung durch den römischen Hauptmann. Die Mitglieder des Hohen Rates sind ja lediglich als Zeugen vorgeladen. Paulus prangert das sofort als gesetzeswidrig an. Wenn Paulus, wie er sagt, den Hohenpriester nicht erkannt hat, kann das nur daran liegen, dass dieser ohne Amtstracht erschienen ist.

● Nach dem furiosen Auftakt wechselt Paulus die Strategie und **spielt seine Gegner geschickt gegeneinander aus.** Dies ist ein kluger Schachzug, er benennt damit aber durchaus auch **das sachliche Zentrum des Konflikts.** Zum einen ist **die Auferstehung Jesu die Basis und zentraler Inhalt** der Arbeit des Apostels (vgl. 1Kor 15,14ff). Zum anderen hängt seine Berufung ja mit dem Wirken des Geistes und dem Eingreifen von Engeln zusammen. Genau so schließt ja auch der Textabschnitt (V 11).

✎ *Was denken Sie? Widerspricht das Vertrauen auf Gott nicht solch strategischen Schachzügen in der Verhandlung? Oder entspricht das genau dem Rat von Jesus, „klug wie die Schlangen und ohne Falsch wie die Tauben zu sein" (Mt 10,16)?*

Bei den Juden verdichtet sich die Einsicht, dass sie mit legalen Rechtsmitteln bei Paulus nicht zum Ziel kommen. Also greifen sie zum Mittel einer **Verschwörung.** Sollte diese gelingen, wäre das zugleich ein schwerer Rückschlag für den Oberst. Schließlich ist er für die Schutzhaft des römischen Bürgers und die Durchführung eines rechtmäßigen Prozesses zuständig. Durch die Überführung nach Caesarea überweist er den Fall **an die nächsthöhere Instanz** und wird seinen Problemgefangenen damit los. Ganz nebenbei erfahren wir, dass Paulus in Jerusalem Verwandtschaft hat, mit der er in Kontakt steht.

● Ein weiteres Mal können wir beobachten, wie der römische Rechtsstaat arbeitet. Mit großem personellem und strategischem Aufwand wird der **nächtliche Transport nach Caesarea** organisiert. Die Küstenstadt liegt rund 80 Kilometer Luftlinie von Jerusalem entfernt und ist Amtssitz von Felix, dem Statthalter der Provinz Judäa.

● Der Oberst fasst das Ergebnis seiner bisherigen Ermittlungen zusammen: Der ganze Ärger in Jerusalem sei auf **interne religiöse Streitereien unter den Juden** zurückzuführen. Aber Paulus sei im Sinne des römischen Rechts unschuldig. Auch Felix hält sich an die Formalitäten und führt den Prozess weiter, indem er auch die jüdischen Ankläger hören will, bevor er entscheidet.

✎ *Schauen Sie noch einmal näher hin, wie Gott seine Pläne in all dem scheinbaren Wirrwarr weiterentwickelt und etwa den Mordkomplott gegen Paulus vereitelt. Kennen Sie so etwas auch: Gottes Führung mitten im Chaos?*

● Für Paulus bedeutet die Überführung **einen Schritt weiter in Richtung Rom,** wo ja gemäß der Vision aus der letzten Nacht neue Aufgaben auf ihn warten (V 11). Also ist er sehr zuversichtlich. Wieder kommen bei ihm **kluges, strategisches Vorgehen und unbegrenztes Gottvertrauen** zusammen.

● **„Flüchten oder Standhalten"** heißt ein Buch von H. E. Richter. „Wer glaubt, der flieht nicht", ruft Jesaja den Leuten in Jerusalem zu (28,16). In solcher Spannung befindet sich der Beter von Ps 11. Er ist voller Gottvertrauen. Aber seine Freunde raten ihm zur Flucht (V 1b-3). Böse, gottlose Menschen trachten ihm nach dem Leben. In der Einsamkeit der Berge soll er sich verstecken und zur Ruhe kommen.

● V 3 lässt das Ausmaß der Bedrohung erkennen: Wenn die Grundüberzeugungen zerstört werden, wird das Überleben schwer. Wenn Recht, Anstand und Moral verschwinden, dann ist das Staatswesen in Gefahr. Was kann der Ehrliche dann noch tun?

● **„Standhalten" ist die Position des Beters.** Er vertraut der Gerechtigkeit Jahwes (V 7) und lässt sich von den Angstmachern nicht beirren. Im Tempel gewinnt er die Kraft dazu (V 4). **Er bleibt bei dem, was er im Glauben erlernt hat: Jahwe ist der gerechte Richter, vor dem sich alle verantworten müssen** (V 5f).

● In V 4 stehen zwei verschiedene Aussagen über den Wohnort Jahwes nebeneinander. Damit ist eine lange Diskussion im Glauben Israels zur Ruhe gekommen, die zunächst nur ein Entweder-oder denken kannte (1Kön 8,27). Der große Jahwe kann doch nicht in einem von Menschen erbauten Haus wohnen! In Salomos Tempelweihgebet deutet sich dann die Lösung an: Aller Himmel Himmel können Jahwe nicht fassen, aber im Tempel lässt er seinen „Namen" wohnen (1Kön 8,29). Und das heißt, dass seine Macht und Herrlichkeit an diesem Ort erfahren werden kann. Dorthin flieht der Beter vor seinen Verfolgern, dort will er rehabilitiert werden. **Er ist getrost: Sein Weg der standhaften Aufrichtigkeit hat Bestand vor Gott** (V 7b, vgl. Mt 5,8).

✎ *Die Evangeliumslesung zum heutigen Sonntag steht in Mt 5,13-16. Welche Beziehungen sehen Sie darin zu Ps 11?*

Die Juden reisen mit **Tertullus** an, der wohl so eine Art Fachanwalt für römisches Recht ist.

● **Seine Strategie** wird schnell deutlich: In übertriebener Unterwürfigkeit bzw. Lobhudelei betont er, es sei das Verdienst der hervorragenden Arbeit des Statthalters Felix, dass es in Jerusalem Frieden, Wohlstand und dankbare Untertanen gäbe. Und nun drohe dieser Unruhestifter Paulus das zu zerstören und damit die Karriere des Felix zu beschädigen.

● **Paulus appelliert an die Berufserfahrung und die Amtspflichten des Statthalters als oberster Richter.** Mehrfach betont er, dass er nicht nach Jerusalem gekommen sei, um Ärger zu machen. Niemand kann ihm irgendeinen öffentlichen Aufruhr nachweisen (V 12). Auch sein Besuch im Tempel ging völlig ohne Lärm und Aufsehen vonstatten (V 18). Die Argumentation des Rechtsanwalts der Ankläger ist also frei erfunden. Vielmehr war der Anlass, die Stadt aufzusuchen, das Überbringen einer Spendensammlung für die dortige Gemeinde.

● **Zugleich bekennt er sich klar zu Jesus und den Lehrstreitigkeiten,** die sich aus dem Evangelium ergeben. Insbesondere die Auferstehung von den Toten hebt er zweimal hervor (V 15.21). So wird erneut deutlich, dass es sich um einen religiösen Konflikt ohne jede Brisanz für den römischen Staat handelt.

● Auch in der Privataudienz bei Felix und seiner Frau Drusilla redet Paulus **Klartext.** Deren Biografie und Moral ist derart fragwürdig, dass die von Paulus angeschnittenen Themen wie Gerechtigkeit und Enthaltsamkeit schnell zum Abbruch des Gespräches führen. Den Prozess bringt der korrupte Felix (V 26) nicht weiter voran, sondern lässt ihn unbearbeitet für 2 Jahre (!!) liegen.

✎ *Wiederholt beruft sich Paulus auf sein „unverletztes Gewissen" vor Gott und vor Menschen (V 16). Was denken Sie: Wie zuverlässig ist unser Gewissen eigentlich?*

Neue Besen kehren gut. Bereits 14 Tage nach Amtsantritt rollt **der neue Prokurator Festus** den Fall Paulus wieder auf. Doch zunächst macht er seinen Antrittsbesuch in Jerusalem und trifft dort die jüdischen Autoritäten. Für die hat der Kampf gegen Paulus immer noch hohe Priorität.

● Zurück in seiner Residenz empfängt er die ebenfalls wieder angereiste Delegation der Juden. Die wiederholt die alten Anklagepunkte, die bereits in der Vergangenheit nicht bewiesen werden konnten. **Alles scheint von vorn zu beginnen:** der Wunsch, den Prozess in Jerusalem durchzuführen, die längst bekannt gewordenen Mordpläne gegen Paulus, die verleumderische Anklage, die auf Halbwahrweiten, Gerüchten und bewussten Falschbehauptungen beruht.

● **Auch Paulus bleibt bei seiner Doppelstrategie.** Einerseits beweist er seine Übereinstimmung mit dem jüdischen Gesetz und seine Wertschätzung des Tempels. Andererseits betont er seine Loyalität als römischer Bürger zum römischen Staat.

● **Festus ist in einer Zwickmühle.** Es wäre politisch wünschenswert, sich gleich zu Beginn seiner Amtszeit bei den Juden beliebt zu machen. Andererseits ist er für die Durchsetzung des römischen Rechts verantwortlich. Denn auch er herrscht nicht beliebig, sondern hat einen Vorgesetzten, dessen Gunst für sein eigenes Schicksal oberste Priorität hat: der Kaiser in Rom.

● **Paulus durchschaut das Spiel** und weiß, dass er eine Überführung nach Jerusalem auf jeden Fall verhindern muss. Zugleich ist **Rom** für ihn nichts Bedrohliches, sondern vielmehr **das neue Ziel, das Jesus ihm in einer Vision gezeigt hatte** (23,11). So kürzt er das Hin- und Her ab und verlangt, sich vor dem Kaiser verantworten zu können.

✎ *Was geht hier eigentlich vor sich? Ein mit allen Finessen betriebenes, politisches Machtspiel oder Gottes Führung? Wie sehen Sie das?*

Immer noch befinden wir uns in der Phase des Amtsantritts von Festus als neuem römischen Statthalter. Dazu gehört als nächstes größeres Ereignis **der Empfang von König Agrippa.** Auch mit ihm muss Festus auskommen, will er seine Amtszeit ohne Karriereknick überstehen.

● Beim Gast handelt es sich um Herodes **Agrippa II.**, einem Enkel jenes Herodes, der den Kindermord von Bethlehem befohlen hatte. Er war jüdischer König von Roms Gnaden. Ihm war die Verantwortung für den Tempel übertragen, und er war für die Einsetzung des Hohenpriesters zuständig. Somit war er ein wichtiges Zwischenglied zwischen den Juden und dem römischen Staat, um die Verwaltung der Provinz geschmeidig zu halten. Und natürlich war er dadurch in den Augen des Festus auch **Fachmann für Religionsfragen.**

● **Festus** referiert den bisherigen Verlauf des Verfahrens und das Ergebnis, zu dem er gekommen ist: **Der Angeklagte ist unschuldig im Sinne des römischen Rechts.**

● Zu dumm nur, dass er Berufung an den Kaiser eingelegt hat. Nun muss Festus den Angeklagten nach Rom bringen lassen, ohne eine Begründung zu haben, die diesen gewaltigen Aufwand rechtfertigen könnte. Er wird in Rom wie ein Depp dastehen, der seine Aufgabe in der Provinz nicht selbst erledigen konnte. Das ist kein gutes Zeugnis für seine Amtsführung!

● Wird Agrippa ihm helfen können, aus diesem **Dilemma** herauszukommen, indem er ihm Argumente liefert, die Paulus nach einem erneuten Verhör als eindeutig schuldig dastehen lassen? Zumindest ist es ein höchst interessanter Fall, der das Interesse des Königs weckt. Und wer weiß, vielleicht kann er sich ja die Gunst des Prokurators erwerben.

✎ *Es gibt aber ein Geheimnis, das sie allesamt nicht durchschauen. Wissen Sie, um was es sich dabei handeln könnte?*

● Wie ausgemacht, bekommt Paulus die Gelegenheit, seine Sache vor König Herodes Agrippa II. zu bringen. Diese Anhörung soll es Festus ermöglichen, die Haft des Paulus gegenüber dem römischen Kaiser zu begründen (Apg 25,25-27).

● Nach einer Würdigung König Agrippas beginnt Paulus sich zu verteidigen, indem er seine Geschichte erzählt: **Gott hat ihn, den gewissenhaften Pharisäer, in seine Nachfolge berufen und damit beauftragt, das Evangelium von Jesus Christus zu verkünden,** denn der ist der von Gott versprochene Retter. Ausdrücklich hebt Paulus hervor, dass er nicht wegen irgendwelcher religiöser Irrlehren **angeklagt** wird, sondern **wegen seines Festhaltens an den Verheißungen, die den Vätern von Gott gegeben wurden** (V 6f.22). Er sieht sich mit seinem Wirken also ganz in der Linie der Väter.

● Paulus bekennt sich der Gruppe der **Pharisäer zugehörig** (V 4-8). Diese war eine Gemeinschaft, die sich gegenüber andern Frommen „absonderte" (so die Übersetzung des hebr. „peruschim" = „Pharisäer"), die Thora intensiv studierte und ihre Vorschriften akkurat im Alltag umsetzte.

● Paulus nimmt es also mit seinem jüdischen Glauben sehr ernst. So sehr, dass er die Menschen, die sich zu Jesus als Christus bekannten, **bis zu ihrem Tod verfolgte** (V 9-11), weil er in ihnen religiöse Verführer zu erkennen glaubte.

● Aber dann begegnete er Jesus in einem hellen Licht (vgl. Apg 9). Interessant ist hier, dass Paulus seine Erblindung nicht erwähnt, sondern seine **Verteidigungsrede mit dem ausführlichen Hinweis auf seine Bekehrungs- bzw. Berufungsgeschichte, seiner gehorsamen Ausführung und dem klaren Bekenntnis zu Jesus Christus beschließt.**

✎ *Wie würden Sie Gottes Geschichte mit Ihnen beschreiben? Welchen Weg ist Gott mit Ihnen gegangen?*

● Offensichtlich hat Paulus seine Verteidigungsrede so leidenschaftlich vorgetragen, dass ihn der Landpfleger Festus unterbricht und meint, er sei „von Sinnen". Vielleicht erscheint ihm auch **der Inhalt der von Paulus vertretenen Botschaft** (V 22) **so verrückt** (vgl. 1Kor 1,18), dass er ihn deswegen stoppt.

✎ *Immer wieder kann es geschehen, dass eine klare Christusverkündigung als „verrückt" oder „schwärmerisch" (oder gar „besoffen": Apg 2,13) abgelehnt bzw. verspottet wird. Kennen Sie solche Reaktionen?*

● Nun wendet sich Paulus an König Agrippa II., der vermutlich über die Ereignisse im Zusammenhang von Kreuzigung und Auferstehung von Jesus Bescheid weiß, zumal sie in der Öffentlichkeit geschahen. Außerdem müsse er doch anerkennen, dass sich in Jesus die Verheißungen der Propheten erfüllen.

● Während für Festus die Verkündigung des Paulus verrückt erscheint, bekennt **Agrippa, dass nicht mehr viel fehle und Paulus würde ihn zum Christen machen.**

● Paulus ist von dieser Aussage so begeistert, dass er sie sogleich zum **Anlass für einen missionarischen Vorstoß** nimmt: Agrippa und alle Zuhörenden sollen Jesus nachfolgen, wie Paulus dies schon tut! Dabei ist der Abschluss seiner Antwort durchaus humorvoll: Wie Paulus sollen die Anwesenden werden, aber doch bitte keine Gefangenen!

● König, Königin und Statthalter sind sich darüber **einig, dass Paulus unschuldig** ist und allein sein Antrag, die gegen ihn erhobene Anklage vor den römischen Kaiser zu bringen, ihn weiter in Ketten halte. Es mag **paradox erscheinen**, dass die Wahrnehmung seiner römischen Bürgerrechte Paulus an der Freilassung hindert. Aber genau darin zeigt sich, wie Gott Paulus als Missionar für die Heiden ins politische Zentrum der Antike, nach Rom, führt (vgl. 1Mose 50,20).

Kap. 27 berichtet von der **stürmischen Schiffsreise nach Rom:** Vom Treiben auf dem Mittelmeer (V 1-12), von Sturm und Seenot (V 13-26) bis hin zum Schiffbruch vor Malta (V 27-44).

✎ *Vermutlich befindet sich in Ihrer Bibel auch eine Landkarte mit den verschiedenen Routen der Missionsreisen des Paulus. Da können Sie auch verfolgen, welche Route Paulus auf seiner Schiffsreise nach Rom genommen hat.*

- Lukas schließt sich mit dem „wir" selbst in den Bericht über die Schiffsreise ein (V 1) und beschreibt detailliert Schiffe, Mannschaften und Routen.
- Der römische Hauptmann Julius behandelt Paulus ausgesprochen großzügig, sodass er in Sidon Freunde aufsuchen darf, die ihn mit allem Nötigen für die weitere Reise versorgen.
- Auf dem nächsten Schiff angekommen, geht es **wegen heftigem Gegenwind nur schwer voran.** Die Zeit verstreicht, ohne dass sie groß vom Fleck kommen. So ist bereits das Herbstfasten vorüber (V 9). Es bezieht sich auf das Fasten am jüdischen Versöhnungstag, der im September/Oktober gefeiert wird. Er fällt mit dem Beginn der Jahreszeit zusammen, in der **in der damaligen Zeit die Seefahrt auf dem Mittelmeer aufgrund des stürmischen Wetters eingestellt wird.**
- Die Wetter-Situation auf dem Mittelmeer spitzt sich also zu. Um die Bedrohlichkeit dieser Situation weiß auch **Paulus** und **warnt daher den Hauptmann und die Mannschaft eindringlich, weiterzufahren,** da dies lebensgefährlich für alle Beteiligten sei.
- Aber **man hört nicht auf Paulus,** sondern auf den Steuermann und den Schiffseigentümer. Der Hafen sei zum Überwintern ungeeignet, daher bricht man nach Kreta auf.

✎ *Wie hätten Sie entschieden? Hätten Sie auf Paulus gehört oder hätten Sie die Argumente der Schifffahrtsexperten mehr überzeugt?*

● **Leidenschaftliche Sehnsucht und inniges Gottvertrauen** begegnen uns in Ps 63. Ein von bösen Menschen Verfolgter (V 10) sucht nach Schutz und Vergewisserung (V 2f) und findet beides im Tempel (V 4.8f). Wir gewinnen einen tiefen Einblick in das Glaubensleben eines einzelnen Beters.

● **Sehr persönlich ruft der Beter „mein Gott“** (V 2). Er braucht Jahwes Macht zum Schutz vor den Feinden, und er braucht seine Majestät zum Trost. Beides findet er im Tempel, wo die Güte Gottes zu Hause ist (Ps 48,10). Das Wort „Güte“ allein kann kaum die umfassende Menschenfreundlichkeit, Liebe, Gnade, Treue Gottes beschreiben, die hier im Blick ist. Vielleicht müsste man wieder das alte Wort „Huld“ gebrauchen.

● **Die Huld Gottes ist dem Beter mehr wert als das Leben** (V 4)! Revolutionär für das AT behauptet er, es gebe jenseits des sichtbar gesegneten Lebens noch eine andere Ebene der Gemeinschaft mit Gott. Er entdeckt das geistliche Leben, in dem der Mensch Frieden mit Gott erleben darf, auch wenn das äußere Leben zerbricht (vgl. 2Kor 4,16f).

● Im Schutzbereich des Tempels (V 8b, vgl. Ps 17,8) erlebt der Beter **das Glück der Gemeinschaft mit Gott.** Sein Leben ist an Gott festgemacht, er weiß sich von Gott gehalten (V 9, vgl. Ps 73,23; Jes 42,6). Viele berichten von der Erfahrung einer besonderen Nähe zu Gott während der Nacht (V 7, vgl. 1Sam 3,3.10; Ps 119,55; Jes 26,9).

✎ *Der Tempel als Ort der Gottesbegegnung ist für unser geistliches Leben bedeutungslos geworden. Wo ist nach den Worten von Jesus der rechte Ort der Anbetung (Joh 4,23f)?*

● In den schwierigen V 10-12 geht es darum, dass das Böse, das die Güte Jahwes nicht kennt oder verschmäht, keine Zukunft hat. **Vor diesem Hintergrund ist die Dankbarkeit und Glaubensfreude des Beters umso verständlicher. Lassen wir uns anstecken von dieser Freude!**

„Sei klug und halte Dich an Wunder“ (so die Formulierung der Lyrikerin Mascha Kaléko) könnte der Titel der turbulenten Schiffsreise von Paulus und seinen Mitreisenden sein.

● 276 Menschen sind an Bord des Schiffes, das zunächst Kreta erreichen möchte. **Die Lage spitzt sich allerdings dramatisch zu.** Der gefürchtete Nordostwind bricht los und treibt das Schiff in Richtung der nordafrikanischen Küste, die aufgrund ihrer Untiefen gefürchtet war. Die Crew tut alles, um die Fahrt zu stabilisieren, holt das Beiboot ein, setzt Treibanker, aber der Sturm tobt so heftig, dass alle die Hoffnung verlieren (V 20).

● Da ergreift Paulus das Wort (V 21-26): „Seid klug und haltet euch an Wunder“ mag er gesagt haben. **Er ermutigt die Mitreisenden aufgrund einer nächtlichen Vision, auf Gott zu vertrauen.** Er ist zuversichtlich, dass Gottes Plan aufgeht und er dem Kaiser in Rom begegnen wird. Daher wird kein Mensch im Sturm umkommen, aber das Schiff wird auf einer Insel stranden.

● Der Sturm tobt dennoch heftig weiter. Die Seeleute versuchen sogar, sich aus der Verantwortung zu stehlen, um die eigene Haut zu retten, was Paulus verhindert.

● **Inmitten des Sturmes halten sich alle aber an das versprochene Wunder der Rettung.** Sie hören auf die Mahnung von Paulus und essen sich satt. Essen, Stärkung, Gemeinschaft und ein Dankgebet – denn das Wunder kommt. Sie werden stranden und gerettet werden.

● Tatsächlich läuft das Schiff auf Grund (V 39-44), aber alle können sich retten. Der Hauptmann Julius kann die Soldaten zudem überzeugen, niemanden der Gefangenen zu töten. Damit bleiben Paulus und die weiteren 275 Menschen am Leben.

✎ *„Sei klug und halte dich an Wunder.“ Wo sehen Sie Gottes Führung in Ihrem Leben? Gibt es ein wundersames Eingreifen Gottes, für das Sie beten möchten – oder danken können?*

Mit Kap. 28 kommt die Apostelgeschichte zum Abschluss: Nach einem kurzen Aufenthalt auf Malta (V 1-10), reist Paulus nach Rom weiter (V 11-14) und kann dort unter leichter Bewachung das Evangelium verkünden (V 15-31).

● **Auf Malta und in Rom erlebt Paulus viel Gutes und große Gastfreundschaft:**

→ Die Einheimischen begegnen den Schiffbrüchigen freundlich und hilfsbereit. An einem Feuer können sie sich wärmen. Dort überlebt Paulus sogar den Biss einer Giftschlange, was auf große Verwunderung der Umstehenden stößt (vgl. Mk 16,18).

→ Gastfreundlich wird Paulus von Publius in dessen Haus aufgenommen. Als sein Vater erkrankt, betet Paulus für ihn, und der Kranke wird geheilt. Aber nicht nur er, sondern auch viele andere Kranke der Insel. Dadurch erfahren Paulus und seine Mitreisenden viel Anerkennung auf Malta.

→ Auch unterwegs werden sie herzlich aufgenommen.

● Nach dreimonatigem Aufenthalt auf Malta kommen sie schließlich in Rom an. Dort sind die Haftbedingungen für Paulus erfreulich locker: Er kann eine Wohnung beziehen, steht quasi unter „Hausarrest", wird nur von einem einzigen Soldaten bewacht und trägt vermutlich nur leichte Handfesseln. Bei seiner Ankunft wird er gleich von Menschen aus der Gemeinde in Rom begrüßt (V 15), die bereits von seiner Ankunft gehört haben. Als er sie sieht, dankt er Gott und gewinnt neue Zuversicht.

● **Neben Wundern und Gottes Wirken sind es gerade die Begegnungen mit Menschen, erfahrene Gastfreundschaft und Gemeinschaft, die Paulus auf seinem Weg ermutigen und ihm Zuversicht schenken.**

✎ *Welche Menschen geben Ihnen Kraft und Zuversicht? Danken Sie Gott für diese Menschen! Wem können Sie in dieser Woche durch eine persönliche Begegnung Gutes tun?*

● **In Rom angekommen, setzt Paulus seinen Verkündigungsauftrag fort.** Er lädt zunächst die angesehensten Juden zu sich ein, um sich vorzustellen und sein Anliegen bekannt zu machen. Warum gerade sie? Im Grunde setzt Paulus damit seine langjährige Praxis fort, sich in der Ausführung seines missionarischen Auftrags zunächst an die Juden zu wenden, um ihnen das Evangelium zu bezeugen (vgl. Apg 13,5.14; 14,1 u. ö.), obwohl er sich doch vordringlich als Missionar unter den Heiden versteht.

● Paulus geht mit seiner Situation offen um und erklärt den Anwesenden, dass er nur in Gefangenschaft wäre, weil er **die Hoffnung Israels teile,** nämlich auf die Auferstehung der Toten, die sich in Jesus erfüllt habe (V 20).

● Von den Ereignissen in Jerusalem ist in Rom nichts bekannt geworden, so stoßen die Ansichten von Paulus bei seinen Zuhörern zunächst auf großes Interesse.

● Es finden sich noch mehr Interessierte zu einem weiteren Treffen in der Wohnung von Paulus ein und bleiben den ganzen Tag. Paulus nimmt die Menschen ernst, setzt sich mit ihnen auseinander und zeigt ihnen auf, dass sich die Worte des AT in Jesus erfüllt haben (V 23).

● **Allerdings trifft die Botschaft von Jesus Christus nur bei einem Teil der Zuhörenden auf positive Resonanz.** Viele schenken ihr keinen Glauben und lehnen sie ab. Daher schließt Paulus die Begegnung für die Anwesenden geradezu provokativ, indem er die Worte aus **Jes 6,9-10 zitiert,** wonach **das Heil Gottes nun zu den Heiden komme, weil sich die Juden gegenüber der Heilsbotschaft verschlossen hätten und daher verstockt wären.**

● Zwei Jahre lang bleibt Paulus in Rom und verkündet offen und freimütig das Evangelium von Jesus Christus (V 30f). So runden die letzten Verse die Apg wunderbar ab: **Bis an die Enden der Erde, bis Rom, dem Zentrum der antiken Welt, sind Christinnen und Christen in der Kraft des Heiligen Geistes Zeuginnen und Zeugen Jesu** (vgl. Apg 1,8) – und das bis heute …

Das zweite Buch der Könige

Die vier Königsbücher (1 + 2Sam; 1 + 2Kön) bilden eine Einheit, beginnend mit Saul, dem ersten König (ca. 1020–1005 v. Chr.), und endend mit Zedekia, dem letzten König (597–587 v. Chr.; 2Kön 24,18ff) und dem Beginn der Exilszeit in Babylon (2Kön 25). Nur ca. 430 Jahre herrschen in Israel Könige. **David** (ca. 1005–965) verbindet die Süd- und Nordstämme zu einer Einheit, macht Jerusalem zur Hauptstadt. Er übergibt **Salomo** (ca. 965–926) ein befriedetes Land. Salomos Sohn Rehabeam verspielt die Einheit der Stämme, es kommt **926 zur Reichsteilung** in ein Nordreich (= Israel) und in ein Südreich (= Juda mit Jerusalem). Die Geschichte der beiden Teilreiche wird wie bei einem Reißverschluss nebeneinander erzählt (1Kön 12–2Kön 17). Das erschwert das Lesen und Verstehen der Texte.

Der Süden hat Jerusalem als Hauptstadt und den Tempel als religiöses Zentrum; die Thronnachfolge ist durch die davidische Dynastie geklärt. Die unrechtmäßige Herrschaft der Königin Atalja (845–840) ist nur von kurzer Dauer (2Kön 11). Der Norden schafft sich mit Bethel und Dan zwei Zentralheiligtümer und nach mehreren Jahren mit Samaria eine Hauptstadt (1Kön 16,23f). Aber nur selten kann eine Familie längere Zeit regieren. Ein Umsturz folgt auf den anderen. Bevor das **Nordreich** durch den **Ansturm der Assyrer 722 v. Chr. vernichtet** wird (2Kön 17), regieren zuletzt sechs Könige innerhalb von nur 25 Jahren.

Alle Könige des Nordens werden negativ beurteilt, weil sie den Tempel in Jerusalem nicht als *alleinige* Anbetungsstätte akzeptieren. Die Könige im Süden werden nach ihrem Gehorsam gegenüber dem 1. Gebot beurteilt: Haben sie im Land auf die alleinige Anbetung Jahwes geachtet oder die Fruchtbarkeitsrituale der Baalskulte erlaubt bzw. gefördert? Waren sie als Könige wie Gott Anwalt der Armen, haben sie für ihre Rechte gekämpft – oder haben sie wie andere Mächtige die Schwachen unterdrückt und ausgebeutet?

2Kön beginnt mit einem Gerichtswort des Elia, seiner Himmelfahrt und der Einsetzung Elisas als seinem Nachfolger. Die **Elisa-**

Geschichten (2Kön 2–9 + 13) erzählen mehr von seinen Wundertaten als von kritischen Worten gegen die Herrschenden. Die Propheten Amos und Hosea, die im Norden wirken, werden in 2Kön nicht erwähnt. Von den Königen im Süden sind besonders **Hiskia** (2Kön 18–20; ca. 725–697) und **Josia** (2Kön 22 + 23; ca. 639–609) zu bedenken, die jeweils eine kurze Phase geistlicher Erneuerung bewirken können, unterstützt von Jesaja bzw. Jeremia. Bei allen zum Teil chaotischen Zuständen staunt man über Gottes Treue und Fürsorge für sein Volk. Ebenso erstaunlich ist sein verzweifeltes Bemühen, durch Boten die Stämme im Norden und Süden zur Umkehr zu bewegen, um so das Gericht (Untergang und Gefangenschaft) zu verhindern. 2Kön endet mit der **Begnadigung des Königs Jojachin** durch den babylonischen König –, was zugleich ein Hoffnungszeichen ist auf eine Begnadigung Israels durch Gott nach dem Exil in Babylon (2Kön 25,27-30).

● Mit Kap. 2 enden die Geschichten über Elia. Elisa wird sein Nachfolger. Von Anfang an erweist er sich als mit der gleichen göttlichen Vollmacht ausgestattet. Wie Elia will er, dass Jahwes Einzigartigkeit und Ausschließlichkeit auch im Nordreich Israel respektiert wird, vor allem durch den König. Im Unterschied zu Elia jedoch zeigen die von Elisa berichteten Wunder mehr Fürsorge gegenüber den betroffenen Menschen.

→ Elia bedeutet „Jahwe ist mein Gott", Elisa „Mein Gott rettet".

→ Elia wirkte während der 22 Jahre der Regierung Ahabs und der zwei Jahre dessen Sohnes Ahasja. Seine Entrückung nach dem Tod Ahasjas (Kap. 1) fällt ungefähr in das Jahr 850 v. Chr.

● In V 1ff fällt die Hartnäckigkeit auf, mit der Elisa seinem Lehrmeister auf den Fersen bleibt:

→ Dreimal fordert Elia seinen Schüler zum Zurückbleiben auf (V 2.4.6). Dreimal beharrt Elisa darauf, bei ihm zu bleiben.

→ Zweimal wird er von Prophetenschülern auf Elias bevorstehende Entrückung aufmerksam gemacht. Seine Antworten zeigen: Er weiß genau, warum er Elia nicht verlässt. Er ist berufen und bereit, in die Fußstapfen seines Lehrmeisters zu treten.

→ Damit erfüllt sich, was Gott Elia in dessen Verzweiflung (1Kön 19,14-18) deutlich gemacht hat: Gottes Geschichte hängt nicht vom Erfolg oder Misserfolg eines Einzelnen ab. Er selbst behält die Fäden in der Hand.

→ Entsprechend ist das letzte Wunder Elias (Teilung des Jordans, V 8) auch das erste Wunder Elisas (V 14).

● Elisas treue und zuverlässige Begleitung mag Anlass dafür sein, dass Elia ihm eine letzte Bitte erfüllen will (V 9).

→ „Zwei Anteile" entsprechen dem Erbanteil des erstgeborenen Sohnes (5Mose 21,17).

→ „Schweres" (V 10) deutet an, dass Elia selbst nicht darüber verfügen kann.

● Elisa trauert zeichenhaft um Elia (Zerreißen der Kleidung) und übernimmt sofort die neue Verantwortung.

● Die in der Bibellese übersprungenen drei Geschichten im Anschluss an den Dienstantritt Elisas (Kap. 2) charakterisieren sein Wirken: Hilfe, Fluch, Unterstützung im Kampf. Die helfende Seite Elisas kommt nun beispielhaft in Kap. 4 zur Sprache.

● Die Szene gibt einen Einblick in die Frühzeit der Prophetie und die damaligen Lebens- und Arbeitsverhältnisse.

→ Um die namhaften Propheten wie Elia und Elisa scharte sich jeweils ein Kreis von Schülern oder Anhängern („Prophetenjünger", wörtl. „Söhne der Propheten", so schon 2,3.5).

→ Diese konnten verheiratet sein und Familie haben.

→ Die Männer und ihre Familien wurden wahrscheinlich durch Gaben aus der Bevölkerung, die den Propheten verehrte, unterstützt.

→ Der Tod eines Prophetenjüngers führt dazu, dass dessen Familie nicht mehr versorgt ist.

→ Die Familienangehörigen müssen sich in solchem Fall verschulden, um sich nicht dem Hungertod auszusetzen.

→ Geldverleiher konnten die Notlage ausnutzen und die hinterbliebenen Kinder (gegen 3Mose 25,39) zur Zwangsarbeit nötigen.

● Elisa erkundigt sich bei der Frau nach dem, was vorhanden ist, und gibt dann Anweisungen, was damit geschehen soll. Dass die Frau, ohne zu zögern, zur Tat schreitet, zeigt ihr uneingeschränktes Vertrauen zur Vollmacht Elisas.

→ Auf wunderbare Weise vermehrt sich das Öl, bis alle vorhandenen Gefäße gefüllt sind.

→ Die gewonnenen Vorräte reichen aus, um die Schulden zu bezahlen und die Familie durch die weitere Not hindurchzubringen.

> ✎ *Das Wunder, mit dem Elisa hilft, zeigt deutliche Parallelen zum Brotvermehrungswunder Jesu (Mk 6,30ff). Welche Gemeinsamkeiten können Sie erkennen?*

● Elisa will mit dem Wunder nicht die Gottesfurcht des Verstorbenen belohnen (V 1), sondern zur Gottesfurcht ermutigen.

● Die Geschichte von der Heilung Naamans ist manchen noch aus der Kindheit bekannt. Deshalb soll hier nur auf das eingegangen werden, worüber man beim näheren Hinsehen stolpern kann:

→ Der König von Aram (= Syrien) war Ben-Hadad II. Er führte mit dem Nordreich Israel immer wieder Krieg: im Bund mit dem judäischen König Asa schon gegen Bascha (1Kön 15,16-20), während der ganzen Regierungszeit Ahabs (1Kön 20; 22) bis hin zu Joram.

→ Die Aufforderung des syrischen Königs (V 6) geht von seinem kulturellen Selbstverständnis aus. Wenn andere seinen Befehl ausführen, gilt das so, als ob er es selbst getan hätte.

→ Davon unterscheidet sich offensichtlich die Königskultur Israels. Joram ist kein Gott-König wie Ben-Hadad. Sein Ärger entspricht seiner regelmäßig gezeigten Einstellung: Er erwartet nichts von Jahwe und grenzt sich stattdessen von Elohim („Gott“, Gottheit, V 7) ab. Er sieht sich überfordert und versteht das Ansinnen als Provokation.

→ Naamans Erkrankung an Aussatz muss noch leicht gewesen sein. Sonst hätte er nicht mit dem König und anderen noch direkten Kontakt pflegen und reisen können. Es dürfte sich deshalb auch nicht um Lepra gehandelt haben.

● Elisa will (wie Elia) mit der Heilung Naamans belegen, dass Jahwe stärker ist als die Götter der Nachbarvölker. Das hat Naaman absolut verstanden (V 15). Sein Herz gehört fortan Jahwe, den er seinem Kulturraum entsprechend als den Territorialgott Israels versteht. Dafür nimmt er zeichenhaft ein Stück Boden aus dessen Territorium mit. Elisa lässt ihn bewusst gewähren und im Frieden ziehen.

● Der Gott Israels ist kein Territorialgott. Er lenkt die Geschicke seines Volkes genauso wie die der Völker. Auch Siege und Niederlagen der Aramäer bis hin zum Thronwechsel in Damaskus (Kap. 8; 1Kön 19,15) sind sein Werk (V 1). Der König Israels soll damit zur Einsicht und Umkehr bewegt werden.

● **Ps 30 wird zum jüdischen Chanukka-Fest gesungen,** das zur Erinnerung an die Wiederherstellung des Jerusalemer Tempels im Jahr 164 v. Chr. gefeiert wird (2Makk 10,8). Feindliche Mächte hatten den Tempel auf schreckliche Weise geplündert und entweiht. Das ist nun vorbei. Ps 30 – eigentlich das Lied eines Einzelnen – konnte wunderbar die Empfindungen der Tempelgemeinde zum Ausdruck bringen.

✎ *Schlagen Sie im Anhang Ihrer Bibel die Zeittafel auf und verfolgen Sie die Ereignisse um 170 v. Chr.!*

● **V 2-4 schildern die Rettung des Beters.** Er war lebensbedrohlich erkrankt und erlebte eine vollständige Gesundung, die er als Gebetserhörung begreift. Die Feinde (V 2b) sind vermutlich diejenigen, die seine Krankheit als Folge von Sünden erklären und sich so über ihn erheben wollen. Aber diese Leute haben nicht recht, denn Jahwe selbst hat den Beter „aus der Tiefe gezogen“, wie man einen Eimer aus einem tiefen Brunnen heraufzieht.

● **Das Gotteslob soll nicht privat bleiben, alle sollen mit einstimmen** (V 5-6). Nach der erlebten Rettung schrumpft die Leidenszeit im Rückblick zu einem „Augenblick“, die Größe der Gnade Gottes überstrahlt fortan das Leben (Jes 54,7f).

● V 7-11 berichten ausführlicher. Es ging ihm gut, Jahwe hatte sein Leben gesegnet (V 8). War er hochmütig geworden? **Die Tatsache seines Absturzes kann der Beter nur mit dem Wegschauen Jahwes beschreiben – und dieses bleibt unerklärbar.** Er ringt mit Jahwe und benutzt dabei ein absurdes Argument (V 10) – klar, der Sinn der menschlichen Existenz ist das Lob Gottes (Eph 1,12); aber ist Gott denn auf uns angewiesen?

● Der Beter erlebt eine vollständige Verwandlung (V 12). Größte Festfreude ist nun angesagt (Jer 31,13). **Er weiß nun: Krankheit und Leid können der Gnade Gottes nicht wirklich widersprechen** (vgl. Joh 11,4).

● Der jahrzehntelange Krieg zwischen dem Nordreich Israel und den Aramäern wurde nicht nur in großen Schlachten geführt, sondern auch durch Anschläge und Überfälle eindringender „streifender Rotten“ (V 23). Deren Hinterhalte gingen nun aber ins Leere, weil die Männer Jorams durch die Warnungen Elisas auf der Hut waren.

● Damit bekommt auch Ben-Hadad in Damaskus das Wirken des Propheten Elisa und somit die Macht des Gottes Israels direkt zu spüren. Seinen anfänglichen Verdacht, einen Verräter in den eigenen Reihen zu haben, muss er entsprechend korrigieren, weil einer seiner Offiziere um Elisas Fähigkeiten weiß (V 11f).

● Die folgende Strafexpedition gegen Elisa sollte zur Lehrstunde nicht nur für die Aramäer werden. Auch der israelische König bekommt eine Lektion über Gottes Macht und wie man Feindschaft durch Barmherzigkeit in Frieden verwandelt (V 22f).

● Zweimal geht es um Blindheit und Sehfähigkeit:

→ Elisas Diener ist vor Angst geblendet, als er die aramäischen Heerscharen sieht. Auf Elisas Bitte öffnet ihm Gott die Augen zum Sehen im Glauben: die sonst unsichtbare, übermächtige Unterstützung durch die Heerscharen Gottes (V 17).

→ Dotan liegt ca. 15 Kilometer nördlich von Samaria auf einer die Ebene beherrschenden Anhöhe. Sie wird von den himmlischen Heerscharen rundum geschützt.

→ Umgekehrt blendet Gott auf Bitte Elisas hin die Augen der Aramäer, als sie nach Dotan vordringen, sodass sie die Realität verkennen und sich in ihrer Blindheit der Führung Elisas nach Samaria, der Hauptstadt des Nordreichs, überlassen. Dort erst sind sie zum Sehen der Realität wieder fähig: ausgeliefert.

● Wenn wir das, was wir erleben, geistlich wahrnehmen und verstehen wollen, ist der Glaube entscheidend: das feste Vertrauen, auf der Seite Gottes zu stehen. Der Unglaube sieht und überschätzt die menschlichen Möglichkeiten von Macht und Geld und lässt sich von ihnen blenden.

● Elisa ist inzwischen lange schon tot (vgl. 13,14ff). Die Erzählperspektive wechselt jetzt zum Südreich Juda in der 2. Hälfte des 8. Jahrhunderts, in die Zeit der über 50-jährigen Regentschaft Usijas. Da dieser an Aussatz erkrankt war (15,5), wirkte sein Sohn Jotam als Mitregent und nach ihm Ahas. Ahas fällt durch seine Götzenpraxis negativ auf (V 3f).

● Nach dessen Regierungsantritt kam es zu erneuten Kämpfen mit dem Nordreich. König Pekach von Samaria wollte zusammen mit Rezin, dem König von Damaskus, Ahas zu einer Koalition gegen den Assyrerkönig Tiglat-Pileser nötigen.

→ Erfolglos belagerten sie deswegen Jerusalem (V 5).

→ Jedoch wurde der Südteil des Landes den Judäern entrissen und unter edomitische Herrschaft gestellt (V 6).

● In dieser Situation verbündet sich Ahas mit dem gemeinsamen Gegner Assur. Um sich Tiglat-Pileser glaubwürdig zu unterwerfen, übersendet er ihm reichen Tribut aus dem Tempelschatz und seiner eigenen Schatzkammer (V 7f).

✎ *Beim Propheten Jesaja wird diese Geschichte aus der Gegenperspektive berichtet. Lesen Sie Jes 7,1-9. Was hätte Ahas anders machen sollen?*

● Als weiteres Zeichen seiner Unterwerfung lässt Ahas den Jerusalemer Tempelkult mit einem neuen Altar an die Götterwelt der Schutzmacht anpassen.

→ Der Priester Uria gilt in Jes 8,2 als „treuer Zeuge" Jesajas, führt den Befehl des Königs jedoch loyal aus.

→ Der neue Kult scheint ein Kompromiss. Die Form und Maße waren dem heidnischen Vorbild angepasst. Aber es wurde immer noch dem HERRN geopfert (vgl. demgegenüber 2Chr 28,22-25).

● Ein Kompromiss scheint manche Konflikte vorübergehend lösen zu können. Die Glaubensprobe hat Ahas damit nicht bestanden. Neue Konflikte sind vorprogrammiert.

● Der Regierungsantritt Hoscheas läutet nach zwei Jahrhunderten Abwegen nun die letzten Jahre des Nordreichs Israel ein. Wie einige Vorgänger ist Hoschea durch einen Putsch an die Macht gekommen (Kap. 15,30; vgl. 9,14; 12,21; 14,19; 15,10.14f.25). Der Niedergang bahnte sich lange an.

→ Ohne Begründung fällt das negative Urteil über Hoschea geringer aus als über seine Vorgänger.

→ Entgegen seinen Interessen unterwirft er sich dem heranziehenden neuen Assyrerkönig Salmanassar V. (727–722 v. Chr.) und leistet ihm jährlichen Tribut (V 3).

→ Durch eine Allianz mit Ägypten sucht er die assyrische Vorherrschaft und die drückende Abgabenlast wieder abzuschütteln. „So" könnte sich auf den damaligen Pharao Osorkon IV. beziehen.

→ Hoschea kommt in Arrest und die Hauptstadt Samaria wird nach mehrjähriger Belagerung eingenommen (722 v. Chr.). Die Bevölkerung wird in andere assyrische Provinzen zwangsumgesiedelt (V 4-6). Sargon II., der am Ende der Belagerungszeit die Nachfolge des verstorbenen Salmanassars übernommen hat, dokumentiert, dass Samaria zur assyrischen Provinzhauptstadt wird.

● V 7ff: Mit der Wegführung der Bewohner des Nordreichs in weit entfernte Provinzen vollzog Gott das längst angekündigte Gericht an seinem abtrünnigen Volk. Allen Warnungen der Propheten zum Trotz hatten sie sich an die kultischen Bräuche der heidnischen Nachbarvölker angepasst. Weil sie sein wollten wie andere, haben sie ihre Besonderheit als auserwähltes Gottesvolk aufs Spiel gesetzt und sich mit der Überschätzung der nichtigen Götzen selbst der Nichtigkeit preisgegeben (V 15).

✎ *Die zurückliegenden Geschichten zeigen, dass Anpassung an eine gottferne Umwelt Hand in Hand mit mangelndem Gottvertrauen geht. Sehen Sie in der Gegenwart ähnliche Tendenzen?*

● Die assyrische Politik war radikal. Die Bevölkerung Israels wurde nicht nur weggeführt, sondern ausgetauscht. Das Nordreich wird zur Provinz Samarien mit fremder Bevölkerung, die aus dem Osten Mesopotamiens stammte.

→ Samaria und Samarien ist im Hebräischen das gleiche Wort.

→ Die Hauptstadt gibt auch der Provinz den Namen.

● Die neue Bevölkerung bringt die religiösen Praktiken ihrer Herkunftsländer mit. Diese stehen weiter in Konflikt mit dem Anspruch des Gottes Israels im bisherigen Nordreich. Es bleibt sein Land!

→ Jahwe – von den Assyrern als Territorialgott verstanden – wehrt sich durch Löwen.

→ Zu seiner Besänftigung wird ein ehemaliger Priester Israels in das Land zurückversetzt. Er soll die neuen Bewohner mit der Jahwe-Verehrung bekannt machen.

→ Ergebnis: Jahwe wird nur zusätzlich zu den andern Gottheiten verehrt (V 33.41). Das unterscheidet sich wenig von den Verhältnissen im ehemaligen Nordreich. Die Exklusivität des Jahwe-Glaubens konnte von einem Priester des Nordreichs auch kaum vertreten werden.

● V 34-39 fassen die wesentlichen Merkmale des Bundes Gottes mit Israel und den damit verbundenen Anspruch und Widerspruch zur neuen Situation zusammen:

→ Jakob steht dabei als Namensgeber für Israel als Volk und als Land einschließlich dem Nordreich (V 34).

→ Die darstellende Beurteilung geht von der Perspektive des Südreiches aus und belegt die Nachhaltigkeit der Veränderungen.

● Die neue Bevölkerung ist in der Folgezeit zum Volk der Samaritaner geworden. Sein Mischglaube stellt später einen wichtigen Grund für die Ablehnung seitens der aus dem Exil zurückgekehrten Judäer und für die Konflikte beim Wiederaufbau Jerusalems dar.

● In ihrem Selbstverständnis halten sich die Samaritaner in der späteren Geschichte bis hin zu Jesus für die wahren Jahwe-Verehrer. Auch nach 2.700 Jahren bleiben die Differenzen.

● Die vorherigen Kapitel wechseln zwischen beiden Teilen des Volkes Gottes, Juda und Israel. Nachdem in Kap. 17 der Untergang des Nordreichs Israel geschildert wird, knüpft unser Text nun mit Hiskia an Kap. 16 an.

● Hiskia ist gleichsam das Gegenteil seines Vaters. Ahas biederte sich der Großmacht Assyrien an und förderte den Götzendienst in Juda. Er „tat nicht, was dem HERRN wohlgefiel" (16,2). Dagegen haben die Königebücher kaum ein höheres Lob für einen König zu vergeben als für Hiskia.

● **Hiskia zeichnet sich aus durch:**

→ **religiöse Reformen** (V 4). Neben anderen Götzen beseitigt er auch die eherne Schlange (vgl. 4Mose 21), die zu einem Götzenbild geworden war. „Nehuschtan" ist ein Wortspiel aus „Kupfer" und „Schlange".

→ **sein Gottvertrauen** und seine Treue gegenüber Gottes Geboten (V 5). Auch andere Könige Judas werden positiv beurteilt, doch sein enormes Maß an Gottvertrauen zeichnet Hiskia besonders aus.

→ **seine Opposition gegen Assyrien** (V 7f). Motiviert aus seiner Gottestreue, die Kompromisse gegenüber den Assyrern nicht zulässt, und vermutlich ermutigt durch einen Machtwechsel in Assyrien, enthält er der Großmacht die Tributzahlungen vor. Auch seine Aktion gegen die Philister passt in diesen Zusammenhang. Gott schenkt – zunächst – Erfolg.

● V 9-12 zeigen, wie gefährlich die Auflehnung gegen Assyrien war. Keine Macht damals hatte den Assyrern etwas entgegenzusetzen. Andererseits zeigen V 9-12 auch, wie notwendig Hiskias Gottestreue war. Die Verse sind fast wörtlich Kap. 17 entnommen. Das Nordreich ging nicht wegen der Assyrer unter, sondern weil sie Gott die Treue gebrochen hatten. Und Juda war auf demselben Weg (17,19). **Hiskia ist ein großer Hoffnungsträger.**

✎ *Wo erleben Sie, dass Ihr Glaube in Konflikt gerät mit anderen Verpflichtungen? Wie gehen Sie damit um?*

✎ *Wann haben Sie sich zuletzt von bombastischem Gehabe einschüchtern lassen?*

● **Der Feldzug Sanheribs**, den er in seinem vierten Regierungsjahr gegen abtrünnige Kleinstaaten im Westen seines Reiches unternahm, ist in Quellen gut belegt. Er machte sie wieder tributpflichtig und setzte ihm ergebene Regenten ein. Nachdem er u. a. Tyrus und die Philisterstädte unter seine Kontrolle gebracht hatte, stand er vor Jerusalem und hatte Hiskia eingeschlossen „wie ein Vogel in seinem Käfig“, so die Inschrift auf dem berühmten Sanherib-Prisma.

● Hiskia zahlt den **geforderten Tribut**, ein für ihn seltener Beleg mangelnden Gottvertrauens. Und ohne den gewünschten Erfolg, denn Sanherib zieht nicht ab, sondern schickt ein großes Heer und ranghohe Gesandte, um die **Kapitulation** zu verhandeln.

● Hiskia entsendet ebenfalls drei Beamte zum Verhandlungsplatz außerhalb der Stadt. Wortführer der Assyrer ist der Rabschake, der sich in der jüdischen Tagespolitik gut auskennt, der aber fälschlich den Gott Israels auf eine Stufe stellt mit den Göttern der anderen unterlegenen Staaten. Seine **Argumente**:

→ Militärisch ist Juda chancenlos – so wie Ägypten, das erfolglos versucht hatte, sich Sanherib entgegenzustellen. Und Juda hätte nicht einmal genug erfahrene Reiter, wenn man ihnen die Pferde zum Kampf stellen würde (V 21 + 23f).

→ Durch seine Reformen habe Hiskia Gott erzürnt, sodass dieser selbst zur Strafe die Assyrer geschickt habe (V 22 + 25).

● Die jüdischen Gesandten mahnen die in der Diplomatie übliche Sprache Aramäisch an, um nicht die anwesenden Streitkräfte zu **demoralisieren**. Doch genau das gehörte zur assyrischen Strategie. Der Rabschake malt den Männern ein rosiges Bild von Kapitulation und Deportation. Das Exil wird beschrieben wie das Gelobte Land. Vor allem aber können sie sich laut dem Rabschake weder auf Hiskia noch auf dessen Gott verlassen.

● Der Druck ist unerträglich. Der Beter erlebt Gewalt durch Menschen (V 9), die jegliche Humanität verloren haben (V 10). Er fühlt sich hoffnungslos unterlegen (V 11f). Zugleich fürchtet er sich davor, selbst Fehler zu machen (V 5) und gewalttätig zu werden (V 4). So schreit er seine Not zu Gott (V 1) und begibt sich zum Tempel, um dort Schutz (V 8) und Recht zu bekommen (V 2.15).
● **Es war Brauch in Israel, sich bei schwierigen Rechtssachen an die Priester im Tempel zu wenden, um deren Rechtsprechung mit der Autorität eines Gottesurteils zu erbitten** (5Mose 17,8f). V 8b bezieht sich auf die Engelsgestalten über der Bundeslade im Allerheiligsten, die die schützende Gegenwart Jahwes symbolisieren (2Mose 37,7f; Ps 36,8). Wer sich in dieses Asyl begibt, kann keine Geheimnisse haben (1b.3). Er weiß sich vor Jahwe und den Menschen vollständig im Recht. Vermutlich wird der Beter im Tempel übernachten (V 3.15), um auf seine Rehabilitation zu warten.
● **Der Beter fleht um das direkte Eingreifen Jahwes gegen die Feinde** (V 13). In V 14 gibt es große Unterschiede bei den Übersetzungen. Die Lutherbibel beschreibt das beunruhigende Rätsel, dass Gott die Übeltäter trotz allem wunderbar versorgt. Zutreffender dürfte die Zürcher Bibel sein: „Was du gegen sie bereithältst, damit stopfe ihren Bauch." Der Urteilsspruch soll die Täter also von innen heraus zerstören, sodass auch die Nachkommen getroffen werden (V 14c vgl. 2Mose 20,5). Die Härte dieser Aussage erschüttert uns. Doch geht es hier nicht um Hass, sondern um den verzweifelten Appell an die Gerechtigkeit Jahwes.
● Diese ersehnt der Beter für sein Erwachen am neuen Morgen, für den neuen Tag, für ein neues Leben vor Gott in seliger Vollendung (V 15). **Hier blitzt die Botschaft des NT auf, die in Jesus Christus die Herrlichkeit Gottes schaut und den Anbruch des neuen Tages feiert** (vgl. Joh 1,14; 21,4).

Hören, Reden und die Deutungshoheit

● Zweimal **hört** Hiskia die Worte der Assyrer, zweimal geht er daraufhin in den Tempel. Not macht ihm nicht nur die bedrückende militärische Lage, sondern auch, dass durch die Lästerungen der Assyrer das Ansehen Gottes beschädigt wird. Seine Hoffnung: Gotte möge **hören** und angemessen **antworten**.

● Jesaja bestätigt: Gott **hat gehört** und wird die Assyrer etwas **hören lassen**, das sie zur Rückkehr in ihr Land veranlasst. Zweimal in den folgenden Versen zerschlägt sich aber diese Hoffnung. Der Rabschake **hört** etwas über den Kampfverlauf, kehrt zu Sanherib zurück, lässt aber offenbar sein Heer vor Jerusalem zurück. Sanherib **hört** etwas über den Pharao, kehrt aber nicht in sein Land zurück, sondern schreibt abermals an Hiskia. Jesajas Verheißung erfüllt sich nicht sofort, sondern erst nach einer weiteren Zeit der Unsicherheit.

● In seiner zweiten Nachricht bezichtigt Sanherib nicht mehr Hiskia, sein Volk zu betrügen (18,29), sondern Gott selbst sei es, der Hiskia betrüge (V 10). Hiskia habe **gehört**, wie wenig die anderen Götter im Lauf der vergangenen Jahrzehnte gegen die Assyrer ausrichten konnten. Warum solle ausgerechnet sein Gott helfen können?

● V 15 ff: Diesmal wendet sich Hiskia direkt an Gott, nicht über den Propheten als Mittler.

→ Hiskia beginnt mit Anbetung Gottes. Gott ist nicht Werkzeug des assyrischen Königs, sondern steht über allen Königreichen.

→ Hiskia klagt Gott die Gotteslästerung des Assyrers und dass die Umstände ihn zu bestätigen scheinen. Doch die anderen Götter konnten nicht helfen, bekennt Hiskia, denn sie waren tote Objekte.

→ Hiskias Bitte: Gott möge Jerusalem retten um der Ehre Gottes willen.

✎ *Vergleichen Sie das Lied „Welch ein Freund ist unser Jesus" von J. M. Scriven mit Hiskias Haltung!*

● Als Hiskia Sanheribs gotteslästerliche Worte hört, reagiert er mit einem Gebet im Tempel. Gott hört Hiskias Worte und reagiert mit einer Nachricht an den Propheten Jesaja.

→ V 21-28 sind ein **Spottlied auf den assyrischen König**. Seine ganze inhaltsleere Großspurigkeit wird darin vor Augen geführt. V 23f ist typische assyrische Prahlerei, wie sie auch sonst aus deren Chroniken bekannt ist. Doch selbst das bedrängte Jerusalem wird den assyrischen König verlachen. Denn nicht gegen Hiskia oder Jerusalem hat er gelästert, sondern gegen Gott. Nicht Sanherib wird über Gott triumphieren, sondern er war schon immer Gottes Werkzeug, und wegen seiner Vermessenheit wird Gott ihn wegführen, wie man Vieh führte oder wie die Assyrer ihre Gefangenen abführten.

→ **Gottes Nachricht an Hiskia:** Die Wiederherstellung des Landes kommt. Sie wird Zeit brauchen – eine normale Zeitspanne von Aussaat, Pflanzen und Ernte, bis die Versorgung mit Lebensmitteln wieder normal funktioniert. Aber sie wird dauerhaft sein: Der Rest der Bevölkerung wird im Land Wurzeln schlagen und Frucht bringen.

→ Die **Nachricht über den König von Assyrien** (V 32ff) lautet, dass er Jerusalem nicht wird einnehmen können. Mehr noch: Es wird nicht einmal zum Angriff kommen. Zwar waren wohl assyrische Truppen vor der Stadt, doch Sanherib war noch bei Libna und hatte Jerusalem noch nicht angegriffen.

● V 35ff berichten die **Erfüllung von Jesajas Prophetien**. Die unglaublich große Zahl an Soldaten, die durch den „Engel des HERRN" über Nacht getötet werden, ist nicht leicht zu erklären. Doch auch assyrische Quellen belegen, dass Sanherib nach Ninive zurückkehrte, ohne Jerusalem eingenommen zu haben. Misserfolge wurden in der Regel entweder ganz verschwiegen oder wenigstens nicht lange erörtert. Etwa zwanzig Jahre später wurde Sanherib von zwei Söhnen ermordet – ausgerechnet im Tempel konnte sein Gott ihn nicht beschützen.

● Nach dem frommen König Hiskia regierte sein Sohn Manasse, der alle Reformen seines Vaters zunichtemachte. Zu seiner Zeit kündigte Gott den Untergang Judas an (21,11ff), den selbst ein König wie **Josia, Enkel Manasses und einer der frömmsten und besten Könige, die Juda je hatte,** nur noch hinauszögern, aber nicht mehr verhindern konnte. Er fing bereits in seinem achten Regierungsjahr an, Gott zu suchen, und stieß in seinem zwölften Regierungsjahr religiöse Reformen an (2Chr 34,3). Das Buch Könige setzt in seinem achtzehnten Regierungsjahr ein.

● In Josias Regierungszeit fiel der **Niedergang der Großmacht Assyrien** innerhalb von nur etwa zwanzig Jahren. Assyrien wurde abgelöst von den Babyloniern. Diese hatten zu Josias Zeit ihre Macht noch nicht so weit in den Westen ausgeweitet, sodass Juda und andere Kleinstaaten in der Region relativ frei waren.

● **Bau und Instandhaltung des Tempels** waren im Orient eine Aufgabe des Königs, an der auch seine Qualität als König gemessen wurde. Das System der „Kollektenkästen" am Eingang des Tempelhofes, das hier erwähnt wird, wurde von König Joasch eingeführt (Kap. 12).

● Im Rahmen der von Josia angeordneten Instandhaltungsarbeiten übergibt der Hohepriester Hilkija dem Schreiber Schafan **„das Buch des Gesetzes"**. In der Bibel wird so das 5. Buch Mose bezeichnet oder große Teile daraus, in dem dargelegt wird, wie das Volk Israel im Gelobten Land leben soll – sozusagen das Grundgesetz des damaligen Volkes Israel. Wie lange es verschollen war, wird nicht berichtet. Der Schreiber Schafan übergibt dem König „ein Buch". König Josia erkennt sofort die Bedeutung des Buchs und veranlasst, dass der HERR befragt wird.

✎ *Sind Ihnen Situationen bekannt, in denen jemand von Gottes Wort getroffen war und sofort etwas in seinem Leben verändert hat?*

● Die gesamte von Josia beauftragte Delegation geht zur **Prophetin Hulda,** um den HERRN zu befragen. Warum Josia bzw. die Delegation Hulda auswählte, lässt der Text nicht erkennen. Außer Hulda werden im AT noch die Prophetinnen Mirjam, Debora und Noadja erwähnt (2Mose 15,20, Ri 4,4, Neh 6,14). Andere bekannte Propheten zur Zeit Josias waren Jeremia und Zefanja.

● Huldas Botschaft hat zwei Teile:

→ Das **Unheil über Juda und Jerusalem** ist beschlossen, da über Generationen hinweg das Volk den Bund mit Gott gebrochen hat (V 16f). Zentral für das Verständnis ist das 5. Buch Mose als Vertragsdokument zwischen Gott und Israel. „Alle Worte des Buchs" nimmt wohl vor allem 5Mose 28 in den Blick, die „Vertragsbedingungen" (Segen und Fluch).

✎ *Welche Sünden werden im Text hervorgehoben? Welches der Zehn Gebote fällt Ihnen ein, gegen das die Israeliten damit besonders verstoßen haben?*

→ Weil **König Josia** sich gedemütigt hat vor Gott, wird das **Unheil nicht zu seiner Zeit** kommen. Damit steht Josia u. a. in einer Reihe mit Ahab, der das Unheil über sein Haus hinauszögern konnte, weil er sich vor Gott demütigte (1Kön 21,27ff). Verwunderlich ist die Aussage, er werde „mit Frieden" in sein Grab kommen, da Josia im Kampf getötet wurde. Doch die eigentliche Zusage ist: Er wird den Untergang seines Reiches nicht miterleben.

● Nicht zufrieden mit dem Status quo und der eigenen positiven Prognose, nimmt Josia seine Führungsrolle wahr und lässt das Volk den **Bund mit Gott erneuern.** Eine Bundeserneuerung fand auch z. B. unter Josua statt (Jos 24). Das Bundesbuch mit den Gesetzen wird vorgelesen (nach 5Mose 31,10ff sollte es eigentlich dem Volk regelmäßig vorgelesen werden). Danach tritt der König stellvertretend für das Volk in den Bund mit Gott ein und das Volk bestätigt den Bundesschluss.

● Josia leitet **kultische Reformen** zur Abschaffung des Götzendienstes ein.

→ **Lokal** beginnen sie im Tempel, erstrecken sich auf Jerusalem und Umgebung, ganz Juda und schließlich auch das Nordreich, dessen Bewohner bereits im Exil sind. Dort gab es bereits seit der Abspaltung von Juda in Bethel ein Heiligtum und eine eigene Form des Götzendienstes, die „Sünde Jerobeams", die sich wie ein roter Faden durch die Geschichte des Nordreichs zieht. Mit der Zerstörung dieses Heiligtums erfüllt Josia eine rund dreihundert Jahre alte Prophetie (1Kön 13).

→ **Keine Form fremden Götzendienstes wird toleriert** – ob assyrisch (Sonne, Gestirne), kanaanäisch (Baal, Aschera) oder vermeintlich Jahwe-treu („Höhen" V 8, Bethel V 15ff). Frappierend ist, welche Rolle gerade Könige bei der Einführung des Götzendienstes gespielt hatten und wie viel davon sich im Tempel fand. Das meiste dürfte auf das Konto von Ahas und Manasse gehen.

→ Auffallend ist auch die **Gründlichkeit**, mit der Josia vorgeht. Sie gleicht der, die man heute z. B. bei einer Ebola-Krise an den Tag legen würde. Kultobjekte und -stätten werden entweiht, zertrümmert, verbrannt, zermahlen, verstreut, bis nichts mehr da ist. In V 6 + 14 + 16 geht es nicht darum, Gräber zu schänden, sondern die Kultstätten durch den Kontakt mit Totengebein endgültig kultisch unbrauchbar zu machen.

● Als weitere Maßnahme lässt Josia das **Passa in Jerusalem** feiern. Das Passa war eines der drei jährlichen Wallfahrtsfeste (5Mose 16,1-8). Das Fest war über Jahrhunderte nicht in Jerusalem gefeiert worden. Auch z. B. Hiskia hatte ein Passa feiern lassen (2Chr 30). Josias Passafest sticht durch seine unbedingte Befolgung von 5Mose hervor.

✎ *Wo können wir uns heute die Kompromisslosigkeit Josias zum Vorbild nehmen? Was ist nicht in unsere Zeit übertragbar?*

● **Josia tat, was er aus Gottes Wort als richtig erkannt hatte,** obwohl er damit auf lange Sicht die Situation nicht retten konnte. Das sehr positive Fazit über sein Leben und seine Regierung (V 25) steht in starkem Kontrast zur Bestätigung, dass sein Wirken nicht nachhaltig sein konnte.

✎ *Welche Erneuerungsbewegungen aus der Geschichte fallen Ihnen ein? Was trug zu ihrem Erfolg oder ihrer Kurzlebigkeit bei?*

● Im Jahr 609 v. Chr. zog Pharao Necho nach Norden, um die Assyrer gegen die Babylonier zu unterstützen. An Juda hatte er zunächst kein Interesse, doch war der durch Josia verursachte Aufschub ärgerlich für ihn. Warum sich Josia ihm entgegenstellte, bleibt offen. Doch Josias Heer hatte gegen die Ägypter keine Chance. **Josia wurde im Kampf getötet** und in Jerusalem begraben.
● **Joahas** war nicht Josias ältester Sohn. Mutmaßlich wählen die Bürger des Landes ihn aus wegen seiner anti-ägyptischen Haltung. Er regiert nur drei Monate, bevor Necho ihn absetzt und nach Ägypten bringen lässt. Insgesamt regieren drei Söhne Josias in Jerusalem. Allen dreien wird bescheinigt, dass sie taten, „was dem HERRN missfiel".
● Besonders negativ erscheint **Eljakim/Jojakim,** der elf Jahre regierte. Er wird von Necho eingesetzt und kooperiert so lange wie nötig. Beide Namen bedeuten das Gleiche, die Namensänderung diente lediglich der Machtdemonstration durch Necho. Durch Josias fehlgeschlagene Militäraktion ist Juda nun ägyptischer Vasall. Jojakims Regierungszeit fällt in die Wirkungszeit Jeremias, und Jer 26 + 36 geben ein beredtes Zeugnis von Jojakims mangelnder Gottesfurcht und despotischer Regierung. Dazu passt, dass er den von Necho geforderten Tribut scheinbar gewaltsam vom einfachen Volk eintreiben lässt, während er aufwändig seinen Palast ausbaut (Jer 22,13ff).

● **Die Lage im Gottesvolk ist kritisch: Die Treue zu Jahwe und zu seinen Geboten nimmt ab.** Lüge, Betrug und Fake-News greifen um sich. Nicht nur die Kommunikation ist gestört, sondern massive soziale Verwerfungen sind zu befürchten (vgl. Am 2,6ff; Mi 7,2ff). Es scheint eine einflussreiche Schicht im Volk zu geben, die jeden Anstand verloren hat. Sie beanspruchen für sich die Meinungsführerschaft und halten sich für unangreifbar (V 5). Ihr Hochmut ist für den Beter unerträglich. Die Gläubigen flehen um Hilfe und sehnen sich nach Jahwes Eingreifen (V 4).

● V 6 zitiert ein Gotteswort, das vermutlich durch einen Propheten in die Gemeinde hineingesprochen wird. **Der Gott Israels tritt mit Leidenschaft für die Armen und Entrechteten ein.** Dies gilt immer, bekommt aber durch das Wort **jetzt** (V 6b) eine unmittelbare Aktualität. Jahwe greift **jetzt** ein zur Hilfe für die Entrechteten und zum Trost für die betende Gemeinde. Sein Wort ist Aktion, sein Wort wirkt.

✎ *Paulus schreibt davon, dass uns das Heil „heute", „jetzt" zuteilwird. – Lesen Sie 2Kor 6,2 und auch Lk 4,19.21!*

● V 7-9 sind die Antwort auf das Gotteswort: **Der Beter preist die Verlässlichkeit und Reinheit des Wortes Gottes, das Not und Trauer und Sehnsucht heilt.** Dazu verwendet er ein Bild aus der Werkstatt des Silberschmieds. Der Psalm endet mit einer sehr nüchternen Bemerkung (V 9). Die Bibel rechnet insgesamt mit der andauernden Bosheit der Menschen (1Mose 6,5; 8,21; Ps 14,1f; Mi 3,2). Die Gebote Gottes stehen als Bollwerk gegen das Böse, haben aber nur eine begrenzte Kraft (Röm 7,18f). **Weil Menschen immer wieder scheitern, ist Gott mit Jesus Christus auf ganz neue Weise in die Weltgeschichte eingetreten, um die Macht des Bösen zu brechen** (1Joh 3,8).

Die drei letzten Könige Judas

● V 1-7: Die elfjährige Regierungszeit **Jojakims** wird in wenigen Versen zusammengefasst. Weiteres lässt sich 2Chr 36,5-8 und Jer, z. B. 22,13f; 26 + 36; Dan 1,2 und auch außerbiblischen Quellen entnehmen. 605 v. Chr. siegt Nebukadnezar über Assyrien und Ägypten und nimmt nach einigen Jahren Juda ein. In einer ersten Welle werden Bürger Judas nach Babel deportiert, u. a. Daniel. Jojakim wird Vasall Nebukadnezars (2Chr 36,6f). Drei Jahre später fühlt er sich ermutigt zur Rebellion. Er stirbt infolge der Rache Nebukadnezars unter etwas schleierhaften Umständen (vgl. Jer 22,18ff).

● Welche menschlichen Agenten die Räuberscharen beauftragt haben, lässt uns der Bibeltext nicht wissen.

● V 8-17: Im Jahr 598 v. Chr. übernimmt **Jojachin** den Thron. Nebukadnezar steht bereits vor Jerusalem. Seit Hiskias mutiger Standhaftigkeit (Kap. 18f) haben sich die Vorzeichen geändert. Gott wird nicht retten, und Jojachins schnelle Kapitulation bedeutet Schadensbegrenzung. Später rät Jeremia Zedekia zu dem gleichen Schritt. Dennoch ist der Verlust für Juda groß. Fast die gesamte Führungsschicht, Handwerker und kriegstüchtige Männer, werden nach Babylon deportiert, unter ihnen Hesekiel. Auch ein Großteil der Tempelschätze wird mitgenommen. Von der Pracht der salomonischen Zeit ist nichts übrig. Selbst wichtige Ereignisse werden nun nach einem heidnischen König datiert (V 12).

● V 18-19: Auch **Zedekias** elfjährige Regierung wird nur knapp gestreift. Jeremia lässt einen schwachen König erkennen (vgl. z. B. Jer 38), Spielball unterschiedlicher Interessen, der oft seine Meinung änderte.

✎ *Die Könige Judas, Nebukadnezar oder Gott – wer führt letztlich den Untergang herbei? Was können wir daraus über Gottes Umgang mit der Welt und unsere Verantwortung lernen?*

● Die etwa anderthalbjährige leidvolle Zeit der Belagerung wird nur angedeutet (V 3). Mit fast emotionsloser Exaktheit wird dann **die völlige Zerstörung Jerusalems** dokumentiert. Zeitangaben, bis dahin nur in Jahren angegeben, werden auf den Tag genau gemacht. Nachdem die Stadtmauer von Norden durchbrochen ist, fliehen König und Gefolgsleute, werden aber bald gefasst.

→ **Zedekia** wird vor Nebukadnezar der Prozess gemacht, alle Thronanwärter hingerichtet, der König geblendet und deportiert. Nebukadnezar hält sich in der nordsyrischen Stadt Ribla auf.

→ **Tempel, Palast** und alle größeren Häuser Jerusalems werden verbrannt, die **Stadtmauern** geschleift. Jerusalem ist nun keine Stadt mehr!

→ Große Teile der **Bevölkerung** werden nach Babylon **deportiert.** Übrig bleiben solche, die das Land bestellen konnten.

→ Alles **Wertvolle** am Tempel wird nach Babel verbracht. Die Aufzählung V 13-17 gleicht der ursprünglichen Liste der Tempelausstattung in 1Kön 7,15ff.

→ Eine Reihe **ranghöherer Personen** wurde hingerichtet, möglicherweise zur Abschreckung, aber auch, damit niemand blieb, um einen möglichen Widerstand anzuführen.

● Der Dienst am Tempel ist nicht mehr möglich, der große Teil der Bevölkerung im Exil – **Juda ist „weggeführt aus seinem Land"** (V 21). Dasselbe steht als Fazit der Geschichte des Nordreichs (17,23).

✎ *Dieses Szenario war durch Mose angekündigt und von Propheten vorhergesagt worden (5Mose 28,15ff; 2Kön 21,10-15; 2Kön 22,15ff). Über Generationen hatte Juda Gott missachtet.* ***Im NT redet Jesus in Mt 23,34–24,3 ganz ähnlich*** *(Erfüllung: 70 n. Chr. mit der endgültigen Zerstörung des Tempels). In Offb 21 erfahren wir, wie das Thema „Jerusalem" zu seinem Ende kommt. Was zeigt das über Gottes Wesen? Was ist das Tröstliche an der ganzen Geschichte für uns?*

● Die Zerstörung Jerusalems und Deportation schienen der absolute Tiefpunkt, doch **Juda hat die Talsohle noch nicht erreicht.** Jer 40,7–43,7 führt die dramatischen Ereignisse nach dem Fall Jerusalems aus.

→ Die Babylonier setzen **Gedalja als Statthalter** über die verbliebene Bevölkerung ein, unterstützt von einer Administration aus Judäern und Babyloniern („Chaldäern"). Gedalja stammt aus einer einflussreichen Familie (22,3 + 14). Sein Vater Ahikam schützte Jeremia (Jer 26,24). Offenbar hatte Gedalja mit einer pro-babylonischen Haltung das Vertrauen der neuen Herrscher gewonnen. Das Volk soll unter seiner Leitung das Land bewirtschaften. Die Babylonier brachten keine anderen Völker in eroberte Gebiete. Gedaljas Verwaltungssitz Mizpa lag einige Kilometer nördlich von Jerusalem.

→ Die Motive für **Jismaels Attentat** sind unklar, doch mehr als ein Terrorakt ist den Judäern zu der Zeit nicht möglich. Das angerichtete Blutbad ist größer, als unser Text vermuten lässt (Jer 41,1-15).

→ Das Volk fürchtet die Reaktion der Babylonier und beschließt – entgegen einer Botschaft Gottes durch Jeremia (Jer 43,1ff) –, nach Ägypten zu fliehen. Es ist eine **Umkehrung des Exodus.** Der im Land verbliebene Rest des Volkes Gottes kehrt ins Land seiner Sklaverei zurück! Auch Jeremia muss gegen seinen Willen mit den Fliehenden ziehen.

● Als alle Hoffnung für die Existenz des Volkes Gottes zunichte zu sein scheint, schließt das Buch zumindest mit einem **Hoffnungsschimmer:** Der davidische König Jojachin wird nach 37 Jahren im Exil begnadigt. Er hat keinen Thron, keinen Palast, kein Land, kein Volk. Es wird hier kein glanzvolles Bild beschrieben. Aber der „König von Juda" (V 27) lebt und ist frei. Nie mehr regierte seither ein Nachfahre Davids als König in Jerusalem. Doch Jesus ist ein Nachfahre Jojachins (Mt 1,11) und zog als „Sohn Davids" bejubelt in Jerusalem ein (Mt 21,9).

Die Bücher Esra und Nehemia

Die Bücher Esra und Nehemia sind lange gemeinsam als ein Buch überliefert worden. Noch Hieronymus (347–420 n. Chr.) nennt in seiner lateinischen Bibelübersetzung (Vulgata) Nehemia den „2. Esra". Die beiden Bücher schildern den Wiederaufbau der jüdischen Gemeinde **nach dem babylonischen Exil** (587–539 v. Chr.), also die Geschichte von etwa 100 Jahren (ca. 538–440 v. Chr.).
Israel steht unter der Herrschaft der Perser. Es hat keine eigene politische Macht mehr, ist nur noch eine religiöse Gruppierung, eine Kultgemeinde, in deren Mitte (nach dessen Wiederaufbau) der Tempel und das Gesetz als Lebensordnung stehen. Anders als die Assyrer und Babylonier zwingen die Perser ihre unterworfenen Völker nicht, sich ihrer Götterverehrung anzuschließen, sondern fördern umgekehrt deren religiöse Besonderheit und Eigenständigkeit, etwa beim Neubau des Tempels und der Durchsetzung religiöser Reformen. 539 v. Chr. hatte Königs Kyros (Perser), der Babylon erobert hatte, ein Edikt erlassen: Die Juden dürfen zurück nach Jerusalem, um den Tempel aufzubauen. Dies wurde und wird als Erfüllung der Verheißung von Jer 25,11 und 29,10 gesehen.
Die Bücher Esra und Nehemia bestehen jeweils aus zwei Teilen. Der erste Teil behandelt den äußeren Wiederaufbau (Tempelneubau: Esra 1–6 und Wiederaufbau der Stadtmauern Jerusalems: Neh 1–7), der zweite Teil konzentriert sich auf den **inneren** Wiederaufbau (Esra 7–10; Neh 8–13: Bundeserneuerung, Verpflichtung auf das Gesetz, Durchführung der Reformen). Eine äußere Erneuerung ohne eine neue innere Festigung nützt nichts. Deshalb die vielen Gebete in beiden Büchern. Auffallend ist, dass die entscheidenden Anstöße für die Neugestaltung des geistlichen Lebens in Jerusalem von Menschen **aus der jüdischen Diaspora in Babylon** kommen; dafür stehen die Namen **Esra und Nehemia.**
Wie sehr dieser Neustart auf Gottes Segen und seiner Treue ruht, zeigt sich daran, dass es jeweils Widerstände und Intrigen gegen Tempel- bzw. Mauerbau und die Reformbemühungen gibt (Esra 4, Neh 2; 4 + 6), diese aber durch Gebet und Gottes Hilfe überwun-

den werden. Bei allen Maßnahmen steht die Genehmigung des Perserkönigs am Anfang und eine gottesdienstliche Feier am Ende (Esra 1,2 + 6,19-22; 7,11ff + 8,35-9,15ff; Neh 2 + 8–10): Loyalität dem persischen Herrscher gegenüber und Anbetung des wahren Gottes, der häufig „Gott des Himmels“ genannt wird (Esra 7,12 u. ö.).

Der wichtigste Text in beiden Büchern ist Neh 8–10, der Bericht von Bundesschluss, Verlesung der Thora (= 5 Bücher Mose), Neuverpflichtung aller auf Gottes Wegweisungen und Feier des Laubhüttenfestes. Es ist sinnvoll, diesen Text zwischen Esra 8 und 9 zu lesen, da so der vermutlich historische Ablauf besser erkannt wird. Die harten Umsetzungen mancher Gesetzesforderungen am Schluss beider Bücher erstaunen einerseits (Neh 13,1-22: Durchsetzung der Sabbatheiligung, Reinigung des Tempels) und erschrecken andererseits (Esra 10 und Neh 13,23ff: Verbot bzw. Auflösung von Mischehen). Ihr Ziel ist es, den jüdischen Glauben vor inneren und äußeren Gefährdungen zu bewahren.

Da die Könige fehlen, bekommen die Priester und Schriftgelehrten immer größeren Einfluss. Die Tendenz zur „Gesetzesreligion“ ist deutlich zu erkennen. Das Einhalten des Gesetzes wird wichtiger als das Vertrauen und die Liebe zu einem persönlichen Gott. Erst mit Jesus bekommt die Gottesbeziehung wieder eine völlig neue Basis.

Gott greift ein!

● Einer der berühmtesten Erlasse der Geschichte: **539 v. Chr. ordnete der persische Großkönig Kyros an, dass die Juden in ihr Land zurückkehren dürfen.** Grund seiner liberal/tolerant wirkenden Erlaubnis war zweierlei: Zum einen wollte er einen Puffer zwischen Ägypten und seinem Reich schaffen und erhoffte sich von „Einheimischen" eine höhere Verteidigungsbereitschaft. Zum anderen wollte er die Götter der besiegten Völker dazu bringen, für ihn und sein Königtum zu beten. Es ist also keinesfalls mit heutiger Liberalität zu vergleichen.

● Schon im ersten Vers wird deutlich, wem das Volk Israel die Heimkehr zu verdanken hat: Äußerlich gibt Kyros die Erlaubnis, in (geistlicher) Wirklichkeit ist es **Gott, der handelt**: Der HERR („Jahwe") erweckte den Geist des Kyros (V 1).

● Auch wenn in Esra mehrfach von **„Gott des Himmels"** die Rede ist, ist dieser – jedenfalls für die Juden – nicht mit dem „Höchsten Gott" der persischen Großkönige (Ahura-Mazda) gleichzusetzen. „HERR" bezeichnet den Gott, der Israel aus Ägypten geführt hat, den Gott der Befreiung aus der Knechtschaft (2Mose 3,15).

● Gottes Fürsorge für sein Volk ermöglicht zweierlei: Zum einen wird der Tempelbau erleichtert, indem die (heidnischen!) Nachbarn durch ihre Gaben (V 4) aushelfen müssen; auch die geraubten Tempelschätze werden zurückgegeben (V 7ff). Auf der anderen Seite wird den Heimkehrenden die Rückkehr erleichtert, indem ihnen „Gut und Vieh" zum Lebensunterhalt gegeben wurde.

✎ *In 2Mose ab Kap. 7 und besonders 12,35ff wird der Auszug aus Ägypten beschrieben. Wo sind Parallelen und was ist damals anders gewesen?*

✎ *Die Israeliten haben lange warten müssen, bis Gott dann aber sichtbar in die Geschichte eingreift. Haben Sie Vergleichbares selbst schon einmal erlebt?*

Ich fange wieder neu an!

● 1.500 Kilometer lagen zwischen dem Exil und der heimatlichen Erde. Das braucht seine Zeit. Es wird mit einer **Reisezeit** von 4 Monaten zu rechnen sein (vgl. V 7,8.9). Das war nicht ungefährlich, denn es hatte sich sicherlich herumgesprochen, dass einiges an Wertgegenständen mit auf dem Zug war. Vermutlich war es nicht ein großer Zug, sondern Karawanen zogen familienweise.

● Der vorexilische Kalender feiert im 7. Monat das **Neujahrsfest.** Während des Exils war der Neujahrstag auf das Frühjahr verlegt worden. Jetzt knüpft man an der alten Tradition an. So versammelt man sich in Jerusalem als Volk, besinnt sich der geistlichen Tradition Israels und fragt nach Gottes Geboten.

● Bald nach der Ankunft begann man mit der **Reinigung des Volkes.** Dies ist alttestamentlich der erste Schritt, um mit Gott wieder Kontakt aufzunehmen. Zu den rituellen Waschungen gehören die Opfer. Deshalb wird ein Brandopferalter gebaut (V 2).

● 10 Tage später feierte man den **Versöhnungstag** (Jom Kippur). Nun sind die geistlichen Voraussetzungen für den Tempelbau geschaffen.

● Deshalb können als Nächstes die **bautechnischen Voraussetzungen** geschaffen werden (V 7). Dann folgen die verwaltungstechnischen Schritte (V 8f).

● Es folgt die **Grundsteinlegung** (V 10ff). Esra legt Wert darauf zu beschreiben, wie der Bau des 2. Tempels vergleichbar dem Tempel unter Salomo gewesen ist (vgl. 2Chr 2).

● Wie für Juda damals, so ist heute für uns Christen die Bitte um Vergebung unabdingbar. Denn ohne Bitte um Vergebung gibt es keine Vergebung durch Jesus.

● Jubel und Trauer kamen beide zu Wort – das Lob Gottes aber überwog (V 13).

✎ *Wo müsste ich an gute, geistliche alte Traditionen anknüpfen und mein Leben mit Gott wieder mit neuem Leben füllen?*

Gegenwind

● **„Volk des Landes“** ist in der Zeit vor dem Exil die Bezeichnung des Volkes Israel, das nicht in der Hauptstadt Jerusalem wohnte – Unterprivilegierte. Nun nach der Rückkehr nach Juda ändert sich der Sprachgebrauch: „Volk des Landes“ sind nun Menschen, die nach der assyrischen Vertreibung im Nordreich angesiedelt worden waren. Oft hatten sie neben ihren eigenen Göttern zusätzlich auch die „ortsansässigen“ Gottheiten übernommen. So war eine Mischreligion entstanden, die uns aus der Zeit Jesu als „Samaritaner“ bekannt sind. Sie versuchen, den Tempelbau mitzubestimmen. Als die Juden, die sich als **das** auserwählte **Volk Gottes** betrachten, das Ansinnen ablehnen, verhindern sie durch Desinformation beim König Kyros den Weiterbau. Rund 15 Jahre (bis 521) kommt der Bau des Tempels zum Erliegen. Dies schildert V 24.

● V 6-23 schildern eine historisch spätere Situation (nach 485). Es geht um die Stadtmauern. In beiden Fällen wird deutlich: Gegenwind! Der Brief ist in aramäisch verfasst, der damaligen Verwaltungssprache.

● **„Ahasveros“** in V 6 ist mit Xerxes I. gleichzusetzen.

● Die **Vorwürfe an Gottes Volk** sind:

→ V 9f.12: Wir sind zu Recht hier. Jerusalem ist jetzt unsere Stadt!: Die Juden dringen in unser Gebiet ein!

→ V 12: Sie stehen in der Tradition einer aufrührerischen Stadt.

→ V 13: Dem Staat geht Geld (Steuern) verloren.

Erfolgreich, denn der Bau der Stadtmauer wird eingestellt.

● Keine fremde Situation. **Christen bekommen Gegenwind**: Früheres Fehlverhalten wird vorgeworfen (Kreuzzüge usw.), alte Rechte sollen entzogen werden (z. B. Bekenntnisschulen) und es wird den Kirchen reiner finanzieller Antrieb unterstellt (Kirchensteuer). Weisen wir Christen bei Angriffen auf unseren Glauben an Jesus auf ihn, unseren Heiland, voll Leidenschaft hin? Hätten die frommen Juden stärker protestieren sollen? Gott hat sein Ziel und bringt sein Volk dorthin. Auch mal auf Umwegen.

● **Dass Gott schweigen könnte, wenn er um Hilfe ruft, das ist die schlimmste Befürchtung des Beters.** Dann wäre er von Gott verlassen (Ps 22,2), dann sähe er den Tod vor sich, dann würde er zu denen gehören, deren Leben in Gottlosigkeit vorzeitig vergehen muss (V 1b). Aber so weit soll es nicht kommen. Flehend wendet er sich zum Tempel, wo die rettende Gegenwart Jahwes zu erfahren ist.

✎ *Das Aufheben der Hände als Gebetshaltung begegnet öfter in der Bibel (Ps 63,5; Klgl 3,41; 1Tim 2,8), in 2Mose 17,8ff kommt es zu einem Dauergebet mit erhobenen Händen. Was drückt diese Gebetshaltung aus?*

● **Der Beter grenzt sich ab von gottlosen Heuchlern und ihren Untaten** (V 3). Jahwe möge ihn als untadelig erkennen. Die Übeltäter aber möge er zur Rechenschaft ziehen. Hier ist nicht von einem „selbsttätigen" Tun-Ergehen-Zusammenhang die Rede (Ps 7,13-17). Der Beter geht vielmehr davon aus, dass Jahwe selbst sich als aktiver Richter offenbart. Gottlosigkeit darf keine Zukunft haben (V 5)!

● Jahwe hat das Flehen (V 2.6) gehört, nun hat er geholfen und seine Macht unter Beweis gestellt! **Dankbar, fröhlich, jubelnd singt der Beter sein Lied.** Wie viel Zeit zwischen V 5 und V 6 verstrichen ist, wissen wir nicht, auch nicht, wie Jahwe geholfen hat. **So können viele Beter mit vielen unterschiedlichen Rettungserfahrungen in dieses Danklied einstimmen.**

● Der Beter weiß sich geborgen in der Gemeinschaft des Gottesvolkes (V 8). Dort ist Jahwes Stärke zu erleben, äußerlich sichtbar in der Gabe des Königtums (vgl. 1Sam 8,22; 10,1). Die Fürbitte für das Gottesvolk (V 9) öffnet den Horizont auf die Ewigkeit. Dies und die Anspielung auf das Hirtenamt (Ps 23; vgl. Joh 10,11ff) weisen ins NT hinein. **Mit Jesus Christus ist die Rettung des Menschen aus dem Tod** (V 1) **ganz neu in Erscheinung getreten** (Röm 8,33f).

Durch Widerstände hindurch zum Ziel

● **15 Jahre war der Bau am Tempel zum Erliegen gekommen.** Vielleicht kam zu den äußeren Faktoren noch dazu, dass die zurückgekehrten Juden auch mit dem Aufbau der eigenen Existenz zu kämpfen hatten. Aber **Gott lässt nicht locker.** Er gibt fast gleichzeitig zwei Propheten den Auftrag, das Volk zu ermahnen und zu ermutigen, den Tempelbau wieder aufzunehmen: Sacharja (ab April 520, Sach 1,1) und Haggai (ab August 520, Hag 1,1). Die in Kap. 3,2 schon eingeführten Jeschua (Priesterfamilie) und Serubbabel (ziviler Führer?) tauchen hier nochmals auf. Wie dort sind sie auch hier die treibenden Kräfte des Tempelbaus.

● **Der nächste Tiefschlag** lässt nicht lange auf sich warten. Tattenai, der offizielle Vertreter der Perser „jenseits des Euphrats“ (meint von Babylon aus gesehen also den westlichen Teil des persischen Großreiches), unternimmt eine Inspektionsreise und untersucht die Bautätigkeit der Juden. Es überrascht vermutlich nicht nur uns heute, dass, anders als in Kap. 4, der Bau nicht eingestellt wird. Tattenai will zwar die Verantwortlichen mit Namen genannt bekommen, aber **der Bau steht unter dem Schutz Gottes** (V 5: Gottes Augen waren über ihnen). Der Bericht des Statthalters fällt sachlich aus. Die Beschreibung des Baues zeigt Parallelen mit 1Kön 7,11f und zeigt, dass gut und stabil gebaut wurde (V 8). Die Quintessenz des Briefes ist die Frage: Hat es den Befehl des Kyros gegeben, den Tempel zu errichten? **Der Bau aber darf währenddessen weitergehen.**

✎ *Wie schnell gebe ich bei Widerständen auf?*

✎ *Wo werden uns in der Bibel weitere Berichte gegeben, wo äußere Widerstände von Gott beseitigt wurden – gegen allen ersten Anschein?*

✎ *Habe ich es auch erlebt, dass Widerstände nicht zum Zusammenbruch, sondern zum Segen für mich wurden?*

Gottes wunderbare Führung

● Die Verantwortlichen in Jerusalem werden die eine oder andere schlaflose Nacht gehabt haben. **Was würden die Schreiber in Babel finden?** Die kurze Beschreibung in 6,1f macht die Gründlichkeit deutlich. Nachdem es in Babel keine Unterlagen gab, suchte man in der Sommerresidenz des Königs Kyros. Dort wurde man fündig und alles wurde bestätigt.

● **Kyros hatte den Befehl gegeben,** den Tempel auf den alten Grundmauern zu errichten. Die weiteren Maße sind jedoch größer als der salomonische Tempel (vgl. 1Kön 6,2). Das Wort Gottes geht so in Erfüllung (vgl. Hag 2,9).

● Übergangslos geht es aus dem alten Bericht in den neuen Befehl über. Die neuen Herrschenden orientieren sich an dem Wort des Kyros. **Die Juden bekommen die erneute Erlaubnis.** Neben diesem großen Wunder wird ihnen auch aus den Steuereinnahmen der Gegend westlich des Euphrats der Bau finanziert (V 8). Auch Opfergaben sollen ihnen zur Verfügung gestellt werden. Und es wird per Strafe verboten, diesen Erlass zu übertreten.

● Darius will den Völkern ein Stück weit Eigenständigkeit zurückgeben und will, dass für ihn vor den Göttern des unterworfenen Gebietes gebetet wird.

● In V 14 wurde der König Artaxerxes I. später eingefügt (wie in 4,7). Er regiert erst rund 50 Jahre später. Jedoch gehört er in die Reihe der Könige, die dem Volk Gottes helfen, in Israel wieder „anzukommen".

● Wie beim Auszug aus Ägypten das erste Passafest gefeiert wurde, so jetzt mit der Fertigstellung des Tempels am 12. März 515 nach 4 Jahren wieder.

✎ *Welch großen Gott haben wir, der die Gedanken der Herrschenden lenken kann wie Wasserbäche (vgl. Sprüche 21,1). Wo wünschen wir uns heute, dass Gott die Herzen der Herrscher wie Wasserbäche lenkt?*

Gott loben – das ist unser Amt!

● 538 war die erste Gruppe nach Jerusalem und Umgebung zurückgekehrt, hier treffen wir **458**, also rund 60 Jahre später, auf eine **zweite Rückkehrwelle.** (In der Zwischenzeit – zwischen Kap. 6 und 7 – liegen die Ereignisse, die im Buch Esther beschrieben sind.) Jetzt erst taucht der Namensgeber des Buchs auf: **Esra.** Sein Name ist die Kurzform von Asarja – und damit ist sein Name Programm der letzten 6 Jahrzehnte: „Der HERR hat geholfen". Wer war dieser Esra? Er stand in der Gunst des Königs, war aber keiner seiner Angestellten. Er war **Schriftgelehrter** und konnte sich über seine Herkunft als **Priester** bezeichnen. Der persische König macht Esra zum **Religionsbeauftragten** für das Gebiet um Jerusalem.

● Esra bekommt **Geldspenden** aus drei Quellen: aus des Königs Schatzkammer, aus der Hand der Reichen (Nichtjuden) in Babel und auch aus der Hand der in Babel verbleibenden Juden.

● Nicht weniger wichtig sind die Reiserechte (V 13), der offizielle Auftrag (V 14), das Recht, den Gottesdienst im Tempel zu gestalten (nach dem alten mosaischen Gesetz – V 18), das Recht, aus Steuereinnahmen Geld und Waren zu beziehen, und der Auftrag, jüdisches Recht durch die Einsetzung von Richtern durchzusetzen. Eine **Blankovollmacht!** Auch wird die Zuwiderhandlung mit Strafandrohung untersagt.

● Und Esra? Dankt er dem König? Jubelt er den jüdischen Auswanderern zu? Nein! Ab jetzt taucht er auch in persönlicher Rede auf. **Er beginnt zu beten, dankt Gott für sein Eingreifen und lobt ihn, dass er Könige bewegt hat.**

✎ *Stopp! Dieser Tag geht nicht weiter, ohne dass ich mir überlegt habe, was Gott für mich gestern (oder wenn abends: heute) getan hat! Und dann will ich ihm dafür danken! Besonders fällt mir die Vergebung Jesu ein. Auch dafür will ich danken!*

● Der Tempelbau war ins Stocken geraten. 536 waren die Fundamente gelegt worden (Esra 3,10). Längst war Gras darüber gewachsen.

● 16 Jahre später beginnt mit **Haggai** ein neuer Aufbruch. Er spricht das Führungstandem an, den Statthalter **Serubbabel** und den Hohepriester **Jeschua**. Als Prophet spricht er das Wort des HERRN in die aktuelle Situation hinein. Drei Kennzeichen seiner Rede fallen auf:

→ **Klarstellung** (V 2-7.9-11): Die Heimkehrer sagten: „Jetzt noch nicht! Wir müssen erst selbst Boden unter den Füßen bekommen, dann können wir uns dem Tempelbau widmen.“ Missernten schienen ihnen in dieser Rangordnung recht zu geben. Haggai stellt dagegen klar: Die schlechte Ertragslage ist nicht der Grund für den Aufschub, sondern die Folge (V 11). Wenn die Prioritäten falsch gesetzt werden, darf man sich nicht über dürftige Ergebnisse wundern. Man kann scheinheilige oder einsichtige Gründe vorschieben, um den eigentlichen Auftrag zu verschieben. Gott zuerst – das muss die Richtung sein.

→ **Klare Ansage** (V 8): Haggai redet nicht um den heißen Brei herum. Sehr konkret sagt er, was zu tun ist und wo etwas zu holen ist. Seine Hörer verstehen, was er meint.

→ **Klare Zusage** (V 12-14): Das Wort Gottes findet Gehör und Gehorsam. Gott wird ernst genommen, das meint die Gottesfurcht. So gibt Haggai die klare Zusage Gottes weiter: Ich bin mit euch. Das zeigt sich an der Motivation, die er schenkt, dem Willen und der Begeisterung für die Arbeit.

● Die Wiederaufnahme der Bauarbeiten war so eindrücklich, dass das genaue Datum genannt wird, der 21. September 520. 23 Tage hat es gedauert, bis Haggais Botschaft in die Tat umgesetzt wurde.

✎ *Zuerst Gott. Das kann eine ziemliche Zumutung sein. Aber sie hat eine Verheißung. Lesen Sie Mt 6,33.*

● Der letzte Tag des Laubhüttenfests war gekommen, an dem man Gott für die Ernte dankt. Wie wird den Alten zumute sein, die sich noch an den ersten Tempel erinnern konnten (V 3)? **Musste ihnen der gegenwärtige Anblick nicht den Mut zum Weiterbauen nehmen?**

● Haggai hat ein Gespür für die Menschen in dieser Lage. Der Prophet ist auch Seelsorger. Sie brauchen Vergewisserung. „Bleibt dran, gebt nicht auf, auch wenn ihr so wenig seht; seid getrost!“, ist Gottes Botschaft an die Mutlosen. Wie Holz, das nachgelegt wird, damit das Feuer nicht ausgeht, sind Haggais Worte.

● Der Prophet erinnert einerseits an die **Tradition,** die Geschichte Gottes mit seinem Volk. Was er ihm beim Auszug aus Ägypten zugesagt und auch erfüllt hatte, soll jetzt wieder geschehen. Ebenso spricht er ihm Mut zum Weiterarbeiten zu, ganz ähnlich hatte es David einst zu Salomo gesagt (1Chr 28,20). Kern der Ermutigung ist die Zusage, dass Gottes Geist unter seinem Volk bleiben wird (V 5). Sie sollen sich darum nicht von dem dürftigen Baufortschritt einschüchtern lassen.

● Andererseits übermittelt Haggai eine **Vision** (V 6-9). Der Tempelbau wird weltweite Auswirkungen haben. So klein es jetzt aussieht, so groß wird es werden. Die Völker werden ihre Schätze und Kostbarkeiten beibringen (Vgl. Jes 60,5-7.13; 66,12). Gott selbst will sein Haus voll Herrlichkeit machen. Er hat das Zeug dazu, denn Gold und Silber gehören ihm. Jerusalem soll ein Ort des Friedens werden.

● Gerade in Zeiten, wo es düster und dürftig aussieht, sind Visionen wichtig. **Der Blick über den Ist-Zustand hinaus hilft gegen die Entmutigung.** Auch die Gemeinde kann ohne eine Vision ihrem Auftrag nicht nachkommen.

✎ *Der Tempel als Ort des Friedens: Im NT nimmt Jesus Christus diesen Platz ein. Lesen Sie dazu Mk 14,58; Joh 2,19-21.*

● Genau zwei Monate nach seinem Auftritt beim Laubhüttenfest, am **18. Dezember 520,** meldet sich Haggai wieder zu Wort.

● V 10-14: Zunächst wird der Prophet aufgefordert, bei den Priestern nachzufragen. Sie waren die Experten für die Deklaration von rein und unrein. Die schlimmste Verunreinigung war die Berührung einer Leiche (4Mose 19,11.22). Haggai stellt fest: So ist es auch mit dem Volk und allen seinen Opfern auf dem provisorischen Opferaltar. Sie sind **unrein.**

● Was ist der Grund für diese Feststellung? Einige Ausleger sehen das Problem in der Beteiligung der Samaritaner am Tempelbau. Die Judäer können nicht heilig sein, wenn sie **unheilige bzw. unreine Leute** mitarbeiten lassen, die andere Götter verehren. Andere Ausleger sehen den Grund im **früheren Ungehorsam** der Judäer vor der Wiederaufnahme der Arbeit (1,5-11). Ungehorsam trennt von Gott. **Die besten Opfer bringen nichts, wenn nicht das Herz mit ihnen in Einklang ist.**

● V 15-19: Haggai stellt den Unterschied zwischen einst und jetzt heraus. **Früher,** vor der Wiederaufnahme der Arbeiten, war es dürr und dürftig, doch ab **jetzt** – ausdrücklich wird das Datum genannt – fließt spürbar der Segen.

● V 20-23: Die letzte Botschaft ist eine messianische Prophetie. Sie gilt **Serubbabel.** Er wird Knecht genannt. Das war nicht nur ein Vorzugstitel für David, sondern auch für seinen verheißenen Nachfolger. Auch die Aussage „ich habe dich erwählt" spricht dafür. Einzigartig ist, dass Gott Serubbabel wie einen Siegelring halten will. Dieser dient zur Beurkundung und als Echtheitserweis. So soll durch Serubbabel deutlich werden, dass Gott seine durch Haggai gemachten Zusagen einlösen wird – trotz aller Wirren der Geschichte (V 22).

✎ *Serubbabel wird in der Liste der Vorfahren Jesu erwähnt, Mt 1,12. Was könnte der Grund dafür sein?*

● Mit 176 Versen in 22 Strophen ist Psalm 119 der längste in der Bibel. In immer neuen Formulierungen bejubelt er die Herrlichkeit des Wortes Gottes. Dabei ist die pädagogische Absicht unverkennbar (V 9): **Wer sich an die Weisungen Gottes hält, hat ein glückliches Leben** (V 1f).

● Fast der ganze Psalm ist in der Ich-du-Struktur als Gebet geschrieben. Ein einzelner Beter spricht sich bittend, reflektierend, meditierend vor dem großen Du Jahwes aus. Viele Wiederholungen wirken auf den ersten Blick ermüdend. Doch dann spürt man: **Der Beter übt sich ein in das Wort Gottes.** Er will die Weisungen Gottes bewahren und nicht vergessen (5Mose 6,6f; Jos 1,8; Kol 3,16). Er bewegt sie in seinem Herzen (Ps 1,2; 37,31; 40,9). **So ist Ps 119 viel mehr als ein „Gesetzespsalm": Er lehrt uns, das Wort Gottes so zu hören, dass wir in ihm Gott selbst begegnen** (Joh 1,1; 8,31).

● Das Thema **Gerechtigkeit** ist der rote Faden in V 137-144. Fünfmal kommt der Begriff vor. Angesichts des Unrechts in der Welt vertraut der Beter darauf, dass Jahwe für umfassende Gerechtigkeit einsteht (V 142.144). Wo dies offensichtlich nicht der Fall ist, gerät der Beter in Wut und Angst (V 139.143). **Dann hält er sich vertrauensvoll fest am Gesetz Jahwes. Dies wird wahrer und stärker sein als alles, was dagegenspricht!**

✎ *Der Beter zählt sich zu den Geringen (V 141), die oft verachtet, aber auch unterschätzt werden. Von wem wird dies auch berichtet? Vgl. 1Sam 9,21; 10,27; Jes 53,3; Ps 22,7f!*

● Der Beter gibt uns Einblick in die sehr persönliche Färbung seines Glaubens. Als „dein Knecht" (V 140) sieht er sich in inniger Beziehung zu Jahwe. **Seine Liebe zum Wort ist zugleich Liebe zum Geber des Wortes** (1Joh 5,3). **So wird Psalm 119 für uns zur Schulung in der Nachfolge Jesu Christi** (V 144; vgl. Joh 6,68).

● Nehemia hat es im Exil zu etwas gebracht. Der Mundschenk ist eine einflussreiche Position (V 11). Dennoch ist kein Gefühl überlegener Distanz zu spüren. Im Gegenteil, das Schicksal von Gottes Volk treibt ihn um (V 2).

● Es erstaunt, dass sich Nehemia **setzte** (V 4) und wohl vier Monate lang (2,1) fastete und betete. Eigentlich ist er ein Mann der Tat, doch er sucht Gott und wartet geduldig auf Gottes Zeitpunkt.

● Sechs der elf Verse sind Gebet. Es ist die Antwort auf ernüchternde und nicht lösbare Probleme; Vorbild einer ehrlichen und realistischen, dennoch mutigen und hoffnungsvollen **Gebetshaltung.**

● Nicht mit dem brennenden Anliegen, mit Jammer oder Selbstmitleid, **beginnt das Gebet.** Nehemia richtet seinen Blick auf Gottes Wesen. Was Luther hier als „schrecklicher Gott" (V 5) übersetzt, beschreibt seine ehrfurchtsgebietende Macht.

● Nur die Gehorsamen können Gottes Treue einfordern (V 5) – gerade damit kann Israel jedoch nicht auftrumpfen (V 6f). Drei Dinge geben **Hoffnung,** wo es nichts mehr zu hoffen gibt:

→ Der Blick auf Gottes Wesen.

→ Der Blick auf Gottes Treue und Macht in der Vergangenheit (V 10).

→ Der Blick auf Gottes Verheißungen (V 8f). Nehemia kennt Gottes Wort.

● Erstaunlich das Ende von V 6: „und **ich** und meines Vaters Haus". Nehemia hätte leicht ein paar schwarze Schafe nennen können. Doch er entgeht der Spirale gegenseitiger Verurteilungen und Spaltungen.

Erweckung beginnt da, wo sich ein Mensch nicht im Zwielicht der Sünder, sondern im hellen Schein des heiligen Gottes erkennt.

✎ *Ein Mundschenk ist kein Maurer. Auf den ersten Blick sind Nehemias Position und sein Herzensanliegen, die Stadtmauer Jerusalems aufzubauen, unvereinbar. Doch Nehemia betet und entdeckt sein Potenzial. Was ist Ihr konkretes Herzensanliegen? Und Ihre Gaben?*

● Das Gebet richtet Nehemias Herz fest auf Gott aus. Nicht Verzweiflung, sondern Gewissheit erfüllt ihn. Den Dialog mit dem König wird er unzählige Male in Gedanken durchgesprochen haben. Es ist kein wehmütiger Wunschtraum, sondern ein **durchdachtes Projekt**. Das zeigen die konkreten Wünsche in V 7f.

● Nun ist es so weit: „Was begehrst du denn?" Nehemia reagiert mit einem **Stoßgebet** (V 4). Das ist kein Ersatz für seine intensiven Vorbereitungen. Es ist Ausdruck seines geistlichen Fokus, der tiefer blickt: Ja, ich stehe hier vor dem irdischen König des persischen Weltreiches. Aber ich stehe auch vor dem himmlischen König dieses Reiches. Der lenkt dessen Herz „wie Wasserbäche" (Spr 21,1).

● Ein außerbiblischer Text aus Elephantine in Ägypten nennt **Sanballat** Statthalter von Samaria und deutet an, dass er Jahwe, den Gott Israels, verehrte. **Tobija** („gut ist Jahwe") war bis in die höchsten Kreise der Juden verschwägert (6,18; 13,4). Diese beiden haben in Jerusalem ihr „kleines Reich" errichtet. Es geht ihnen um Machterhalt, nicht um „Gutes". Nehemia widersteht der zweifachen Wirkung solcher Menschen: Entmutigung (V 10) und Verführung zu Kompromissen (V 20).

● Wo ein Neuankömmling große Visionen verkündet, stößt er leicht auf Skepsis bei den Alteingesessenen. Bei seinem nächtlichen Ritt am südlichen Mauerverlauf macht sich Nehemia erst ein Bild der Lage (V 11-16). Dann wählt er seine Worte mit Bedacht.

✎ *Die Einheimischen haben sich mit ihrer Situation abgefunden, inmitten von Elend irgendwie über die Runden zu kommen. Wie gelingt es Nehemia in V 17f, sie wachzurütteln und sie mit seinem Mut zur Veränderung anzustecken?*

● **Die Mauer bietet Schutz.** Nehemia betont zudem (V 17): **Gottes Name** wird in den Dreck gezogen, wenn sein Volk der Lächerlichkeit preisgegeben ist.

● Das Kapitel erzählt von einem Angriff, der nicht stattfindet, und einer Verteidigung, die nicht zum Einsatz kommt. – Es geht um die Kunst, sich nicht entmutigen zu lassen. Aufgeben ist keine Lösung.
● Die hoch motivierten Arbeiter haben die Mauer schon bald halb vollendet (3,38). Doch die Wut, die ihnen entgegenschlägt, raubt jede Kraft. Statt auf die Mauer sehen sie auf den Schutt (4,4) wie Petrus auf den Wind und die Wellen (Mt 14,30): „Wir schaffen es nicht“ allein – aber sie sind nicht allein.
● Nehemias Worte in V 8.14 erinnern an Mose (2Mose 14,13f). In V 9 sieht Nehemia Gott am Werk, obwohl ein übernatürliches Wunder ausbleibt.
● **Gebet** und **umsichtiges Handeln** sind für Nehemia kein Widerspruch, sondern eine harmonische Einheit (V 3).
● Nehemia organisiert den Bau nicht vom Schreibtisch aus, sondern ist vor Ort dabei, sieht genau hin (V 8), Tag und Nacht einsatzbereit (V 17). Sein eigenes **Maß an Hingabe** bietet seinen Mitarbeitern Orientierung und ein Gefühl von Sicherheit.
● Eine zahlen- und kräftemäßig unterlegene Gruppe schreibt Geschichte. Wie gelingt dies?
→ Sie kämpfen mit **Herzblut** um ihre Existenz, die Feinde nur um Gier und Macht (V 8).
→ Sie beschränken sich auf das **Wesentliche:** Zunächst müssen nur die Breschen wirklich bewacht werden (V 7). Nicht jeder muss überall sein, nur da, wo Not ist (V 13f).
→ In der Not entfaltet ihre Hingabe **Kreativität:** Sie finden Wege, Arbeit und Verteidigung zu verbinden (V 11f).
→ Eine verschworene Gemeinschaft investiert für eine **begrenzte Zeit** alles, um ihr Ziel zu erreichen (V 15f). Dieses Schichtsystem ist natürlich kein Dauerzustand, es muss auch wieder Zeiten der Ruhe geben.
→ Es wäre kaum aufgefallen, wenn Nehemia in V 9 statt „Gott“ „ich“ geschrieben hätte. Doch gerade die Gewissheit, dass **Gott** selbst hinter ihnen steht (V 14), ist ihre größte Stärke.

● Nach Angriffen von außen (Neh 4) ist das Projekt nun **von innen bedroht.** Drei Gruppen sind in Not: Die Ärmsten bangen um das Überleben der Kinder (V 2). Reichere haben zwar Land, können es aber nicht nutzen (V 3). Wer es noch nutzen kann, wird dennoch wie ein Sklave ausgeblutet durch die persische Steuerlast (V 4).

● Der Druck von außen führt nicht zu Solidarität, sondern zu Egoismus und Gewinnstreben (V 5).

● Wo Menschen hartherzige Gesetzlichkeit über herzliches Erbarmen stellen, ist nicht Gleichmut, sondern **Zorn** angebracht (Mk 3,5). Im Zorn lässt sich Nehemia nicht zu einem Gefühlsausbruch hinreißen, sondern ringt erst im Stillen um Weisheit (V 7)!

● So sehr er auch als Leiter auf den Rückhalt der Vornehmen und Vorsteher angewiesen sein mag, er erkauft sich seine Macht nicht durch falsche Toleranz (V 8).

✎ *Wie schafft es Nehemia, eine selbstgerechte Spaltung der Gemeinschaft zu verhindern? Welchen Preis bezahlt er persönlich dafür? Beachten Sie die Personalpronomina (wir, ihr, ich, V 8-11).*

● In V 12 ist die Macht der Habgier für einen Moment gebrochen. Doch Nehemia ist Realist. Er weiß, wie schwer die Umsetzung fällt. Der **Eid** hilft da, wo man dem eigenen Herzen nicht trauen kann (Jer 17,9). Jesus verlangt von seinen Jüngern eine Wahrhaftigkeit, die Schwüre überflüssig macht (Mt 5,33-36). Das Schöne dabei ist, dass er selbst dieses neue Herz schenkt.

● Im zweiten Abschnitt (V 14-19) lässt Nehemia seinen Dienst im Gebet Revue passieren. Seine Familie muss sehr wohlhabend gewesen sein.

● Macht geht bis heute in den meisten Kulturen einher mit persönlicher Bereicherung (Mt 20,25). Eine wirksame Verfassung kann die Gier der Herrscher eindämmen (5Mose 17,14-20). Was sie überwindet, ist die **Ehrfurcht** vor Gott (V 15).

● Den Gegnern läuft die Zeit davon. Nachdem sie die Arbeiten nicht sabotieren können, richten sie ihre Aufmerksamkeit ganz auf die Person Nehemias.

● In jedem der drei Teile von Neh 6 sind zwei der in V 1 genannten Gegner aktiv: Sanballat und Geschem (V 1-9), Tobija und Sanballat (V 10-14) und die „andern Feinde“ und Tobija (V 15-19).

● Jeder der Abschnitte endet mit **Angst** als Ziel der Angriffe. Was für eine Ironie, dass die Angst in V 16 am Ende die Feinde trifft.

● Nehemia antwortet **diplomatisch**, vermeidet jede Anklage, die mehr Streit bringen könnte (V 3).

● Meistens gibt ein Mensch nach, wenn ein falsches Argument nur oft genug genannt wird (vgl. Ri 16,16; Spr 25,15). Auf **Sturheit** reagiert Nehemia mit Sturheit (V 4).

● In V 6 und 10 wird auf eine dubiose Gruppe anonymer Gegner verwiesen – bis heute ein beliebtes Machtinstrument, um Angst einzuflößen und Einfluss vorzutäuschen.

● Im Gegensatz zu V 3 stellt Nehemia die **Lüge** des „offenen Briefs“ ganz **undiplomatisch** bloß. Die Lüge verlangt nach einer offenen Richtigstellung.

✎ *Vergleichen Sie die Wirkung der Prophetie des Schemaja (V 10) mit dem, was Paulus in 1Kor 14,3 beschreibt. Welche Prinzipien bewahren Nehemia davor, den scheinbar göttlichen Worten zu folgen?*

● Ein leichtgläubiger, zwanghafter Umgang mit **Prophetie** ist gefährlich. Nehemia glaubt nicht blind, sondern erkennt: Schemaja appelliert an Furcht und Selbstsucht.

● Beide **Gebete** haben ihr Recht: Sehnsucht nach Gerechtigkeit (V 14) und Mitleid mit Feinden (Lk 23,34; Apg 7,60).

● Die Mauer ist nach 52 Tagen vollendet. Die Nüchternheit von V 15 kann den Triumph nicht verbergen. Nicht Nehemia, sondern Gott ist der Held (V 16).

● Nicht von oben, sondern im Volk entsteht der Wunsch, mehr über Gott zu lernen – nicht am Tempel, sondern am Wassertor, quasi „auf der Straße". Das ist **Erweckung.**

● Esra (s. Einführung) reagiert bereitwillig, schnell und flexibel.

● Glaube und **Verstehen** (V 3) gehen Hand in Hand. Sicherlich hat Gott einen besonderen Zugang zu „Unmündigen" (Mt 11,25). Wer jedoch Lehre verachtet, endet im Aberglauben: „Denn du hast die Erkenntnis verworfen; darum will ich dich auch verwerfen" (Hos 4,6).

● Die „Kanzel" ist wohl eine Art Bühne, vgl. 2Chr 6,13.

● Das Volk nimmt Gottes Wort wie einen König in Empfang: aufstehen in Ehrfurcht, mit erhobenen Händen in Bedürftigkeit, „Amen! Amen!" zur Bekräftigung, niedergeneigt in Ehrerbietung. Doch nicht das **Gesetz** beten sie an, sondern dessen Geber.

● Die 13 Leviten verteilen sich nach dem Lesen eines Abschnittes auf einzelne Gruppen und erklären das Gelesene in verständlicher Sprache (möglicherweise aramäisch).

● Ein offenes Herz (V 5f) und eine relevante Auslegung führen zu tiefer Veränderung.

● Esra bringt die „**Heiligkeit**" des Tages nicht mit Moral und Gericht, sondern mit Freude und Kraft in Verbindung. Nicht die Verzweiflung über das Versagen, sondern die Freude am HERRN verleiht Kraft. Was der Kopf nicht fassen kann, soll vom Bauch zum Herzen durchdringen.

✎ *Wie kann der Sonntag als „heiliger Tag" zu einem Tag der Freude und Kraft werden?*

● Die **Väter** und Großväter der Sippen (V 13) haben die Aufgabe, Gottes Wort in ihrem Haus lebendig zu halten (5Mose 6,7).

● Die Priester kennen das Gesetz und halten die Opferrituale des Laubhüttenfestes (Esra 3,4). Das Laubhüttenfest wurde von den Laien jedoch bisher nie im großen Rahmen gefeiert (V 17).

● Diese 19. Strophe von Ps 119 beginnt mit dem dreimaligen Rufen um Hilfe. Zugleich versichert der Beter, dass er die Gebote Jahwes halten will. Ohne diesen Zusammenhang kann es ja gar kein richtiges Beten geben (vgl. Mt 6,12). Jedes ehrliche Gebet schließt die Bereitschaft ein, selbst das Nötige und von Gott Gebotene zu tun. **So nimmt jedes Gebet mich persönlich ganz in die Pflicht vor Gott – oder es ist kein Gebet** (vgl. Mt 23,14; Röm 12,12f; Phil 4,5f).

● Die Zeit der Morgendämmerung und auch noch kurz davor schätzt der Beter besonders für sein Gebet und die Schriftmeditation (V 147f). Die Bibel kennt den frühen Morgen als besondere Zeit

→ der Rettung (2Mose 14,24; Ps 46,6);
→ der tröstlichen Gottesbegegnung (Jes 50,4; Klgl 3,22f);
→ des alles umwälzenden Neubeginns (Mk 16,2; Joh 21,4).

✎ *Haben Sie Erfahrungen mit dieser frühen Morgenstunde? Probieren Sie es wieder einmal aus, die Morgendämmerung bewusst zu erleben, und nehmen Sie dazu den Wochenspruch (1Petr 5,7) in den Blick!*

● Mit einem Wortspiel setzt der Beter den sich nähernden Verfolgern die Nähe Jahwes entgegen (V 150f). Er weiß sich geborgen in den Ordnungen Jahwes, darin erlebt er die Gemeinschaft des Gottesvolkes (5Mose 4,7f) und persönlichen Trost (Ps 73,23; Phil 4,5). Nichts kann ihn scheiden von seinem Gott (vgl. Röm 8,38f)!

● Die Strophe endet mit der Erkenntnis, dass die Thora über alle Zeitlichkeit hinweg in Geltung steht (V 152). Der Beter begreift sich als eingebunden in Jahwes **ewiges** Handeln, Walten, Gründen. So wird unser Blick auf den Anbruch des Reiches Gottes gelenkt, wie Jesus es verkündigt hat. **Wir sollen fröhlich der Aufforderung des Evangeliums zum heutigen Sonntag nachkommen: zuerst das Reich Gottes und seine Gerechtigkeit, alles andere wird sich daraus ergeben** (Mt 6,33)!

● „Und wegen all dem …“ (V 1) schließt an das Bußgebet des Volks an (Kap. 9). Der heutige Bibelabschnitt ist eine Selbstverpflichtung. Die Umkehr (Buße) soll Konsequenzen haben. Die Fehler der Vergangenheit, die zur Katastrophe geführt hatten, sollen sich nicht wiederholen.

● Die Verantwortungsträger sollen sich durch ihre Unterschrift verpflichten (V 1), das übrige Volk und die am Tempel arbeitenden Gruppen durch einen Eid (V 29).

● Alle sollen durch ihren persönlichen Lebenswandel die Mose-Thora mit allem Drum und Dran einhalten. Das ist die Basis.

● Darüber hinaus werden nun acht spezielle Verpflichtungen genannt (V 31-38), die alle mit der aktuellen Situation zu tun haben.

→ Die Verpflichtung, keine Mischehen einzugehen. Mischehen waren nicht grundsätzlich ausgeschlossen. Josef nahm die Ägypterin Asenat (1Mose 41,45), Mose die Midianiterin Zippora zur Frau (2Mose 2,21). Aber solche Ehen bargen eine besondere Gefahr in sich: Nicht eine fremde Kultur, sondern eine fremde Religion konnte durch solche Verbindungen Einfluss gewinnen. Eindrücklichstes Beispiel ist die Frau des Königs Ahab, die sidonitische Königstochter Isebel (1Kön 16,30-33) sowie ihr Sohn Ahasja (1Kön 22,52-54) und Tochter Atalja (2Kön 8,16-18). Die Situation hatte sich durch die Ansiedlung der samaritanischen Fremdbevölkerung verschärft.

→ Die Beachtung des Sabbattags und Sabbatjahrs (V 32; siehe Auslegung vom 15.9.).

→ Verpflichtungen für den Dienst am Tempel, für die Versorgung der Priester und die gewissenhafte Handhabung der Abgaben (V 33-40). Sie schließen mit dem Versprechen, das Haus Gottes nicht im Stich zu lassen.

✎ *Welche Selbstverpflichtungen aus unsrer Zeit fallen Ihnen ein? Aus welchem Anlass sind sie entstanden? Worin sind sie eine Hilfe, wo haben sie ihre Grenze?*

Endlich ist es so weit. Die Stadtmauer wird eingeweiht.

● V 27-30 berichten von den Vorbereitungen. Die Leviten wirkten im Gottesdienst mit. Gab es außer ihnen noch eine weitere Gruppe der Tempelsänger? (V 28). Auch Musikinstrumente, Zimbeln, Harfen und Zithern kommen zum Einsatz. Aus den umliegenden Orten Jerusalems werden die Sänger zu einem großen Chor zusammengezogen.

● Zu den Vorbereitungen gehört auch die kultische Reinigung. Wie bei der Wiedereinweihung des Tempels (Esra 6,20) reinigen sich die Priester und Leviten vermutlich durch Besprengen von Wasser mit einem Ysop-Büschel (4Mose 19,18; Ps 51,4f).

● In V 31-43 kommt wieder Nehemia selbst zu Wort (wie zuletzt in 7,3). Die Stadtmauer ist sein Projekt. Nun kommt ihm auch die Gestaltung des Fests zu.

● Nehemia bildet zwei Dankchöre. Sie umgehen die Stadtmauer in entgegengesetzten Richtungen. In jedem Zug blasen die Priester die Trompeten, die Leviten spielen die anderen Instrumente. Ausgangspunkt ist das Taltor, bei dem Nehemia den Zustand der Mauern inspizierte (2,13). Der erste Chor wird von Esra angeführt (V 36), der zweite von Nehemia (V 38). Beide Chöre vereinigen sich in der Nähe des Tempels.

● In der Auflistung des ersten Dankchors wird die Herkunft Secharjas besonders ausführlich genannt (V 35), um seine Abstammung von dem berühmten Tempelsänger zu zeigen, der von David eingesetzt wurde (1Chr 16,5; 25,2).

● V 43: Alles ist groß bei diesem Einweihungsfest. Große Chöre, große Opfer, große Freude. Die Freude steckt an und zieht Kreise. Man hört sie auch noch in der weiteren Umgebung.

✎ *Musik spielt ein große Rolle im Gottesdienst. Die Vielfalt der Musikstile und -instrumente soll kein Hindernis sein, Gott zu loben. Wie erleben Sie es? Was kann man tun, damit die Freude weit gehört wird, auch von denen, die noch fern sind?*

● Dieses Kapitel zeigt, wie die Selbstverpflichtung des Volkes, das Gesetz zu halten (10,1.29-40 und Auslegung vom 13.9.), umgesetzt wurde.

● Konkret geht es um die Sabbatheiligung. Nehemia beobachtet, dass der Sabbat wie jeder Tag in der Woche behandelt wird. Händler, die aus einer anderen Kultur, Region (Tyrus) und Religion kommen, haben keine Beziehung zu diesem besonderen Tag, den Gott selbst einhält und segnet (1Mose 2,2f).

● V 17f: Nehemia tadelt die Führungsschicht, die tatenlos zusieht. Er deckt den Zusammenhang auf zwischen dem aktuellen Verhalten und den negativen Folgen, die sich auch in der jüngsten Geschichte und der eingetretenen Katastrophe zeigen.

● V 19: Er wartet nicht, bis etwas geschieht, sondern wird selbst initiativ. Sein Vorgehen ist überlegt und abgestuft.

● Zuerst befiehlt er, mit Sonnenuntergang und Sabbatbeginn am Freitagabend die Tore zu schließen und erst nach dem nächsten Sonnenuntergang bzw. Sabbatende am Samstagabend wieder zu öffnen.

● Als die Händler diese Maßnahme unterlaufen wollen und vor den Stadttoren campieren (vielleicht sollten Waren über die Mauer geschmuggelt werden), verwarnt sie Nehemia.

● Schließlich beauftragt er die Leviten mit der Bewachung der Tore. Die Einhaltung des Sabbatgebots wird somit zur kultischen Aufgabe. Nehemia geht es darum, dass Gott zu seinem Recht kommt und sein Volk zu dem ihm zugedachten Segen.

● Mit einer Gebetsbitte schließt Nehemia auch diesen Abschnitt. Er weiß sich in all seinem Tun auf Gottes Gnade und Barmherzigkeit angewiesen.

✎ *Der Sonntag steht in unserem Land unter dem besonderen Schutz des Staates. Mehr und mehr wird er von anderen Interessen bestimmt. Was können wir tun, dass der Sonntag als guter Tag Gottes neu wahrgenommen wird?*

Der Brief an die Hebräer

Die Überschrift „An die Hebräer“ ist später (2. Jh.) zugefügt, da die Adressaten vermutlich vorwiegend Judenchristen sind. Ihr Vertrautsein mit dem jüdischen Kult, vor allem dem großen Versöhnungstag (3Mose 16), wird vorausgesetzt. Das erschwert aber unser Verstehen des Hebräerbriefs. Das Schreiben, ca. um 80–85 n. Chr. verfasst, entspricht eher einer Predigt oder Predigtreihe als einem Brief; Verfasser und Adressaten sind nicht genannt. Nur der Schluss lässt an einen Brief denken: „Ich ermahne euch aber, Brüder und Schwestern, nehmt das Wort der Ermahnung (des Trostes) an; ich habe euch ja nur kurz geschrieben“ (13,22). Der Verfasser sieht seine Mitchristen nach einer guten Anfangsphase stark gefährdet; er versucht, sie in seelsorgerlicher Verantwortung mit vertieftem geistlich-theologischen Verstehen des Heilswerkes Christi zu ermutigen und für die kommenden Herausforderungen stark zu machen. Deshalb wechseln ständig lehrhafte Abschnitte mit stärkenden und warnenden Passagen ab. Theologie und Seelsorge bedingen einander.

Nach der Anfangszeit in der Christus-Nachfolge, in der die Leser des Briefes sich in Verfolgungen bewährten und anderen mutig beistanden (10,32-34), traten Müdigkeit, Erschöpfung und Resignation ein (12,12f). Es wird bezweifelt, ob es lohnt, so lange durch viele Nöte hindurch auf die zukünftige Stadt Gottes (13,14) zu warten. Das wandernde Gottesvolk gibt die Hoffnung auf, passt sich der aufs Diesseits gerichteten Umwelt an und neigt dazu, den Glauben an Christus aufzugeben (3,12). Viele sind in ihrer geistlichen Entwicklung stehen geblieben (5,11-14). Die Anfangsschritte im Glauben tragen auf Dauer und in veränderter Zeit nicht durch. Der Verfasser ermutigt dennoch, am Taufbekenntnis (3,1; 4,2.14; 10,23) und an Gottes Verheißungen festzuhalten und zuversichtlich auf das Ziel der himmlischen Heilsvollendung zuzugehen (12,1-4). Jesus hat in Anfechtungen, mit Zittern und Zagen, Vertrauen und Gehorsam Gott gegenüber gelernt (5,7f). Aus dieser eigenen Erfahrung heraus kann er angefochtenen Christen ver-

stehend nahe sein (2,17f; 4,14ff). Sein Weg ist allen vorgezeichnet, seine Wegbegleitung ist dafür die stets erneuernde Kraftquelle.
Der Verfasser begegnet der lähmenden Resignation und Müdigkeit nicht durch Appelle, sondern durch theologische Vertiefung und Aktualisierung der Glaubensgrundlage. Wenn den Mitchristen neu und deutlicher vor Augen gemalt wird, wer Jesus, der Sohn Gottes, ist und was er für sie getan hat, dann werden sie den starken Aufruf zum Festhalten an dem jetzt neu gefüllten und weit geöffneten Bekenntnis zu Christus annehmen und umsetzen. Das ist Hoffnung und Zielsetzung des Hebräerbriefes und bestimmt seinen Aufbau. Die Mitte, „die Hauptsache“ (8,1), ist die Botschaft, dass Gott den gekreuzigten Christus erhöht und zu unserem himmlischen Hohenpriester eingesetzt hat (Kap. 7–10). Er ist das vollendete Opfer, „ein für alle Mal“ für unsere Sünden dargebracht (10,10.14). In immer neuen Anläufen wird gezeigt, dass das Wort Gottes (1,1-4; 2,1-4) und der Kult im Alten Testament schon etwas Großartiges waren. Aber letztlich doch nur ein „Schatten“ (8,5; 10,1), eine Vorabbildung dessen, was nun in Christus vollendet und unüberbietbar geschehen ist. Der erste Briefteil (Kap. 1–6) ist Hinführung, der Schlussteil (Kap. 11–13) zeigt Konsequenzen auf. Die Konzentration auf das vollendete Heil in Christus schafft Glaubensgewissheit, unser Herz kann sich jetzt in Christus festmachen und so „fest werden“ (10,22f; 13,9), kann Zweifeln und Widerständen mutig trotzen. Die „Wolke der Zeugen“ (Kap. 12) verdeutlicht das Wesen, den Gehorsam und die Durchhaltekraft des Glaubens sowie die Treue und Verlässlichkeit Gottes im Blick auf seine Verheißungen. Diese vor Augen gemalten Beispiele verstärken die Ermutigungen und Mahnungen des Verfassers, sie konkretisieren „das Festhalten an der Hoffnung“ (10,23).
Der Hebräerbrief ist ein großartiges Dokument christozentrischer Seelsorge an angefochtenen, müde gewordenen Christen.

Gott hat gesprochen. In diesem schlichten Satz liegt das Fundament des christlichen Glaubens. Hätte Gott nicht gesprochen, wüssten wir nichts von ihm. Unser Glaube wäre „selbst gestrickt“. Während die Religionen von Menschen gemacht sind, ist **der christliche Glaube das liebevolle Geschenk Gottes.** Erst hat sich Gott durch die Propheten bekannt gemacht. Und dann unüberbietbar deutlich ein für alle Mal in seinem Sohn Jesus Christus. Das nennen wir **fortschreitende Offenbarung.**

● **Das Thema der Ouvertüre** des Hebr ist **die Einzigartigkeit von Jesus. In sieben Schritten** wird sie entfaltet:

→ **Jesus ist der Erbe** (vgl. Ps 2,8). Keiner anderen sichtbaren und unsichtbaren Macht gibt Gott Anteil an diesem Erbe. Doch wer zu Jesus gehört, wird Miterbe Christi (Röm 8,17).

→ **Durch Jesus hat Gott die Welt erschaffen** (Joh 1,3; Kol 1,16). Keine andere Macht hat Gott bei der Schöpfung assistiert.

→ **Jesus ist der Abglanz der Herrlichkeit Gottes.** Die unsichtbare und doch alles überstrahlende Herrlichkeit Gottes wird allein in Jesus sichtbar (Joh 1,14).

→ **Er ist das Ebenbild seines Wesens.** Allein in Jesus wird deutlich, wie Gott denkt, fühlt und handelt (Joh 14,9).

→ **Jesus trägt alle Dinge mit seinem kräftigen Wort** (Kol 1,17). Allein durch Jesus wird die Welt erhalten.

→ **Jesus hat die Reinigung von den Sünden vollbracht.** Niemand sonst kann uns von der Macht der Sünde befreien.

→ **Jesus hat sich gesetzt zur Rechten der Majestät in der Höhe.** Diese Aussage gehört zu den frühesten Glaubensaussagen der christlichen Gemeinde. Sie geht zurück auf Jesus selbst (Lk 22,69). Darin erfüllt sich Ps 110,1.

✎ *Was antworten Sie auf die fromm klingende Glaubensaussage: „Wir glauben nicht an die Bibel, sondern an Jesus Christus“?*

● Während im ersten Kapitel mit sieben Belegstellen aus dem AT hervorgehoben wird, dass der Sohn Gottes weit über den Engeln steht, erklärt der Autor im zweiten Kapitel, warum sich der Menschensohn in einer bestimmten Phase seines Lebens („kleine Zeit“) unter die Engel erniedrigt hat. Diese **Entäußerung Jesu** (Phil 2,7) konnten die „Hebräer“ wohl nur schwer mit ihren Erwartungen an den Messias und den Aussagen über den Menschensohn-Weltenrichter in Dan 7 in Einklang bringen. Die Erniedrigung Jesu war ihnen nicht Trost und Quelle der Kraft in ihrem Leiden. Sie hätten sich einen über alles Leid und alle Mächte souverän triumphierenden Messias gewünscht. Dagegen zeigt der Hebr, dass **Jesu Leiden kein Scheitern** war. **Im Leiden wird Jesus vollendet** (V 10). Sein Leben kommt ans Ziel. **Das bittere Ende ist in Wahrheit ein gewaltiger Triumph.** Deshalb hat ihn der Vater mit „Preis und Ehre gekrönt“ (V 7). Die Ehrerbietung, die die Engel Jesus Christus entgegenbringen, wird in der Offenbarung mit einem Bild beschrieben, das in sich widersprüchlicher nicht sein könnte: „Das Lamm, das geschlachtet ist, ist würdig, zu nehmen Kraft und Reichtum und Weisheit und Stärke und Ehre und Preis und Lob“ (Offb 5,12). Der „Löwe aus dem Stamm Juda“ (Offb 5,5) ist das geopferte Lamm! Unser Textabschnitt bietet eine tiefe theologische Erklärung zu dieser himmlischen Szene und zu dem Ausruf Jesu am Kreuz: „Es ist vollbracht“ (Joh 19,30).

✎ *Wie lässt es sich erklären, dass Jesus durch sein Sterben am Kreuz den Teufel entmachtet hat (V 14)?*

● In V 17 wird Jesus als Hoherpriester bezeichnet. Damit klingt zum ersten Mal das zentrale Thema des Hebräerbrief an: **Jesus ist der wahre Hohepriester für uns.** Er wurde Mensch. Er hat gelitten. Er wurde versucht wie jeder andere Mensch. Jesus versteht die Nöte der Menschen aus eigener Erfahrung. Deshalb kann er den Menschen als Hoherpriester beistehen und helfen.

Der Glaube an Jesus und das Wissen über Jesus haben großen Einfluss auf den Glauben im Alltag:

→ Weil Gott durch den einzigartigen Sohn geredet hat, wird man umso entschiedener seinem Wort vertrauen (Hebr 1,1-4).

→ Weil sich Christus erniedrigt hat und selbst versucht wurde, versteht er die Menschen, nimmt sich ihrer an und hilft ihnen. In jeder Lebenslage darf man sich an ihn wenden (Hebr 2,5-18).

→ Weil Christus höher ist als Mose, ist es nicht zu verstehen, wenn Christen vom Glauben abfallen. Es ist für den Autor des Hebr nicht nachvollziehbar, dass sich das von Mose geführte Volk gegen Gott sperrte. **Noch unverständlicher wäre es allerdings, wenn die überreich beschenkten Kinder Gottes,** die eine tiefe Gemeinschaft mit Jesus („Anteil an Christus“ V 14) erleben, **vom Glauben abfielen** und sich durch einen sündigen Lebensstil gegen Gottes Wort, gegen seine Wahrheit und seine Führung sperrten **und damit verstockten** (Hebr 3,7f.12f).

● Mit immer neuen Argumenten, Schriftzitaten und Beispielen **warnt der Hebräerbrief vor einem Abfall von Gott** und ermutigt, dranzubleiben und bis zum Schluss durchzuhalten. Die **vielen Warnungen und Ermutigungen** lassen vermuten, dass der Weg des Glaubens bei den Empfängern des Briefes auf eine schwere Probe gestellt wird. Jesus bezeichnet den Weg der Nachfolge als einen schmalen Weg (Mt 7,14). Dagegen kann der Weg ohne Jesus oberflächlich betrachtet leicht und bequem sein. Jesus nennt ihn den breiten Weg (Mt 7,13). Doch der führt nicht zum Ziel. Wer diesen Weg wählt, geht verloren. Und verzichtet darauf, vom „Guten Hirten“ geführt zu werden, der auch dann da ist, wenn der Weg durchs „finstere Tal“ führt (Ps 23,4).

✎ *Was bedeutet es für Ihr Bibelverständnis, wenn der Autor des Hebr den Heiligen Geist als Urheber von Psalm 95 bezeichnet (V 7)?*

● **Meditierend und reflektierend spricht der Psalmist vor Jahwe aus, wie es ihm geht.** Es geht ihm elend (V 153). Offensichtlich wird er verfolgt von gottlosen Menschen (V 157f), die ihn vor Gericht gezerrt haben (V 154). In seiner Machtlosigkeit appelliert er an Jahwes Barmherzigkeit, die den erlösenden Freispruch vor Gericht erwirken möge. Und er sehnt sich nach Kraft, Liebe und Besonnenheit (V 159; vgl. 2Tim 1,7 aus der Epistel-Lesung des heutigen Sonntags), damit er angebunden bleibt an den Ewigkeitshorizont des Wortes Gottes (V 160; vgl. 2Tim 1,10b, den heutigen Wochenspruch).

● **Der Beter wird nicht müde, die Weite des Wortes Gottes zu preisen** (V 159f). Dazu verwendet er immer wieder andere Begriffe für das Gesetz Gottes. Dies ist nicht bloß ein Stilmittel seiner Dichtung. **Vielmehr leitet er uns dazu an, die Weite und Universalität der Selbstoffenbarung Jahwes meditierend zu entdecken:** Gottes Barmherzigkeit und Gnade, seine Rettung und Erquickung, seine Wahrheit und Intellektualität, seinen Ewigkeitshorizont.

✎ *Welche anderen Begriffe entdecken Sie für das Gesetz Gottes in diesen Versen? Vgl. Sie verschiedene Übersetzungen! Welcher Begriff lädt Sie heute besonders ein, dem Wort Gottes zu begegnen?*

● Bei den Psalmen erstaunt immer wieder, wie dicht Elemente der Klage (V 153f.157) und jubelnder Lobpreis (V 160) nebeneinanderstehen. Ps 119 erklärt das mit dem stetigen, hoffenden, manchmal auch verbissenen Dranbleiben am Wort Gottes. **Das ist die Erfahrung des Beters und seine Lehre für uns: Mit dem Wort Gottes im Rücken und im Herzen kann man Leid ertragen und stets einen getrosten Ausblick festhalten** (V 160): Im Wort Gottes, in Jesus Christus (Joh 1,14), ist uns ewige Wahrheit (Mt 24,35; Joh 17,17) und ewiges Leben eröffnet (Joh 11,25 aus dem Evangelium des heutigen Sonntags).

● **Der Hebräerbrief mahnt die Gemeinde, aufeinander zu achten.** Niemand darf übersehen werden und keiner soll auf der Strecke bleiben. **Die Gemeinde Jesu ist unterwegs zu ihrem herrlichen Ziel: der Gemeinschaft mit Jesus in der Ewigkeit.**
● Obwohl das Wort Gottes hochwirksam ist (V 12f), können sich Menschen dagegen immunisieren. Die Bibel bezeichnet diesen tragischen Vorgang als **Verstockung des Herzens**. Wer sich dagegen dem Wort Gottes öffnet, erlebt eine heilsame Therapie. Der ganze Mensch wird miteinbezogen. Das stärkt die Seele, erfrischt den Geist und tut dem Körper gut, der der Tempel des Heiligen Geistes ist. **Die Therapie beginnt mit der Aufdeckung von Sünde und Schuld.** Das mag schmerzlich sein, ist aber die Voraussetzung dafür, dass Gottes Geist in unserem Leben zur Entfaltung kommt. Dieser Geist ist nicht ein Geist der Furcht, sondern der Kraft, der Liebe und der Besonnenheit. Wie könnte unsere Persönlichkeit besser geprägt werden?!

✎ *Lassen Sie es sich gefallen, wenn Gottes Geist aufdeckt, was in Ihrem Leben falsch läuft? Sünde und Schuld, die im Dunkeln bleiben, lassen das Herz allmählich „verstocken". Deshalb ist es eine „schmerzliche Wohltat", wenn Gottes Wort Schuld aufdeckt.*

Der **zentrale Begriff** in unserm Textabschnitt ist das Wort **„Ruhe"**, das allein neunmal als Substantiv und zweimal als Verb vorkommt. Mit der Ruhe ist hier nicht ein wohlverdientes Ausruhen nach anstrengender Arbeit gemeint, sondern **das endzeitliche große Aufatmen der Erlösten in Gottes vollendetem Reich.** Noch stehen die Empfänger des Hebr in manchen aufreibenden Kämpfen, in denen sie müde zu werden drohen. Da will der Autor des Hebräerbriefes ihren Blick auf die verheißene Gottesruhe lenken, wo alle Arbeit „im Schweiße des Angesichtes" (1Mose 3,19) ein Ende haben wird und das Leben spielerisch gelingt.

● Aus eigener Kraft können Christen nicht treu sein. Leid, Verfolgung und auch die Verführung zur Sünde lassen sie scheitern. Doch **sie haben Jesus, den wahren Hohenpriester, an ihrer Seite.** Er schenkt die Kraft, am Bekenntnis festzuhalten. Denn Jesus hat die Himmel durchschritten. Als Hoherpriester dringt er vor bis in die ewige Herrlichkeit bei seinem Vater. In der unmittelbaren Gegenwart Gottes bittet er für seine verfolgte Gemeinde. **Weil er selbst Versuchungen, Schmähungen, Folter und Todesqualen bis zum Tod am Kreuz ertragen musste, hat er ein Herz und tiefes Mitgefühl für seine leidenden und verfolgten Brüder und Schwestern.**

✎ *V 7 zeichnet das Bild eines zutiefst von Todesangst gepackten Heilands, der unter Tränen um den Gehorsam gegenüber dem Willen des Vaters ringt. Oder hätten Sie lieber einen Heiland, der souverän sein schweres Schicksal meistert und furchtlos dem Tod ins Auge blickt?*

● Weltweit erleiden Christen heute als Märtyrer ein ähnliches Schicksal wie Jesus. **Doch Gott kann auch denen, die um seines Namens willen verfolgt werden, wunderbare Bewahrung schenken.** Als Pastor begleite ich Ali in seinem Asylverfahren. Er musste sein Heimatland verlassen, weil ein einflussreicher Clan ihm mit Blutrache drohte. Während seiner Flucht hat er Jesus kennengelernt. Dann schloss er sich unserer Gemeinde an. Eines Nachts umstrahlte ihn ein helles Licht. Er hatte eine Begegnung mit Jesus. Jesus sagte ihm: „Hab keine Angst. Ich helfe dir.“ Dann kam der Prozess. Ali war ruhig und zuversichtlich. Er gab Zeugnis von seinem Glauben an Jesus. Die Richterin glaubte ihm. Der sehr erfahrene Anwalt, der bisher schon viele Hundert Asylanten begleitet hatte, sagte nach der Verhandlung: „Ein solches Zeugnis habe ich noch nie gehört.“ – Jesus hat unsere Gebete für Ali auf wunderbare Weise erhört.

● Die unerfüllte Sehnsucht, Glaubensfreude und Glaubenskraft ständig zu spüren und zu erleben, kann einerseits den Wunsch aufkommen lassen, es noch einmal mit einer zweiten oder dritten Taufe (in Hebr 6,2 lautet die wörtliche Übersetzung: „Lehre von den Taufen") zu versuchen. Es kann aber auch zur Folge haben, dass man sich **vom Glauben abwendet** und die Grundwahrheiten des Glaubens (Auferstehung der Toten und Gericht) leugnet. Und eben dies hat der Schreiber des Hebr in den Versen 4-6 im Blick.

● Indem er von der **Unmöglichkeit einer zweiten Buße** spricht, **warnt der Hebr eindringlich vor dem Abfall vom Glauben.** Die Unmöglichkeit der zweiten Buße bedeutet, dass der Getaufte, der in den Kreuzestod Jesu hineingestellt ist, nach einer bewussten Abkehr vom Glauben sich nicht erneut zu Christus bekehren und sich etwa dann etwa ein weiteres Mal taufen lassen kann. Er würde damit „den Sohn Gottes abermals kreuzigen und zum Spott machen" (V 6). In ähnlicher Schärfe spricht später der Autor über das Gericht Gottes über **Christen, die „mutwillig sündigen"** (Kap. 10,26). Und auch Jesus warnt vor der Sünde **der „Lästerung gegen den (Heiligen) Geist", die dem Menschen nicht vergeben wird** (Mt 12,31).

✎ *Immer wieder einmal sorgen sich skrupulös veranlagte Christen, ob sie womöglich Sünden begangen haben, die ihnen nicht vergeben werden können. Warum kann man ihnen versichern, dass es bei ihnen bestimmt nicht der Fall ist?*

● Die Unmöglichkeit der zweiten Buße bedeutet nicht, dass ein Christ, der Schuld auf sich geladen hat, nicht **täglich neu zu Jesus umkehren** darf. Christen gestalten aus der täglichen Vergebung heraus ihren Glauben und ihr Leben. „Herr Jesus Christus, erbarme dich und vergib mir meine Schuld, die ich begangen habe in Gedanken, Worten und Taten!" darf ein Christ jeden Tag beten.

Nach der Warnung in den vorausgehenden Versen ändert sich der Tonfall. Der Verfasser ist davon überzeugt, dass die tätige Liebe, die im Leben der Christen und in ihren Gemeinden sichtbar ist, von Gott nicht übersehen wird. Er schließt daraus, dass es nicht zum Abfall von Gott gekommen ist, sondern dass die Adressaten zu denen gehören, die gerettet werden. Es bleibt für ihn zu hoffen, dass zur Liebe die Hoffnung (V 11) und der Glaube (V 12) hinzukommen. **Der Dreiklang: Glaube, Hoffnung, Liebe bilden den Grundakkord christlicher Existenz.** Hier besteht eine erstaunliche Übereinstimmung mit den Paulusbriefen (vgl. 1Kor 13,13; 1Thess 1,3; 1Thess 5,8).

● **Wie ist es zu verstehen, dass die Liebe stark ist, jedoch Glaube und Hoffnung gefährdet scheinen?** Eine mögliche Erklärung könnte darin liegen, dass die Christen unter Verfolgung und Anfeindung leiden. Glaube und Hoffnung werden in der Situation der Bedrängnis auf die Probe gestellt. Die äußere Bedrohung lässt auf der anderen Seite die Christen zusammenrücken. Als Schwestern und Brüder unterstützen sie sich gegenseitig in echter Liebe.

● Doch woran soll man glauben und worauf hoffen, wenn sich die Lage zuspitzt? Es sind **die Zusagen Gottes**, denen man uneingeschränkt vertrauen darf. Zur Vergewisserung, dass er seine Zusagen auch einhält, hat Gott sich einst Abraham gegenüber noch **mit einem Eid ausdrücklich dafür verbürgt** (V 17). Wenn es Gott gibt, und wenn sein Wort wahr ist, dann haben **Glaube und Hoffnung einen festen Grund.** Die Lebensumstände wechseln, doch Gottes Verheißungen sind ein sicherer Fels. Wer den Zusagen Gottes vertraut und nicht aufhört, auf seine Verheißungen zu hoffen, der hat einen festen Anker für sein Leben („Seele“ V 19).

✎ *An welche Zusagen Gottes halten Sie sich? Gibt es eine Verheißung, die Ihnen heute Kraft und Hoffnung schenkt?*

In 1Mose 14,17-20 und Ps 110,4 finden sich **Aussagen über den geheimnisvollen Priester Melchisedek, der gleichzeitig König von Salem ist.** Melchisedek heißt König der Gerechtigkeit und König von Salem heißt König des Friedens. **Melchisedek steht über Abraham.** Er spendet dem Urvater des Volkes Gottes seinen Segen und empfängt von ihm den Zehnten, was für den Schreiber des Hebr Anlass für weitere Überlegungen ist (V 4-9). Dass Melchisedek weder Vater noch Mutter hat, also von Gott direkt geschaffen wurde und Priester in Ewigkeit bleibt, kann und muss nicht erklärt werden. Allerdings findet sich in diesen Aussagen eine hochinteressante Parallele im NT. Wer seinen Vater und seine Mutter nicht benennen kann, dessen Herkunft ist nicht bekannt. **Die unbekannte Herkunft ist aber für die Zeitgenossen Jesu ein entscheidendes Erkennungszeichen für den Messias** (Joh 7,27). Anders als in den prophetischen Aussagen über den Menschensohn (Dan 7,13f) und über den leidenden Gottesknecht (Jes 52,13–53,12), die auf Jesus bezogen werden, lässt sich Jesus nicht mit Melchisedek gleichsetzen. Jesus ist der Menschensohn, der Gottesknecht, der Messias, der Sohn Gottes. Er ist aber nicht Melchisedek! Es geht dem Hebr darum, **die Überlegenheit von Jesus** mit Belegen aus der Schrift herauszustellen. Wenn Melchisedek dem Sohn Gottes gleicht, also ein Abbild von Christus ist, dann ist der Sohn Gottes größer als Melchisedek. Um die Größe des wahren Hohepriesters zu zeigen, dreht der Verfasser des Hebr die Aussage aus Ps 110,4 um: Dort heißt es: „Du bist ein Priester ewiglich nach der Weise Melchisedeks.“ In Hebr 7,3 dagegen lautet die Aussage: „So gleicht er dem Sohn Gottes und bleibt Priester in Ewigkeit.“

✎ *Welche Argumente finden Sie, um die Größe, Überlegenheit und Einzigartigkeit von Jesus zu begründen?*

In der Heilsgeschichte hat das Gesetz des Mose eine vorläufige Bedeutung. Ebenso das im Gesetz verankerte aaronitische Priestertum. Auch wenn das Gesetz heilig, gerecht und gut ist (Röm 7,12), ermöglicht es dem Menschen wegen seiner Sündhaftigkeit doch nicht das Heil. So ist auch **das levitische Priestertum durch die Vergänglichkeit begrenzt. Mit Jesus,** dem ewigen Sohn Gottes, **erfährt das Priestertum eine nie da gewesene einzigartige kraftvolle Wirkung.** Während die Hohepriester zuvor das Opfer zur Versöhnung der Menschen mit Gott Jahr um Jahr am Yom Kippur, dem großen Versöhnungstag, wiederholen mussten, hat **Jesus sich „ein für alle Mal" für die Sünden der Menschen geopfert** (V 27).

● Das Priestertum Jesu gründet in einer uralten Verheißung, einem Eid, den Gott geschworen hat (Ps 110,4). So unterstreicht der Hebr einerseits die Vorläufigkeit des levitischen Priestertums und andererseits das unvergängliche Priestertum des Hohepriesters Jesus. Der angeführte Schriftbeweis führt über den König und Priester Melchisedek hinaus. So wie Paulus im Gal den ursprünglichen Willen Gottes, dass Menschen durch Glauben gerecht werden, mit der Verheißung an Abraham begründet (Gal 3), so leitet der Hebr die Priesterschaft Jesu Christi von Melchisedek her. An Abraham und Melchisedek hat Gott seinen ursprünglichen Willen offenbart.

● Durch die Erlösung und Heiligung, die der Hohepriester Jesus erwirkt, werden **die Nachfolger Jesu zu „königlichen Priestern"** (1Petr 2,9). Sie benötigen keinen menschlichen Vermittler mehr in ihrer Beziehung zu Gott. Sie haben aber die verantwortungsvolle Aufgabe, für alle Menschen im Gebet vor Gott einzustehen.

✎ *Warum werden Christen als „königliche Priesterschaft" bezeichnet? Welche besondere Aufgaben und Verantwortlichkeiten ergeben sich daraus?*

● Ein geheimnisvoller „Herr" soll sowohl **Herrscher** (V 1-3) als auch **Priester** (V 4-7) des Gottesvolkes werden. Beide Strophen dieses kurzen Psalms werden durch ein Wort Jahwes eingeleitet, die zweite gar durch einen Schwur.

→ Diesem **König** wird der **Ehrenplatz zur Rechten Jahwes** angewiesen. Damit gewinnt er Anteil an der uneingeschränkten Macht Gottes, der selbst das Zepter führt. Seine Feinde werden demgegenüber zur Bedeutungslosigkeit degradiert: Sie werden zum Fußschemel für ihn. Mit dem König ist sein Volk unterwegs, das von Gott wie Tauperlen vermehrt und erneuert wird.

→ Die Einsetzung als **Priester** folgt dem **Vorbild des Melchisedek**, der als „Priester des höchsten Gottes" Abraham gesegnet hatte (1Mose 14,18ff). Als Priester wird er Gott bei den Menschen und die Menschen bei Gott vertreten. Die umfassende Macht des Herrschers verbindet sich also mit dem Erbarmen des Priesters.

● Wer könnte dieser außergewöhnliche Herr sein? Kein König in Israel hat jemals dieser Beschreibung entsprochen. Gemeint sein konnte damit also nur der noch **kommende Messias.**

→ Als **Jesus** auftritt, meinen zunächst viele: Er ist es! Viele aber lehnen ihn ab; denn er verhält sich gerade nicht wie ein Herrscher mit uneingeschränkter Macht gegenüber seinen Feinden. Und als Jesus dann elend am Kreuz verendet, müsste für alle klar sein: Er kann es nicht gewesen sein!

→ **Doch Gottes Herrscher herrscht so ganz anders, als wir Menschen es uns ausdenken:** Dieser Priester opfert nicht ein Tier, sondern sich selbst. Dieser König besiegt nicht Menschen, sondern Sünde, Tod und Teufel. Darum wird Ps 110 oft im NT zitiert, z. B. von Petrus in seiner Pfingstpredigt. Und er erklärt dabei auch, warum: „So wisse nun das ganze Haus Israel gewiss, dass Gott diesen Jesus, den ihr gekreuzigt habt, zum Herrn und Christus gemacht hat" (Apg 2,36). **Als scheinbar Besiegter ist er der eigentliche Sieger, der Priester-König!**

Mit großer Glaubensgewissheit formuliert der Hebr **die zentrale theologische Aussage** des Briefes. Sie lautet: **Jesus, der Sohn Gottes, ist der wahre Hohepriester. Das Opfer**, das Jesus an einem bestimmten Ort (Golgatha) zu einer bestimmten Zeit (Karfreitag), also in Raum und Zeit vollbracht hat, **hat ewige himmlische Bedeutung.** Diese einmalige und alles umfassende Erlösungstat wird dadurch bestätigt, dass der Sohn Gottes zur Rechten Gottes sitzt. Er ist eingesetzt als Sohn Gottes in Kraft (vgl. Röm 1,4; Phil 2,9). Dagegen ist der Priesterdienst im Tempel (bzw. in der Stiftshütte) nur ein schwacher Abglanz des wahren Priesterdienstes gewesen. Das Opfer, das jedes Jahr von dem Hohepriester wiederholt wurde, ist durch das einmalige Opfer von Jesus weit überboten und abgelöst worden.

● Für den christlichen Glauben sind die Worte: „Wir haben ..." (V 1) von allergrößter Bedeutung. Sie definieren den **Glauben an Jesus Christus als persönliche Beziehung und strahlen Glaubensgewissheit aus:** Jesus ist nicht ein Hohepriester, sondern unser Hohepriester. Obwohl er in großer Macht, Majestät und Herrlichkeit als Herr dieser Welt regiert, ist er nah bei seinen Menschen.

● **Diese liebevolle Zuwendung und Nähe Gottes charakterisiert den Neuen Bund.** Er ist ein Gnadengeschenk. Vom Propheten Jeremia verheißen, tritt in diesem Neuen Bund Gottes Wort und sein Gesetz nicht als unerfüllbare Forderung den sündigen Menschen gegenüber. **Gott pflanzt auf wunderbare Weise sein Gesetz in den Sinn und das Herz der Menschen.** Jesus nennt dieses Wirken Gottes eine Wiedergeburt aus Wasser und Geist (Joh 3,5). Paulus schreibt von einer Neuschöpfung (2Kor 5,17) und Petrus kommt der Formulierung des Hebr sehr nahe, wenn er das Wunder der Veränderung als „wiedergeboren aus dem lebendigen Wort Gottes" (1Petr 1,23) beschreibt.

✎ *Welche Bedeutung hat Jesus als Hoherpriester für Sie?*

Im heutigen Bibelabschnitt wird uns **der Gottesdienst der Priester am alten israelitischen Heiligtum** vor Augen gestellt – als Bild für den Priesterdienst Jesu.

● Auffällig ist, dass uns nicht der salomonische oder herodianische Tempel als Beispiel vorgestellt wird, sondern **die Stiftshütte,** also das tragbare Heiligtum aus der Wüstenzeit Israels.

● Das vordere Zelt wird zum Bild für die vergehende Welt. Das Zelt hinter dem Vorhang, dem Allerheiligsten mit der Bundeslade, ist der Ort der Gegenwart Gottes und wird in unserm Text zum Bild für die himmlische Welt Gottes.

● Im vorderen Zelt vollzogen die Priester ihre täglichen Opferdienste und Kulthandlungen. **Ins Allerheiligste durfte nur der Hohepriester einmal im Jahr am Großen Versöhnungstag** – und das nur nach vorausgegangenem Sühnopfer. Symbolisch wurden dabei seine Sünde und die des Volkes auf einen Stier und einen Bock übertragen. Mit dem Blut dieser Opfertiere besprengte er den Sühneort über der Lade und bekannte damit: Wir haben den Tod verdient, und wir geben erneut unser Leben an Gott hin. (Lesen Sie dazu 3Mose 16.)

● Dieser Dienst des Hohenpriesters weist zeichenhaft voraus auf den Dienst Christi als dem wahren Hohepriester. **Er hat nicht Tiere geopfert, sondern ein für alle Mal sich selber.** Seither braucht es keine weiteren Opfer, wodurch jeder Opferkult hinfällig wird. Jesus ist nicht nur einmal im Jahr ins Allerheiligste gegangen wie die Hohepriester vor ihm. **Er ist seit seiner Erhöhung für immer im Allerheiligsten, bei Gott.**

● Jesu Opfertod schafft nicht nur äußere, sondern innere Reinheit, d. h. vollkommene Vergebung.

● Der Vorhang im Tempel ist beim Kreuzestod Jesu zerrissen (Mt 27,51). Damit wird auf symbolhafte Weise deutlich, dass wir **durch Jesu Tod ungehinderten Zugang zu Gott** haben. So ist uns neues Leben im Frieden mit Gott und untereinander geschenkt.

Warum musste ausgerechnet Jesus, der Sohn Gottes, sterben? Auf diese Frage antwortet der heutige Bibelabschnitt.

● „Testament" – das griechische Wort für „Bund" – kann auch im erbrechtlichen Sinn verstanden werden als Verfügung, deren Rechtswirksamkeit erst im Fall des Todes des Erblassers eintritt.

● **Der erste Bund Gottes** mit Israel ist am **Sinai geschlossen** worden (2Mose 24,3-8). Bei diesem Bundesschluss wurde das Volk mit dem Blut von Opfertieren besprengt. Dieser Blutritus bewirkte Sühne für begangene Schuld und zugleich Hingabe des Lebens an Gott.

● Auch **der neue Bund**, der in Jer 31,31ff verheißen ist, kann nur durch den Tod besiegelt werden.

● Angesichts des himmlischen Heiligtums ist ein irdisches Opfer unwirksam. **Darum ist zur Sühne das Blut des Gottessohnes notwendig.** Nur der Tod des wahren Gottessohnes, der sich selbst aus freien Stücken als Opfer hingibt, bewirkt vollkommene Vergebung.

✎ *Für die aus dem Judentum stammenden Leser waren diese Gedanken verständlich und nachvollziehbar. Doch viele Menschen heute – auch selbst Christen – haben mit der Deutung des Todes Jesu als Sühnopfer ihre Schwierigkeit. Sie fragen: Kann Gott denn nicht einfach so die Sünden vergeben? Ist er denn nicht der liebe Gott? Doch ist das nicht zu kurz und oberflächlich gegenüber der Macht der Sünde gedacht? Wird unsere Schuld einfach dadurch beseitigt, dass es heißt: „Schwamm drüber; alles halb so schlimm!?" Wird so ein durch Schuld belastetes Verhältnis, selbst unter uns Menschen, wieder gut? Wer angesichts von Schuld nur meint: „Vergiss es!", der nimmt den Partner nicht ernst, behandelt ihn als unmündig. Gott nimmt uns auch mit unserer Schuld so ernst, dass nur das Sühnopfer Jesu diese Schuld wirksam bereinigt. Im Übrigen bringt hier Gott selbst aus Liebe zu uns das Opfer (vgl. Joh 3,16) und fordert es nicht von uns.*

Von Hebr 7,1 an wurde das Amt des Hohenpriesters beschrieben und im Unterschied dazu **das Amt des wahren Hohenpriesters Jesus** entfaltet. Der heutige Bibelabschnitt beschließt diese Ausführungen.

● Dass selbst die in einem aufwendigen Ritus vollzogenen Opfer am Großen Versöhnungstag die Menschen nicht dauerhaft von ihrer Schuld befreien konnten, zeigt sich schon allein daran, dass sie in jedem Jahr wiederholt werden mussten. Dabei setzt **die Kritik an diesem Opferkult** bereits bei den Propheten im AT ein (lesen Sie Am 5,21ff und Jes 1,10ff). Ihre Kritik richtet sich dabei gegen die äußerlich frommen Riten, die aber im krassen Gegensatz zum täglichen Verhalten stehen. Demgegenüber fordern die Propheten echten Gehorsam, Gerechtigkeit und Liebe.

● **Im Hebräerbrief wird** dagegen mit Verweis auf Psalm 40,7-9 **der Opferkult grundsätzlich infrage gestellt.** Diese Psalmworte werden dabei als Worte Jesu zitiert, wobei vorausgesetzt wird, dass Jesus von Anfang an bei Gott war.

● Opfertiere können nicht stellvertretend für die Sünden von Menschen sterben. **Nur das einmalige Selbstopfer Jesu, des Sohnes Gottes, kann die Menschen vollkommen von ihrer Schuld reinigen.** Dieses Opfer genügt ein für alle Mal, es braucht keine Ergänzung durch Opferleistungen von Menschen. Durch Jesu Sühnetod – und nur durch ihn – haben wir freien Zugang zu Gott.

● Seit seiner Auferstehung ist Christus erhöht zur Rechten Gottes. **Als Hohepriester ist er unser Fürsprecher bei Gott und tritt für uns ein.** Christus hat die Herrschaft über die Erde angetreten, auch wenn ihm in dieser Welt immer noch widersprochen und zuwidergehandelt wird. Aber wir haben die Hoffnung auf die Vollendung in Gottes ewigem Reich (vgl. 1Kor 15,24ff).

Vergebung und Herzensfrömmigkeit sind Kennzeichen des neuen, im Opfer Jesu begründeten Bundes.

Der Glaube an Jesus Christus, der durch seinen Tod den Zugang zum Allerheiligsten und damit zu Gott eröffnete, hat Konsequenzen für das Leben der Christen. Darum folgen nun auf die lehrmäßigen Entfaltungen **Mahnungen für das Leben.**

● Durch Jesu Tod steht der Weg zu Gott offen. Die Reinigung von den Sünden ist die Voraussetzung dafür, dass wir uns Gott nahen dürfen. Wahrscheinlich ist die Formulierung „gewaschen am Leib mit reinem Wasser“ (V 22) ein **Hinweis auf die Taufe.**

● **Glaube bedeutet jetzt für die Christen vor allem „Festhalten an Jesus“ und „nicht wanken“** (V 23). Offensichtlich ließ auch schon in den frühen Gemeinden die Teilnehme an den gottesdienstlichen Versammlungen zu wünschen übrig (V 25).

● **Zum Glauben gehört die Hoffnung auf Gott und die Liebe zum andern.** Diese Liebe schließt ein, dass Christen aufeinander achthaben und – wo nötig – auch ermahnen.

● Mit unerhört harten Worten wird vor der Sünde gewarnt. Dabei ist hier nicht die Schuld gemeint, um deren Vergebung wir bitten dürfen, sondern der Abfall vom Glauben. **Die bewusste Abkehr von Jesus bedeutet, sein Heil zu verachten und es mit Füßen zu treten.** Eine nochmalige Vergebung ist dann ausgeschlossen.

✎ *Es fällt auf, dass der Verfasser des Hebr gleich zweimal auf das Problem des Abfalls vom Glauben zu sprechen kommt: in Kap. 6,4-6 und hier in V 26-29. Offensichtlich gab es in der Gemeinde solche Fälle, was gewiss manche Unruhe ausgelöst hat. Heute erleben wir immer wieder, dass Menschen schleichend ihren Glauben verlieren, ohne bewusst einen Bruch mit Gott bzw. Jesus zu vollziehen. Ob dann auch das harte Urteil des Hebr für sie zutrifft oder die Chance für eine erneute Umkehr bleibt?*

● Die harte Aussage von V 31 ist nur auf dem Hintergrund zu verstehen, dass Gott auch ein heiliger Gott ist.

Diese Verse bilden den **Abschluss** des großen Hauptteils des Hebr, beginnend mit 4,14.

● Nach den harten Mahnungen und Warnungen im vorhergehenden Abschnitt folgen nun **zuversichtliche Worte**. Der Rückblick auf die bereits überstandene Verfolgungszeit soll die Gemeinde für die Zukunft ermutigen. Wir erfahren dabei, dass die Christen, an die sich der Hebr wendet, **schon viel Leid erduldet** haben. Ob es sich dabei um die umfassende Welle der Verfolgung unter Kaiser Domitian (81–96 n. Chr.) handelt oder nur um örtliche Übergriffe und Ausschreitungen, ist aus dem Text nicht ersichtlich. Zum Martyrium ist es offensichtlich noch nicht gekommen, wohl aber zu Enteignungen und Verhaftungen. **Angesichts dieser Bedrohungen hielt die Gemeinde zusammen; zeigte sich solidarisch mit den Verfolgten und sorgte für sie.**

✎ *Zum Verlust des Besitzes in V 34 vergegenwärtigen Sie sich die 4. Strophe des Reformationsliedes „Ein feste Burg ist unser Gott" (EG 362). Ob wir das heute wohl mit Überzeugung so mitsingen können?*

● Dass die Christen von Anfang an von vielen ihrer Mitbürger verleumdet und gehasst wurden, hat seinen Grund auch darin, dass sie so ganz anders zu leben wagten als ihre Umgebung (vgl. Mt 5,11; 1Petr 3,16).

● Nach diesem Mut machenden Rückblick auf die Vergangenheit **gilt es jetzt, Geduld zu haben, standfest zu bleiben und das Vertrauen „nicht wegzuwerfen"**, um nicht dem Gericht anheimzufallen.

● Die frühen Christen, einschließlich der Empfänger des Hebr, hofften auf die baldige Wiederkunft Jesu. Dass die ausblieb, konnte die Gemeinde nicht wirklich erschüttern. Die Hoffnung auf das sich mit der Wiederkunft Jesu vollendende Reich Gottes hängt nicht von einem bestimmten Zeitpunkt ab. Das gilt auch für uns heute. Nötig ist, **mit Geduld an der verheißenen Hoffnung festzuhalten.**

● **Glücklich, wer staunen kann!** Dieser Psalm leitet uns dazu an: „HERR, wie sind deine Werke so groß und viel!“ (V 24). Der Dichter wendet sich an den Gott, der sich seinem Volk bekannt gemacht hat: „HERR, mein Gott, du bist sehr groß“ (V 1), und erkennt nun in der Vielfalt der Schöpfung seine Größe. **Himmel und Erde werden zur Schaubühne von Gottes Herrlichkeit.** Wohl dem, der das wahrnimmt und darüber zu staunen beginnt!

● Dieses Lob des Schöpfers hat seinen Ursprung in der Schöpfungsgeschichte von 1Mose 1, die hier sowohl die Abfolge der einzelnen Werke als auch gewisse Einzelheiten vorgibt.

● Alle Geschöpfe hoffen, dass Gott ihnen all das geben möge, was sie zum Leben brauchen. Gott ernährt sie alle, auch wenn wir nicht begreifen, wie das im Einzelnen vor sich geht.

● Wenn Gott jedoch sein Angesicht abwendet und den Lebensodem wieder einsammelt, dann zerfällt alles „und wird wieder Staub“: V 29. Doch Gottes Schaffen zielt auf Erneuerung: „Du machst neu das Antlitz der Erde“ (V 30). Inmitten aller kleinen und großen Katastrophen ist Gott in seiner Welt unermüdlich am Werk: **Er bewahrt und erneuert.** Damit aber ist unseren Ängsten und Sorgen der Boden entzogen. Wir können uns mit allem *dem* anvertrauen, der sogar unseren Lebensodem in seinen Händen hält.

● Leben heißt in Wahrheit: **Unter dem uns zugewandten Angesicht Gottes leben.** Das wird uns im Segenswort aus 4Mose 6 zugesprochen: „Der HERR ... lasse sein Angesicht leuchten über dir und sei dir gnädig.“ Nun hat sein Angesicht einen Namen: Jesus Christus – „Er ist das Ebenbild des unsichtbaren Gottes“ (Kol 1,15). Sein Angesicht aber ist das des Gekreuzigten. In verborgener Weise spiegelt sich auf ihm Gottes Herrlichkeit (2Kor 4,4): Er beugt sich zu den Elenden und Verzweifelten herab – genau das ist seine Größe. Mitten in Elend und Krankheit bläst er seine Ewigkeit hinein – genau darin zeigt sich seine Schöpfermacht.

Ist es möglich, den Glauben standhaft bis ans Lebensende zu bewahren? „Theoretisch ja!“ ist eine unbefriedigende Antwort. Beispiele von Menschen, die es unter schwierigsten Verhältnissen tatsächlich geschafft haben, sind der Schlüssel.

● Die „**feste Zuversicht**“ oder „fester Stand[haftigkeit]“ steht dem Zurückweichen in 10,39 gegenüber. **Beim „Nichtzweifeln“ geht es um ein Überzeugtsein ohne empirische Grundlage:** Nicht weil ich sehe, sondern weil Gott redet. Was konkret? Die Errettung bei der Wiederkunft von Jesus (10,37.39).

● Auch Ungläubige erkennen an der Schöpfung Spuren Gottes (Röm 1,20). Aber dass aus dem Nichts ein fertiger Kosmos wird, ist unvorstellbar. **Die Kraft des Glaubens liegt darin, sich nicht auf das Nichts, sondern auf Gottes Wort zu fokussieren** (V 3).

● 1Mose 4 verrät nichts über Abels Glaube. Hebr 10,38 zitiert Hab 2,4: „Der Gerechte aber wird durch seinen Glauben leben.“ **Glaube ist der entscheidende Faktor für Gottes Wohlgefallen** (V 6). Darum *muss* es auch bei Abel (Henoch, Noah, 1Mose 5,24; 6,9) am Glauben gelegen haben. Die Art des Opfers ist nur Folge des Glaubens und zweitrangig.

„Wahrer Glaube umarmt den Sohn Gottes, der für ihn hingegeben ist, freudig mit ausgestreckten Armen und sagt: ‚Mein Freund ist mein, und ich bin sein.‘“
Martin Luther

● „Die Stimme des Blutes deines Bruders schreit zu mir von der Erde“ (1Mose 4,10) ist bildhafte Rede. Offb 6,9f schildert jedoch, wie ermordete Gläubige tatsächlich Gottes Gerechtigkeit einfordern. **Auch das heißt Glaube: die Gewissheit, dass Gott jeden Übeltäter eines Tages zur Rechenschaft ziehen wird.**

● Noahs Schiff auf trockenem Land ist sichtbarer Ausdruck seines Glaubens. Dieses Zeichen stellt seine Zeitgenossen vor eine Entscheidung – und unter ein **Urteil** über ihre Gleichgütigkeit (Mt 24,39).

Der **„Vater des Glauben“** (Röm 4,11f), **Abraham,** nimmt in Kap. 11 den breitesten Raum ein, nachdem er bereits in 6,13-15 als Vorbild der Standhaftigkeit dient.

● **Der Glaube hat Gehorsam zur Folge** wie bei Noah. „Was man nicht sieht“ (V 1) ist bei Noah das Wasser, bei Abraham das Land. Noah baut, Abraham zieht los und bleibt heimatlos. Doch nicht nur er ist **Gast und Fremdling** (V 13, vgl. 1Mose 23,4), auch Isaak und Jakob (V 9), viele andere (V 37f), nicht zuletzt die Christen (13,14; 1Petr 2,11). Sie sind unterwegs und richten sich auf dieser Welt nicht für die Ewigkeit ein.

✎ *Erst 400 Jahre später erfüllt sich die Landverheißung. Ist Abraham mit seinem Gehorsam nicht um die Erfüllung der Verheißung betrogen worden (V 13)? Aber: Auch wo es nicht so scheint, hält Gott seine Versprechen, und übertrifft oft gerade dann unsere Erwartungen.*

● Ob nach V 11 Sara wirklich mit Abraham glaubt, wie die Übersetzung andeutet, ist grammatisch unsicher. Genannt werden **drei Gründe,** lachend den Kopf zu schütteln (1Mose 18,12): Sara ist unfruchtbar (1Mose 11,30), zudem mit 90 Jahren zu alt. Abraham hat seine Zeugungskraft verloren (V 12). Hat Gott nicht längst versagt? **Unbeirrbar hält Abraham an Gottes Treue fest.**

● Manchmal hebt sich der Vorhang ein wenig: **Von ferne** (V 13) sehen die Gläubigen, was sie an Glück und Erfüllung erwartet, wenn sie einmal in direkter Gemeinschaft mit Gott leben.

● Mit Gewissheit geben **Isaak, Jakob und Joseph** Zusagen und Anweisungen für eine Zukunft außerhalb ihrer Möglichkeiten. Gerade dann dürfen wir Gottes Treue vertrauen.

● „Über die Spitze seines **Stabes**“ (vgl. 1Mose 47,31 „… über das Kopfende des Bettes“) beides Ausdrücke seiner Schwäche, durch die er sich bis zu seiner letzten Stunde nicht in seiner Haltung der Anbetung beirren lässt.

Das Leben des Mose wird wie in Apg 7,17-44 unterteilt in drei Abschnitte mit je 40 Jahren (V 23 Geburt, V 24-26 Flucht nach Midian, V 27-29 Auszug).

● Was wusste Mose von der **„Schmach Christi“**? Das AT kennt zwar durchaus die Schmach bzw. Schmähung des gesalbten „Messias“, d. h. Christus (Ps 89,51f). Doch springt V 26 hier kurzzeitig auf die Ebene der Leser. Denn alle Beispiele sind bis ins Detail hinein auf die Situation der verfolgten Gemeinde hin formuliert!

● **Welche Gemeinsamkeiten** lassen sich entdecken?

→ **Die Glaubenden „sehen“ etwas, was** äußerlich **verborgen ist** (V 1), und fokussieren sich darauf: Eltern sehen ein „schönes Kind vor Gott“ (Apg 7,20), d. h. dass Gottes Wohlgefallen auf dem Baby ruht. Mose sieht auf die Belohnung, die Segensverheißung auf Israel. Und er sieht auf „den, den er nicht sah“.

→ **Die Glaubenden überwinden Menschenfurcht**, indem sie sich auf Gott hin ausrichten (V 23. 27).

→ **Die Glaubenden identifizieren sich mit dem Volk Gottes** (V 24-26.31). Sie verpassen bewusst irdische „Schätze“.

> ✎ *Ist das Erscheinungsbild Ihrer Kirche oder Gemeinde manchmal nicht zum Schämen? Wie kann der Glaube helfen, dann nicht auf Distanz zu gehen?*

→ **Die Glaubenden gehorchen Gottes Wort,** auch wo es menschlich gesehen verrückt klingt: Sie streichen Blut an Türpfosten, ziehen in ein tödliches Meer, umrunden eine Stadt siebenmal.

→ Wer wie **die ägyptischen Soldaten** mit verstocktem Herzen (2Mose 14,17; Hebr 3,7f) auf eigene Faust den Weg der Rettung nachahmen möchte, wird kläglich scheitern.

● Mit der Erwähnung **Rahabs,** die sich mit den Kundschaftern Israels und ihrem Gott solidarisiert (Jos 2,9-11), bricht die Liste der Glaubensvorbilder ab. Der Blick richtet sich im Folgenden auf Taten des Glaubens.

Den **triumphierenden Helden** (V 33-35a) stehen die **leidenden Helden** gegenüber (V 35b-38).

● Teilweise lassen sich Geschichten der Bibel und Bezüge auf die Situation der Christen erkennen:

→ **Triumph über Mächte und Gewalten** (Siege der Richter, David) zeigt sich auch heute im Sieg über politische und religiöse Unterdrückung.

→ **Leben in Gerechtigkeit** (David als König) äußert sich auch heute in einem reinen Gewissen (10,22).

→ **Erfüllte Verheißungen** (David als König) erfahren Christen auch heute in der Sündenvergebung und im Zugang zu Gott.

→ **Rettung vor Löwen, Feuer, Schwert** (Daniel 3; 6; 1Kön 19), vgl. 2Tim 4,17; 1Petr 5,8; Hebr 10,27; 12,29.

→ **Kraft in Schwachheit** (der blinde Simson, Ri 16) ist auch heute erfahrbar (12,12f).

→ **Sieg im Kampf** (David und Goliath) wird Christen auch heute im Kampf des Glaubens geschenkt (12,1f).

→ **Auferweckung der Toten** (Wunder von Elia und Elisa) ist auch Christen durch die Auferweckung von Jesus verheißen.

● V 35f weist auch auf **das Vorbild frommer Juden** nach Abschluss des AT. Es folgen weitere Geschichten der Bibel: Jeremia im Gefängnis, Steinigung Secharjas (2Chr 24,20-22), Ermordung von Propheten zur Zeit Elias, Davids Bedrängnis und Flucht vor Saul.

● V 35 macht deutlich: Das Leiden um des Glaubens willen kann meistens irgendwie umgangen werden. **Wenn der Glaube jedoch dabei Schaden leidet, ist der Preis zu hoch.** Denn der Glaube ist von unschätzbarem Wert! Er garantiert Gottes Wohlgefallen und das Eintreffen seiner Verheißungen (V 6).

✎ *Sind wir Christen heute nicht weithin leidensscheu? Was müsste geschehen, damit uns das Leben nach der Auferstehung kostbarer wird als die Bewahrung vor Leid um Christi willen in unserm irdischen Leben?*

● **„Kampf“** – so lautet **das Leitwort** in unserem heutigen Abschnitt (V 1 und V 4). Es handelt sich dabei um einen Kampf des Glaubens für die Jesusnachfolger. Sie befinden sich in einer Kampfsituation, die sie sich nicht selbst ausgesucht haben, in die sie vielmehr hineingezogen wurden. **Zwei Gegner** sind in diesem Kampf zu nennen. **Der eine ist die *Sünde*. Der andere sind die *Sünder*.** In beiden Fällen handelt es sich um Widerstände, die das Fortkommen im Glauben erschweren und die Gläubigen ermüden. **Was hilft nun, den Kampf zu bestehen?**

→ **Die Wolke der Zeugen.** Hier handelt es sich um das Vorbild der Glaubensmütter und -väter (Kap. 11), die denselben Kampf zu bestehen hatten.

→ **Das entschlossene Ablegen der Sünde** und aller Beschwernisse.

→ **Der Blick auf Jesus,** der selbst den Weg des Glaubens trotz Widerständen gegangen ist – und zwar von Anfang an bis zu seiner Vollendung.

→ **Die Neubewertung der Leidenserfahrungen.**

● Letzteres ist entscheidend und nimmt in unserem heutigen Abschnitt großen Raum ein. **Widerstand und Leiden** können einem zwar den Mut rauben und im Glauben ermüden. Dennoch **haben** sie **einen tieferen Sinn,** der auf den ersten Blick nicht erkennbar ist. Leiden und Widerstände haben nämlich eine Kehrseite. Diese Kehrseite kann als **Schule Gottes** verstanden werden. Was wir als anstrengend, leidvoll und widerständig empfinden, ist dann im Grunde nichts anderes als die Pädagogik Gottes. **Ihr Ziel ist nicht die Ermüdung oder gar Zerstörung des Glaubens, sondern seine Reifung bzw. Veredelung.** Die Anteilhabe an der Heiligkeit Gottes ist die Frucht des Glaubenskampfes (V 10). Angesichts einer solchen zielgerichteten Pädagogik gilt es durchzuhalten und den Mut nicht zu verlieren.

✎ *Wo haben Sie die zwar nicht von Ihnen erwünschte, aber heilsame Pädagogik Gottes in Ihrem Leben erlebt?*

● **„Vom Sinai zum Zion"** könnte man unseren Abschnitt überschreiben. Da ist einmal die **Sinaioffenbarung mit Feuer, Unwetter und tiefem Erschrecken.** Überboten wird sie durch die **Zionsoffenbarung.** Diese besitzt himmlischen Charakter und **besteht in der Offenbarung des ewigen Jerusalem und der ewigen, ungetrübten Gemeinschaft der Gläubigen mit Gott.** Vermittelt wird diese Offenbarung durch Jesus. Die Überlegenheit der Zionsoffenbarung soll deutlich werden. Die Konsequenzen dieser überlegenen Jesusoffenbarung werden im Weiteren dargelegt:

● **Israel konnte die Moseoffenbarung nicht ertragen.** Sie wollten sie auch nicht hören und sind als Folge ihres Ungehorsams dem Gericht Gottes „nicht entronnen" (V 25). Vermutlich denkt der Schreiber hier an die Konsequenzen, die das Volk wegen der Anbetung des goldenen Stierbildes ertragen musste. Sie mussten die pulverisierten Bestandteile des Stierbildes mit Wasser vermischt trinken und mussten sterben (2Mose 32,15ff). Die Gläubigen sollen diese Schuld nicht wiederholen. Vielmehr sollen sie sich Israel als warnendes Beispiel dienen lassen und auf die Stimme Gottes hören, die in Jesus offenbart wird, und sollen ihr gehorchen.

● **Durch die Sinaioffenbarung wurde die Erde erschüttert.** Der Hebr knüpft an diesen Gedanken an. Er verbindet aber eine ganz andere Zielsetzung damit. Denn im Gegensatz zur Stimme Gottes, die diese Welt erschüttert hat, **wird die Offenbarung in Jesus Unerschütterliches bewirken.** Ein unerschütterliches Reich, an dem die Gläubigen jetzt schon Anteil haben, ist uns durch Jesus offenbart worden.

✎ *Erschütterungen durchziehen unsere Welt. Sei es der Klimawandel, seien es Erdbeben oder die Erschütterungen an den Börsen. Was gibt Ihnen inmitten aller dieser Erschütterungen einen unerschütterlichen Halt?*

● Psalm 32 beginnt mit einer doppelten Seligpreisung: **Glücklich zu preisen ist, wer durch Gott von seiner Sünde befreit wird** und so unter seiner fürsorgenden Leitung leben darf!

● In V 1-5 werden die verschiedenen Aspekte der Sünde wie auch ihre konkreten Auswirkungen auf das Leben des Menschen beschrieben:

→ „Übertretung" meint „Verbrechen" als Oberbegriff für verschiedene Arten von Delikten. „**Sünde**" ist „Verfehlung" im Sinne der Zielverfehlung (vgl. Ri 20,16). „Schuld" umfasst die Aspekte von „Verkehrtheit", „Beugung", „Verdrehung" (vgl. Ps 38,7).

→ Markantes Kennzeichen von Sünde ist der Versuch zu vertuschen, zu verharmlosen, zu ent-schuldigen (vgl. „Falsch", „verschweigen"). Dies verschafft dem Betroffenen jedoch keine Entlastung; vielmehr machen ihm die Folgen sogar körperlich zu schaffen.

→ Im Licht Gottes (V 4: „deine Hand") erfolgt der allein sachgemäße Umgang mit Sünde in drei Schritten: **Erkenntnis – Bekenntnis – Vergebung der Sünde**. Auch wenn sich David durch Ehebruch und Mord vordergründig an Menschen vergangen hat, so ist damit zugleich die Gemeinschaft mit Gott blockiert; daher richtet sich das Sündenbekenntnis zunächst an ihn (V 5: „dir", „dem HERRN").

● So wie verschleierte Sünde das Leben verdorren lässt, eröffnet Gottes Vergebung „**Freude und Wonne**" (Ps 51,10). Daraus erwächst das erneute Vertrauen, dass Gott auch in Zukunft bewahren und führen wird.

→ Dieser Hoffnung begegnet Gott mit der Zusage: „Ich will dich umfassend auf dem guten Weg leiten" (V 8). Statt starrsinnig die eigenen Ziele zu verfolgen, sollen sich die Beter diesem Gott anvertrauen: Aus seiner Vergebung erwartungsvoll mit ihm leben – das eröffnet Freude und Jubel!

✎ *Gott allein vermag unser Leben zu erneuern, indem er Sünde vergibt. Lesen Sie dazu den Kommentar von Paulus in Röm 4,6-8!*

● Eine Reihe von **praktischen und alltagsbezogenen Ermahnungen** bildet den Briefschluss. Auf den ersten Blick wirken sie etwas diffus. Doch lassen sie sich unter der Überschrift **„Was bleibt und was Bestand hat"** zusammenfassen. Gerade am Ende soll das, was die Zeiten übersteht, noch einmal in Erinnerung gerufen werden:

→ **Die Liebe bleibt.** Aus diesem Grunde soll geschwisterliche Liebe, die sich in der Gastfreundschaft und der Fürsorge für die Gefangenen erweist, praktiziert werden. Für die ersten Christen zählt **die Gastfreundschaft** und **der Gefangenenbesuch** zu den wichtigsten diakonischen Pflichten (Mt 25,37-39).

→ **Die Ehe zwischen Mann und Frau bleibt.** Sie zählt zu den **Grundordnungen Gottes** (1Mose 2,18-25). Gerade deshalb soll sie wie ein kostbarer Schatz in Ehren gehalten, bewahrt und geschützt werden. Mit „Unzucht" ist an dieser Stelle der neben-, außer- und auch voreheliche Geschlechtsverkehr gemeint.

→ **Die Fürsorge Gottes bleibt.** Auch in materieller Hinsicht lohnt es, sich Gott anzuvertrauen. **Geldgier bzw. Habgier** zählen in der frühen Kirche zu den **Todsünden.** Beides bindet den Menschen an fremde Götzen und trennt sie damit von dem wahren Gott. An dieser Stelle sei an die Worte Jesu von der göttlichen Fürsorge und der Absage an den falschen Geldgötzen, den „Mammon", erinnert (Mt 6,19-33).

→ **Das Wort Gottes bleibt.** Der Hebr erinnert an **die Lehrer,** die das Wort Gottes vermittelt haben, und ihren vorbildlichen Lebenswandel. Lehre und Leben sind eben nicht zu trennen. Ihren Grund und Ursprung aber findet alle Lehre in dem einen großen Lehrer Jesus Christus, der selbst das Wort Gottes ist und für immer bleiben wird.

✎ *Erinnern Sie sich an Lehrer und Lehrerinnen, die Ihnen Vorbilder auf dem Weg des Glaubens waren? Wie haben Sie Ihre Dankbarkeit ihnen gegenüber zum Ausdruck gebracht?*

● **Zwei Stichworte** fallen hier ins Auge. Es ist **das „feste Herz“** (V 9) und **die „bleibende (feste) Stadt“** (V 14). Beide Stichworte sind theologisch miteinander verbunden.

● **Das feste Herz:** Im Hintergrund könnte das Festhalten von Juden oder Judenchristen an den Speisevorschriften des AT stehen. Diese aber sind lediglich von äußerer Bedeutung und können keine Gnade bzw. kein Heil vermitteln (vgl. Mk 7,17-22). **Was den Menschen in seinem Herzen befestigt, kann niemals die Beachtung äußerer Regeln oder Vorschriften sein, sondern allein das Wort Gottes bzw. die Gnade,** d. h. die bedingungslose Annahme und Vergebung durch Jesus.

● Ausgehend von den Speisegeboten folgt der Hebr nun einem weiteren Gedanken. Dabei nimmt er zunächst Bezug auf den Opferkult des AT. Zur Zeit der Stiftshütte wurden die Tiere außerhalb des Lagers geschlachtet und ihr Fleisch verbrannt. Allein das Blut wurde aufbewahrt und dann als Sühnopfer vor Gott vergossen. In dem am Altar vergossenen Blut gewährte Jahwe Sühne. Die Schuld war damit vergeben. Diesen alttestamentlichen Ritus greift der Hebr als Vorbild für den Kreuzestod von Jesus auf. Auch er starb schmachvoll draußen vor der Stadt. Entsprechend sollen auch die Gläubigen, wenn es nötig ist, ihre Schmach tragen. Möglicherweise denkt der Schreiber hier an das Verstoßen- oder auch Verachtet-Werden der Gemeinde durch Juden oder Heiden.

Allein die Liebe Jesu verleiht unsern Herzen Festigkeit.

● **Die bleibende Stadt:** Als Trost bzw. Anker in dieser Situation dient die bleibende (feste) Stadt. Der Zugang zu dieser künftigen Stadt steht uns durch Jesu Kreuzestod offen. **Gemeint ist damit das unerschütterliche himmlische Jerusalem** (vgl. 13,14). Die Verheißung dieser zukünftigen Stadt nährt die Hoffnung in einer in vieler Hinsicht erschütterten Welt.

● Dreimal erscheint in den Schlussversen des Hebr die Präposition **„durch"** (V 15.20.21). Man überliest sie leicht. Doch verdeutlicht sie abschließend noch einmal, worauf es dem Hebr ankommt:

→ **Das Lob Gottes geschieht durch Christus bzw. wird durch ihn geweckt.** Das Lob Gottes ist damit alles andere als eine Selbstverständlichkeit. Erst durch Christus wird es in den Gläubigen hervorgerufen. Die Tatsache, dass das Lob hier als „Opfer" bezeichnet wird, bringt zum Ausdruck, dass es nichts anderes als die dankbare Antwort auf die empfangene Gnade ist.

→ **Was für das Lob Gottes gilt, lässt sich auch für die guten Taten sagen.** Auch sie sind Opfer und keine Pflicht, etwa um Gott gnädig zu stimmen. Mit andern zu teilen und Gutes zu tun ist für Christen Ausdruck der Dankbarkeit für die empfangene Güte Gottes.

→ **Gott ist in Bewegung – und bewegt auch uns.** Er hat Jesus an Ostern aus dem Reich des Todes herausgeführt. In derselben Kraft wirkt er nun auch in den Gläubigen und motiviert sie, dem Willen Gottes gemäß zu leben. Auch das Tun des Gotteswillens kommt nicht aus eigenem Antrieb. Vielmehr werden wir von Gott selbst dazu bewegt und befähigt. Der Auferstandene selbst ist es, der in ihnen und durch sie das Gute schafft.

● Es lohnt sich abschließend noch, einen vertieften Blick auf die Formulierung zu werfen: „Der Gott des Friedens aber, der den großen Hirten der Schafe, unsern Herrn Jesus Christus, von den Toten heraufgeführt hat" (V 20). Warum ist hier vom **„Hirten der Schafe"** die Rede? Vermutlich unterstreicht der Hebr damit vordringlich **sein seelsorgerliches Anliegen.** Nämlich einer im Glauben müden und matten Christenheit den großen Hirten, den großen Seelsorger und Ermutiger Jesus Christus eindrücklich vor Augen zu stellen.

✎ *Wo und wie erleben Sie die Seelsorge Jesu in Ihrem Leben?*

Tausende hören Jesus zu. Jesus hätte jetzt die Gelegenheit, mit wenigen Worten die Menschenmenge für sich zu gewinnen. Doch was tut er? Er spricht zuerst zu seinen Jüngern. Die Menge muss zunächst einmal warten. **Die Worte an die Jünger** sind von unglaublicher Tragweite und **weisen einen dreifachen Gerichtshorizont auf:**

→ **Das Gericht über die Heuchelei.** Um das Wesen der Heuchelei zu beschreiben, verwendet Jesus das Bild eines Sauerteiges. Wie durch die Zugabe von Hefe ein Teig zum Aufgehen gebracht wird, verhält es sich mit der Heuchelei. Sie ist meist verborgen und durchdringt doch alles. **Die Heuchelei der Pharisäer war** für Jesus besonders verwerflich. Denn sie war **nichts anderes als vorgetäuschte Frömmigkeit.** Irgendwann aber kommt jede Heuchelei ans Licht. Die Täuschung hat vor Gott keinen Bestand.

→ **Die Grenze menschlicher Gerichte.** In einem weiteren Wort spricht Jesus die Ängste seiner Jünger an. Dabei nennt er sie vertrauensvoll „Freunde" (V 4). Seine Jünger müssen mit dem Hass und sogar mit den Mordabsichten der Pharisäer rechnen. Jesus bagatellisiert diese Ängste nicht. Doch er zeigt die Grenze allen Hasses und aller Bosheit auf. Menschen können zwar töten. Über das ewige Heil eines Menschen aber entscheidet allein Gott, in dessen Hand sich die Jünger befinden. Deshalb brauchen sie sich nicht zu fürchten.

→ **Der Ernst von Gottes Gericht.** Bekenntnissituationen sind Entscheidungssituationen. Jesus bereitet seine Jünger auf solche Momente vor. Der Blick auf ihn, die Tatsache, dass er zu ihnen steht, sie im Gericht nicht verleugnet, soll ihnen Mut machen, sich auch zu ihm zu stellen. Eine besondere Schärfe gewinnt die Situation des Bekennens, wenn man **„den Heiligen Geist lästert". Gemeint ist damit ein völliges Verkennen von Jesus.** Etwa, wen man ihn als Dämon oder Teufel bezeichnet, wie durch die Pharisäer geschehen (Mt 9,34; 12,24).

● Ein Mann aus der Volksmenge bittet Jesus, in einer Erbangelegenheit zu schlichten. Ohne Weiteres hätte Jesus ihm diesen Gefallen tun können. Doch er lehnt ab. Denn er sieht tiefer. **Nicht der dargelegte Erbstreit ist das Problem, sondern das unerlöste menschliche Herz.** Das aber ist unersättlich, auf sich selbst bezogen, voller Gier und undankbar, wie Jesus in dem sich anschließenden **Gleichnis** zeigt.

● „Und er dachte bei sich selbst" ... (V 17). Die reich eingefahrene Ernte wäre ein Grund, Gott zu danken. **Der reiche Mann aber bleibt bei sich selbst. Er findet weder zu Gott noch zur Dankbarkeit.** Stattdessen grübelt er, wie er seinen Reichtum am besten sichern kann. Sein Herz ist gefangen und selbstbezogen. Luther würde sagen: Es ist „in sich selbst verkrümmt".

● „Ich will meine Scheunen abbrechen und größere bauen" (V 18). Noch immer ist der Mann ganz bei sich selbst. **Sein ganzes Denken und Planen zielt nur in die eine Richtung: Wie kann ich meinen Reichtum mehren und noch besser verwahren?** Wie kann ich mein Leben auch in Zukunft genießen? Jesus entlarvt hier das menschliche Herz, das nur mit sich beschäftigt ist und die Rechnung ohne den Schöpfer und Erhalter des Lebens macht.

● „Aber Gott sprach" ... (V 20). **Damit, dass Gott sich in sein Leben einschaltet, rechnet der Bauer nicht.** Doch Gott fordert die Seele des Mannes. D. h. er nimmt dem Menschen, dem er das Leben geschenkt hat, sein Leben wieder und lässt ihn sterben. **Die abschließende Frage lautet daher: Was ist der höchste Wert in unserm Leben?** Die Antwort lautet: Nicht Geld, Immobilien und ein sorgenfreies Leben sind der höchste Lebenswert, sondern **die Beziehung zu Jesus Christus.** Diese macht uns reich in diesem Leben und erst recht in Ewigkeit.

✎ *Schlagen Sie Psalm 62,11b und 1Tim 6,9 auf. Worin besteht die Gefahr des Reichtums?*

Erneut spricht Jesus zu seinen Jüngern. Nachdem er im Gleichnis zuvor das verhängnisvolle Trachten nach Reichtum und Besitzvermehrung beschrieben hat, zeigt er seinen Jüngern nun einen alternativen Lebensstil. Dieser stellt gewissermaßen **das Kontrastprogramm zum menschlichen Selbstbezug und zum menschlichen Sorgen** dar. Die Schlüsselworte des Abschnittes greifen wir im Folgenden heraus:

- „Sorgt euch nicht um das Leben" (V 22). Am Beispiel der Vögel und der Lilien macht Jesus klar, wie Gott sich um seine Schöpfung sorgt. Unverdient finden die Vögel ihre Nahrung. Ohne ihr Zutun entfalten die Lilien ein herrliches Blütenkleid. **Die Menschen sollen diese Gratis-Fürsorge Gottes in seiner Schöpfung wahrnehmen und daraus für ihr eigenes Leben lernen.** Das Leben ist ein Geschenk von Gott. Die Lebenszeit ist gewährte und von Gott zugemessene Zeit. Der Mensch soll sich daher keine Unruhe machen. Vielmehr soll er seinem Schöpfer vertrauen, der für ihn sorgt. Im Kontrast dazu steht das heidnische Leben, das von einem fürsorglichen Vater nichts weiß. Die Jünger aber kennen den Vater und sollen daher mit ihrem Vertrauen auf ihn einen Unterschied in dieser Welt machen.
- „Trachtet vielmehr nach seinem Reich" (V 31). Unter „Gottes Reich" verstehen wir an dieser Stelle Gottes ewige, himmlische Herrschaft. Die Jünger haben jetzt schon Teil daran. Umsonst haben sie es empfangen. **Allein dem „Wohlgefallen" des Vaters haben sie die Teilhabe an seinem Reich zu verdanken.** Die **Konsequenzen** daraus sind befreiend:

→ Nun müssen sie sich nicht mehr fürchten. Das ängstliche Sorgen hat ein Ende.

→ Sie gewinnen einen Schatz im Himmel und werden so auf Erden frei, loszulassen und zu geben.

→ Ihr Herz ist nicht länger an irdische Schätze gebunden. Vielmehr ist es hier schon im Himmel verankert. Die Jesusjünger sind zur königlichen Freiheit der Kinder Gottes berufen.

● Was trägt, wenn die ganze (Um-)Welt wankt? David beantwortet diese Frage mit seiner eigenen Geschichte: Mitten in den lebensbedrohenden Stürmen hat er seinen Gott als zuverlässigen Fels und schützende Burg erfahren und in ihm zur Stille gefunden. Davon legt er hier Zeugnis ab und ruft seine Hörer dazu auf, sich nun ebenfalls diesem Gott anzuvertrauen.

● **„Nur er – Gott – ist mein Fels“** (V 3.7, ELB): Solche Stille (V 2.6) kommt nicht durch körperliche oder seelische Übungen zustande; sie ist nicht verfügbar, sondern wird uns als Geschenk dieses Gottes zuteil. Dies betont das doppelte **„nur“**.

→ Im Gegensatz zu Gott als dem Zuverlässigen muss der Beter mit Menschen zusammenleben, die ihm **„nur“** (V 5) mit Lüge und Hinterlist begegnen; keinem kann er trauen. Deshalb ist seine Lage so bedrückend.

→ Zweimal wird fast mit denselben Worten die beglückende Geborgenheit in Gott zum Ausdruck gebracht: Dabei weist der Ausdruck „Hilfe“ (V 2) eher auf die **vergangene Erfahrung**, während „Hoffnung“ (V 6) Gottes **Beistand auch für die Zukunft** erwartet.

● Vertrauen lässt sich nicht erlernen wie eine Vokabel oder eine Formel. Es wird einem zuteil in Erfahrungen wie dieser. Daher muss es geteilt und weitergegeben werden. Zu solchem Vertrauen werden die Hörer hier aufgerufen.

✎ *Ähnliche Aufrufe finden Sie in Ps 37,3.5; 115,9-11; Jes 26,4; Spr 3,5f.*

→ **Wer sein Herz ausschüttet, behält nichts zurück.** So umfassend soll Freud und Leid, Großes und Kleines vertrauensvoll im Gebet vor Gott ausgebreitet werden. Denn Menschen mögen zwar mächtig und reich erscheinen; in Wahrheit sind sie „nur“ ein verfließender Hauch (V 10, ELB).

→ Im Unterschied zu ihnen hat allein Gott alle Macht, die von seiner Gnade umschlossen ist: „Du, HERR, bist gnädig.“

Das Bildwort V 35f stellt die Weichen in eine neue Richtung: **Jesus kommt wieder als Richter und Retter der Menschen.**

● Wir müssen uns, wollen wir die beiden Gleichnisse (V 36-40 und V 42-48) verstehen, hüten, die darin beschriebenen zwischenmenschlichen Verhaltensweisen (V 45-48) zum Hauptinhalt zu machen. Denn …

→ es handelt sich hier nicht um „allegorische“ Gleichnisse, bei denen wir Details von der Bildseite Zug um Zug in die Sachseite übertragen müssten;

→ vielmehr zeigen die Zielsätze (V 40.48b), dass es Jesus jeweils nur um *einen Aspekt* geht, nämlich **ihn jederzeit zu erwarten** und **sich der Verantwortung als Wissende bewusst zu sein.** Alles Übrige ist hier, so wichtig es für christliches Verhalten ansonsten ist, nur illustrierendes Beiwerk.

● Petrus' „Zwischenruf“ (V 41) wirkt irgendwie deplatziert. Auf den ersten Blick scheint Jesus gar nicht darauf einzugehen. Lesen wir aber V 47f dazu und beachten die Stichworte „kennen“ (dreimal in V 46-48) und „Wille“ (zweimal in V 47), kommt Licht ins Dunkel: Wenn Jesus in unsere Welt zurückkehrt und jedes Leben vor Gott noch einmal zur Sprache kommt, dann **wird unser Verhalten anhand individueller Gesichtspunkte abgeklopft** werden. Wer in Beziehung zu Jesus lebte, also „den Willen seines Herrn kennt“, hat mehr Verantwortung als jemand ohne solches Wissen. Wie lautet also Jesu Antwort an Petrus?

● Manfred Siebald hat die Stimmung hinter unserem Bibeltext sehr gut erfasst. Sind wir ehrlich: So (V 45) denken doch auch wir, solange es uns gut geht, wir gesund und ohne Sorgen leben! Wie gelingt es uns, diese aktive Erwartung, ja diese brennende Sehnsucht nach unserem Herrn und nach Gottes Ewigkeit zu einem tragenden Element unseres Lebens zu machen?

„Wir beten laut: ‚Herr, komm doch wieder' und denken leise: ‚Jetzt noch nicht'.“
Manfred Siebald

Lukas war (wie Matthäus) wichtig, Jesu Leben im Zusammenhang des Plans Gottes zur Rettung seiner Menschen, der sog. „Heilsgeschichte", darzustellen:

→ Das hebr. Wort für **„kommen"** beschreibt im AT oft Gottes sich selbst offenbarende Erscheinung (z. B. 1Sam 3,10) oder sein erbetenes rettendes Eingreifen zugunsten Israels (Ps 80,3).

→ Gottes Kommen erfolgte aber nicht nur damals. Auch für die Zukunft erwartete Israel **Gottes Kommen als Richter und Retter** (Ps 96,13; 98,9). Seit David (2Sam 7,12-16) richtete sich diese Erwartung auf den Messias, dessen Kommen die Propheten ankündigten (Mi 5,1 u. ö.).

→ Dass Gottes Retter kommen würde, war also **von langer Hand geplant.** Johannes d. T. hat Jesus als diesen Retter verkündigt (Joh 1,27). Jesus selbst hat diese Erwartung bestätigt (Mt 11,3-6) und ...

→ hat die Absicht, die Gott mit dem Kommen seines Sohnes in die Welt verband, unter verschiedenen Aspekten beschrieben.

✎ *Vergleichen Sie dazu z. B. Mt 5,17; 9,13; 10,34; 16,27f; Mk 1,38; 10,45; Lk 19,10! Wozu ist Jesus gekommen?*

● In unserem Text **lernen wir, den „Friedefürst" Jesus** (Jes 9,5; Lk 2,14) **von einer anderen Seite her zu sehen.** Er ist „gekommen, Feuer auf die Erde zu werfen" (V 49), nicht „Frieden zu bringen", „sondern Zwietracht" (V 51). Wenn Gott zu seiner Welt kommt, entsteht nicht automatisch Heil und Harmonie. Es geht im Anschluss an V 48 um Gottes Gericht, für das das Feuer schon im AT ein häufiges Bild ist (1Mose 19,24; Jer 5,14; Am 5,6). Jesus ist dabei passiv, d. h. als Opfer beteiligt. Für seinen Part steht das **Bild vom Sterben** (hier durch Unter-Wasser-getaucht-Werden: **„Taufe"**).

● Wenn Gottes Gericht anfängt, führt es dazu, dass bis in Familien hinein Fronten entstehen. Jesus beschreibt Konflikte, wie sie Christen aller Zeiten auch als **geistliche Zerreißproben** erleben.

Obwohl „viele Tausend Menschen" den Hintergrund von Kap. 12 bilden (V 1), unterscheidet Lukas doch zwischen dem, was Jesus „zu seinen Jüngern" im weiteren Sinne (V 1-12.22-53) und „zu der Menge" (V 13-21.54-59) sagt. **Die ernste Situation des bevorstehenden Gerichts,** die mit Jesu Kommen eingetreten ist (V 49.51; vgl. V 58f), hat nicht nur für seine Nachfolger Konsequenzen. Alle müssen sich damit auseinandersetzen (V 54). Bis heute erleben wir, dass die meisten Menschen das aber gerade nicht tun bzw. den Gedanken an das Gericht für nicht mehr zeitgemäß halten. Gott wird zum „lieben Gott", der es mit allen gut meint und gut macht.

● Mit zwei Alltagsbeispielen von Wetterprognosen (V 54f), bei denen sicher die Zuhörer den Schlussfolgerungen Jesu zustimmen, verbindet er die besondere Situation des kommenden Gerichts. **Der Ton wird plötzlich scharf:** „Ihr Heuchler!" (ähnlich 13,15). Die selbstverständliche Übereinkunft bei Wettervorhersagen (V 54f) dient nun – ins Religiöse übertragen – der Klärung dessen, „was recht ist" (V 57). Damit ist hier nicht das Gebot der „Gerechtigkeit" gemeint, sondern ein der Situation angemessenes Verhalten.

● Das zweite Mini-Gleichnis (V 58) stellt das wieder in einer jedermann bekannten Situation dar. Dabei geht es um einen Schuldenprozess, dessen Folgen dramatisch sein konnten (2Kön 4,1; Spr 22,7). Wenn ein solcher Prozess erst einmal vor einem Richter eingeleitet ist, gibt es kein Halten mehr. Also besteht die einzige Chance für den Schuldner darin, sich mit dem Gläubiger vorgerichtlich zu einigen. Den Ernst dieser Lage („diese Zeit") zu erkennen, anzuerkennen und entsprechend zu handeln, nämlich **sich mit dem ewigen Richter zu verständigen,** legt Jesus dem Volk nahe. **Solche Verständigung kann nur in einer „runderneuerten" Beziehung zu Gott bestehen.** Der Weg dahin ist – damals wie heute – radikales Umdenken (vgl. 13,5!).

Wieder (wie 12,13) wird der Vortrag Jesu durch Zuhörer unterbrochen, die in diesem Fall von einem (ganz aktuellen?) politischen Zwischenfall berichten (V 1). Wie der Unfall in Siloah (V 4) hat er in antiken Quellen sonst keinen Niederschlag gefunden. Glaubwürdig ist ihr Bericht allemal, denn Pilatus war als rücksichtslos und brutal bekannt.

● Lukas verknüpft diesen und den letzten Abschnitt auch inhaltlich: Es geht um **das richtige Verhalten angesichts eigener Schuld,** wobei die Hinzugekommenen offenbar Jesu Worte von der Verantwortlichkeit (12,57-59) in Zweifel ziehen wollen. **Er wiederum teilt die von Schriftgelehrten vertretene Meinung nicht, dass es einen direkten Zusammenhang zwischen dem Verhalten eines Menschen und seinem Ergehen gebe.**

● Die Reaktion des Eigentümers in der Parabel (V 6-9) war für alle Zuhörer völlig nachvollziehbar. Er wollte ja durch den Feigenbaum Gewinn erwirtschaften. Als totes Kapital störte er nur. Der für die Pflege zuständige Gärtner möchte dem Baum aber eine letzte Chance geben.

✎ *In den Köpfen der Zuhörer Jesu kam sicher gleich die Erinnerung an Jesajas „Weinberglied" hoch. Finden Sie in Jes 5,1-7 Übereinstimmungen und Unterschiede!*

● Von einer Antwort des Eigentümers sagt Jesus nichts. Ob der Baum trotz der Geduld des Gärtners (V 7) seine Chance bekommt, bleibt offen. Das ist wohl Absicht, denn dass Menschen ihre **Beziehung zu Jesus** bis heute „offen" gestalten wollen, ist ja auch mit einem Risiko verbunden. Gott könnte ganz unerwartet in ihr Leben treten und einen Schlussstrich ziehen. Dann kommt ihr Leben vor und mit Gott noch einmal zur Sprache – die Bibel nennt das „Gericht". Deshalb wendet Jesus seine Konsequenz aus beiden zuvor erwähnten Ereignissen unmittelbar auf seine Zuhörer an (V 3.5) und mahnt sie zur Umkehr.

Jesus „lehrte in einer Synagoge am Sabbat“. In Lk 13,10–14,5 tritt das in Kap. 6,1 zuerst aufgetretene **Thema „Sabbatheiligung“** noch einmal abschließend in den Mittelpunkt. Bis heute ist das Halten des Sabbats mit seinen zahlreichen Regeln ein wichtiges Zeichen dafür, dass jemand ernsthaft Jude sein will.

✎ *Das 3. Gebot (2Mose 20,8-11) scheint für viele Christen im Zeichen „evangelischer Freiheit“ mit Blick auf das konkrete Verhalten bedeutungslos geworden zu sein. Worin sollte sich unser Leben am Sonntag vom Alltag unterscheiden?*

● Jesus sieht nicht hinter jeder Anomalie einen Dämon. Hier aber ist die Rede von einem „Geist, der sie krank machte“ (wörtlich: „Geist – griech. „pneuma“ – der Kraftlosigkeit).

→ **Geistliche Abhängigkeiten** (V 16!) **können bis heute körperliche Folgen haben.** Gemeint sein könnte eine Muskelschwäche oder eine Wirbelsäulenerkrankung, die den aufrechten Gang verhinderte.

→ Provokativ, weil ungefragt, spricht Jesus die Frau auf ihr Leiden an. Er bezeichnet **die Heilung ausdrücklich** mit dem schillernden Wort **„Erlösung“** (V 16b; Luther: ... „gelöst werden“).

● Dass der Gemeindeleiter „unwillig“ reagiert (V 14), ist noch untertrieben. Immerhin lag nach jüdischem Verständnis ein **klarer Verstoß gegen das Sabbatgebot** vor, und das öffentlich, im Gotteshaus, also in seinem Zuständigkeitsbereich! Er hat aber auch keine starken Argumente außer der **Beurteilung der Heilung als „Arbeit“** (V 14b). Das führt Jesus ihm vor Augen:

→ Was ist am Sabbat zum Überleben nötig (V 15)? Selbst Nutztiere erfahren da menschliche Fürsorge. Offenbar kann für Jesus das Leiden der Frau nach der Begegnung mit ihm nicht einfach so weitergehen.

→ **Jesus heilt nicht, *obwohl,* sondern *weil* Sabbat ist** (nach W. Grimm). Da erfasst Gottes Ruhe und Frieden die ganze Schöpfung – ein Stück Paradies wird so wieder Wirklichkeit.

Wenn Gottes Reich kommt, verliert Satan die Macht über die Menschen. Das war die Aussage des letzten Textes. Das vollzieht sich für uns wahrnehmbar nur sehr langsam, aber – so erklärt Jesus in zwei kleinen Gleichnissen – **das Ergebnis ist am Ende beeindruckend.**

● Im ersten Gleichnis (V 19) malt Jesus **ein Senfkorn** vor die geistigen Augen seiner Zuhörer. Beim „Schwarzen Senf" (*brassica nigra*), der in Israel wächst, entsteht aus einem winzigen Samenkorn von 1 Millimeter Durchmesser eine Staude von 2 bis 3 Metern Höhe, in der selbst Vögel nisten können.

→ Wer hätte damals gedacht, dass sich der Glaube an Jesus über alle Kontinente ausbreiten würde? Niemand konnte das verhindern: der römische Kaiser nicht, Stalin nicht, Mao Zedong nicht und auch die Ayatollahs und andere Despoten unserer Tage nicht. Lukas wusste, als er das 30 Jahre später niederschrieb, schon vom Missionsbefehl, der Himmelfahrt und der Entstehung etlicher Gemeinden durch das Wirken der Apostel.

→ Dabei ist zu bedenken: **Biblisch betrachtet ist „Wachstum" nicht Entwicklung, sondern Schöpfung** (nach W. Wiefel). Gott selbst ist am Werk, und er bedient sich dabei der Menschen.

● Das zweite Gleichnis (V 21) nimmt einen **inneren Vorgang** in den Blick. Neben sein Bild aus dem Lebensbereich des Mannes stellt Jesus eins aus dem Leben der Frau.

→ Brot, damals Hauptnahrungsmittel, wurde jeden Tag von der Hausfrau frisch gebacken. „Drei Scheffel Mehl", ca. 39 Liter, reichten für etwa 100 Personen! Und doch ist **nur wenig Sauerteig nötig,** um diese Menge komplett aufgehen zu lassen! Übertreibt Jesus bewusst im Stil einer „Hyperbel" und will damit andeuten, dass Gottes Reich sich über Israel hinaus ausdehnen und die ganze Heidenwelt erfassen wird? Aber ...

→ ... **„Sauerteig" braucht Zeit zum Gehen.** Mission erlebt auch immer wieder Rückschläge, etwa indem blühende christliche Gemeinden in islamischen Ländern nach dem 7. Jh. n. Chr. einfach untergingen.

● Das **Lob der Herrlichkeit** und Güte Gottes ist nicht auf menschliche Worte beschränkt. Es erklingt zugleich ohne Worte und **ohne Unterlass durch das, was Gott geschaffen hat.** Der Himmel verändert im Wandel von Tag und Nacht unaufhörlich sein Aussehen. Von der Morgendämmerung an über das Hereinbrechen der Nacht in ihren unterschiedlichen Formen bis zum neuen Morgen „erzählen“ und „verkündigen“ Gottes Werke ihren Schöpfer. Und das nicht nur an einem begrenzten Ort, sondern überall „bis an die Enden der Erde“. Der ununterbrochene Lobpreis Gottes durch seine Schöpfung leitet uns Menschen dazu an, nun unsererseits von seinen Werken zu erzählen und diesen Dank nicht abreißen zu lassen.

● Unvermittelt tritt neben das Gotteslob durch die Schöpfungswerke die **dankbare Beschreibung des göttlichen Gesetzes.** Wie in Psalm 119 wird in vielfältiger Variation Gott darüber gepriesen, dass er seinen Willen auf vollkommene Weise kundgetan hat. Ein Leben in den Bahnen seines Gesetzes eröffnet umfassende Freude, Glück, Gewinn.

● Warum aber hören ungezählte Menschen in der Natur nicht den Preis des Schöpfers, sondern sehen dort eher das Gesetz des Stärkeren? Und warum erwarten ungezählte Menschen Erfolg und Reichtum eher so, dass sie die Gottesgebote übertreten, anstatt sie zu befolgen?

● Paulus beantwortet diese Fragen in Römer 1,18ff bzw. Kap. 7 und benennt dafür einen gewichtigen Grund: die **Sünde.** Sie **verfinstert den Blick auf den Schöpfer**, und sie verführt zur Übertretung des guten Willens Gottes. Aus dieser Blindheit und Gefangenschaft kann sich der Mensch nicht selbst befreien. Er ist auf den Retter angewiesen, der dieses Gefängnis von außen aufbricht. Wem das Licht Jesus Christus aufstrahlt, der erkennt auf einmal die **Handschrift des Schöpfers** in der Überfülle seiner Werke und den heilsamen Weg in den Weisungen seiner Gebote: vielfältiger Anlass, um nun aufs Neue Gott zu loben!

Lukas erinnert daran, dass Jesus seit 9,51 auf dem Weg nach Jerusalem ist, um **Gottes Projekt zur Rettung seiner Menschen** ans Ziel zu bringen.

● Es gab damals in Israel manche Gruppen, die nur sich selbst mit ihrem Tun auf dem Weg der Rettung sahen (Essener, Zeloten, Pharisäer). In V 23 geht es darum, ob Jesus seine Nachfolger als eine weitere dieser Gemeinschaften sieht, ob er vielleicht eine Allversöhnungslehre vertritt oder was sonst.

→ Sicher eine spannende Frage, zu der viel zu sagen wäre! Jesus zeigt in seiner Antwort einen ganz anderen Weg. Er spielt die Frage zurück: „Ringt darum, dass *ihr* … hineingeht!“ (V 24a). Hinter **„ringen“** steht **das Bild von einem sportlichen Wettkampf**, bei dem jeder Athlet alle Zeit, Kraft und Konzentration für seinen eigenen Wettbewerb braucht. Hier ist Egoismus nötig!

→ Denn – weiß Jesus – den Versuch („trachten“), doch noch durch das rettende Tor zu gelangen, werden am Ende viele machen, aber erfolglos. **Nicht auf das (Ver-)Suchen, auf das Hineingehen kommt es an.** Ein ernstes Wort, das darauf abzielt, dass jeder Mensch eine persönliche Beziehung zu Jesus braucht.

● Ein Gleichnis (V 25-27), das **das Bild von der Haustür** (V 24a) aufnimmt, veranschaulicht seine Aussagen:

→ Am Abend vor dem Zubettgehen erhebt sich der Familienvater, um die Haustür mit einem Balken zu verriegeln. Das war mit Mühe und Lärm verbunden (Lk 11,7) und **ein erneutes Öffnen vor dem Morgen deshalb nicht zu erwarten.**

✎ *Vom Zielgedanken her erinnert das Gleichnis an Lk 11,5-8 und Mt 25,1-13. Wo liegen die Unterschiede?*

→ Bei aller Liebe und allem Verständnis für die Menschen vertritt Jesus hier nicht einmal im Blick auf Israel die Ansicht, am Ende würden doch alle Eingang finden in Gottes Reich (V 27f). **Stattdessen geht für Nichtjuden aus allen Teilen der Welt eine Tür auf** (V 29f).

● Unter den **Pharisäern** waren nicht nur entschlossene Gegner Jesu. **Jesus hatte auch unter ihnen Unterstützer** (Nikodemus in Joh 3,1), die ihn schützen und unterstützen wollen, z. B. vor Herodes Antipas (4 vor – 39 nach Chr.), Landesfürst von Roms Gnaden über Galiläa und Peräa. Sein Mordplan könnte mit der Tötung des Täufers zu tun haben (vgl. Mk 6,14ff; Lk 9,7-9).

● **Ein Wortspiel** (V 32):

→ Das hebr. Wort für **„Fuchs"** klingt ähnlich wie der Name „Saul". David, damals der kommende König, konnte für kurze Zeit noch den Dämon in König Saul besänftigen (1Sam 16.23). Jesus vertreibt Dämonen für immer!

→ Der Fuchs, der kleine, verschlagene Räuber, galt in Palästina als Gegenüber zum Löwen, dem wirklich gefährlichen Raubtier. **Das Bild meint übertragen den wenig bedeutenden Menschen im Unterschied zum wirklich mächtigen.** Herodes, der scheinbar Mächtige, ist in Wirklichkeit klein und machtlos.

→ In Jerusalem, wo Jesus mit dem zeitnahen Ende seiner Mission rechnet (V 32f), hat Herodes Antipas trotz Lk 23,6-12 wenig zu sagen. Jesus ist gelassen, weil er weiß, dass Herodes keinen Einfluss auf sein weiteres Schicksal haben wird.

✎ *Was hilft Ihnen, trotz mancher Unwägbarkeiten im Leben gelassen zu bleiben? Oder ist das gerade Ihr Problem?*

● In dem **Schelt- und Drohwort über Jerusalem** (V 34f) tritt die ganze Enttäuschung Jesu über seine erfolglosen Bemühungen, sein eigenes Volk um sich zu sammeln, zutage. **Das entscheidende Wort „wollen"** kommt gleich zwei Mal vor: Jesus wollte für sein Volk das Gute, doch Israel wollte sich darauf nicht einlassen. Jesus schafft aber nicht einfach Fakten über unsere Köpfe hinweg. Zur Würde des Menschen gehört seine **Entscheidungsfreiheit.** Die schlimmste Strafe ist, wenn Gott die Menschen einfach machen lässt! (Vgl. das „Dahingegebenwerden", von dem Paulus in Röm 1,26ff schreibt.)

Wieder ist Sabbat. Jesus ist nach dem Synagogengottesdienst zum Sabbatmahl ins Haus eines Pharisäers eingeladen, der vielleicht Synagogenvorstand war. Hinter der freundlichen Einladung lässt Lukas Argwohn erkennen.

● Das hebr. Wort für **„Pharisäer"**, ein ihnen beigelegter Kampfbegriff, bedeutet: **„die Abgesonderten".** Sie hielten sich von allem, was nach dem Gesetz „unrein" war, fern – und das war viel! Die Vorschriften des Gesetzes umgaben sie mit einem „Zaun", d. h. sie gingen nie bis zur Grenze des Erlaubten, um ja nichts falsch zu machen und sich zu verunreinigen. Sie bemühten sich aber auch, das Sabbatgebot „lebbar" zu machen.

● Gastmähler waren für Zuschauer offen. Wohl nur deshalb kann ein „Unreiner", **von „Wassersucht"** (griech. „hydrops") **Geplagter,** anwesend sein. Gemeint ist jemand mit auffälligen Wassereinlagerungen im Körper. Die Griechen führten diese Erkrankung auf einen exzessiven Lebensstil zurück, die Juden sahen darin eine Folge (und Strafe?) sexueller Sünde.

● Der Konflikt entsteht, als Jesus **heilende Tätigkeit am Sabbat** zum Thema macht (V 3). Die Zuhörer sind um eine Antwort verlegen, denn im AT ist konkret dazu nichts gesagt. Im Sinne ihres „Zauns" (s. o.) neigen sie sicher eher zum Nein.

● Nach erfolgter Heilung bringt Jesus einen ähnlichen Vergleich wie schon 13,15, nur hier zugespitzt auf eine echte Notlage. Die Essener-Gemeinschaft am Toten Meer verbot in so einem Fall ausdrücklich, einem Haustier oder einem Menschen aus der Grube herauszuhelfen, die Pharisäer waren milder. **Wenn Jesus am Sabbat heilt, dann nicht, weil für ihn Menschlichkeit im Zweifel vor Gottes Gebot rangiert,** sondern weil er „den ursprünglichen Sinn des S[abbats] als **Geschenk der lebensfördernden Güte Gottes"** in Erinnerung rufen will (W. Grimm), also (wie schon 13,16) nicht *obwohl* Sabbat war, sondern *gerade* deshalb. Darauf sind die Pharisäer nicht gekommen (V 6).

Jesus hält uns den Spiegel vor:

● Menschen beobachten Jesus (14,1), aber auch **Jesus beobachtet die Menschen genau** (V 12), zieht Schlüsse daraus (V 8-11; vgl. Spr 25,6f) und spricht Empfehlungen aus, welches Verhalten sich bei Gottes Gericht (V 14!) bewährt. Er „konfrontiert" sie aber nicht aggressiv mit ihrem Verhalten. **Hier geht es um das Thema „Ehre":**

→ V 7 ist besser zu übersetzen: „... **die Ehrenplätze auswählten"**. Man lag auf Kissen in Dreiergruppen um die Speisen herum. Der Ehrenplatz war am Kopfende oder in der Mitte. Die Gäste konnten ihre Plätze auswählen, solange der Gastgeber sie nicht umgruppierte, etwa wenn ein ranghöherer Gast dazukam. Hier knüpft Jesus an (V 8-10).

→ Hinter der passiven Form **„erniedrigt werden"** steht Gott, der die **Demütigung** bewirkt. In V 11 hebt Jesus das konkrete Verhalten bei einer Mahlzeit auf eine allgemeinere Ebene.

→ **Das Streben nach Ansehen, Ehre, Macht und Geld treibt Menschen an und führt zu Konflikten.**

> ✎ *Nach Jak 2,1-9 war das auch ein Problem in der frühen Gemeinde! Ist es heute anders? Schauen Sie Ihr eigenes Verhalten gegenüber anderen Gemeindegliedern mal ehrlich an! Mit wem suchen Sie engeren Kontakt? Wen lassen Sie eher links liegen? Warum?*

● Man kannte an Werktagen zwei Hauptmahlzeiten (vormittags und spätnachmittags), am Sabbat noch eine nach dem Gottesdienst. Dazu lud man gern Gäste ein. So, wie Jesus es vorschlägt (V 12f), verhält sich niemand von uns. Er nennt vier Gruppen von sympathischen (V 12) und vier Gruppen von Menschen, die wir weniger gern an unserem Esstisch haben würden (V 13). **Behinderungen beeinträchtigten damals weit mehr als heute die äußere Erscheinung.** Sie führten oft zu Armut. Vom Betreten des Tempels waren diesen Gruppen als „unrein" ausgeschlossen.

Ja, darauf kommt es wirklich an: später einmal **das große Festmahl mitzufeiern,** das Gott denen bereitet, die sich in diesem Leben zu Jesus gehalten haben. Da wird wirklich unbeschreibliche Freude sein! Aber leider sehen das nicht alle bis zum heutigen Tage so. Jesus erzählt eine Geschichte und macht damit anschaulich, worin die Tragik von uns Menschen liegt: **Wir haben alle so viele Pläne und Termine, dass wir darüber das Wichtigste verpassen.** Wir verschieben die Einladung Jesu, weil wir vermeintlich gerade Wichtigeres zu tun haben. Da ist hier also von einem Gastgeber die Rede, der zu einem Festmahl geladen hat. Alles ist vorbereitet, nun heißt es nur noch, dass die Eingeladenen auch kommen. Aber, und das ist nun das Schlimme: Alle, die der Gastgeber eingeladen hat, sagen ab:

→ Der eine hat ein Grundstück gekauft und muss es nun in Augenschein nehmen.

→ Der andere hatte mehrere Lasttiere gekauft. Auch er will nun sehen, was er da erworben hat.

→ Ein Dritter hat gerade geheiratet. Das ist ihm Grund genug, um dem Gastgeber abzusagen.

● Menschlich gesehen ist das alles verständlich. Aber die Argumente überzeugen trotzdem nicht. Es geht schließlich nicht um irgendeine Einladung. Es geht um Jesus und die Einladung zu ihm. **Das sollte Vorrang vor allem anderen haben!** Denn sonst kann es passieren, dass andere den Platz beim Festmahl Jesu bekommen, Menschen, die wir gar nicht bei Jesus vermuten würden. Die eigentlich Privilegierten lehnen ab; so wird der Festsaal eben voll mit „Armen, Verkrüppelten, Blinden und Lahmen“ (V 21). Keine Frage, das Fest wird auf jeden Fall stattfinden, ohne dass an der Festtafel Stühle frei bleiben (V 23b).

✎ *Bitte lesen Sie Joh 5,1-18: Jesus hat gerade die im Blick, die in der Gesellschaft übersehen werden. Werden in Ihrer Gemeinde solche Leute wahr- und angenommen?*

Jesus meint es ernst mit der Nachfolge. Eine große Menge folgt ihm, heißt es hier gleich am Anfang. Aber wer wird ihm wirklich folgen? Wer wird bei ihm bleiben, wenn es etwas kostet, Christ zu sein, wenn die Leute die Christen auslachen oder mehr noch, wenn sie sie verfolgen? **Jesus meint es ernst. Er will keine Halbheiten, kein laues Christentum, kein angepasstes Mitschwimmen mit der Mehrheit. Er will uns ganz.** Niemand und nichts darf uns wichtiger werden als Jesus. Das gilt für alle Bereiche des Lebens:

→ Jesus hält viel von der Herkunftsfamilie (vgl. Lk 2,51; Joh 19,26). **Aber wenn die Familie wichtiger wird als Jesus,** wenn sie den, der zum Glauben gekommen ist, wieder von Jesus abbringen will, **dann ist Trennung geboten.**

→ Dasselbe gilt für die neue Familie, die durch die Ehe entsteht. Auch da muss Jesus die Mitte sein und bleiben.

→ Es gilt aber auch für meine Herzensbindungen, für mich selbst. „Woran du dein Herz hängst, da ist dein Gott", hat Martin Luther einmal gesagt. **Jesus will, dass wir mit ganzem Herzen ihm gehören.**

→ Und es gilt in allen Höhen und Tiefen des Lebens. **Wenn Schicksalsschläge kommen,** Krankheiten und andere Nöte, **soll ich „mein Kreuz tragen", d. h. mich weiter an Jesus hängen und alles von ihm erwarten.**

● „Klare Kante" ist das, was Jesus hier sagt. Er appelliert dabei durchaus an unsern Menschenverstand. Ob es nun um Bauplanung geht oder um Kriegsvorbereitung: **Niemand kommt um die Prüfung herum, ob und wie das Vorhaben gelingen kann.** Hier geht es um Lebensprüfung: **Bei Jesus geht es um die Entscheidung: Sei ganz sein – oder lass es ganz sein!**

✎ *In seinem Buch „Nachfolge" schreibt Dietrich Bonhoeffer: „Nur der Gehorsame glaubt. Nur der Glaubende ist gehorsam." Sehen Sie das auch so – oder ist Ihnen die Gehorsamsforderung suspekt?*

● **Der eigentliche König Israels ist Gott selbst.** Doch Israel will einen König, „wie ihn alle Völker haben" (1Sam 8,5). Zwar gewährt Gott dem Volk diese Bitte, doch die Könige können sich nicht als selbstherrliche Herrscher aufführen, sondern bleiben als „Gesalbte" von Gott als dem himmlischen König abhängig.

→ Diese **Abhängigkeit** äußert sich darin, dass der König nicht nur als Regent, sondern gerade als **Beter** gefragt ist. Gottesdienst ist nicht religiöse Ausschmückung der Regierungsgeschäfte, sondern bildet geradezu das Fundament für ein fruchtbares Leben des Volkes. Darum erbittet nun das Volk seinerseits, dass Gott das Gebet des Königs erhören möge. Dies zeigt: Der König ist sowohl in guten wie in schlechten Zeiten (V 2.3.5) auf das gnädige Eingreifen Gottes angewiesen.

→ Wie die **Bitte**, so wird auch der **Dank** und **Jubel** des Volkes zu Gott aufsteigen, wenn er das Gebet erhört hat und seine wunderbare Hilfe für alle sichtbar wird.

● In V 7ff erweitert der Psalmbeter seine Fürbitte durch ein Bekenntnis: **Der himmlische König wird seinen irdischen Gesalbten erhören und ihm machtvoll zur Seite stehen.** Wo die Feinde auf menschliche Machtinstrumente vertrauen, baut das Volk auf seinen Gott. So gewiss kann es sich auf ihn verlassen, dass noch mitten in der Auseinandersetzung (V 2: „Not") die Befreiung als bereits erfolgtes Geschehen gerühmt wird: „Sie sind niedergestürzt und gefallen" (V 9).

● Auch aus diesem Psalm erwachsen Fragen: Wer könnte über die Könige Israels und Judas hinaus dieser „Gesalbte" sein? Wer ist auf so ungetrübte Weise im Gebet mit dem himmlischen König verbunden? Wer führt sein Volk im Namen des HERRN und nicht mit irdischer Macht? In der Begegnung mit Jesus von Nazareth geht Menschen auf – bis zum heutigen Tag: **Er** ist dieser König, der Christus! Vor ihm werden sich alle Knie beugen und bekennen: **Er** ist der Herr! (Phil 2,11).

Die harten Sätze Jesu im vorigen Abschnitt haben offenbar vor allem **Sünder und Zöllner** angerührt (V 1). Sie ahnen, dass Jesus eine gute Nachricht für sie hat. Es stört sie nicht, dass die geistliche Oberschicht es unangemessen findet, dass Jesus mit ihnen spricht. Und wirklich: Jesus hat eine gute Botschaft für sie. **Sie sind es, die in diesem ganzen Kapitel besonders angesprochen werden.** Sie haben begriffen, dass in ihrem Leben viel falsch gelaufen ist und sie deshalb Hilfe brauchen. Wie begegnet ihnen Jesus? Wieder erzählt er **Alltagsgeschichten** und wie immer sind sie **mitten aus dem Leben gegriffen:**

→ **Da ist der Hirte und seine Herde.** Eins der 100 Schafe ist plötzlich verschwunden. Was macht der Hirte? Er lässt die 99 Schafe allein und sucht das eine, das verloren gegangen ist. Und er findet es! Überglücklich darüber, dass das verlorene Schaf gefunden wurde, teilt er seine Freude mit Freunden und Nachbarn.

→ **Da ist die Hausfrau,** die ein Geldstück (1 Denar: der Tageslohn eines Arbeiters) verloren hat. Sie hat zwar noch neun andere, aber sie gibt keine Ruhe, sucht die ganze Wohnung ab, um die eine Münze wiederzufinden. Als sie sie schließlich findet, teilt sie ihre große Freude mit denen, die ihr nahestehen.

● **Ungemein tröstlich sind diese Geschichten**, gerade für Menschen, die sich abgehängt und verloren fühlen. Gott schiebt auch die mit einer verkorksten Lebensgeschichte nicht beiseite. **Wie der Hirte und die Hausfrau macht er sich auf die Suche nach den Verlorenen und gibt nicht eher Ruhe, bis er sie gefunden hat.** Und wenn einer dieser Verlorenen Gottes Stimme hört, sich rufen lässt und zu Gott umkehrt (Buße tut, vgl. V 7.10), dann freut sich der ganze Himmel darüber.

✎ *In Joh 10 stellt sich Jesus selbst als der Gute Hirte vor. Lesen Sie bitte die Verse 1-30. Aber auch Psalm 23 darf nicht fehlen!*

Was für eine Geschichte, die Jesus nun „noch“ anfügt! Offenbar will er den Zuhörern ganz tief einprägen, wie sehr Gott sie liebt, – und dass er sie nicht aufgibt. **Es ist die Geschichte vom verlorenen Sohn, oder besser: von den verlorenen Söhnen.**

● Da ist der Vater, der dem jüngeren Sohn sein Erbe auszahlt, weil der auf und davon will. Aber er scheint ein Leichtfuß zu sein: Er hält das Geld nicht zusammen, sondern verschwendet es. Bald geht es nur noch abwärts mit ihm, nicht nur moralisch. Er muss auf dem Land Schweine hüten, um überhaupt zu überleben. Da „kommt er zu sich“ (so wörtlich V 17a), als ihm klar wird, wie gut er es doch bei seinem Vater hatte. Er fasst einen Entschluss: Ich will zurück zum Vater. Auch wenn ich da wegen meiner Schuld „zu Kreuze kriechen“ muss – Hauptsache, ich komme zurück zum Vater.

● **Und was macht der Vater? Er hat den Sohn nie aufgegeben. Er war immer bereit, ihm zu vergeben.** Hauptsache, der Sohn kommt zurück. Als er ihn kommen sieht, läuft er ihm entgegen und nimmt ihn in die Arme, bevor der überhaupt seine Schuld bekennen kann. **So ist Gott, will Jesus sagen. Da kann noch so viel kaputtgegangen sein: Gott ist bereit, zu vergeben und einen Neuanfang zu ermöglichen.**

● Das kann **der ältere Sohn** nicht verstehen; **er schmollt und zieht sich zurück.** Er war doch immer treu beim Vater. Und jetzt macht der so viel Aufhebens um den, der ihn so enttäuscht hat? Das kann er nicht verstehen. Aber so ist **Gott. Er ist „ein Backofen voller Liebe“** (Martin Luther). Darum hat er Jesus geschickt. Er ist für uns ans Kreuz gegangen und für unsere Sünden gestorben. Jeder, der sich ihm anvertraut, erfährt Vergebung und Frieden und darf noch mal von vorn beginnen.

✎ *In dieser Geschichte steckt das ganze Evangelium! Lesen Sie bitte dazu Mk 10,45; Joh 3,16; Apg 4,12 und Röm 3,23.24; 5,8.*

Jesus ist auf **dem Wege nach Jerusalem**, seine Jünger begleiten ihn. Schwere Zeiten mit Leiden und Sterben warten auf ihn, bis ihn dann der Vater im Himmel auferweckt. Seine Jünger wollen nicht verstehen, dass so Grausames auf ihren Herrn und Lehrer zukommt. **So nutzt Jesus die Reisezeit, um seine Jünger auf seinen Leidensweg vorzubereiten** Wir befinden uns mittendrin in diesem Reisebericht, den Lukas in den Kap. 9–19 gestaltet hat.

● Was also tut Jesus? Er erzählt seinen Jüngern eine auf den ersten Blick **sehr merkwürdige Geschichte.** Da hat sich ein Geschäftsführer offenbar finanziell in die Nesseln gesetzt. Er hat Geld verschwendet und seiner Firma damit geschadet. Das hat seine Kündigung zur Folge. Was macht der schlaue Geschäftsmann daraufhin? Er nutzt die verbleibende Zeit, um seine Zukunft abzusichern. Er erlässt Leuten, die bei seinem Chef Schulden hatten, einen Teil dieser Schuld. Sein Gedanke ist: Wenn ich denen jetzt etwas Gutes tue, werden die auch Gutes für mich tun, wenn ich meine Stellung los bin. Eigentlich eine krumme Tour, aber der Chef äußert seine Anerkennung, als er davon hört.

● Und **Jesus? Er findet, dass dieser gerissene Geschäftsmann irgendwie ein Vorbild für die Jünger sein soll.** Nicht, dass Jesus sein Verhalten billigt! Aber etwas sollen sich die Jünger von diesem „Weltkind“ abgucken: **Der sorgt rechtzeitig** für seine Zukunft **vor. Das sollen die Jünger auch tun.** Sie sollen sich jetzt schon geistliche Werte schaffen, die ihnen später helfen, fest im Glauben zu bleiben; dann, wenn Jesus ans Kreuz gehen muss und er leiblich nicht mehr bei ihnen ist.

✎ *Was könnten solche Werte sein? Lesen Sie in Mt 6,19-34. Wie können wir uns auf Zeiten vorbereiten, in denen die Glaubensarmut immer größer wird und uns der Wind immer stärker ins Gesicht bläst?*

Jetzt geht es richtig ums Geld. „Die Christen in Deutschland reden nicht über ihr Geld und nicht über ihren persönlichen Glauben“, hat jemand mal gesagt. Da ist was Wahres dran. Aber bei Jesus ist das anders. Der spart nichts aus, auch die Frage nach dem angemessenen Umgang mit Geld und Gut nicht. „Nach Gelde drängt, am Gelde hängt doch alles: Ach, wir Armen!“, hat Goethe geseufzt. Das ist leider sehr realistisch! Das weiß auch Jesus, darum bekommen die Jünger eine klare Botschaft mit auf den Weg:

→ **Auf die Treue kommt es an, Treue auch im Blick auf anvertrautes Geld.** Verlässlichkeit und Ehrlichkeit im Umgang mit Geld und Gut sind gefragt. Damit nimmt Jesus auf, was in den Versen zuvor eine Rolle spielte: Auch wenn es von dem Geschäftsführer (V 1-9) einiges zu lernen gab, so war doch sein Umgang mit Geld verwerflich.

→ Dabei geht es Jesus nicht nur um die großen Summen und Geschäfte! **Es kommt darauf an, schon in den kleinen Dingen treu und verlässlich zu sein.** „Wer den Pfennig nicht ehrt, ist des Talers nicht wert.“

→ Aber nicht nur das! **Wer mit eignem und fremdem Geld nicht verantwortlich umgehen kann, der ist für ein Leitungsamt und für Menschenführung ungeeignet.**

→ Vor allem aber: **Wem der Wunsch nach Geld, nach Besitz, nach Reichtum zum Lebensinhalt wird, der kann kein rechter Jünger sein.** Der hat nicht Jesus im Herzen, sondern dient dem Mammon, dem Götzen des Materialismus.

● **Harte Worte sind das.** Aber es ist wichtig, dass wir sie uns sagen lassen. Zu viel ist durch verschwenderischen oder betrügerischen Umgang mit Geld auch in Gemeinden kaputtgegangen.

✎ *Wie gehen Sie persönlich mit Geld und Besitz um? Was bedeutet Ihnen in diesem Zusammenhang „Treue im Kleinen“? Wie offen wird in der Gemeinde über den Umgang mit Geld und Gut gesprochen?*

Auf dem Weg Jesu nach Jerusalem tauchen Leute auf, die offenbar nur Verachtung für ihn übrig hatten. **Es sind Pharisäer, ausgewiesene Fachleute in Sachen Gesetzeskunde.** Sie wissen sehr viel über Gottes Ordnungen und empfinden sich deshalb einfachen, ungelehrten Leuten gegenüber total überlegen. Dabei rühmen sie sich nicht nur damit, reich an Wissen zu sein, sondern auch reich an irdischen Gütern. **Eben diese Leute machen sich nun lustig über Jesus.** Der ist in ihren Augen doch nur ein armer Schlucker aus einfachen Verhältnissen und kann daher nicht im Ernst mit ihrer Bildung und ihrem Wohlstand mithalten. **Aber Jesus durchschaut sie und sagt ihnen klipp und klar:**

→ Alles, was ihr tut, dient nur dazu, den Menschen zu gefallen und euch selbst ein Denkmal zu setzen.

→ Vor Gott könnt ihr euch nicht verstecken. Der sieht direkt in euer Herz und durchschaut eure fromme Fassade.

→ Denkt bloß nicht, dass mit meinem Kommen der konkrete Gehorsam Gott gegenüber nicht mehr so wichtig wäre! Das Evangelium vom Reich Gottes bedeutet nicht, dass das Gesetz (die Thora) damit außer Kraft gesetzt wird.

→ Das sollen sich besonders die von euch gesagt sein lassen, die sich oft mit fadenscheinigen Gründen von ihrer Frau scheiden lassen, um eine andere zu heiraten. Was sie tun, ist und bleibt Ehebruch.

● **Für uns Heutige heißt das:** Es ist ein großes Geschenk, Christ zu werden. Freiheit und Frieden stellen sich ein. Aber **es ist eine große Aufgabe, als Christ nach den Geboten Gottes zu leben. Darum müssen auch wir Christen uns immer wieder von Jesus hinterfragen und zurechtweisen lassen.**

✎ *V 18 klingt in seiner Ausschließlichkeit, wonach alle Geschiedenen, die erneut heiraten, von Jesus „Ehebrecher" genannt werden, überspitzt. Beachten Sie dazu aber die Aussage von Jesus in Mt 5,32; 19,9.*

Wieder und wieder kommt Jesus auf das Thema „Geld“ zu sprechen. Er weiß, wie die Gier nach Geld Menschen verderben und Völker gegeneinander aufbringen kann. **Er weiß auch um den Abstand zwischen Arm und Reich und um das schwere und demütigende Los derer, die arm bleiben.** Darum erzählt er nun eine drastische Geschichte, damit die Leute endlich aufhorchen und ihr Leben ändern. Das gilt auch uns im reichen Deutschland!

● Da ist der reiche Mann. Sein Reichtum öffnet ihm alle Türen und schafft ihm Bewunderung von allen Seiten. Allerdings ist damit irgendwann Schluss. Er stirbt und kommt dahin, wo niemand hinwill, in die Hölle, in die Verlorenheit.

● Da ist der arme Mann, der zwar nichts hat, aber dessen Namen Jesus ausdrücklich – im Unterschied zu dem Reichen! – nennt: „Lazarus“ („Gott hilft“). Der führt ein mehr als armseliges Leben, und das bleibt bis zu seinem Tod so. Aber als er stirbt, kommt er nicht in die Hölle, sondern in den Himmel und wird „von den Engeln getragen in Abrahams Schoß“ (V 22).

● Der reiche Mann kann nun machen, was er will: Der Himmel ist zwar in Sichtweite, aber er bleibt für ihn unerreichbar. Hat er im Leben alles erreichen können, so ist er jetzt total ohnmächtig. Abraham macht ihm knallhart deutlich: Hölle bleibt Hölle. Aber auch das bleibt wahr: **Wer einmal der Sogkraft von Geld und Gut verfallen ist, der kommt da kaum mehr raus.** Dem würde es auch nichts nützen, wenn Lazarus oder irgendein anderer zum Leben erweckter Toter ihn warnen würde. Er kennt die Zehn Gebote und was zu tun wäre – und tut es nicht. **Gier bleibt Gier. Auch das ist schon Hölle.**

✎ *Trotzdem heißt es in Lk 18,27 in ähnlichem Zusammenhang: „Was bei den Menschen unmöglich ist, das ist bei Gott möglich.“ Was heißt das für uns in einer Welt, in der die Schere zwischen Arm und Reich immer weiter aufgeht?*

Seit dem frühen Mittelalter versuchten die deutschen Könige, ihre Herrschaft dadurch zu legitimieren, dass sie ihr Amt „von Gottes Gnaden" ausübten. Dabei ging es eher um ihren Herrschaftsanspruch als um die Erkenntnis, bei ihrer Tätigkeit von Gottes Gnade abhängig zu sein.

● Ganz anders der König, der hier im Psalm vorgestellt wird. Er bekommt seine **Kraft von Gott** und ist dankbar für seine **Hilfe.** Im Wissen darum stimmt er einen fröhlichen Grundton an, der auf alle abfärben kann, die den Psalm hören und lesen (V 2).

✎ *Obwohl niemand von uns König ist, gelten viele der Gründe, fröhlich gestimmt zu sein, auch für uns. Welche können Sie auf sich beziehen?*

● Es gibt viele Gründe zur Freude:

→ Wir dürfen Gott unsere Wünsche sagen, er nimmt sie ernst (V 3).

→ Gott überschüttet mit Segen (V 4).

→ Gott beschenkt uns mit Lebenszeit (V 5).

→ Von Gottes Glanz spiegelt sich etwas wider in unserem Leben (V 6).

→ Gott segnet andere Menschen durch uns (V 7).

● Weil der König auf Gottes Handeln hofft, kann er **darauf verzichten, selbst gegen seine Feinde einzuschreiten** (V 8-13).

● Uns Christen kommen die Rachegedanken der Psalmen vielleicht befremdlich vor. Jesus lehrt uns, sogar unsere Feinde zu lieben. Dabei dürfen wir nicht vergessen, dass der Verzicht auf Rache schon ein Schritt in die richtige Richtung ist: es Gott zu überlassen, dass er selbst sich dieses Problems annimmt. Der König weiß sich so sehr mit Gott verbunden, dass seine Feinde auch Gottes Feinde sind (V 12).

● Das Erleben von Gottes Kraft ist so überwältigend, dass der Beter nicht stumm bleibt; er beginnt zu singen, denn **die Urkraft der Freude bricht sich Bahn** (V 14).

● V 1-4: Eine Mitarbeiterin in der Kinderarbeit hörte ich einmal sagen, dass sie öfters bete: „Herr, bewahre mich davor, anderen ein Anlass zur Sünde oder Hindernis für den Glauben zu sein." Als jungem Pastor war mir ein solches Gebet noch nicht begegnet. Doch fand ich es bedenkenswert, dass diese Mitarbeiterin die ihr anvertrauten Kinder als einen solch wertvollen Schatz betrachtete, dass sie unter keinen Umständen in irgendeiner Weise an ihnen schuldig werden wollte. **Jesus warnt uns davor, andere zur Sünde zu verführen, und ruft uns zugleich dazu auf, Menschen, die an uns schuldig werden, darauf anzusprechen.** Wenn sie um Vergebung bitten, sollen wir diese gewähren, selbst wenn dies mehrfach am Tag vorkommen sollte.

● V 5f: Diese hohen moralischen Maßstäbe zeigen den Jüngern ihre eigene Ohnmacht und lassen sie die **Bitte um mehr Glauben** an den Herrn richten; eine Bitte, die auch uns heute manchmal über die Lippen kommen sollte, wenn wir unsere Ohnmacht und unser Versagen allzu stark spüren.

● Ab V 7 weist Jesus darauf hin, dass jeder, der ihm nachfolgt und damit Gott dient, **nicht auf Belohnung spekulieren** sollte. Es ist vielmehr unsere Pflicht, Gott zu dienen; denn schließlich sind wir seine Geschöpfe und haben seinen Auftrag demütig und bescheiden auszuführen. Freilich fällt es uns heutigen Menschen schwer, die Aufforderung von V 10 umzusetzen. Wir werden von Kindesbeinen an gelobt, und auch im Erwachsenenalter spielt das Lob eine große Rolle und beflügelt uns zu zusätzlichem Einsatz. **Doch tatsächlich möchte Jesus, dass wir unsere Aufgaben zuverlässig erfüllen, ohne auf Lob und Anerkennung zu schielen.**

✎ *Gelingt es Ihnen, Ihre täglichen Pflichten und Aufgaben für Gott zu tun, ohne zugleich auf Anerkennung und Lob von anderen zu warten oder Ihr Tun anderen anzupreisen?*

Im AT wird detailliert geregelt, wie Aussätzige sich zu verhalten hatten. Sie mussten getrennt von der übrigen Bevölkerung leben und – sobald Menschen in ihre Nähe kamen – „unrein, unrein!“ rufen, damit niemand in die Gefahr kam, sich anzustecken (3Mose 13,45f). **Aussätzige waren kultisch unrein** und durften selbstverständlich nicht am Gottesdienst und an den Festen im Tempel teilnehmen. Weil sie einerseits von ihrer Familie getrennt waren und ihnen zugleich das gottesdienstliche Leben versagt blieb, gehörte Aussatz zum Schlimmsten, was sich ein freier Mensch vorstellen konnte. Sollte der Aussatz irgendwann verschwinden, musste sich der Kranke einem Priester vorstellen, der über die Heilung zu befinden hatte. Sofern der Priester die Heilung bestätigte, hatte der Geheilte ein Opfer darzubringen (3Mose 14,1ff). **Wenn ein Aussätziger als rein erklärt wurde, bedeutete das für ihn nicht weniger als eine zweite Geburt;** denn nun endete ein Leben in völliger sozialer Isolation.

● V 14-19: Im Unterschied zu Lk 5,13 rührt Jesus hier die Aussätzigen nicht heilend an, sondern schickt sie direkt zum Priester, ohne sie zuvor geheilt zu haben. **Jesus verlangt also einen Schritt des Glaubens.** Und als die Aussätzigen diesen Schritt tun, werden sie geheilt. Eigentlich würde man nun erwarten, dass alle zehn zurückkehren und Jesus für ihre Heilung danken. **Doch nur einer von ihnen, ein Nichtjude, dankt Jesus.** Dies ist nicht nur typisch für menschliches Verhalten, sondern auch charakteristisch für das Verhältnis der damaligen Juden zu Jesus. Sie nahmen seine Wundertaten (vor allem die Heilungen und Totenauferweckungen) gerne an, doch sie wollten ihn nicht als ihren Messias und König akzeptieren.

✎ *Gibt es in Ihrem Leben Beispiele dafür, dass Gott rettend eingegriffen hat, ohne dass Sie ihm dafür gedankt haben?*

● V 20f: Die jüdischen Theologen zur Zeit Jesu erwarteten, dass das Reich Gottes mit Macht hereinbrechen und der Messias die römische Fremdherrschaft abschütteln und sein Friedensreich aufrichten werde. **Doch Jesus macht deutlich, dass mit ihm das Reich Gottes bereits angebrochen ist** und dass die Menschen, die Jesus nachfolgen, Träger des Reiches Gottes sind. Jesus teilt also nicht die im Volk verbreitete politische Messiashoffnung. **Das Reich Gottes,** das in der gegenwärtigen Zeit **in der weltweiten Gemeinde Jesu besteht,** hebt jedoch nicht die alttestamentlichen Verheißungen eines zukünftigen umfassenden Friedensreiches (Jes 2,2ff) auf; doch dieses Reich wird erst bei der Wiederkunft Jesu realisiert werden (Offb 20).

● V 22ff: Bevor Jesus aber wiederkommt und das Friedensreich aufrichtet, werden **die Nachfolger Christi schwere Zeiten durchzustehen haben und sich nach Jesus sehnen** (V 22). Dann wird Jesu Wiederkunft unerwartet geschehen. Das, was Jesus als typisch für die Zeiten Noahs und Lots anführt, waren tägliche Geschäfte und Aufgaben, die an sich nicht sündig sind. Doch die Menschen waren damals so sehr mit diesen Alltäglichkeiten beschäftigt, dass sie die Zeichen der Zeit übersahen (die Arche Noahs und die Flucht Lots) und vom Gericht Gottes überrascht wurden. Ähnlich werden die Menschen in der Endzeit die der Wiederkunft Jesu vorangehenden Zeichen nicht wahrnehmen, weil sie dem Materialistischen verfallen sind, sodass sie schließlich völlig unvorbereitet von der Wiederkunft Christi überrascht werden.

✎ *Fragen Sie sich einmal selbstkritisch, ob Sie u. U. nicht auch schon so stark von dem Sie umgebenden materialistischen Lebensstil angesteckt sind, dass Ihre Gedanken nur noch um Irdisches kreisen und Sie nicht mehr erwartungsvoll der Wiederkunft Christi entgegengehen.*

● V 1-5: Angesichts der schwierigen Zeiten, die kurz vor der Wiederkunft Christi auf Erden herrschen werden, **ermahnt Jesus seine Nachfolger, ausdauernd zu beten.** Im Gleichnis von der bittenden Witwe und dem ungerechten Richter soll der Richter selbstverständlich **nicht** Gott repräsentieren. Vielmehr ist die **Aussage Jesu** folgende: Wenn schon ein so ungerechter Mann wie dieser Richter schlussendlich doch den ständigen Bitten einer mittellosen und für ihn völlig unbedeutenden Frau nachgibt, wie viel mehr wird dann der gerechte und seine Geschöpfe liebende Gott die Gebete seiner Menschenkinder erhören!

● V 6-8: Jesus ermutigt also seine Nachfolger, ein ausdauerndes Gebetsleben zu pflegen und mit dem Eingreifen Gottes zu rechnen. Dass diese Ermahnung sich häufig im NT findet (Röm 12,12; Eph 6,18; Kol 4,2 u. ö.), ist kein Zufall. Gott weiß, dass wir Christen Mühe haben, über das Tischgebet hinaus ein beständiges Gebetsleben zu pflegen. Auch wenn wir vielleicht denken: „Gott weiß doch, was ich brauche; warum soll ich noch beten?“, **– so bleibt es dabei, dass Gott gebeten sein will.** Und wer dies aus philosophischen oder anderen Gründen nicht tut, der schadet nicht Gott, sondern sich selbst. Umgekehrt gilt: Wer sich Zeit nimmt für das Gebet, der wird diese Zeit von Gott ersetzt bekommen und zusätzlich **erleben, wie seine Gebete immer wieder Erhörung finden.** Nirgends ist uns jedoch versprochen, dass **alle** unsere Bitten erfüllt werden. Doch da, **wo wir nach Gottes Willen beten** und die Vaterunser-Bitte „Dein Wille geschehe“ über allem steht, **da bekennt sich Gott zu den Gebeten seiner Kinder und schenkt über „Bitten oder Verstehen“** (Eph 3,20).

✎ *Was wollte Martin Luther mit folgendem Satz zum Ausdruck bringen: „Heute habe ich viel zu tun; deshalb muss ich umso mehr beten“?*

● V 9-14: Das Gleichnis vom Pharisäer und Zöllner unterstreicht die **Lehre von der Rechtfertigung des Sünders allein aus Gnade,** die vor allem in den Briefen des NT vermittelt wird und zum Zentrum des christlichen Glaubens gehört. Wer wie der Pharisäer auf seine eigenen Werke und Verdienste pocht und glaubt, dass er dadurch vor Gott bestehen könnte, der täuscht sich; denn kein einziger Mensch ist sündlos. Wer dann noch zusätzlich verächtlich auf solche Menschen hinabsieht, die in offensichtlichen Sünden leben, beweist damit nur seine eigene Sündhaftigkeit und lädt mit seinem Hochmut weitere Schuld auf sich. **Was Gott von uns verlangt, ist das demütige Eingeständnis, dass wir schuldig sind.** Auch wenn wir keine schlimmen Verbrechen begehen, sündigen wir täglich mit Worten und Werken, aber auch in unseren Gedanken. Auch können uns Neid, Hochmut und Unreinheit zu schaffen machen. Wer ehrlich zu sich selbst ist, gibt das zu und verhält sich wie der Zöllner: Er schlägt an die eigene Brust, bekennt sein Versagen und bittet Gott mit demütigem Herzen um Gnade.

● V 15-17: Ähnlich wie der Zöllner, der nicht viel Gutes getan hatte, sind auch Kinder. Sie haben keine großen Leistungen vorzuweisen, mit denen sie bei Gott Anerkennung finden könnten. Ebenso sind ihnen Hochmut und Stolz noch fremd. **Vielmehr zeichnen sich Kinder dadurch aus, dass sie nicht auf sich selbst vertrauen, sondern ganz von anderen abhängig sind.** Jesus stellt uns Erwachsenen die Kinder als Vorbild vor Augen: Wie sie sollen wir vertrauensvoll und demütig zu Gott kommen und sein Heilsangebot, das er uns in Jesus anbietet, annehmen.

✎ *Warum fällt es uns Erwachsenen so schwer, unsere Schuld einzugestehen und sie vor Gott und Menschen zu bekennen? Lesen Sie bitte den Rat, den Jakobus uns in Kap. 5,16 gibt und der sogar eine therapeutische Dimension hat.*

Auch der heutige Bibeltext verdeutlicht, dass kein Mensch durch seine eigene Leistung gerettet werden kann.

● V 18-23: Der Gesprächspartner Jesu (griech. „archon" =„Vorsteher"; nur bei Mt ist es ein junger Mann: 19,20.22) fragt nach dem **Weg zum ewigen Leben.** Bevor Jesus ihm den eigentlichen Weg zum Heil zeigt, weist er ihn auf **die Forderungen der Thora** hin. Man muss alle Gebote lebenslang einhalten, um auf dem Weg des Gesetzes errettet zu werden. Nun sollte man annehmen, dass der Mann angesichts dieses hohen Maßstabes sein Unvermögen zugibt; doch er behauptet selbstsicher, alle Gebote gehalten zu haben. Dass dies nicht stimmt, zeigt Jesus ihm durch die Aufforderung, seinen Besitz den Armen zu geben. An dieser Stelle wird deutlich, dass der Mann eben nicht das ganze Gesetz gehalten hatte, denn er liebt seinen Besitz mehr als Gott und seinen Nächsten. **So versagt er schon am 1. Gebot.** Außerdem lehnt er es ab, ein **Jünger Jesu** zu werden, was aber **der wirkliche Weg zum ewigen Leben** ist.

● V 24-27: Es wäre ein Missverständnis anzunehmen, dass die Forderung Jesu, den Besitz zu verkaufen, allen seinen Nachfolgern gilt. Vielmehr will Jesus hier exemplarisch deutlich machen, dass **wir Menschen nicht in der Lage sind, alle Gebote des Gesetzes lückenlos und lebenslang einzuhalten,** selbst wenn wir uns mit aller Kraft darum bemühen. Gleichwohl gilt Jesu Feststellung, dass Reichtum einer der wichtigsten Gründe dafür ist, dass Menschen das ewige Leben verfehlen. Denn Reiche können sich ja beinahe alles kaufen und verfallen daher schnell dem Wahn, ohne Jesus das Leben und Sterben meistern zu können. Leider merken sie oft erst an der Todesgrenze, dass sie einem Irrtum erlegen sind.

✎ *Bitte lesen Sie Eph 2,8f. Wie sieht der Weg aus, der mit Gewissheit zum ewigen Leben führt?*

Psalm 6 war in der alten Kirche der **erste von sechs Bußpsalmen**, in denen die Not der Sünde im Vordergrund steht. In diesem Psalm kommt das nur in V 2 zum Ausdruck. Es ist gut vorstellbar, dass der Psalm in einer konkreten Krankheit entstanden ist.

● Das Singen ist nicht nur auf Loblieder beschränkt, auch der **Klagegesang** hat seinen Platz, auch der Klagegesang muss kein unbegleitetes melodisches Weinen sein, er kann von wohlklingenden Instrumenten begleitet werden – wie in diesem Fall von einem achtsaitigen Instrument (vgl. Ps 12,1 und 1Chr 15,21).

> ✎ *Was bedeutet diese Erkenntnis für unseren Gemeindegesang? Neue Lieder entstehen zurzeit fast ausschließlich im Bereich „Lobpreis" – das Kirchenjahr kann eine Chance sein, auch andere Aspekte des Singens in den Blick zu nehmen.*

● In V 6 möchte der Psalmbeter **Gott bei seiner Ehre packen**: Gott liebt es, wenn Menschen an ihn denken und im Bewusstsein seiner Gegenwart leben. Das Totenreich ist aber ein Ort, an dem Gott nicht gelobt wird, ja an dem man nicht einmal an Gott denkt. Deshalb muss es doch in Gottes Interesse sein, wenn der Psalmbeter aus der Todesgefahr errettet wird.

● Dass **ein Unglück selten allein kommt**, erfährt auch der Beter: Zu körperlichen (und wohl auch psychischen) Beschwerden kommt hinzu, dass er von Menschen umgeben ist, die ihm nicht wohlgesonnen sind (V 8).

● Manchmal muss man die Unerlöstheit dieser Welt in allen Dimensionen erleiden, um dann jedoch **Gottes umfassende Rettung** umso mehr erfahren zu dürfen und schätzen zu lernen:

→ Gott sieht die Tränen (V 9b).

→ Gott hört die flehentliche Bitte um Hilfe (V 10a).

→ Gott nimmt sich des Gebets an und erhört es (V 10b).

→ Gott ergreift gegenüber den Feinden Partei für den Beter (V 9 und 11).

Der erste und zweite Thessalonicherbrief

Der **erste Thessalonicherbrief** ist der älteste erhaltene Paulusbrief. Er ist ca. 50 n. Chr. in Korinth geschrieben worden, wenige Monate nach der Gründung der Gemeinde ca. 49 n. Chr. (Apg 17,1-10). Sie bestand überwiegend aus Heidenchristen (1,9). Wegen massiver Angriffe gegen die Christusverkündigung müssen Paulus und Silas heimlich die Stadt verlassen.

Paulus ist erfreut und zugleich besorgt um diese junge Gemeinde (2,14; 3,4). Er schickt Timotheus nach Thessalonich (= Saloniki), um die Christen dort zu stärken. Dieser ist gerade mit guten Nachrichten zurückgekehrt (3,1-8). Paulus reagiert sofort, erinnert an die verheißungsvollen Anfänge (1,2–2,14) und beantwortet Fragen, die die Gemeindeglieder beunruhigen: Was geschieht mit den Gläubigen, die vor Jesu Wiederkunft gestorben sind (4,13-18)? Wann kommt Christus wieder (5,1-11)? Wie sollen wir mit denen umgehen, die angesichts des bald erhofften Weltendes nicht mehr arbeiten (4,11; 5,14), und wie mit denen, die wieder in eine vorchristliche Lebensweise zurückfallen (4,1-12; 5,12-22)?

In großer Unmittelbarkeit drückt Paulus seine Freude über die Entwicklung der Gemeinde aus, von der auch andere Gemeinden nur Gutes berichten. Er erinnert an die Anfänge (2,1-12), dankt nochmals für die erfahrene Gemeinschaft, ist den Gläubigen eng verbunden (2,20) und hat Zutrauen in ihre geistliche Selbstständigkeit (4,18; 5,11.21). Er selbst scheint in einer schwierigen Lage in Korinth zu sein (3,7f), ist aber durch den Bericht des Timotheus getröstet und ermutigt.

Paulus betont durchgehend die Grundelemente des Christseins „Glaube-Liebe-Hoffnung“: bei Dank (1,3) und Erinnerung (1,9f), bei Zuspruch (3,6; 5,1-10) und Fürbitte (3,10-13), bei Ermahnung (Kap. 4 + 5) und Segnung (5,23f).

Der **zweite Thessalonicherbrief** wirkt teilweise wie eine Wiederholung des ersten. Er ist aber allgemeiner gehalten, hat auch eine andere Frontstellung: Die Vorstellung, das Weltende sei bereits da (2,1f) und die daraus gefolgerte Verweigerung redlicher Arbeit

(3,6ff) muss korrigiert werden; deshalb die Erläuterungen über die Endzeit (2,1-12) und die Lebensweise der Apostel (3,7-9).
Da Ton und Frontstellung im zweiten Brief anders sind, dürfte zwischen beiden Briefen ein größerer zeitlicher Abstand liegen.

Paulus eröffnet den Brief an die Thessalonicher mit **auffallender Wertschätzung für den ausstrahlungsstarken Glauben der Gemeinde.** Dabei lässt er erkennen, welche Überlegungen ihn bei seinen Missionsreisen leiten, anders gesagt, welche Strategie er hat. Folgende Punkte sind für ihn wichtig:

→ **Paulus handelt nicht als Einzelkämpfer.** Er reist und wirkt mit anderen zusammen. Hier ist ein Team unterwegs. Über alles wird geredet, und bei allen weiteren Schritten suchen Paulus, Silvanus und Timotheus im Gebet die Weisung ihres Herrn.

→ **Vor allem Weiteren danken sie Gott** für alles, was er bereits durch sie in der Gemeinde getan hat.

→ Paulus war für seine beiden Mitarbeiter Vorbild. Bei ihrem ersten Besuch in Thessalonich haben sie es erlebt, wie dort Menschen das Evangelium von Jesus Christus annahmen und **zu Nachfolgern des Apostels und seiner Mitarbeiter wurden.**

→ **Zu ihrer aller Erstaunen wurden diese ersten Christen ihrerseits zu Vorbildern vieler** in Mazedonien und Griechenland. Wie ein Lauffeuer breitete sich die Botschaft von Jesus und seiner Auswirkung auf das Leben der Thessalonicher aus.

✎ *Hier ist es Zeit, innezuhalten und zu fragen: Wer war für mich ein Vorbild im Glauben? Wer hat mich in seinen Glauben hineingenommen? Wer hat mir einen kräftigen Anstoß gegeben, sodass ich meinen Weg fand? Und umgekehrt: Wo habe ich anderen Menschen ein hilfreicher Wegweiser zum Glauben sein können? Wo hat Jesus mir ganz persönlich eine Aufgabe anvertraut?*

● Für Paulus, seine Mitarbeiter und seine Gemeinden ist klar: Jesus Christus, der ihnen den Zugang zu Gott eröffnet hat, ist der grundlegende Zeuge. Er begleitet sie in allem. Was sie auch immer planen und tun, sie haben seine Wiederkunft in Herrlichkeit vor Augen. Wir dürfen und sollen ihnen darin nacheifern.

Noch sind die Striemen, die die Stockschläge in Philippi hinterlassen haben (Apg 16,22f), nicht verheilt, da wenden sich Paulus und seine Mitarbeiter den Menschen in der nächsten Stadt zu, den Einwohnern Thessalonichs.

● Sie handeln als **Pioniermissionare,** predigen also dort das Evangelium von Jesus Christus, wo noch nie jemand davon gehört hat. Wichtig ist: **Sie verstehen sich als Menschen, die Gott ausdrücklich** für diese Aufgabe **berufen hat.** Sie haben die Grenzen zu anderen Ländern überschritten. Sie sind nicht nur überall in die jüdischen Gemeinden gegangen; nein, sie sind auch auf die Heiden zugegangen und haben ihnen das Evangelium gepredigt.

✎ *Wenn Sie dem Wirken Gottes in Ihrem Leben auf die Spur kommen möchten, dann sollten Sie sich fragen: Wo hat Gott mich persönlich für einen Dienst in der Gemeinde oder in meiner Stadt vorbereitet und berufen?*

● In immer neuen Wendungen beteuert Paulus, dass sein Reden und Handeln wie das von Silvanus und Timotheus ehrlich gemeint und von lauteren Motiven geleitet ist. „Es kommt nicht darauf an, dass du etwas Großes wirst, aber es kommt alles darauf an, dass du in deinem Leben und Handeln echt und aufrichtig bist“, hat jemand gesagt.

Hier im 1Thess schauen Paulus und seine Mitarbeiter zurück auf **die Anfänge dieser Gemeinde.** Was sie dort haben erleben dürfen, ist nicht umsonst gewesen; **es ist eine lebendige Gemeinde entstanden;** bis jetzt sind sie mit den Christen dort in herzlicher Liebe verbunden.

Paulus kann einerseits ihr **seelsorgerliches Wirken** unter den Thessalonichern beschreiben **„wie eine *Amme* bzw. *Mutter* ihre Kinder pflegt“** (V 7); andererseits haben sie die Thessalonicher **„wie ein *Vater* seine Kinder ermahnt, getröstet und beschworen“** (V 11f). Worin unterscheidet sich die mütterliche von der väterlichen Rolle?

Zu V 14-16: Was Paulus hier über die Juden schreibt, ist von seinen Erfahrungen mit ihnen gedeckt. Wir sollten aber zugleich auf das achten, was er später im Römerbrief schreibt, wo er **frühere Aussagen über seine jüdischen Blutsverwandten revidiert.**

- Wohin Paulus auch kommt, immer wieder geht er **zunächst in die jüdischen Synagogen** und predigt dort das Evangelium.
- Aber **er stößt auf Ablehnung und erregt Aufruhr.** Man lese in Apg 17,5ff nach, was Paulus und seine Mitarbeiter in Thessalonich zu erleiden hatten.
- Wie in Antiochia (Apg 13,13-51) **wendet sich Paulus nun den Heiden** in der Stadt zu. Bei ihnen findet er Gehör und kann eine Gemeinde gründen. Was er **Bitteres mit den Juden erlebt** hat, hält er in seinem Brief fest.

✎ *Allerdings haben Aussagen wie V 15 in der späteren Kirchengeschichte fatale Folgen gehabt. Warum?*

- Später denkt Paulus **neu über sein Verhältnis zu den Juden nach.** In Röm 9–11 kommt er ausführlich darauf zu sprechen. Die Juden sind und bleiben seine Blutsverwandten. Auch sie sind Kinder Gottes. Mit ihnen hat Gott einen ewigen Bund geschlossen. Die Verheißungen gelten ihnen weiter (Röm 9,1-5).
- Paulus hofft, dass Israel eines Tages die Augen für das Wirken Gottes unter den Völkern geöffnet werden. Die lebendigen Gemeinden, die überall im Namen Jesu entstehen, werden die Juden neugierig und eifersüchtig machen (Röm 11,14).
- Dann lüftet er ein **großes Geheimnis**: „So wird ganz Israel gerettet werden" (Röm 11,26). Die ersten Christen in der Urgemeinde waren Juden. Heute gibt es eine wachsende Schar „messianischer Juden". Sie glauben, dass Jesus der den Juden verheißene Messias ist. Zur Vollendung des Gottesvolkes (s. V 19) gehört es, dass mitten in der Schar der Vollendeten das jüdische Volk wiederhergestellt wird. Was für eine großartige Perspektive!

Zwischen Paulus, seinen Mitarbeitern und den Gemeindegliedern in Thessalonich ist es zu einem **freundschaftlichen Miteinander und lebendigen Austausch** gekommen.

● Sie mögen einander, ja es existiert unter ihnen eine **lebendige Sehnsucht** zueinander. Sie möchten voneinander wissen, wie es ihnen geht, auch wenn sie weit entfernt leben.

● Sie können nicht mal eben telefonieren und miteinander sprechen. Das Einzige, was damals möglich war, sind **gegenseitige Besuche oder durch Boten** überbrachte Briefe. Zwei Briefe hat Paulus an die Gemeinde in Thessalonich, dem heutigen Saloniki, geschrieben. In ihnen teilt er seine tiefsten Gedanken mit, und sie sind **bestimmt von dem, was er an Liebe und Wertschätzung für diese Gemeinde empfindet.**

● Weil Paulus selber keine Möglichkeit zum erneuten Besuch der Gemeinde sieht („der Satan hat uns gehindert"; 2,18), schickt er seinen Mitarbeiter Timotheus zu ihnen. Er soll die Thessalonicher in ihrem Glauben „stärken und ermahnen". Seine Sorge, dass die Thessalonicher aufgrund von Anfeindung und Druck ihren Glauben aufgeben könnten, hat sich glücklicherweise als gegenstandslos erwiesen. So haben **die Nachrichten, die Timotheus nach seiner Rückkehr mitbringt, bei Paulus Freude ausgelöst,** was ihn zu noch intensiverer Fürbitte für die Gemeinde veranlasst. Zugleich bleibt die Sehnsucht nach einem baldigen Wiedersehen lebendig.

● Es verbindet sie, dass sie darauf hoffen: Jesus ist als der Lebendige unter ihnen. Durch ihn haben sie die Liebe Gottes erfahren; **gemeinsam leben sie auf die Wiederkunft Jesu zu**; und er wird eines Tages vor aller Welt erscheinen.

✎ *Die herzliche Beziehung zwischen Paulus und den Thessalonichern regt dazu an, sich selber einmal zu fragen, ob bzw. mit welchen Christen Sie selbst eine ähnlich herzliche Beziehung pflegen.*

Unter den jetzt von Paulus formulierten **Mahnungen zur persönlichen Heiligung** seien beispielhaft die Verse 4 und 5 herausgehoben.

● Eines der schönsten **Zeichen der Verbundenheit** ist der Ring. In der Trauzeremonie stecken Bräutigam und Braut sich die von ihnen selbst ausgesuchten Eheringe an. Bis der Tod sie scheidet, sind sie nun miteinander verbunden.

● Natürlich darf ein junger Mensch die Kraft seiner Sexualität entdecken; dabei soll er lernen, **mit Respekt** (Paulus schreibt von „Heiligkeit und Ehre") **auf einen Menschen des anderen Geschlechts zuzugehen und ihn zu gewinnen suchen** (und nicht: ihn besitzen oder beherrschen wollen). Meine eigene Seele zeigt mir, ob aus einem zögerlichen oder stürmischen Verliebtsein eine tragfähige Liebesbeziehung entsteht. Es ist auch heute ein guter Rat, wenn Schiller in seinem „Lied von der Glocke" schreibt. „Drum prüfe, wer sich ewig bindet, ob sich das Herz zum Herzen findet!"

● Wo zwei Liebende dann aber vor Gott und den Menschen zueinander ein ganzes „Ja" gesagt haben, da gilt es, **treu zu sein.** Der Ring besteht aus einer endlosen Linie.

● In der „Neuen Genfer Übersetzung" lautet Vers 4: „Jeder von euch muss lernen, Herr über seine Triebe zu sein." Anders als damals in der Antike und anders als heute in der Moderne sollen Ehepartner ihre Beziehung nicht von „gieriger Lust" bestimmen lassen. Meine Ehepartnerin und ich gehören zusammen, ebenso die andere und ihr Partner.

● Gott, der die Ehe gestiftet hat, hat uns in die Nachfolge Jesu gestellt. **Gott will, dass wir als die für ihn Ausgesonderten leben, als die Geheiligten, als diejenigen, die von ihm her und auf ihn hin leben und wachsen.** Dies ist ein lebenslanger Prozess, bei dem wir nie auslernen, sondern „noch vollkommener" werden sollen und **mit unserm Leben keinen Anstoß oder Ärgernis geben,** sondern „ehrbar vor denen wandeln, die draußen sind" (V 12).

Gewissheit angesichts des Sterbens

● „Wir wollen euch aber, Brüder und Schwestern, nicht im Ungewissen lassen“ ... (V 13). Das ist **das Ziel** von Paulus: Die neu gewonnenen Jesusnachfolger in der nordgriechischen Stadt sollen **Klarheit bekommen über die Zukunft, die sie als Glaubende erwartet.** Und diese Gewissheit soll sie trösten und in aller Trauer mit Freude erfüllen, sodass sie auch einander trösten können. Gleich zweimal betont Paulus das (V 13.18). Es haben offenbar einige Todesfälle in der Gemeinde Fragen ausgelöst: Was kommt nach dem Tod? Wann kommt Jesus wieder? Haben die, die dann noch leben, einen Vorteil gegenüber den schon Verstorbenen? **Paulus beruft sich in seiner Antwort auf ein „Wort des Herrn“, also auf eine verbindliche Jesusüberlieferung.** Das ist bedeutsam, da Jesu Tod und Auferstehung erst ca. 20 Jahre zurückliegen. Zwar finden wir in den Evangelien dieses Herrenwort nicht. Doch findet sich in den Paulusbriefen noch einmal eine ähnliche Aussage, ebenfalls im Zusammenhang mit der Auferstehungshoffnung (1Kor 15, 52).

● Offenbar gehörte es zur Grundunterweisung neu gewonnener Christen, Jesusworte auswendig zu lernen und zu verstehen, was sie für Glaube und Leben bedeuten. Diese geistliche Grundausstattung verband sie mit den Frauen und Männern, die Jesus selbst noch gesehen und gehört hatten und ihm nachgefolgt waren. Diese Augenzeugen des Lebens Jesu, seines Todes und seiner Auferstehung (Apg 1,3.21-23) waren zugleich geachtete Überlieferer seiner Worte (Lk 1,1-4). So finden sich auch außerhalb der Evangelien direkte Rückbezüge auf Worte und Taten von Jesus (z. B. „Geben ist seliger als nehmen“: Apg 20,35). So ist es auch hier. Die Aussagen von Jesus selbst machen uns angesichts des Todes Mut, dass wir **„allezeit beim Herrn“** sein werden (V 17). **Das ist der Kern christlicher Hoffnung und Gewissheit.**

In alttestamentlicher Zeit konnten schwierige Angelegenheiten den Priestern im Heiligtum zur Entscheidung vorgelegt werden (5Mose 17,8-13). Vielleicht war das in diesem Psalm der Fall: Der Gläubige steht auf und weist die Klage seiner Gegner zurück. Gleichzeitig bekennt er sich dazu, dass Gott ihm Frieden schenkt.

● **Die Bitte an Gott** (V 2):
Der Psalmbeter bezeichnet Gott als „Gott meiner Gerechtigkeit". Er beruft sich auf Gottes Bund, in dem er den Gläubigen gerecht spricht und ihm seine Hilfe zusagt. Gleichzeitig weiß er, dass er keinen Anspruch auf Gottes Hilfe hat, deshalb bittet er, dass Gott gnädig ist.

✎ *Gott erweist seine Gnade in ganz verschiedenen schwierigen Lebenssituationen. Schlagen Sie dazu Psalm 51,3; 6,3 und 57,2 auf. Fallen Ihnen weitere Situationen ein?*

● **Die Anrede an die Feinde** (V 3-6):
Die Gegner sind „Herren", also in einer einflussreichen Position. Weil Gott die Menschen zur Umkehr bewegen will, wünscht sich auch der Beter, dass sie zu Gott umkehren. Sie sollen erkennen, dass Gott auf der Seite der Glaubenden ist. Das soll dazu führen, dass sie in sich gehen, ihre Sünde bekennen, ein Opfer darbringen und in ihrem Leben eine neue Richtung einschlagen, indem sie künftig ihre Hoffnung auf Gott setzen.

● Das Erleben von Freude und Frieden (V 7-9):
Beten verändert wirklich etwas in uns. Wer seine Aufmerksamkeit auf Gott richtet, erfährt bei ihm Geborgenheit. Die Wirksamkeit des Aaronitischen Segens (4Mose 6,22f) erlebt der Beter nun ganz konkret. Gott schenkt eine innere Freude, die alle Freude über materielle Güter (hier konkret eine reiche Ernte) bei Weitem übersteigt. Gott beschenkt mit einer großen Geborgenheit, die sich bis hinein in den Schlaf auswirkt, ein sehr sensibler, störungsanfälliger Bereich bei vielen Menschen.

Leben als Kinder des Tages

● Paulus zeigt den jungen Christen mit den **Bildern von Nacht und Tag** einen deutlichen Gegensatz auf. Drastisch sind seine Aussagen: In der Nacht ist man desorientiert, was die Zeit betrifft (V 4), man schläft oder ist gar betrunken (V 7). Anders am Tag: Da sind die Menschen wach, aufmerksam, nüchtern, umsichtig (V 5.8). Weiter: Am Tag sollen und können wir einsatzbereit sein wie ein Soldat, gewappnet mit Panzer und Helm (V 8). **Der Dreiklang von Glaube, Liebe und Hoffnung,** den Paulus hier nennt, erscheint immer wieder in seinen Briefen **als Grundausstattung der Jesusnachfolger** (z. B. 1Kor 13,13).

✎ *Frage: Was prägt Ihren Alltag, Ihr Denken, Fühlen und Handeln? Sind es diese drei grundlegenden geistlichen Tugenden?*

● Im Ganzen führt Paulus hier seine Argumentation des vorherigen Kapitels fort. Wir erinnern uns: Die heutigen Kapiteleinteilungen wurden erst im Mittelalter in den Bibeltext eingeführt. **Die Frage ist nach wie vor, mit welcher Hoffnung wir als Christen einander trösten können** (V 11). Dabei macht Paulus zweierlei deutlich:

→ Zum einen sagt er in Übereinstimmung mit den Aussagen von Jesus selbst, dass **der „Tag des Herrn" wie ein „Dieb in der Nacht" kommen wird** (Mt 24,43f; Lk 12,39f). Auch hier wird deutlich, wie eng Paulus in seiner Lehre an der Botschaft des historischen Jesus anknüpft. Also: Den genauen Zeitpunkt im Blick auf die Wiederkunft Jesu können wir nicht wissen. Aber eins wissen wir: Gott selbst hat die Zukunft in der Hand.

→ Zweitens stärkt Paulus die Gewissheit, dass Gott gute Gedanken und Pläne für seine Leute hat: Sie sind zur Seligkeit bestimmt (V 9) und leben mit Christus, egal, ob sie wachen oder schlafen. **So sind Leben oder Sterben nicht mehr das für Christen letztlich Bestimmende, sondern die Verbundenheit mit Jesus.**

Eine urchristliche Gemeindeordnung

● Was in der Kürze und Knappheit für unsere Ohren wie gut gemeinte Ratschläge oder Empfehlungen wirken könnte, sind in Wirklichkeit **verbindliche Anweisungen** des Apostels und Gemeindegründers Paulus. Von ihm haben die Christen in Thessalonich gelernt. Er hat ihnen Jesus Christus verkündigt und sie durch Glaube und Taufe hineingeführt in die Wirklichkeit des Heiligen Geistes. Sie haben die Kraft und Bewahrung Gottes erlebt inmitten von Verfolgung (Apg 17,1-10). **Die Gemeinde** ist eine der ersten auf dem europäischen Festland und **soll zu einem missionarischen Zentrum für ganz Nordgriechenland werden.** Deshalb unterstreicht Paulus hier deutlich, wie ein von Jesus und seinem Willen geprägtes geistliches Miteinander aussehen soll.

✎ *Frage: Welche Regeln würden Sie in eine kurze Gemeindeordnung aufnehmen? Nach welchen Grundsätzen ist Ihre Ortsgemeinde organisiert?*

● Hier sind **die wichtigsten Regeln des Apostels:**

→ Respekt vor denen, die sich in der Gemeinde einsetzen und sie leiten (V 12f) – hier ist offenbar ein Team gemeint.

→ Frieden untereinander (V 13).

→ Seelsorgerlicher Umgang mit unterschiedlichsten Situationen (V 14).

→ Vergebung und Versöhnung (V 15).

→ Leben in Freude, im Gebet und Dankbarkeit (V 16-18).

→ Offenheit für das Wirken des Geistes (V 19-21).

→ Moralische Lauterkeit (V 22).

● Paulus fasst diese Regeln in einem **Gebet für die Gemeinde** zusammen: (V 23). Am Ende bleibt noch der Blick auf die Treue (V 24) und Gnade (V 28) Gottes sowie die Bitte um Gebet und die Ermutigung, stark verbunden und einander zugewandt zu leben, vor Ort und im Miteinander mit anderen Gemeinden.

Der 2Thess wiederholt viele Aussagen des ersten Briefes an die von Paulus gegründete Gemeinde (siehe Apg 17), weist aber auch unterschiedliche theologische Akzente auf. Es ist umstritten, ob es sich dabei um unterschiedliche Akzentsetzungen des Paulus oder um einen anderen Autor handelt.

● Nach dem üblichen **Eingangsgruß** verbindet Paulus seine einführenden **Dankesworte gegenüber Gott** mit Aussagen über die Beständigkeit der Gemeinde und Gottes Gerechtigkeit im Gericht. Der Absatz ist theologisch äußerst inhaltsreich. Im griechischen Urtext bilden die V 3-10 einen einzigen Satz.

✎ *Der Dank gegenüber Gott MUSS sein (V 3), so sagt es Paulus. Wie wichtig ist es, wenn wir auch in aktuellen Schwierigkeiten das im Herz und Blick behalten: „unser Herr bewahrt die Seinen." Welchen Stellenwert hat der Dank bei Ihnen und was ändert sich, wenn das Danken am Anfang steht?*

● Das Gerichtshandeln Gottes ereignet sich nicht erst in der Zukunft. Es läutert und reinigt schon jetzt (vgl. Joh 15,2) durch die Herausforderungen und auch religiösen Verfolgungen, die Menschen in der Nachfolge erleben (V 5).

● Die folgenden Verse (V 8f) beschreiben das Gerichtshandeln Gottes, an den Heiden („die Gott nicht kennen") und den Juden („die nicht gehorsam sind dem Evangelium"). **Wichtig ist: Es ist das Gericht Gottes, nicht unseres, und es ist eng mit Jesu Wiederkunft verbunden** und wird inhaltlich beschrieben „als vom Angesicht des Herrn her" (V 9).

● Die letzten Verse unseres Abschnittes weisen auf **die Verherrlichung** hin, die Jesus Christus bei seiner Wiederkunft erfahren wird und die ihm schon jetzt durch die Berufung und Vollendung der Gemeinde zuteilwerden soll. Dafür betet Paulus, denn es geht in der Gemeinde nicht „um uns", sondern darum, dass Jesus Christus erkannt, gelobt und ihm dankbar gefolgt wird.

● Thematisch geht es mit der Wiederkunft Jesu weiter, allerdings unter **Aufklärung einer konkreten Verwirrung** in Thessalonich: In der Gemeinde gab es die Anschauung, „der Tag des Herrn" sei schon da und nicht mehr in der Zukunft zu erwarten. Das löste Verwirrung aus und dem widerspricht Paulus deutlich.

✎ *Immer wieder gibt es in Gemeinden Aufregung und Verwirrung durch Sonderlehren. Paulus macht deutlich, wie wichtig es ist, standhaft zu bleiben (V 2) und die Lehre genau zu prüfen. Welche Erfahrungen machen Sie mit diesem Phänomen in Ihrer Gemeinde und wie gehen Sie als Gemeinschaft damit um?*

● Paulus verweist darauf (V 3-5), dass **vor der Wiederkunft Jesu ein großer Abfall**, wohl in Verbindung mit einer menschlichen Verführer-Gestalt, voller gesetzloser Hybris, erfolgt. In den Versen 4 und 8-10 wird diese Gestalt beschrieben. Sie erreicht ihre hohe Zustimmung auch durch übernatürliche Taten (V 9) und erinnert an die Schilderung des Antichristen aus Offb 13. Dahinter steht die nicht zu leugnende Macht Satans und dennoch gelingt die Verführung nur bei denen, die die „Liebe zur Wahrheit" (V 10) nicht annehmen. Hier ist, wie so oft in der biblischen Offenbarung, von einer eigenen Verantwortung der Verführten und von einer Verführung durch Gott selbst die Rede (V 11f). Beides vermischt sich auf eine für uns nicht zu durchschauende Weise, entlastet den Einzelnen aber eben nicht davon, sich selbst gegen die Verführung zu wappnen und für den Weg der Liebe und Wahrheit zu entscheiden.
● Vorübergehend wird die umfassende Entfaltung dieses Abfalls zum Bösen hin, der dennoch schon am Wirken ist (V 7), noch aufgehalten. Es gibt **unterschiedlichste Vermutungen** der Ausleger, was damit gemeint sein könnte. Am wahrscheinlichsten ist die Deutung auf das Römische Reich oder die Verkündigung des Evangeliums (vgl. Mk 13,10).

● Die Schilderung der Not führt Paulus in den Dank: Dank für das erwählende Handeln Gottes „von Anfang an". **Gott erwählt, Gott heiligt durch den Geist und weckt den Glauben an die Person gewordene Wahrheit in Jesus Christus.** Der Erwählung folgt die konkrete Berufung (V 14) durch die Verkündigung des Paulus. Das Ziel ist dabei die noch ausstehende Verherrlichung.

✎ *Erwählung, Berufung und Verherrlichung sind Grunddaten neutestamentlicher Heilslehre. Sie widersprechen einer allzu einfachen Bekehrungslogik, weil alles menschliche Tun sich letztlich dem Handeln Gottes verdankt. Diese Zusammenhänge zu sehen, hilft und festigt auch in Glaubenskrisen, wo der „eigene Glaube" eben nicht mehr trägt. Tragen Sie dazu bei, dass diese tiefe Lehre des Evangeliums in Ihrem eigenen Leben und in Ihrer Gemeinde Beachtung findet.*

● Diese tiefe Verwurzelung des Glaubens verhilft zum „Feststehen". Dazu ermahnt Paulus ebenso wie zum Festhalten der Überlieferung des Evangeliums. Paulus ermahnt die Gemeinde nicht, ohne sie fürbittend dem Wirken Gottes anzubefehlen, der Wort und Werk stärken soll.

● **Aus dem Gebet für die Gemeinde wächst der Wunsch nach ihrer Fürbitte:** für die Ausbreitung des Evangeliums und für Schutz der vor dem Evangelium ablehnend und feindlich gesonnenen Menschen. Lapidar hält Paulus dabei eine tiefe Erkenntnis fest: „Denn der Glaube ist nicht jedermanns Ding" (V 2b).

● Und wieder fällt der Blick auf Jesus Christus – alles, was erlebt, erlitten wird, braucht diese Perspektive, denn **Christus ist treu und stärkt und bewahrt.** Gehorsam und Treue erwartet Paulus deshalb auch von der Gemeinde, die sich dabei ausrichten soll auf die Liebe Gottes und die Geduld Christi. Wahrscheinlich ist die Liebe Gottes zu uns und die Geduld Christi mit uns gemeint – darin liegt bleibender Herzenstrost.

● Zum Schluss beschäftigt Paulus noch einmal ein konkretes Problem: **Falscher Glaube macht faul.** Anscheinend gab es Gemeindeglieder, welche die bald erwartete Wiederkunft Christi zum Anlass nahmen, nicht mehr zu arbeiten oder die Armenspeisung für sich selbst auszunutzen. Hier widerspricht Paulus energisch – auch in direkter Anrede (V 12). Und bringt es zugespitzt auf den Punkt: Wer nicht arbeitet (obwohl er es könnte), soll auch nicht essen. **Glaube ist kein Vorwand für Faulheit.**

● Dabei kann er auch hier **unverblümt von seinem eigenen Vorbild sprechen:** Obwohl er als Apostel die Macht dazu gehabt hätte (V 9), arbeitete er neben der Verkündigung für seinen Lebensunterhalt (V 7f).

✎ *Nichts schadet dem christlichen Zeugnis mehr, als wenn aus vermeintlichen Glaubensgründen grundlegende Lebensvollzüge aus den Angeln gehoben werden. Glaube kann auch missbraucht werden und wahrlich nicht alles, was fromm klingt, ist wirklich von Christi Geist erfüllt. Darauf hinzuweisen, kann unangenehm sein, wie auch der Hinweis auf den Vorbildcharakter jedes Christenmenschen. Ja, wir alle sind Menschen voller Fehler und doch sind wir heute oft die einzige „Bibel", welche die Menschen noch lesen. Einladende Alltagspraxis – das können wir von Paulus lernen. Etwas von Christi Geist und Wirken kann durch Gottes Hilfe wirklich an uns und durch uns erkennbar werden.*

● Paulus hat auch keine Hemmungen vor Gemeindezucht. Wer auf dem Holzweg ist, soll das zu spüren bekommen – durch Distanzierung (V 6.14) und Zu-Recht-Weisung. Aber ganz wesentlich ist, dass dies im geschwisterlichen Rahmen geschieht – ein Schaf, das sich verlaufen hat, bleibt ein Schaf der Herde und wird nicht zum Feind. Das Ziel ist Einsicht und Umkehr bei den Betroffenen und göttlichen Frieden für alle.

Zu welchem Fest oder zu welchem gottesdienstlichen Anlass der Psalm ursprünglich gesprochen wurde, lässt sich heute nicht mehr mit Sicherheit sagen. Aber für uns Christen hat er eine **prophetisch-messianische Dimension** und gehört besonders zum 1. Advent.

● In V **1f** stellt der Psalmbeter fest, dass Gott **die Welt erschaffen** hat und HERR über die ganze Erde ist. Der Friedenskönig Jesus kann als Sohn Gottes deshalb auch beanspruchen, HERR aller Herren und Erlöser der ganzen Welt zu sein.

● In **V 2-6** geht es darum, wer sich in **Gottes Nähe** begeben darf: nur Menschen, die nichts Böses getan haben („unschuldige Hände") und denen Gott ihre Schuld vergeben hat („reinen Herzens"). Jesus ist gekommen, damit wir von Schuld befreit vor Gott treten können.

● In **V 7-10** wird nun die **Festprozession** beschrieben. Die Tore und Türen werden direkt angerufen, denn wenn Gott einziehen will, dann muss alles Geschaffene ihm gehorchen. Gott zieht in die Stadt und später auch in den Tempel ein. Er ist der „König der Ehre". Das hebräische Wort „kabod" bedeutet ursprünglich „Schwere", es geht dabei um die Bedeutungsschwere der Vollkommenheit Gottes, um seine einzigartige Ausstrahlung, Stärke und Macht. Gott kann Unmögliches möglich machen, er ist souverän und ruft zugleich Furcht und Anziehungskraft hervor.

● Die prophetische Dimension auf Jesus hin ist mit Händen zu greifen. Der Psalm soll die Menschen in der messianischen Erwartung bestärken. „Bald wird kommen zu seinem Tempel der HERR", sagt der Prophet Maleachi (3,1). Das hat sich beim Einzug von Jesus in Jerusalem erfüllt. **Jetzt ist der König gekommen, die Tore haben sich geöffnet. Ihm gehört alle Macht.**

✎ *Welche Lieder nehmen die Worte von V 7-10 auf? Tipp: EG 1 und 95, aber auch Feiert Jesus 5, Nr. 14 und 143.*

Haggai und Sacharja, Propheten nach dem Exil, erwarten die Heilszeit in Kürze. Deshalb drängen sie auf den Tempelneubau, fordern eine eindeutige Umkehr, heben zwei Personen hervor, durch die Gott sein Heilswerk tun wird: Jeschua (Josua), der Hohepriester, und Serubbabel, der Statthalter von Persiens Gnaden, aber Nachkomme Davids. Ihm wird messianische Würde zugesprochen (Hag 2,21; Sach 4,6-10).

Ihre Worte, datiert zwischen 520 und 518 v. Chr., tragen wesentlich dazu bei, dass eine **neue religiöse Ordnung** entsteht, nachdem Persien die Macht hat, Israel also keine politische Größe mehr ist.

Das Buch Sacharja besteht aus zwei Teilen:

Kap. 1–8 sind bestimmt von acht datierten Nachtgesichten des Propheten. Er sieht zwar etwas, aber durchgängig muss ein Engel erklären, was die Bilder bedeuten: Gott wird die Völkerwelt umgestalten, die Lage des Volkes verbessern; Jerusalem wird nicht vermessen, Gott selbst sorgt für Aufbau und Besiedlung; Jeschua und Serubbabel werden gestärkt („Es soll nicht durch Heer oder Kraft, sondern durch meinen Geist geschehen", 4,6); die Völker werden bestraft, aber auch ins künftige Heil einbezogen (8,20-23), Jerusalem wird gereinigt, die im Exil Verbliebenen werden Gottes Geist erfahren.

Kap 9–14 sind schwer zuzuordnen und könnten in eine spätere Zeit gehören; es finden sich keine Datierungen mehr. Themen der ersten Hälfte tauchen erneut auf, werden aber mit neuen Bildern ausgedrückt, z. B.: Anbruch der Heilszeit, Gottes Fürsorge für Jerusalem, Heimkehr und Sammlung Israels, Entmachtung der Völker, aber auch ihr Anschluss an Israel (9,7; 14,16ff) und zuletzt Gottes Herrschaft: „An jenem Tage wird der HERR der Einzige sein und sein Name der einzige"(14,9.16f).

Einige Texte aus Sach 9ff werden im Neuen Testament zitiert: „Siehe, dein König kommt zu dir" (9,9) in Mt 21,4; „Ich nahm die 30 Silberstücke und warf sie ins Haus des HERRN" (11,13) in Mt 27,9f; „Sie werden mich ansehen, den sie durchbohrt haben" (12,10) in Joh 19,37.

● Sach 1,1 und 1,7 sind fast deckungsgleich und Sacharja wird in Kap. 1,7 noch einmal mit seinen Vorfahren vorgestellt (was in Kap. 7,1 nicht der Fall ist). Durch diese Einrahmung erhalten die V 2-6 eine besondere Stellung für das Buch, was auch durch die Bedeutung ihrer Aussagen bestätigt wird. Viele Ausleger sprechen davon, dass diese Verse das Sacharjabuch oder die ersten Kapitel des Buchs einleiten.

● Mit dem **Ruf zur Umkehr** (V 3) steht ein wichtiger Gedanke des Buchs am Anfang. Insbesondere der erste Teil von V 4 beschreibt eine zentrale Herausforderung: Unterscheidet sich die nachexilische Generation, zu der Sacharja spricht, von ihren Vorfahren, die nicht auf Gottes Wort hörten? Sacharja greift auf die Botschaft anderer Propheten zurück. Wahrscheinlich verweist V 4 vor allem auf Jer 25,5 + 7, wo Jeremia den vergeblichen Dienst von vielen Propheten zusammenfasst. Lernen sie aus der Vergangenheit (V 5-6a)? **Lernen wir aus der Vergangenheit?**

● Der Umkehrruf ist wichtig, aber damit beginnt der Abschnitt nicht. Ein Vers fasst die **Katastrophe des Exils** zusammen (V 2). Im Gegensatz dazu ist nun (noch) Umkehr möglich. Gott schenkt also einen Neuanfang. Er bleibt nicht beim Alten stehen, sondern konzentriert sich auf die Gegenwart und die Zukunft. Bleiben Sacharjas Zeitgenossen in der Vergangenheit und den damit verbundenen Folgen für die Gegenwart hängen? **Wie sieht das bei mir aus?**

✎ *Wer kehrt in V 6b um? Die Ausleger sind geteilter Meinung. Sind es Sacharjas Zeitgenossen, die auf den Ruf in V 4 reagieren? Oder sind es die Vorfahren, die erst umkehrten, als die Katastrophe über Jerusalem hereingebrochen war? (vgl. die Ähnlichkeiten von V 6b und Klgl 2,17.) Welchen Unterschied macht das für die ersten Verse des Buchs und evtl. für die Auslegung der folgenden Kapitel?*

● Diese Verse geben uns einen überraschenden Einblick in das Erleben des Propheten, als er Gottes Wort empfängt (1,8). **Es ist faszinierend, fremd und schwer verständlich.** Das geht dem Propheten offensichtlich genauso, denn er muss nach der Bedeutung fragen (V 9) und erhält erst einmal keine Antwort. **Wir sind also in guter Gesellschaft, wenn wir nicht alles verstehen.**

● Viele Ausleger meinen, dass hier auch eine ganz andere Welt beschrieben wird. Schließlich gibt es keine roten Pferde. Vielleicht handelt es sich aber auch um rotbraune Pferd (was wahrscheinlich ist) und vielleicht ist die Welt gar nicht so fremd. Schließlich beschreiben V 11-12 die Lage im persischen Großreich, im zweiten Jahr des Darius (520/519 v. Chr.), recht passend. Nachdem der neue König im ersten Regierungsjahr viele Aufstände bekämpft hatte, saß er nun recht sicher auf dem Thron und die Lage war ruhig (V 11). In Jerusalem hatte sich aber nichts verändert, obwohl die von Gott angekündigten 70 Jahre (Jer 25,11) zu Ende waren oder sich dem Ende zuneigten. Der Engel erinnert Gott an diese Aussage und klagt „Wie lange noch?" Er betet gewissermaßen mit „offener Bibel". **Prägt meine Lektüre der Bibel mein Gebetsleben und umgekehrt? Bin ich vertraut mit Gottes Versprechen und liege ihm damit „in den Ohren"?**

● Gottes Antwort (V 13-17) stellt seine Leidenschaft für Jerusalem (V 14) und seine bereits erfolgte Zuwendung zu Jerusalem (V 16a) in den Mittelpunkt. Das ist Trost für die Gegenwart und will Zuversicht für die nahe (V 16b) und die ferne Zukunft (beachte das wiederholte „wieder" in V 17) vermitteln. Auch wenn Fragen offenbleiben (V 9), das „Wann" (V 12) nicht klar ist und manches fremd und rätselhaft bleibt, Gott hat sich ihnen zugewandt und setzt sich für ihre Gegenwart und Zukunft ein. **Würde mir das genügen? Oder brauche ich mehr Informationen über das Wann und das Wie, um Gott zu vertrauen?**

● Diese beiden Nachtgesichte führen zwei wichtige Gedanken des ersten Nachtgesichtes weiter, die in Kap. 1,14-15 zum Ausdruck kommen: **Gottes Zorn über die Völker, die überheblich und selbstsicher Gottes Gericht an Jerusalem durchgeführt haben** (V 1-4), **und seine Leidenschaft für Jerusalem** (V 5-9). Das Versprechen, dass Gott Jerusalem „wieder erwählen wird“ (Kap. 1,17b und 2,16b), bildet eine Klammer um die ersten drei Nachtgesichte und ihre Anwendung(en) (Kap. 2,10-16). Nach der ersten knappen Antwort geht Gott also mit weiteren wichtigen Aspekten auf die Frage Sacharjas und des Engels ein. Es dauert manchmal eine Weile, bis Gott uns mehr wissen lässt ...

● „Horn“ war ein Zeichen der Macht und Stärke im Alten Orient. Handwerker sind Meister ihres Faches. Kurzum, die Babylonier (und alle, die mitgewirkt und davon profitiert haben) finden ihren Meister. Sie haben den Bogen überspannt und werden in ihre Grenzen gewiesen. **Auch wenn es manchmal lange dauert (hier siebzig Jahre), bis wir es sehen oder auch nur erahnen, Gott ist die Welt nicht aus den Händen geglitten.**

● V 8-9 beschreiben eine atemberaubende und geradezu unwirkliche Wirklichkeit. Eine Stadt im Orient ohne Mauern ist eine Katastrophe. Man ist seinen Feinden wehrlos ausgeliefert. Jerusalem war zu diesem Zeitpunkt noch ohne Stadtmauern. Das Zeichen der Hilflosigkeit stellt Gott geradezu auf den Kopf. Es wird ein Zeichen des – im wahrsten Sinne des Wortes – nicht zu fassenden Segens werden. Die Stadt kann den Segen Gottes (V 8b) nicht mehr fassen. Und die tiefe Sehnsucht nach Sicherheit und Schutz wird von Gott selbst gestillt. Seine wunderbare und heilige Herrlichkeit ist mitten unter ihnen. Wie bei der Stiftshütte in der Wüste (vgl. 2Mose 40) oder wie beim Tempel vor der großen Katastrophe (vgl. 1Kön 8,1-11). Was für ein Versprechen, was für ein Ausblick! **Und dieser Gott hat sich ihnen schon zugewandt** (Kap. 1,16) ...!

● Die Abschnitte in Sacharja 2 hängen eng zusammen. **V 10-13** sind eine Anwendung des zweiten und **V 14-16** eine des dritten Nachtgesichts. Dabei spielen jeweils andere Prophetentexte auch eine Rolle, V 10 verweist wohl vor allem auf Jer 51,6, wo es um das Gericht über Gottes Gerichtswerkzeug Babylon geht. Offensichtlich steht das (vollständige) Gericht noch aus, auch wenn die Perser die Vormachtstellung Babylons bereits seit ca. 20 Jahren gebrochen hatten. Vor diesem Hintergrund ist V 11 besonders herausfordernd. Offensichtlich leben noch immer viele in Babylon, die zum Volk Gottes gehören. Sacharja spricht sie mit „Zion“ an, was im AT häufig den Ort Jerusalem oder den Tempelberg in Jerusalem meint. **Sie leben dort, wo sie nicht hingehören. Sie fühlen sich wohl zu Hause, wo sie leben.** Auf jeden Fall scheint es dort sicherer und besser als in Juda zu sein. **Wo habe ich mich eingerichtet, wo ich nicht hingehöre? Wo habe ich es verpasst, zu gegebener Zeit einen (Orts-)Wechsel zu vollziehen?**

● Das dritte Nachtgesicht lebt von den großen Themen, die Gottes Zukunft mit seinem Volk bestimmen sollen: Gott kommt, um in ihrer Mitte zu wohnen (2,14; vgl. Jes 14,1-2); viele Völker werden sich Gott anschließen und wie sein Volk angesehen werden (2,15). Verheißungen an Juda und Jerusalem werden in besonderer Weise herausgestellt und bilden eine Klammer (2,14 + 16) um V 15. So werden zwei Gedanken formuliert, die nicht leicht zusammenzubringen und doch untrennbar sind: **die einzigartige Stellung Israels und Gottes Geschichte mit allen Völkern.** Das eine gibt es ohne das andere nicht. Beides lebt vom Kommen Gottes und dem Wohnen unter ihnen. Das „Wann“ und das „Wie“ der Verheißungen wird erst die weitere Geschichte Gottes entfalten. **Kann ich mich über etwas freuen, was Gott erst noch Wirklichkeit werden lässt? Lebe ich von und mit solch einer Vorfreude?**

● Der Abschnitt will vor dem Hintergrund von 2,17 gelesen werden. Dann beantwortet er vor allem die Frage, **wie man leben kann, wenn Gott sich auf den Weg gemacht hat und zu uns kommt.**

● Die ersten fünf Verse geben dabei eine eindrückliche Antwort. Der Hohepriester hat schmutzige Kleider, hat Schuld auf sich geladen (V 4) und ist damit untauglich zum Dienst im Tempel. Der Satan hätte alles Recht, ihn zu verklagen. Aber Satan kommt gar nicht zu Wort. Gott weist Satan in seine Schranken und schenkt Vergebung. **Jeschua bekommt nicht, was er verdient.** Doch das genügt Gott nicht. Jeschua erhält Festkleider, **er bekommt, was er nicht verdient.** Das ist Gottes Gnade und seine Treue (beachte, wie Gott in V 2 beschrieben wird!). **Davon leben wir, wenn Gott zu uns kommt. So können wir in seiner Gegenwart stehen.**

Gottes Gnade und seine Treue bringen ein besonderes Privileg und eine besondere Verantwortung mit sich (V 6-7). **Jede Gabe Gottes ist eine Aufgabe.** Die Einleitung in V 7 erinnert an Gottes Rede an Salomo (1Kön 3,14; beachte die Parallelen: persönliche Anrede Gottes in einer Vision/in einem Traum und die Angesprochenen bauen gerade am Tempel Gottes). Das unterstreicht den ganzen Ernst dieser Anrede: Unterscheidet sich die nachexilische Generation von der vorexilischen (vgl. 1,4)?

● Es geht aber nicht nur um Jeschua und seine Verantwortung. Sacharjas Blick geht über die unmittelbare Zukunft (vgl. 1,16-17) hinaus. Spross meint mit Jer 23,5 und 33,15 den verheißenen Retter. Sein Kommen dauert wohl noch. Deswegen soll ein Stein an sein Kommen erinnern und deswegen verweisen die Anwesenden mit ihrem Dienst auf den Messias (V 8-9). Wenn er kommt, dann wird Schuldvergebung an einem Tag vollzogen (V 9b) und versöhnte und gesegnete Gemeinschaft wird Wirklichkeit (V 10; vgl. 1Kön 5,5 und Mi 4,4). **Jeschua erlebt Vergebung und darf noch viel mehr erwarten. Geht es uns nicht ebenso?**

● Diese Verse sind auf den ersten Blick sehr schwer zu verstehen; vieles wird nicht erklärt. Da geht es dem Propheten (V 4-5.11-12) wie uns und vielen Auslegern durch die Jahrhunderte. Sacharja stellt Fragen und erhält eigentlich nur auf seine allerletzte Frage eine Antwort. Die anderen bleiben unbeantwortet. Sacharjas Fragen verändern sich (vgl. V 4.11.12), als er keine Antwort erhält. **Manchmal bekommen wir keine Antworten, weil wir falsche oder irreführende Fragen stellen. Manchmal müssen wir lernen, angemessene Fragen zu stellen.**

● Das kann manchmal eine Weile dauern. Das spannt uns auf die Folter wie die Verse 6-10 den Leser auf die Folter spannen nach V 4-5. Deswegen ist es kein Zufall, dass diese Verse „dazwischen" stehen und sollten deswegen nicht umgestellt werden (wie z. B. bei der HfA). Gottes Wort an Serubbabel erinnert ihn daran, dass es auf Gott und seinen Geist ankommt und nicht auf die Größe der Herausforderungen (V 7), auch wenn das Bauprojekt länger dauert als gedacht (vgl. V 9) und die Anfänge klein sind (V 10). **Wovon lassen wir unsere Wahrnehmung und unser Leben bestimmen? Von Gott, seinen Zielen und Möglichkeiten oder von dem, was wir für erstrebenswert und möglich halten?**

● Sacharja erhält eine Antwort. Die Röhren sind die beiden „Söhne des Öls" (vgl. ELB in der Anmerkung). Röhren haben eine besondere Eigenschaft: Sie geben das weiter, was sie empfangen haben. Darum geht es in dem Bild vom durchfließenden Öl, darum geht es in V 6 bei Serubbabel und darum geht es für die beiden. Sie sind keine Gesalbten – wie es viele Übersetzungen haben –, denn das hebr. Wort für Öl, das bei Salbungen gebraucht wird, ist ein anderes als in unserem Text. In V 4 geht es um unverarbeitetes Öl als Zeichen von reichem Segen (vgl. z. B. 5Mose 11,14).**Was Jeschua** (Kap. 3) **und Serubbabel** (Kap. 4) **empfangen, sollen sie weitergeben. Das ist gelebte Abhängigkeit von Gott** (vgl. 4,6)!

● Hanna spricht von Gottes Hilfe (V 1) und dass auf ihn Verlass ist (V 2). Er kann Unmögliches tun und die bisherigen Erfahrungswerte auf den Kopf stellen, wenn eine unfruchtbare Frau beispielsweise doch noch sieben Kinder zur Welt bringt (V 5). **Sie weiß, von was sie spricht.** Sie war unfruchtbar (1Sam 1,5) und das hat ihr Leben viele, viele Jahre geprägt (1,6-8). Sie weiß, was es heißt, gedemütigt zu werden, und sie hat erfahren, dass Gott alles auf den Kopf stellen kann (V 6-8). **Deswegen bricht es aus ihr heraus und sie muss ihrem Lob, ihrer Freude und ihrer Anbetung Raum geben.** Sie weiß, wem sie diese Lebenswende zu verdanken hat (V 6-7).
● Es geht aber nicht nur um Hanna und Gott. Diese zehn Verse bringen eine eindrucksvolle Spannung zum Ausdruck. **Hanna reagiert auf Gottes Eingreifen und erwartet gleichzeitig ein noch viel größeres Eingreifen Gottes für sein Volk.** Es ist, als ob sie uns sagen wollte: Auf Gott ist Verlass und er lässt seine Leute nicht hängen. Das gilt für mich und für Gottes große Geschichte mit seinem Volk, von dem ich ein Teil bin. **Können Sie das auch sagen?**
● Apropos einstimmen: **Hanna lobt und lädt uns ein, ins Lob einzustimmen, ob wir gerade in der Stimmung sind oder nicht.** In den Samuelbüchern entfalten sich viele Themen von Hannas Lobpreis, z. B. wenn es um den König in Israel geht oder darum, dass Gott Menschen nicht auf ihr Äußeres reduziert und sich den erwählt, den andere nicht auf dem Schirm haben (1Sam 16,7). Gott behütet seine Leute, auch wenn es gefährlich wird (David auf der Flucht vor Saul). **Wir können in dieses Lob einstimmen, weil Gott seine Geschichte schreibt, auch gegen menschlichen Widerstand.** Und da kommt es nicht darauf an, ob wir das jetzt gerade persönlich erleben oder noch darauf warten wie Hanna in 1Sam 1.

● Die acht Nachtgesichte Sacharjas kann man als vier Paare ansehen. Die enge Verbindung zwischen dem ersten und achten werden wir morgen betrachten. Die Zuordnung in Kap. 2 hatten wir beobachtet und in Kap. 3 + 4 liegen die einzigen Nachtgesichte vor, in denen geschichtliche Personen genannt werden und bei denen der Tempel(bau) eine wichtige Rolle spielt. Die beiden in Kap. 5 gehören auch eng zusammen und beschäftigen sich vor allem mit einem Thema: **Das Land Israel ist nicht so, wie es sein sollte. Und das wird sich ändern.**

● Kap. 2,17 macht deutlich, wie ernst die Sache ist. Gott hat sich auf den Weg gemacht – sie arbeiten auch daran, den Tempel wiederaufzubauen –, aber es wird gestohlen, falsch geschworen (V 3-4) und Gottlosigkeit ist noch im Land. Das Land muss gereinigt werden. Sonst bedeutet das Kommen Gottes Gericht. So ernst ist es, wenn Gott kommt. **Sein Kommen ist immer auch eine Anfrage, ob ich in seine Gegenwart treten könnte …**

● Dabei greifen die ersten vier Verse sehr konkret ins Leben hinein, indem die Vergehen für einen Teil der Zehn Gebote stehen (Vergehen gegen Menschen und Gott), oder sie sprechen ein konkretes Vergehen (Diebstahl) an, das man mit einem falschen Schwur verheimlichen will. Im zweiten Fall würde es direkt um das rechte Verhalten in wirtschaftlich schwierigen Zeiten gehen (vgl. Sach 4,10; 8,6). **Es ist auf jeden Fall konkret. Wie konkret wird mein Glaube im alltäglichen Leben?**

● Mit der „Gottlosigkeit“ geht es um Götzenverehrung oder um die grundsätzliche Auflehnung gegen Gott. Es ist klar, dass die Gottlosigkeit ihren Platz in Babylon (= Schinar) haben soll, denn dorthin kommt Gottes Gericht (vgl. 2,1-4.10-13). Sie soll keinen Platz mehr im Land haben. Manchmal ist eine klare Trennung nötig. Und wenn Gott kommt, dann geschieht das auch. **Macht mich dieser Gedanke (noch) unruhig? Wenn ja, warum? Wenn nein, warum nicht?**

● Im letzten Nachtgesicht finden sich farbige Pferde wie im ersten und doch unterscheidet sich die Szenerie grundlegend. Die Pferde kommen nicht von einer Erkundungstour zurück und erstatten Bericht (1,10-11), sondern sie sind bereit auszuziehen, und zwar mit Streitwagen quasi als Speerspitze in einer militärischen Auseinandersetzung. Das Ziel ist das Land des Nordens, also Babylon (vgl. 2,10 und Jer). Nach der Erkundungstour ziehen sie nun in den Kampf. Sie können es gar nicht mehr erwarten (V 7) – wie der Engel in 1,12. **Wie sieht es bei mir aus? Beschäftigen mich die Verheißungen Gottes, die sich noch nicht erfüllt haben?**
● Geduld ist gefragt. Sacharja hatte bereits in 1,9 nach der Bedeutung der Pferde gefragt. Die (Teil-)Antwort lenkte den Blick auf ihre Erkundungstour, aber erst hier ist die Rede davon, wer sie sind (6,4-5). Bis Gott seine Verheißungen (vollständig) erfüllt, bleiben manche Fragen offen. **Kann ich mit offenen Fragen leben? Will ich mich in Geduld üben?**
● Der zweite Teil der Nachtgesichte (ab Kap. 4) ist von dem Wort für „ausziehen“ geprägt (4,7; 5,3-6 + 9; 6,1 + 5-8) und betont die Bewegung, die mit allen Nachtgesichten zum Ausdruck kommt. Das stellt die Beobachtung der Pferde auf den Kopf (1,11) und ist wohl auf Gottes Absichten (1,14-17) und sein Aufstehen (2,17) zurückzuführen. Das Hier-und-Jetzt ist nicht das letzte Wort Gottes, aber es dauert noch, bis die Pferde ihr Ziel erreicht haben (V 8). **Wie gehe ich mit solchen Wartezeiten um? Worauf richte ich meinen Blick und wie lebe ich in solchen Zeiten?** Wartezeiten sind Einladungen, in der Gegenwart zu sein, sich um Menschen kümmern, die mir begegnen, und Tag für Tag auf Gott zu vertrauen. **Solche Zeiten sind anstrengend, aber oft tun sie mir gut. Sie korrigieren mich und richten mich auf das aus, was wirklich zählt.** Was haben Sie in Wartezeiten gelernt? Was forderte Sie besonders heraus und warum?

● In Wartezeiten werden wir herausgefordert. Oft sind es auch intensive Lernerfahrungen; zumindest, wenn wir bereit sind, uns von Menschen dabei begleiten zu lassen. **Leben in der Gegenwart Gottes vollzieht sich in der Gemeinschaft mit anderen.** Manches, was für Wartezeiten wichtig ist, wird auch in unseren Versen sichtbar.

→ Die Mitarbeit von Menschen, die nicht in Juda leben, und ihre Gaben sind wichtig für das Projekt Tempelbau (vgl. V 9-10).

→ Alle Beteiligten sind mit diesem Projekt ein Teil von etwas viel Größerem (vgl. V 15).

→ Ihr Beitrag erfährt eine große Wertschätzung und soll in Erinnerung bleiben (V 11 + 14).

● Aber der **Tempelbau** ist doch „nur" Teil von etwas Größerem. Schließlich wird der verheißene König den Tempel bauen (V 12). Man könnte V 12 auch so übersetzen, dass er den Tempel fertigstellen wird. Mit dem Projekt des verheißenen Königs ist das Ziel formuliert, auf das aller Einsatz hinläuft. Man kann viel **darüber nachdenken, wie sich das in Jesus Christus erfüllt hat.** Das ist sehr wertvoll und wird in vielen neutestamentlichen Stellen getan, wo von Jesus Christus als Erfüllung alttestamentlicher Aussagen gesprochen wird. Es ist gut, hier innezuhalten und Gott dafür zu danken.

● Diese Verse in Sacharja halten uns aber auch die beschriebene Spannung vor Augen, von der wir sehr viel lernen können. Auf der einen Seite eine **Wertschätzung,** für das aktuelle Projekt **zu leben** und dieses mit aller Energie im Vertrauen auf Gott voranzutreiben. Auf der anderen Seite **um die Vorläufigkeit und Unvollständigkeit dieses Projektes zu wissen** und in der Gewissheit zu leben, dass Jesus Christus aktuelle Projekte in seine Geschichte einfügt und er alles zu seinem Ziel bringt. Auf diese Weise lehren uns Wartezeiten die atemberaubende Würde, Teil seiner Geschichte zu sein, wohl wissend, dass Gott nicht von uns und unseren Möglichkeiten abhängig ist. **Wollen Sie in dieser Spannung leben?**

● Fast zwei Jahre später (vgl. 1,7 und 7,1) spricht Gott erneut zu Sacharja. Was ist in diesen zwei Jahren geschehen? Wie haben das Volk und seine verantwortlichen Leiter auf die Nachtgesichte reagiert? Haben sie ihren Alltag davon prägen lassen? *Wir wissen es nicht.* Die aufgeworfene Frage (V 3) lässt erahnen, dass vor allem die Fastentage im Zentrum des Interesses standen. Es ist von insgesamt vier Fastenzeiten die Rede, die an die Belagerung Jerusalems, die Eroberung und ihre Folgen erinnern. Viele Jahre lang (V 3b) haben sie dieser Katastrophe gedacht. Das wirkt wie eine Last, die sie loswerden wollen. **Manche (geistliche) Gewohnheit kann zur Pflichterfüllung werden, bei der wir uns nur noch um uns selber drehen** (7,5-6). Die Hörer bleiben scheinbar in der Vergangenheit stecken.

● Gottes Antwort scheint erst in Kap. 8,18-19 direkt auf die Frage einzugehen. Wieder eine Verzögerung, wie bei den Nachtgesichten. Die Wendung „So geschah das Wort des HERRN" gibt Sacharja 7-8 eine Struktur und leitet verschiedene Teilantworten (7,4-7; 7,8-14; 8,1-17 und 8,18-23) auf die in 7,1-3 gestellte Frage ein.

● Der Schwerpunkt der Teilantworten verschiebt sich dabei von der Vergangenheit (7,4ff) über die Gegenwart zur Zukunft (8,18-23). **Der Blick in die Vergangenheit wirft dabei vor allem die Frage auf, ob sich die Hörer von ihren Vorfahren unterscheiden.** Sie wollten ihre Gewohnheiten verändern und Gott fragt, ob sie sich verändert haben ...

● Die Botschaft Gottes ist im Wesentlichen dieselbe geblieben (7,7-10). **Wenn sich die Hörer nicht verändert haben, dann kann sich Geschichte wiederholen.** Beachte dabei vor allem V 13 (ELB), wo das Ergehen der Vorfahren mit ihrer möglichen Zukunft verglichen wird. Hierbei spielt das Leben als Gemeinschaft eine sehr wichtige Rolle (vgl. V 9-10), wie das noch mehrfach bei Sacharja zu beobachten ist (vgl. Kap. 8, aber auch Kap. 11).

● Auch das ist nichts Neues (vgl. gestern). Gott wiederholt, was er in Kap. 1–2 bereits durch Sacharja gesagt hat, vgl. Kap. 1,14-17 mit 8,1-3 und 2,5-9.14-17 mit 8,7-8. Die Wiederholung bekräftigt, dass **Gott zu seinen Zusagen steht,** – egal was die Hörer denken, egal, wie lange es dauert, egal, ob sie erwartungsvoll darauf hinleben oder nicht. **Darauf können wir uns verlassen!** Gut, dass er uns immer wieder daran erinnert.

● Die Wiederholung betont außerdem, dass es dabei nicht um menschliche Möglichkeiten oder Vorstellungskraft geht. Scheinbar ist es nämlich für einige zu wunderbar (V 6), was Gott ankündigt. Aber unsere Gegenwart und Zukunft liegen in Gottes Händen. Auch wenn wir das eine oder andere nicht im Griff haben. Er verfolgt ein Ziel und das wird er erreichen. Wir können unsere Gegenwart als Antwort auf diese Zusage der Zuverlässigkeit und Treue Gottes gestalten. **Was bedeutet das für Sie? Ist es eher eine Einladung zur Gelassenheit oder motiviert es, endlich eine Aufgabe anzupacken, die Sie vor sich herschieben?**

● Wenn wir V 6 auf dem Hintergrund von Kap. 7 lesen, wird aber noch etwas anderes sichtbar: Wenn wir uns an unsere Gewohnheiten klammern, leben wir nicht nur in der Vergangenheit, sondern wir erwarten dann oft nichts mehr von der Zukunft. Wir rechnen nicht mehr damit, dass Gott eine Situation verändern und unsere Gegenwart geradezu auf den Kopf stellen kann. Unsere Gewohnheiten, unsere Perspektiven bestimmen unser Leben und was wir Gott zutrauen. Dabei sollte und kann es genau umgekehrt sein: **Gottes Wesen und seine Möglichkeiten dürfen uns immer mehr prägen.** Gott betont seine Treue und Gerechtigkeit (vgl. V 8) und das wird die Zukunft von Jerusalem prägen. **Bibellesen oder Gemeinschaft mit anderen Christen sind immer wieder Gelegenheiten, sich Gottes Treue und Gerechtigkeit vor Augen zu malen, sodass sie uns immer mehr prägen!**

● Die Verse 16-17 betonen die Verantwortung für den Umgang miteinander im Alltag. Diese Gedanken dominieren die verschiedenen Teile von Gottes Antwort auf die Frage von 7,3. Beachte wie sich 8,16-17 und 7,9-10 um große Teile der beiden Kapitel legen. Auch wenn 8,18-19 eine wunderbare Zukunft andeuten, so rufen die Stichworte Wahrheit und Friede die Verantwortung wieder in Erinnerung (V 19b). Die menschliche Ver**antwort**ung ist dabei die **Antwort** auf Gottes Zusagen für die Zukunft (vgl. gestern). **Wie stark ist Ihr Leben von Gottes Zukunft her geprägt? Auf welche Weise können Sie sich um andere kümmern, weil Gott sich um Sie kümmert?**

V 9: Die Hörer sollen Mut gewinnen, indem sie auf Gott und seine Treue schauen. Mut ist im Glaubensleben immer wieder gefragt, vor allem dann, wenn wir nicht genau wissen, was der vor uns liegende Weg alles mit sich bringt. Wir können zwar sehen, wo der Weg hinführt (wenn wir in die Ferne blicken), aber was nach der nächsten Biegung, also dazwischen, auf uns wartet, ist nicht klar. **Da braucht es Mut, um im Vertrauen auf Gott die nötigen Schritte zu gehen und unsere Berufung zu leben.** Schließlich geht es in diesen Versen im Letzten darum, ob die Hörer ihre Berufung leben. Gott will das Volk segnen, sodass sie ein Segen für andere werden (vgl. 8,12-13). So hat Gottes Geschichte mit Israel angefangen (1Mose 12,1-3) und das ist die grundlegende DNA (vgl. 2Mose 19,4-6). Die Gemeinde Jesu lebt in denselben Mustern (vgl. 1Petr 2,9-10 und 1Joh 4,19). Wir können überschwängliche Großzügigkeit für andere leben, weil wir von der überschwänglichen Großzügigkeit Gottes leben. Das ist unser Privileg, das ist ein unverdientes Geschenk, das ist unser Leben – und kann unserem Leben beständig eine horizont- und herzerweiternde Perspektive schenken! **Was verstellt uns den Blick für diese Perspektive? Was nimmt den Mut, die nötigen Schritte zu gehen?**

Ein Lob der großen Taten Gottes

● Der Lobgesang des Zacharias ertönt an der Schwelle vom Alten zum Neuen Bund. Als Priester im Jerusalemer Tempel ist er tief verwurzelt im Gottesdienst des Volkes Gottes und zugleich in der ganz besonderen Erwählungsgeschichte Israels. Dies spüren wir auch seinem **Lobgesang nach der Geburt seines Sohnes Johannes** ab. Die fast wunderbare Geburt des Täufers, die an die Geburt von Isaak erinnert – als Sohn von eigentlich zu alten Eltern – wird ihm zum Anlass, über die gesamte Geschichte Gottes nachzudenken. Und nun muss er einfach Gott loben, nachdem seine Zunge wieder gelöst worden ist (V 67f).

● Dass Zacharias hier **die großen Taten Gottes** aufzählt, ist verständlich. Er erinnert an die Erlösung des Gottesvolkes (V 69.76) und mag an die vielen Erlösungswunder denken, ausgehend von der Befreiung Israels aus der Knechtschaft in Ägypten und in der ganzen Geschichte. Er spricht von David, dem großen König (V 69), und bestätigt damit, dass Jesus aus davidischer Abstammung ist. Er spricht von den Verheißungen, die schon Abraham für seine Nachfahren von Gott empfing (V 75).

● In seiner direkten Anrede an das Neugeborene, das er in seinen Armen hält, hebt er die außergewöhnliche Bedeutung seines Sohnes hervor. Wie Jesaja vorausgesagt hat (Jes 40,1ff), wird er den Weg für den „Herrn" bereiten. **Johannes wird ein Vorläufer für ihn sein, der jetzt selbst kommt und sein Volk befreit.** Die große Bedeutung und Wirksamkeit von Johannes ist auch außerhalb der Bibel bezeugt, so bei dem jüdischen Geschichtsschreiber Josephus in seinem Monumentalwerk „Jüdische Altertümer" (18,5,2; § 116–119). **Heilsgeschichte und Weltgeschichte stoßen hier aufeinander, schon bei Johannes und dann noch bedeutender bei Jesus.** Darauf weist Lukas als Historiker immer wieder hin (Lk 1,5; Lk 2,1; Lk 3,1-4) und lädt auch uns zum Staunen und zum Lob ein.

Das Ziel vor Augen

● Jetzt (ab V 18) beginnt Sacharja mit seiner Antwort auf die Frage, die ihm in 7,3 gestellt worden war: „**Sollen wir weiterhin … trauern und fasten?**" Bisher hatte er Worte Gottes zur Antwort gegeben, die das kosmologische Geheimnis der Heilsgeschichte berührten, nun wird er konkret: **„Kommt, lass uns auf den Berg Jahwes gehen."**

✎ *Lesen Sie dazu auch Jes 2,2f; Jer 3,17 – die große Völkerwallfahrt.*

● Es gibt **keinen Befehl**, der die Völkerscharen nötigt, sich diesem Aufruf zu beugen. Sie tun **von sich aus**, wozu es sie tief im Inneren drängt: Sie machen sich auf den Weg. Ihr Ziel ist Jahwe. Die Völker richten sich **auf das Wesentliche hin aus: auf das Heilwerden des Lebens und das Heilwerden dieser Welt.**

● Als Christen haben wir bereits begonnen, diesen Weg zu gehen, der am Ende aller Zeiten der ganzen Welt offenbar werden wird. Der Kirchenvater Augustinus sagte: „Unruhig ist unser Herz, Gott, bis es Ruhe findet in dir." Paulus schreibt der Gemeinde in Rom, dass uns Menschen eine Sehnsucht nach Gott ins Herz gelegt sei.

● Dies erinnert an das Gleichnis Jesu vom verlorenen Sohn (Lk 15,22ff). Plötzlich weiß einer, wo er hingehört. **Er macht sich auf den Weg – das Ziel vor Augen.** Diejenigen, die auf dem Weg sind, haben eine solche Ausstrahlung, dass sie andere mitziehen: denn Gott geht mit. Er ist nicht erst am Ende des Weges da, sondern bereits bei denen, die auf dem Weg sind. „Wir wollen mit euch gehen …" (V 23). Das ist missionarische Ausstrahlung: als Christ leben!

Schenke mir, Gott, dass ich meiner Sehnsucht nach dir Raum gebe, und lass mich gehen auf dem Weg, den du mir bereitet hast. Dann bin ich auf dem Weg, den du mir mit deinem Advent bereitest!

● Mit Kap. 9 beginnt ein neuer Abschnitt. In prophetischer Schau spricht Sacharja ein Gerichtswort über die Völker aus. Vor den Augen der Welt wird darin die Zusage an Josua (Jos 13,2-6), die David nicht verwirklichen konnte, erfüllt werden: **Gott nimmt das Land in Besitz**. Damit wird offenbar: „Die Erde ist des HERRN, und was darinnen ist“ (Ps 24,1).

● Auf diesem Hintergrund stehen die V 9-12: Gott wird seine Wirklichkeit in der Welt aufscheinen lassen. Sein Wort ist nicht ein Wort der Vernichtung, sondern der Erfüllung seiner Verheißung: **Gnade und Chance – für Israel und alle Völker.**

✎ *Der Inbegriff der Frohen Botschaft ist ausgedrückt in Phil 4,4f: „Freuet euch in dem Herrn allewege ... der Herr ist nahe!“ Das ist der Zielpunkt der Geschichte.*

● Damit ist die Brücke zum Neuen Testament geschlagen. In aller Not dieser Welt haben wir eine lebendige Hoffnung, die einen konkreten Namen trägt – Jesus Christus:

„Er kommt zu dir.“

→ Der König kommt zu seinem Volk.

→ Der Hirte kommt zu seinen Schafen.

→ Er kennt bereits alle, zu denen er kommen will.

Christus ist der König: Er ist ein Helfer (so übersetzt Luther). Das heißt: Durch seine Erniedrigung und tiefste menschliche Not konnte Christus für uns zum Helfer und Retter werden (Phil 2,9f).

Er reitet auf dem Esel: Der Esel galt im Orient als würdiges Reittier, das nicht zum Kampf geeignet war. Auf ihm zu reiten war keineswegs erniedrigend (vgl. 1Mose 22,3; 2Sam 17,23).

Friedenssehnsucht: Eine alte Friedenssehnsucht kommt hier wieder zur Sprache – in Ps 72,7f heißt es: „Zu seinen Zeiten soll blühen die Gerechtigkeit und großer Friede sein, bis der Mond nicht mehr ist. Er soll herrschen von einem Meer bis ans andere und von dem Strom bis zu den Enden der Erde.“

● Die letzten Kapitel des Sacharja-Buchs (9–14) haben eine prophetische Bedeutung, die Jesus in seiner Botschaft aufnimmt:
→ die prophetische Schau von wachsendem Antichristentum,
→ die Anfechtung der Gemeinde durch Mächte und Verführungen der Welt,
→ das Leiden des Gesalbten zur Erlösung,
→ der Sieg über alle gottfeindlichen Mächte.

● **Der Mensch trägt Mitverantwortung für sein Tun.**
So führt der Treuebruch Israels gegenüber Gott durch Götzendienst letztlich ins Exil. Gott aber will nicht das Verderben – er will Reue, Umkehr und Neuanfang. Diese beginnen ganz einfach: mit der Liebe zu Gott.

● **Gott will uns seine Liebe schenken**
Die Segnungen und der Neuanfang sind die liebende Antwort Gottes. Im Text ist dies mit Bildern benannt:
→ **Regen** ist in der Bibel ein Sinnbild der Gnade und des Segens – „Du gabst, Gott, Regen in Fülle …“ (Ps 68,10). So erinnert das fruchtbare Land an den Garten Eden (Jes 41,18).
→ **Herde und Hirte:** Eine Herde ist ohne ihren Hirten verloren. „Wehe den Hirten“ (Jer 23,1f). Am Ende aller Tage wird aber nicht ein unzulänglicher Mensch den Kampf führen – Jahwe selbst wird zu seinem Volk kommen und es im ewigen Schalom regieren. „Denn dein ist das Reich“ (Mt 6,13).
→ **Der Eckstein:** In diesem Textzusammenhang soll ausgesagt werden: Aus den Verworfenen sollen Nicht-Verworfene werden. Gott nimmt sich ihrer an und schenkt ihnen darin das Heil (Hos 2,25: „Israel wird sagen: ‚Du bist mein Gott.‘“) und ihre Stärke. Darauf beziehen sich auch Ps 118,22 und Eph 2,20: Als Christen sind wir mit diesem Eckstein, Jesus Christus, verbunden.

✎ *Mose sang (2 Mose 15,2) „Der HERR ist meine Stärke“. Stimmen auch Sie ein frohes Adventslied an! Denn der HERR kommt und hilft all unserer Schwachheit auf!*

Das Bild vom Hirten (vgl. Kap. 10), wird hier nun wieder aufgegriffen und entfaltet. Weil die Hirten versagten und die Herde in Not kam, nahm Gott selbst sich ihrer an (10,2.3).

● **Der Auftrag der Hirten:** Die Schafe sind sich selbst überlassen, keiner schützt sie. „Sie waren geängstet und zerstreut wie die Schafe, die keinen Hirten haben" (Mt 9,36). Daher geht der Auftrag: „Weide die Schafe" (V 4, GNB), den Sacharja empfangen hat, über die atl. Prophetie hinaus an Jesus, den Guten Hirten.

● **Der Gute Hirte – eine Chance**

Deutlich ist hier die allegorische Zeichenhandlung. In Wirklichkeit ist Gott selbst der Hirte seines Volkes. Nun aber nimmt der Prophet zum Zeichen seines Hirtenamtes zwei Stäbe:

→ Lieblichkeit: als Zeichen der Freundlichkeit Gottes,

→ Verbindung: als Zeichen für Gemeinschaft.

Der Hirte führt seinen Dienst in Liebe aus, um das Streitende und Uneinige miteinander zu verbinden. Welch eine Chance für die Herde! Das Auftreten der falschen Hirten aber führt zur Verwirrung. Die Herde fügt sich nicht dem sieghaften Hirten, sie wendet sich von ihm ab. Daher wird der Stab „Lieblichkeit" zerbrochen. Damit ist die Gnadenzeit angebrochen, denn nun beginnt das Gericht. Nur eine kleine Schar erkennt, dass Gott darin handelt (11). Den ungeliebten Hirten will man auch nicht richtig entlohnen. Man zahlt ihm das Entgelt, das für einen getöteten Sklaven üblich ist: 30 Silberlinge. Er soll sie zum Tempel geben, damit sie in der Einschmelzung eine neue Gestalt bekommen.

● **Wo Gott verworfen wird – da ist Unheil**

Die Schafe werden nun – wie sie es wollten – dem schlechten Hirten überlassen. Darin vollzieht sich das Gericht Gottes.

✎ *Nehmen Sie sich Zeit, Ps 23 in Ruhe zu lesen. Entdecken Sie darin, was Gott Ihnen persönlich Gutes getan hat und tut.*

● Kap 12,1 beginnt mit einer neuen Überschrift und zeigt an, dass dem Propheten eine neue Offenbarung geschenkt wurde. Es geht um das endzeitliche Jerusalem. Unumstößlich wird die Wahrheit offenbar: Alle, die sich gegen Gottes Heilsplan stellen, werden scheitern.

● **Der Neuanfang – Gott handelt**

Der Neuanfang geschieht nicht durch menschliche Einsicht oder menschlichen Entschluss. Es ist Jahwes Handeln, ähnlich wie es Jesaja beschreibt (44,3): „Ich will Wasser gießen auf das Durstige und Ströme auf das Dürre" oder wie Hesekiel sagt (36,26): „Ich will euch ein neues Herz und einen neuen Geist geben." Im Blick auf die Adventszeit können wir das Wort Jesajas bedenken: „Den glimmenden Docht wird er nicht auslöschen" (Jes 42,3; Mt 12,20).

● **Der Neuanfang – der Heilige Geist ist uns geschenkt**

Der Geist Gottes führt zu einer tieferen Sicht und geistlichen Bewertung menschlichen Tuns. Paulus spricht dabei von einer „göttlichen Traurigkeit", die der Heilige Geist uns ins Herz legen kann (2Kor 7,10). Bei Sacharja geht es um das Erkennen des Guten Hirten. Er ist der „Durchbohrte" (V 10), den sie abgelehnt und mit 30 Silbertalern entlohnt hatten. Vergleiche dazu auch die Passionsgeschichte Jesu (Mt 27).

● **Der Neuanfang – die Buße ist der Weg zum Heilwerden**

Sacharja schildert eine eindrucksvolle Bußszene. Die Menschen bereiten sich auf ein großes Ziel vor: auf die Öffnung der reinigenden Wasserquelle in Jerusalem.

✎ *Adventszeit ist für Christen Vorbereitungszeit auf die Ankunft Christi. Sie ist Bußzeit, um den Sohn Gottes mit reinem Herzen empfangen zu können. Nehmen Sie sich bewusst eine persönliche Zeit der Umkehr und Buße vor, z. B. mit dem Lied: „Macht hoch die Tür" (EG 1) oder einer Textmeditation zu Psalm 51 oder zu Lk 15,11-32 „Der verlorene Sohn".*

Das letzte große Leid

● Noch einmal wird hier ein Kriegsbild entfaltet. Diesmal ist es das bereits bekehrte Volk, das dem Guten Hirten folgt und durch großes Leid gehen muss. Nur ein Rest bleibt in Jerusalem und wird vor der Zerstreuung bewahrt. „Ein heiliger Same wird solcher Stumpf sein", konnte Jesaja sagen (Jes 6,13).

● **Rettung und Heil kann und wird Jahwe allein bringen:** Jahwe streitet nun mit der gottfeindlichen Welt und dabei wird geschehen, was Paulus später so zusammenfassen kann: „Dann allerdings erscheint der Feind Gottes in aller Öffentlichkeit. Wenn aber Jesus, der Herr, in seiner Herrlichkeit kommt, wird er ihn endgültig vernichten. Ein Hauch seines Mundes genügt." (2 Thess 2,8, HfA).

● Dieses **letzte Eingreifens Jahwes** wird in drastischen Bildern geschildert:

→ **Erdbeben:** Hier teilt sich der Ölberg, der schon in Jesu Todesstunde bebte. Die Psalmen wissen: „Berge schmelzen wie Wachs vor Jahwe, dem Herrscher der ganzen Erde" (Ps 97,5); in der Offenbarung heißt es (11,13) „Und in derselben Stunde wird es ein großes Erdbeben geben." In der Bildersprache der Bibel stehen solche Erdbeben für Ereignisse kosmischen Ausmaßes.

→ **Ein Zufluchtsort tut sich auf:** Inmitten des Bebens entsteht ein Tal, in das der kleine Rest fliehen kann.

→ **Die Ordnung des Kosmos verändert sich:** Es wird kein Licht und keine Kälte geben, die Zeit steht still und die Grundordnung der Erde ist an ihr Ende gekommen „Solange die Erde steht, sollen nicht aufhören ... Frost und Hitze, ...", hieß es im Noahbund (1Mose 8,22).

→ **Das neue Königreich:** Wasserströme werden aus Jerusalem fließen und Jahwe wird König sein über die ganze Erde. Es erfüllt sich, was Jesaja so beschreibt „Ihr werdet mit Freuden Wasser schöpfen aus den Brunnen des Heils"(12,3).

„Wo Vergebung der Sünde ist, da ist Leben und Heil." Martin Luther

● Menschlich gesehen befindet sich Maria in keiner beneidenswerten Lage. Gerade hat sie erfahren, dass sie ein Kind erwartet. Als Unverheiratete ist dies für sie nicht nur eine beschämende, sondern auch eine gefährliche Situation. Auf der Suche nach etwas Rückhalt ist sie zu ihrer Verwandten Elisabeth gereist.
● Dort bricht die junge Frau in einen **unbeschreiblichen Jubel** aus. Es scheint, als wolle sie die ganze Welt umarmen und die gesamte biblische Geschichte dazu. Von Armen und Reichen, von Herrschern und Beherrschten ist die Rede, aber auch von den Vätern Abraham und Israel. Was geht hier vor?
● Man könnte sagen: Der Groschen fällt. **Maria begreift die Dimension dessen, was mit dem Kind in ihr beginnt.** Nach jahrhundertelanger „Sendepause" findet **die Heilsgeschichte Israels ihre Fortsetzung.** Und das ausgerechnet mit ihr, dem unscheinbaren Mädchen aus Nazareth.

✎ *Wie reagieren Sie auf außergewöhnliche Ereignisse oder grandios überraschende Ankündigungen? Welche Situation hat bei Ihnen schon einmal dazu geführt, dass Sie ganz außer sich waren vor Staunen und Freude?*

● Vielleicht verstehen Sie es ja, dass eine junge Frau vor Begeisterung tanzt und singt. Doch **Marias Wortwahl überrascht.** Nicht nur, weil sie sich sprachlich vom bisherigen Erzählstil unterscheidet, sondern weil der Blick weit wegwandert von der Schwangerschaft, um die es letztlich geht.
● **Inhalt und Sprache zeigen, wie tief Maria in ihrem jüdischen Glauben verwurzelt ist.** Sie lehnt sich an Worte und Bilder der Psalmen an. Vor allem aber verknüpft sie ihr eigenes Erleben mit Frauen wie Lea, Rebekka und Hanna. Als Mutter des Verheißenen sieht sie sich in einer Linie mit ihnen. **Eine bewundernswerte Gewissheit**, dass Gott nicht ohne uns, sondern mit uns und für uns Geschichte schreibt!

Der Prophet Maleachi

Mit „Maleachi“ endet unser Altes Testament; dieses kurze Prophetenbuch bildet zugleich die **Brücke zum Neuen Testament:** Maleachi kündigt den Boten an, der dem HERRN den Weg bereiten soll (3,1) und die Wiederkehr des Propheten Elia vor dem „Tag des HERRN“ (3,23). Markus und besonders Matthäus sehen in Johannes dem Täufer den angekündigten Elia: Mk 1,2; Mt 11,10.13-15; 17,10-13.

Maleachi (= mein Knecht) wirkt vermutlich im 4. Jahrhundert v. Chr. Er versucht, ein müde gewordenes, in Zweifel und Resignation geratenes Volk zu ermutigen und eine in Gewohnheiten erstarrte Gottesgemeinde zu beleben. Alle geistlichen Ordnungen scheinen in Auflösung begriffen: Es werden gesetzeswidrige Opfer gebracht (1,6-14), bei Tempelabgaben („Zehnten“) wird getäuscht (3,6-12), Ehen werden leichtfertig aufgelöst (2,10-16); die Priester nehmen ihren Auftrag nicht ernst, nehmen in allem Rücksicht auf die Person (2,1-9). Die Skepsis wächst, ob Gott sein Volk überhaupt liebt (1,2-5), ob es überhaupt Sinn macht, Gott zu dienen (3,13-21).

Maleachi versucht, in sechs gleichgestalteten Streitreden bzw. Lehrdisputationen die Meinung der Leute aufzugreifen, sie zu bestreiten, mögliche Gegenargumente ernst zu nehmen, Gottes Wegweisung vertiefend zu entfalten und die jeweiligen Folgen aufzuzeigen. Aus dem Propheten wird ein seelsorgerlicher Lehrer, der eine „Verkündigung im Gespräch“ praktiziert, der argumentativ Menschen für Gottes Ziele gewinnen und sie zur Umkehr in Gottes Nähe bewegen will.

● Es ist eine alte Frage, die Maleachis Hörer stellen: „Wie steht Gott wirklich zu uns?“ Die **Liebeserklärung** liegt zwar vor, aber die Realität spricht eine andere Sprache. Was gilt also? Kann Gott nicht helfen – oder will er es nicht? Gilt aber beides, Liebe und Allmacht, dann müsste das Leben doch glattgehen. Und wenn nicht?

● Die Antwort wirkt anstößig. Gibt es tatsächlich eine **göttliche „Rankingliste“?** Dazu muss man bedenken, dass für die Heilige Schrift weder Liebe noch Hass von Emotionen bestimmt sind. Liebe bedeutet, loyal zu handeln. „Hass“ dagegen setzt den anderen zunächst einmal an die zweite Stelle (vgl. Mt 10,37), ohne ihm deshalb schaden zu wollen. Dass es die Edomiter trotzdem hart trifft, liegt an ihrer tiefverwurzelten Feindschaft zu Israel.

● Während der HERR seinem Volk Israel noch einmal seine „vorzügliche“ Liebe erklärt, lassen die Gläubigen den Gottesdienst schleifen. Für die regelmäßigen Opfer an Erntedank, zur Reinigung oder zur Tilgung von Schuld bringen sie nur das Zweitbeste, d. h.: **Ihre Liebe zu Gott steht gerade nicht an erster Stelle.**

● Der Grund könnte die **große Enttäuschung** sein: Ein Rest Israels war aus dem Exil in Babylon zurückgekommen. Unter schwierigen Verhältnissen hatten sie Jerusalem und den Tempel wiederaufgebaut. Eigentlich sollte damit eine neue Zeit in Sicherheit, Wohlstand und Freiheit beginnen.

● Aber die Truppen der Besatzer waren noch da und das Leben nach wie vor karg und mühsam. War Gott doch nicht auf ihrer Seite? Wie gesagt: **Konnte er nicht oder wollte er nicht?** Wenn er nicht wollte – warum ihm dann opfern und zu ihm beten? Diese Fragen werden im Buch „Maleachi“ noch erörtert werden ...

✎ *Haben Sie sich diese Frage „Kann Gott nicht oder will er nicht?“ auch schon mal gestellt? Wie haben Sie sie beantwortet?*

● Das heutige Prophetenwort stellt die Frage nach der **Gerechtigkeit** des Lebens. Denn einerseits müssen Schuld und Unrecht bestraft werden. Andererseits gilt: Wer sich an Recht und Ordnung hält, darf erwarten, dass es ihm gut geht. Ein Gedanke, der auch heute einleuchtet. Im Unterschied zu heute wurde zu Maleachis Zeiten Gott selbst als Garant gesehen, dass der **Tun-Ergehen-Zusammenhang** gilt. Aber auch heute besteht die (unausgesprochene) Erwartung, dass sich Gutes wie Böses auswirken, getreu dem Motto: „Wie man in den Wald hineinruft, so schallt es heraus."

● Und die Antwort Gottes? Lässt er fünf gerade sein? Schaut er weg, wenn sich einer ein schönes Leben auf Kosten anderer macht, und lässt ihn gewähren? Darf man es sich unter seinen Augen ungestraft gut gehen lassen, auch wenn andere darunter leiden? V 5 benennt die konkreten Missstände …

● Nein, **das Gericht wird kommen**, daran lässt der Prophet keinen Zweifel. Der HERR persönlich wird prüfen und reinigen. Der Schmelzofen wird zum Sinnbild dafür, dass das Edle in einem schmerzhaften Prozess von allen Verunreinigungen getrennt werden muss. Selbst vor den Geistlichen, die ein Vorbild sein sollen, macht die Prüfung nicht halt (V 3).

● Die Prophetie Maleachis (3,1) wird erfüllt durch **Johannes den Täufer** (vgl. Mt 11,10; Mk 1,2). **Der Bote bedeutet die letzte Chance, sich selbst zu prüfen.**

✎ *Lesen Sie seine Geschichte z. B. in Mt 3 und vergleichen Sie, was er vom kommenden Gericht Gottes ankündigt.*

● Auch bei Johannes gilt: Der Fingerzeig auf „die Bösen", die in der Regel nur die anderen sind, darf nicht darüber hinwegtäuschen, dass jeder eine ehrliche Prüfung und Umkehr braucht – und sei er nach außen noch so fromm (vgl. Mt 3,9). Nützen Sie persönlich die Adventszeit zur Prüfung? – Ursprünglich war es eine Zeit der Buße.

● Für Wähler ist es enttäuschend, wenn Parteien ihre Versprechen nicht einhalten. Kindern entzieht es den Boden, wenn ihre Eltern ihr Wort brechen. Trotzdem geschieht es, denn absolut verlässlich ist nur der, der von sich sagt: **„Ich, der HERR, wandle mich nicht.“**

● Eine knappe Aussage mit gewaltiger Dimension. „Ich, der HERR, wandle mich nicht“, d. h.: Was ich gesagt habe, gilt. Ich überlege es mir morgen nicht anders. Denn es steht in meiner Macht umzusetzen, was ich mir vorgenommen habe. Wer sich auf mich verlässt, steht auf gutem Grund.

● Demgegenüber ist **„Jakob“ ein Wackelkandidat**, geradezu ein Inbegriff der Unzuverlässigkeit:

→ Jakobs Name bedeutet der Hinterlistige.

→ Dass er ein Schlitzohr ist, zeigt vor allem der skrupellose Betrug von Bruder und (bereits erblindetem!) Vater (1Mose 27).

→ Von seinem Schwiegervater Laban muss er zwar auch einiges einstecken, aber letztlich wird er bei ihm durch Gewitztheit zum reichen Mann (1Mose 30,25ff).

→ Erst der Kampf am Jabbok verändert ihn (1Mose 32,23f).

● Der Vergleich mit Jakob unterstreicht, wie ungeheuerlich das Verhalten der Menschen ist: Sie versuchen den heiligen Gott „auszutricksen“. Und das hat Folgen. **Wie sollte Gott Betrüger segnen? Damit sie weiter betrügen?**

● Das **Wort vom Zehnten** (V 10) hat eine lange Wirkungsgeschichte, bis heute. Vielleicht gehören Sie selbst zu denen, die sich daran orientieren und entsprechend spenden. Zunächst scheint es ein relativ hoher Betrag zu sein, vor allem dann, wenn in einer Familie das Einkommen sowieso durch einige Personen zu teilen ist. Maleachi macht Mut zur Großzügigkeit. Denn der Ertrag hängt sowieso von Gottes Segen ab. Und dieser verspricht, Vertrauen zu belohnen.

● Der HERR und sein Volk im Dialog. Wer wünschte es sich nicht, dass **Gott so Rede und Antwort steht.** Wieder einmal geht es um die Frage, warum ein gottesfürchtiges Leben nicht belohnt wird. Eine Frage, die auch die Jünger von Jesus umgetrieben hat (Mt 19,27ff) und die bis heute darin gipfelt, dass Menschen fragen: **„Womit habe ich das verdient?“**

● Doch die, „die den HERRN noch achten“ (V16, HfA) urteilen anders. Selbstverständlich nehmen sie dasselbe wahr wie alle anderen auch. Aber sie ziehen andere Schlüsse. Wer daran festhält, dass der HERR sich treu bleibt, der sieht die Welt mit anderen Augen. Denn er rechnet mit ihm.

● Wer vertraut, der weiß: **Gott hört.** Er verschließt gerade nicht die Augen und Ohren vor dem, was geschieht. Er vergisst auch nicht, was die Menschen über ihn sagen und denken genauso wenig wie ihr Tun und Lassen.

● Eine erschreckende Vorstellung? Die Worte des Beters von Psalm 139 lassen es jedenfalls offen, ob er über Gottes Allwissenheit staunt oder sie als beklemmend empfindet (Ps 139,16f). Für Jesus dagegen ist es ein Grund zur Freude, wenn einer weiß, dass sein Name einen Platz in der „himmlischen Buchführung“ gefunden hat (Lk 10,20).

> ✎ *„… wie ein Mann sich seines Sohnes erbarmt,* ***der ihm dient****“ (V 17). So das Ideal! Auf diesem Hintergrund liest sich die Geschichte vom verlorenen Sohn (Lk 15,11ff) tatsächlich als Provokation. Warum?*

● **In Gottes Gedächtnis verankert** sein, ist das eine. **Vom himmlischen Vater geliebt** zu sein, ist das andere. Der höchste Ausdruck der Verbundenheit von Gott und seinem Volk findet sich, von Israels Erwählung am Sinai bis zur Vollendung in Gottes neuer Welt, in der schlichten Aussage: **„Du bist mein.“** Mit dir will ich zusammen sein (vgl. u. a. 2Mose 19,5; Jes 43,1; Joh 17,21; Offb 21,3)!

● Wer heute einen traditionellen Heiligen Abend feiert, wird kaum an Gericht und Rache denken. Wie also passt dieser Abschnitt zum Tag vor dem Christfest?

● Noch befinden wir uns in der Zeit vor der Geburt des Retters. Deshalb sind die markanten Bezüge zu Johannes dem Täufer interessant, der Jesus den Weg in die Herzen der Menschen geebnet hat.

→ Der Engel, der Johannes' Vater Zacharias einen Sohn verheißt, zitiert diesen allerletzten Vers des Alten Bundes (vgl. Mal 3,24 mit Lk 1,17).

→ Zacharias versteht diesen Hinweis und singt von der aufgehenden Sonne (vgl. Lk 1,78).

→ Jesus selbst verbindet die Verheißung des Propheten Elia mehrfach mit Johannes dem Täufer (Mt 11,14; 17,11-13). Weil Elia nie in ein Grab gelegt worden war, deshalb konnte er wiederkommen (2Kön 2,11).

→ Die Bilder, die Maleachi gebraucht, sind denen ziemlich gleich, die Johannes in seinen Gerichtspredigten verwendet. Auch er war mit den Propheten und ihren Weissagungen aufs Engste vertraut.

✎ *Ging aber darüber hinaus irgendetwas davon mit dem Kommen von Jesus in Erfüllung? Oder steht die Erfüllung noch aus? Was noch aussteht, wissen wir nicht. Aber eine Antwort findet sich für mich in Jesaja 53,4.5.*

● Das Gericht wird eine Vernichtung sein mit Stumpf und Stiel (V 19). Diese Vernichtung hat Jesus am eigenen Leib erfahren. Uns bleibt das Heil, das wir „unter seinen Flügeln" finden (V 20).

● Wie so oft gleicht die Vision des Propheten einer Bergkette, die wir von Ferne wahrnehmen. Wir erkennen verschiedene Gipfel, wissen aber nicht, wie weit die Strecke zwischen ihnen ist und was sich hinter ihnen verbirgt. Erst wenn wir näherkommen, wird klar, welchen Gipfel wir zuerst erreichen werden. Wir können also noch gespannt und wir sollten vorbereitet sein. Noch ist Advent!

Auch diesen Psalm lesen wir als Christen auf Jesus Christus hin – in diesem Sinn wird er auch im NT häufig zitiert:

- Die **Regierenden, die sich gegen Gott und seinen Messias auflehnen,** werden in Apg 4,25-27 mit Herodes und Pilatus identifiziert. Herodes hält ja wie in Ps 2 beschrieben Ratschlag mit seinen Beratern, um Jesus zu vernichten. Aber es gelingt ihnen nicht. Gott lacht über solche Versuche (V 4), denn ein kleiner Traum genügt, um Joseph zu warnen und das Leben des Kindes zu retten. Gott erweist auch darin seine Macht, dass er Herodes wenig später sterben lässt.
- Da Jesus Christus Herr der Geschichte ist, wird er am Ende der Zeiten **Gericht halten über die Mächtigen,** die versucht haben, sich ihm zu widersetzen (V 5, vgl. Offb 6,15-17).
- In 2Sam 7,14 wird dem Königshaus Davids versprochen, dass **Gott und der König wie Vater und Sohn** sein werden. Dort ist allerdings noch von einem menschlichen König die Rede. In Hebr 1,5 wird dagegen festgestellt, dass sich die Prophetie von Ps 2,7 nur auf Jesus Christus beziehen kann. Er ist Davidssohn (Lk 1,32f) und Gottessohn zugleich. Gott selbst hat bekräftigt, dass Jesus sein Sohn ist und niemand sonst (Hebr 5,5).
- Paulus sieht in V 7b einen **Hinweis auf die Auferstehung** von Jesus (Apg 13,33). Seine „Zeugung" ist als Auferweckung aus den Toten zu verstehen.
- Auch V 8 findet im NT Aufnahme. Im Missionsbefehl sagt Jesus, dass ihm alle **Macht gegeben ist im Himmel und auf Erden** (Mt 28,18, bestätigt in Hebr 1,2). Er hat seine Feinde besiegt und die Stricke des Todes zerrissen und seinen Platz als rechtmäßiger Königssohn eingenommen. Jesus bittet uns hinauszugehen und diese Botschaft aller Welt zu sagen.
- Nach dem Buch der Offenbarung wird Jesus bei seiner Wiederkunft **den endgültigen Sieg erringen und seine Königsherrschaft durchsetzen.** Das wird mehrfach mit Worten aus Psalm 2 bekräftigt (z. B. Offb 2,27 vgl. V 9).

Wer wartet schon gerne? Aber rückblickend **vergrößert das Warten die Freude.** Denken wir zurück an Weihnachten, als wir noch Kinder waren: Das Warten war Teil des Zaubers. Was man sofort und umstandslos bekommt, macht lange nicht so viel Freude wie das lang Ersehnte, das man endlich auspacken darf.

● Zumal, wenn man sein ganzes Leben lang gewartet hat. So wie **Simeon.** Er **„wartete auf den Trost Israels“** (V 25); damit kann der Trost gemeint sein, den Gott schenkt, oder auch Trost geradezu als Zweitname Gottes – „der Gott allen Trostes“ (2Kor 1,3).

● Worin besteht dieser Trost? **Simeon wartet auf das Eintreffen der persönlichen Zusage Gottes an ihn,** den Christus (griech. für „Messias“=„Gesalbter“) noch zu seinen Lebzeiten sehen zu dürfen (V 26).

● Wie genau man sich das vorzustellen hat, wie die Weissagung zu Simeon kam und was ihn nun so sicher macht: Das beschreibt der Text nicht im Detail. Vielleicht ist es auch nicht entscheidend. Fest steht: Simeon ist sich sicher. Diese einfache Familie, die ihren Sohn wie üblich am achten Tag zur Beschneidung bringt, dieser ganz normal aussehende kleine Junge – **der ist es.** Der alte Mann Simeon darf ihn sehen, und halten, und er ist überglücklich. Jetzt kann er in Frieden sterben (V 29).

● Dabei geht es nicht nur um eine Privat-Offenbarung. Denn ausgerechnet *hier* wird Jesus als Christus erkannt – im Tempel, bei der Beschneidung, angereichert mit Bezügen auf den Propheten Jesaja (vgl. V 31f mit Jes 49,6) –, das zeigt auch: **Obwohl Jesus ein ganz anderer Messias war, als viele damals erwarteten, gehört er doch mitten in die Geschichte Gottes mit Israel hinein und ist ohne sie nicht zu verstehen.**

● Diese große Perspektive ist typisch für das Lukasevangelium. Ganz Israel, die ganze Welt hat auf diesen Jesus gewartet. Umso größer die Freude, wenn man ihn dann erlebt – weihnachtliche Freude eben.

Hat der Evangelist Johannes damals geahnt, dass er Sätze aufschreibt, die jahrtausendelang nachhallen würden? Der Anfang seines Evangeliums ist bis heute sprichwörtlich. **„Im Anfang war das Wort“**, heißt aber nicht einfach: „das gesprochene Wort“. Im Griechischen steht der Begriff „logos“, ein Schlüsselbegriff der Philosophie dieser Zeit. **Der Logos, das ist das göttliche Prinzip, das die Welt im Innersten zusammenhält.**

● Dieser Logos war also am Anfang, dicht bei Gott und zugleich selbst Gott (V 1f). Alles, was gut ist („Licht“, V 4), auch das Leben selbst, hat seinen Ursprung in ihm (V 3). Und Licht ist immer stärker als Dunkelheit (V 5).

● So weit, so selbstverständlich – für Denker der Antike. **Der Clou: Johannes spricht die ganze Zeit von Jesus.** Denn alles, was in diesen ersten Versen anklingt, wird später ausdrücklich von Jesus gesagt:

→ *Er* ist es, der ganz nahe bei Gott, der sogar **mit Gott eins** ist (10,30; 20,28).

→ In *ihm* ist **das Leben,** ja er ist das Leben selbst (11,25; 14,6).

→ *Er* ist **das Licht,** das in der Finsternis scheint (8,12; 9,5; 12,46).

● **Johannes** beginnt sein Evangelium damit ganz anders als die ersten drei Evangelien, die ähnlich aufgebaut sind. Meist hat man daher vermutet, dass es deutlich später als diese abgefasst wurde. Auch ob es wirklich auf den Jünger Johannes zurückgeht, wurde bezweifelt.

● Dieser Jünger wird aber **am Ende als Quelle benannt** (21,24). Demnach wurde der Text des Evangeliums von seinen Schülern niedergeschrieben, geht aber inhaltlich auf Johannes zurück. Auch die Leiter der frühen Christenheit gehen einhellig von **Johannes als Autor** aus und auch davon, dass er sehr alt geworden ist. Dieses Evangelium bietet so einen **besonderen Blick auf Jesus,** gewürzt mit Erinnerungen von Johannes, der am Ende seines Lebens zurückblickt und nun umso klarer sieht: In Jesus begegnet uns Gott selbst.

Der Text funktioniert wie die Zoom-Funktion bei einem Kartenprogramm auf dem Computer: Er beginnt in den ersten Versen mit der großen Perspektive auf Gott und die ganze Welt, beim Logos, dem göttlichen Prinzip – von dem sich später herausstellt: Dieser Logos ist Jesus selbst! Auf dem Weg dahin **wird der Blick immer schärfer gestellt:** Jetzt geht es um einen einzelnen Menschen, „von Gott gesandt", mit Namen Johannes (V 6).

● Gemeint ist **Johannes der Täufer**, der in allen Evangelien als Wegbereiter von Jesus an den Anfang gestellt wird. Sein Auftreten wird in diesem Text aber nicht genauer beschrieben, sondern als bekannt vorausgesetzt. Später in Joh 1 kommt der Täufer zwar ausführlicher zu Wort (ab V 19); auch dabei wird aber vorausgesetzt, dass man bereits etwas über seine Botschaft weiß. So wird auch zu Beginn von Joh 1 gleich **seine Rolle** gedeutet: **„(Er) kam zum Zeugnis"** (V 7).

● Dazu also ist Johannes der Täufer da: zum Zeugnis, um auf Jesus hinzuweisen. **Ein Zeuge ist jemand, der zeigt** – ganz wörtlich –, nämlich auf Jesus. Und genau das macht Christsein aus. **Johannes ist insofern das Urbild eines Christen**, sozusagen ein **Vorzeige-Christ**, weil er von sich weg und auf Jesus hinweist.

● „Er war nicht das Licht" (V 8), dabei hätte das Missverständnis nahegelegen. Johannes hat die Menschen seiner Zeit tief beeindruckt und viele zum radikalen Neuanfang mit Gott bewegt. Das hätte ihm auch zu Kopf steigen können. Aber er bleibt dabei: Es geht nicht um mich, sondern allein um ihn, um Jesus.

● Der große Theologe Karl Barth hat den **Täufer daher als Vorbild für die ganze christliche Kirche** verstanden. Auf dem Isenheimer Altar von Matthias Grunewald wird der Finger von Johannes, mit dem er auf Jesus zeigt, besonders hervorgehoben, indem er überlang dargestellt ist. Und die wichtigste Aufgabe der Kirche sei es, so Barth, „auf den Finger des Johannes zu sehen, mit dem er auf Christus weist".

Streiten sich zwei Kinder auf dem Spielplatz. Und werden geradezu gemein: „Ach du, du bist doch bloß adoptiert!“ – „Ja. Aber *meine* Eltern konnten mich *aussuchen.*“ So kann man es also auch sehen ...

● Aber **„adoptiert“ ist für die Bibel auch ein Ehrentitel** – und zwar **das Adoptiertsein durch Gott.** Denn so sehr wir als Menschen Ebenbild Gottes und für die Gemeinschaft mit ihm gemacht sind – so ist diese Gemeinschaft eben seit dem Sündenfall beschädigt. **Wir brauchen einen Rechtsakt Gottes, um wieder Teil seiner Familie zu werden.**

● Genau das macht Jesus möglich: Wer ihn aufnimmt, dem gibt er „Macht (anders übersetzt: die Vollmacht / Berechtigung), Gottes Kinder zu werden“ (V 12). Und das ist nicht selbstverständlich, sondern ein großes Geschenk.

✎ *Oft werden in der Verkündigung alle Menschen als „Kinder Gottes“ bezeichnet. Warum trifft das so nicht zu? (Vgl. auch Röm 8,14).*

● Was heißt das aber: **„ihn aufnehmen“**?

→ V 9: Mit Jesus kommt Gottes Licht in die Welt. Wer dieses Licht kennt, wer Gott auch nur ansatzweise kennengelernt hat, wird Gottes Charakter in Jesus wiedererkennen.

→ V 10: Mit Jesus kommt Gott der Schöpfer selbst in seine eigene Welt hinein. Wer diesen Gott kennt, wird sein Wirken in Jesus wiederentdecken und ihn entsprechend ehren.

→ V 12: Jesus aufnehmen heißt also, in ihm Gott erkennen und daraufhin „an seinen Namen glauben“.

→ V 13: Wer so auf Jesus reagiert, zeigt damit auch, dass er geradezu Gottes DNA in sich trägt („aus Gott geboren“).

● Daraus sollte man nun keinesfalls folgern, dass von vornherein nur bestimmte Menschen an Jesus glauben könnten. Nein, niemand ist ausgeschlossen. Stattdessen geht es darum, dass auch der Glaube selbst von Gott in uns bewirkt wird.

Was für eine Überraschung! Wer als „unschuldiger" Bürger der Antike die ersten Verse des Kapitels gelesen hat, wird zunächst beifällig genickt haben. Denn wie gesagt: Der göttliche Logos war von Anfang an da, alles stammt von ihm her – natürlich. Aber jetzt: **Dieses göttliche Wort** wird „Fleisch" (V 14a)!? Anders übersetzt: Er **wird ein Mensch aus Fleisch und Blut.** Wie kann das gehen?

● Was uns so geläufig ist, war für die Umwelt der ersten Christen verblüffend: **Wie kann Gott selbst sich in einer einzelnen Person konzentrieren**? Wie ein Kindergartenkind einmal treffend bemerkte: „Aber Gott ist doch so groß, der passt doch in Jesus gar nicht rein?"

● Genau hier aber schlägt das Herz unseres Glaubens und auch des Johannesevangeliums: **Gott wird Mensch in Jesus** und „wohnte unter uns", anders übersetzt auch „zeltete unter uns" (V 14), geht mit uns auf die Reise durch die Zeit.

● Seitdem wird auch **an *dieser* Stelle Gottes Herrlichkeit erkennbar** (V 14b): nicht als machtvolle Demonstration mit Erdbeben und Feuer vom Himmel – sondern in Jesus, also da, wo Gott selbst seine kosmische Größe in einem einzelnen Menschen unterbringt und konzentriert. **In Jesus wird Gott einer von uns,** das heißt: für uns erkennbar (V 18). Genauer gesagt: In Jesus werden Gottes Gnade und Wahrheit deutlich (V 14):

→ **Gnade:** In Jesus kommt das Gesetz des Mose zum Ziel (V 16f; vgl. Röm 10,4), indem er an unserer Stelle das Gesetz erfüllt und unsere Schuld trägt.

→ **Wahrheit:** In Jesus beweist Gott seine bleibende Treue zu uns. Wahrheit ist in der Bibel nichts Abstraktes, sondern steht für Gottes Vertrauenswürdigkeit und Verlässlichkeit.

✎ *Überlegen Sie einmal: Was wäre, wenn Gott nicht in Jesus Mensch geworden wäre? Was würde uns alles fehlen? Wie hilft Ihnen das, sich umso mehr über Jesus zu freuen?*

● Der Psalm besteht fast vollständig aus **Vertrauensäußerungen und Bekenntnissen zu Gott.**

● Der Psalm besingt die **Geborgenheit**, die wir bekommen, wenn wir Gott als **Zufluchtsort** und Schutz in ganz unterschiedlichen Lebenslagen in Anspruch nehmen. Sollte der Sturmangriff von Naturkräften (V 2-4) oder von Feinden (V 5-8) kommen, der Glaubende kann sich in jedem Fall auf eine **feste Burg** verlassen, die niemals wankt. Bis Gott sein neues **Friedensreich** errichtet, wird er seine Kinder bewahren und schützen. Dann werden alle Feinde besiegt sein, es wird keinen Krieg mehr geben, und alle werden den preisen, der erhöht ist über alle Welt.

✎ *In V 2 wird realistisch davon gesprochen, dass „uns große Nöte getroffen haben". Gleichzeitig ist Gottes Hilfe unumstößliche Realität. Fallen Ihnen Beispiele aus Ihrem Leben zu beiden Erfahrungen ein?*

● Als Christen leben wir in der Hoffnung auf den **Anbruch dieses neuen Tages**, an dem vollkommener Friede sein wird und nur noch Lob und keine Klage mehr angestimmt wird. Das Licht des Ostermorgens bestrahlt unseren Alltag und leuchtet uns voraus in Richtung des großen Siegestages. Im Gefolge des Siegers können wir zur Ruhe kommen, denn bei ihm sind wir in Sicherheit.

● Martin Luther hat in diesem Psalm sehr viel Trost gefunden. Seine Nachdichtung **„Ein feste Burg ist unser Gott"** wurde zu dem Reformationschoral schlechthin.

● V 11 unterscheidet sich vom Rest des Psalms, denn hier kommt plötzlich Gott selbst zu Wort. Zu diesem Vers schreibt Luther: „Das meint der Psalmist: Seid leer oder stille und sehet, dass ich Gott bin. Hier regiert allein die Hoffnung in der Liebe durch den Glauben. Augustin sagt darum mit Recht, der Dienst und die Verehrung Gottes bestehe in **Glauben, Hoffnung und Liebe.**" Damit können wir gut gerüstet ins neue Jahr gehen!

Mitarbeiterinnen und Mitarbeiter 2021

Alle Autorinnen und Autoren, deren Wohnort mit einem * versehen ist, sind unter bibelfuerheute@brunnen-verlag.de erreichbar.

1., 3., 10., 17., 24., 31.1.	Burghard Affeld, Osnabrück, broaffeld@osnanet.de
2.-13.1.	Frauke Bielefeldt, Langenhagen, frauke.bielefeldt@web.de
14.-20.1.	Rainer Härer, Schorndorf, i.r.haerer@gmx.de
21.-23.1.	Raphael Fauth, Schorndorf, raphael.fauth@elkw.de
25.-27.1.	Klaus Jürgen Diehl, Wetter, klaus.j.diehl@gmx.de
28.1.-4.2.	Stefan Hermann, Filderstadt*
5.-13.2.	Annegret Puttkammer, Herborn, proepstin.puttkammer.nord-nassau@ekhn-net.de
7., 14., 21., 28.2.	Burghard Affeld, Osnabrück, broaffeld@osnanet.de
15.-22.2.	Michael Schröder, Dietzhölztal*
23.2.-3.3.	Rainer Geiss, Friedrichsdorf, rainer.geiss@chrischona.org
4.-10.3.	Werner Trick, Freudenstadt, werner.trick@gmx.de
7., 14., 21., 28.3.	Ralf Bödeker, Gevelsberg*
11.-19.3.	Wolfgang Buck, Daaden, buck-daaden@t-online.de
20.3.-2.4.	Klaus Jürgen Diehl, Wetter, klaus.j.diehl@gmx.de
3.-7.4.	Ulrich Mack, Filderstadt, umack@gmx.net
8.-21.4.	Friedhardt Gutsche, Minden †
11., 18.4.	Ralf Bödeker, Gevelsberg*
22.4.-6.5.	Manfred Dreytza, Walsrode*
25.4, 2., 9.5.	Dr. Uwe Rechberger, Walddorfhäslach, Uwe.Rechberger@elkw.de

7.-15.5.	Dr. Andreas Käser, Schömberg, andreas.kaeser@mailbox.org
13., 16., 30.5., 6.6.	Dr. Beat Weber-Lehnherr, Basel, SCHWEIZ, weber-lehnherr@sunrise.ch
17.-22.5.	Ernst-Eduard Lambeck, Bielefeld*
23.-24.5.	Dr. Wolfgang Reinhardt, Kassel, dunir@online.de
25.5.-2.6.	Dr. Christoph Morgner, Garbsen*
3.-5.6.	Dr. Wolfgang Reinhardt, Kassel, dunir@online.de
7.-12.6.	Marlene Trick, Freudenstadt, marlene.trick@gmx.de
13., 20., 27.6.	Joachim Lösch, Schönaich, j.u.m.loesch@t-online.de
14.-22.6.	Doris Oehlenschläger, Bad Salzuflen, dorisoehl@online.de
23.-30.6.	Frank Schröder, Ballhausen*
1.-9.7.	Stephan Zeipelt, Dortmund*
4., 11., 18.7.	Joachim Lösch, Schönaich, j.u.m.loesch@t-online.de
10.-16.7.	Kuno Klinkenborg, Dortmund, kuno.klinkenborg@amd-westfalen.de
17.-28.7.	Wolfgang Kraska, Rheinstetten-Forchheim, wolfgang.kraska@feg.de
25.7.	Ulrich Seng, Kassel, sengwk@gmx.de
29.7.-4.8.	Kathinka Hertlein, Marburg, kathinkah@googlemail.com
1., 8., 15., 22., 29.8.	Ulrich Seng, Kassel, sengwk@gmx.de
5.-12.8.	Claus-Dieter Stoll, Mötzingen, cd@stollteam.de
13.-25.8.	Dorothea Bender, Linden, dorothea@dbender.net
26.8.-1.9.	Gottfried Holland, Schwieberdingen, gbm.holland@gmx.de
2.-4.9.	Rainer Kiess, Filderstadt, rainer.kiess@t-online.de

5., 12., 19.9.	Ulrich Seng, Kassel, sengwk@gmx.de
6.-11.9.	Dr. Siegbert Riecker, Kirchberg, s.riecker@bsk.org
13.-15.9.	Rainer Kiess, Filderstadt, rainer.kiess@t-online.de
16.-27.9.	Dirk Scheuermann, Velbert, dirk.scheuermann@evkg-nierenhof.de
26.9.	Dr. Eberhard Hahn, Ofterdingen, e.fritz.hahn@gmail.com
28.9.-2.10.	Dr. Lieselotte Mattern, Ludwigsburg*
3., 10., 17., 24., 31.10.	Dr. Eberhard Hahn, Ofterdingen, e.fritz.hahn@gmail.com
4.-7.10.	Dr. Siegbert Riecker, Kirchberg, s.riecker@bsk.org
8.-16.10.	Dr. Rolf Sons, Flein, rolf.sons@elkw.de
18.-28.10.	Dr. Heinz-Werner Neudorfer, Reutlingen, heinz-werner.neudorfer@t-online.de
29.10.-6.11.	Hartmut Bärend, Berlin*
7., 14., 21., 28.11.	Joachim Rieger, Mössingen, joachim.rieger@elkw.de
8.-13.11.	Dr. Friedhelm Jung, Bornheim, fjung@swbts.edu
15.-19.11.	Hartmut Frische, Minden, hartmutfrische@t-online.de
20.-23.11.	Dr. Roland Werner, Marburg*
24.-27.11.	Dr. Michael Diener, Kassel*
29.11.-11.12.	Dr. Heiko Wenzel, Pohlheim*
12.12.	Dr. Roland Werner, Marburg*
13.-18.12.	Gudrun Theurer, Stadtbergen, gudruntheurer@web.de
19.-24.12.	Maike Sachs, St. Johann, maike.sachs@elkw.de
25., 31.12.	Joachim Rieger, Mössingen, joachim.rieger@elkw.de
26.-30.12.	Dr. Matthias Clausen, Marburg, matthias.clausen@eh-tabor.de

Biblische Einführungen: Friedhardt Gutsche †

Bibelstellen-Verzeichnis 2013–2021

1. Mose

1–4	2.-13.1.15
	2.-10.1.19
6–8	14.-17.1.15
6–9	11.-18.1.19
9,1-17	19.1.15
11,1-9	20.1.15
	19.1.19
12,1–19,29	21.1.-4.2.15
21,1-21	5.2.15
22,1-19	6.2.15
23,1-20	7.2.15
24–25	26.-29.5.15
27,1–29,30	30.5.-5.6.15
31–33	6.-11.6.15
37,1-11	12.6.15
37,12-36	13.6.15
39–50	15.6.-4.7.15

2. Mose

1–6,1	13.-20.6.16
7	21.6.16
12,1–33.51	22.-23.6.16
13,17–20,21	24.6.-6.7.16
24,1–25,22	7./8.7.16
32–34	9.-14.7.16
40	15./16.7.16

3. Mose

1	6.3.17
8–10	7.-9.3.17
16	10.3.17
19	11./13.3.17
25	14./15.3.17

4. Mose

6,22-27	28.8.17
9–14	29.8.-7.9.17
17	8.9.17
20–24	9.-19.9.17
27,12-23	20.9.17

5. Mose

1–12	10.1.-5.2.18
15–19	6.-13.2.18
21	14.2.18
24	15.2.18
25	16.2.18
26	17.2.18
27	19./20.2.18
30–31	21./22.2.18
33–34	23./24.2.18

Josua

1–3	15.-17.1.14
4–5	18.-20.1.14
6	21.-22.1.14
7,1–10,15	23.-28.1.14
11	29.-30.1.14
20,1-9	31.1.14
21,1-3. 41-45	1.2.14
22–24	3.-8.2.14

Richter

1,1-3. 17-21	16.6.14
1,27–2,23	17./18.6.14
4–5	19./20.6.14
6,1–8,3	21.-27.6.14
8,22–9,21	28.6.-1.7.14
9,50-57	2.7.14
13–16	3.-8.7.14

Rut

1–4	9.-12.7.14

1. Samuel

1–10	25.2.-13.3.19
2,1-10	8.12.13
	10.12.17
	5.12.21
11–12	14./15.3.19
13	16.3.19
14	18.3.19
15–18	19.-25.3.19
20-25	26.3.-1.4.19
27–28	2./3.4.19
30–31	4./5.4.19

2. Samuel

1	6.4.19
2	8.5.19
5–7	9-14.5.19
11–12	15./16.5.19
15–17	17.-22.5.19
18–19	23.-25.5.19
21	27.5.19
23–24	28./29.5.19

1. Könige

1–3	11.-16.6.20
5,1–6,14	17.-19.6.20
8–9,9	20.-25.6.20
10–14,20	26.6.-6.7.20
16,29–19	7.-14.7.20
21–22,40	15.-18.7.20

2. Könige

2,1-18	5.8.13
	5.8.21
4–5,19a	6./7.8.13
	6./7.8.21
6,8-23	8.8.13
	9.8.21
16,1-16	9.8.13
	10.8.21
17,1-23	10.8.13
	11.8.21
17,24–19	12.-16.8.13
	12.-17.8.21
22–25	17.-24.8.13
	18.-25.8.21

1. Chronik

10,1–11,9	18./19.8.14
13,1–14,17	20./21.8.14
15,1-16. 25-29	22.8.14
16,1–22,19	23.8.-3.9.14
28,1-13	4.9.14
29,1-22	5.9.14

2. Chronik

1–3	6.-9.9.14
5–7	10.-15.9.14
9,1-12	16.9.14
10,1-19	17.9.14
12	18.9.14
18,1–19,3	19./20.9.14

20,1-26 22.9.14
26 23.9.14
28 24./25.9.14
34–36 26.9.-4.10.14

Esra
1 26.8.13
26.8.21
3–7 27.-31.8.13
27.8.-1.9.21

Nehemia
1–2 4./5.9.13
6./7.9.21
4–6 8.-10.9.21
4–7,3 6.-9.9.13
8 10.9.13
11.9.21
9,1-3.
32-37 11.9.13
10,1.29-40 12.9.13
13.9.21
12,27-43 13.9.13
14.9.21
13,15-22 14.9.13
15.9.21

Ester
1–10 6.-18.10.14

Hiob
1–2 21.-23.10.19
1–4 12.-17.10.15
4–6 24.-26.10.19
5,17-27 19.10.15
6,1-10.
24-30 20.10.15
8–9 21./22.10.15
28./29.10.19
11–12 23.10.15
30./31.10.19
12,1-6;
14,1-12 24.10.15
14 1.11.19
19 2.11.19
19,21-29 26.10.15
31–32 4./5.11.19
31,16–32,
22 27./28.10.15
38 6.11.19
38,1-21 29.10.15
40 30./31.10.15
6./7.11.19
42 2.-4.11.15
7.-9.11.19

Psalmen
1 5.5.13
7.12.14
16.7.17
9.12.18
9.5.21
2 10.1.16
25.12.17
27.12.20
25.12.21
3 2.6.13
22.1.17
6.6.21
4 8.2.15
15.1.17
11.8.19
21.11.21
5 29.9.13
15.10.17
27.6.21
6 17.11.13
5.3.17
14.11.21
7 30.6.13
9.7.17
4.7.21
8 1.1.15
1.1.19
1.1.21
9 14.7.13
29.1.17
18.7.21
10 24.2.13
1.3.15
12.3.17
17.3.19
21.2.21
11 21.7.13
6.8.17
25.7.21
12 16.6.13
2.7.17
22.8.21
13 9.6.13
18.6.17
13.6.21
14 28.7.13
13.8.17
15 10.2.13
26.2.17
14.2.21
16 6.1.13
23.8.15
5.2.17
20.10.19
19.4.20
24.1.21
17 11.8.13
27.8.17
15.8.21
18,1-20 27.1.13
12.2.17
31.1.21
18,21-51 3.2.13
19.2.17
7.2.21
19 21.4.13
18.10.15
7.5.17
3.11.19
24.10.21
20 27.10.13
24.9.17
31.10.21
21 10.11.13
30.7.17
7.11.21
22,1-22 17.3.13
25.10.15
2.4.17
27.10.19
21.3.21
22,23-32 24.3.13
1.11.15
9.4.17
10.11.19
28.3.21
23 14.4.13
19.4.15
30.4.17
5.5.19

	18.4.21
24	1.12.13
	30.11.14
	27.11.16
	3.12.17
	2.12.18
	29.11.20
	28.11.21
25	22.9.13
	27.9.15
	8.10.17
	13.10.19
	28.2.21
26	7.7.13
	23.7.17
	11.7.21
27	12.5.13
	17.5.15
	28.5.17
	2.6.19
	16.5.21
28	25.8.13
	25.6.17
	29.8.21
29	26.5.13
	11.6.17
	30.5.21
30	4.8.13
	22.2.15
	21.5.17
	8.8.21
31	2.3.14
	7.2.16
	11.2.18
	23.2.20
32	23.6.13
	22.10.17
	10.10.21
33	3.11.13
	14.12.14
	4.1.15
	16.12.18
34	3.3.13
	8.3.15
	19.3.17
	24.3.19
	7.3.21
35,1-16	16.3.14
	25.2.18
35,17-28	23.3.14
	4.3.18
36	29.6.14
	5.6.16
	10.6.18
	21.6.20
37,1-20	31.8.14
	16.9.18
37,21-40	7.9.14
	23.9.18
38	26.10.14
	21.10.18
39	14.9.14
	4.11.18
40	20.1.13
	2.8.15
	29.9.19
	17.1.21
41	26.1.14
	19.8.18
42	17.8.14
	16.10.16
	29.7.18
	1.11.20
43	6.4.14
	18.3.18
44	2.2.14
45	28.4.13
	14.5.17
	2.5.21
46	24.11.13
	26.11.17
	31.12.21
47	9.5.13
	25.5.17
	13.5.21
48	10.8.14
	22.7.18
49	9.9.18
50	16.11.14
	18.11.18
51	16.2.14
	13.11.16
	8.7.18
	26.7.20
51,12-14	25.5.15
52	6.7.14
	11.11.18
53	13.7.14
	15.7.18
54	9.2.14
	21.1.18
55	13.4.14
	14.1.18
56	4.5.14
	30.9.18
57	27.7.14
	11.3.18
58	21.12.14
	24.6.18
59	24.8.14
	5.8.18
60	15.2.15
	17.2.19
61	11.10.15
	24.2.19
62	13.10.13
	1.2.15
	20.8.17
	3.3.19
	17.10.21
63	17.2.13
	25.1.15
	19.11.17
	10.2.19
	1.8.21
64	9.8.15
	10.3.19
65	5.10.14
	2.10.16
	7.10.18
	4.10.20
66	11.5.14
	22.4.18
67	6.10.13
	1.10.17
	25.4.21
68,1-19	29.5.14
	4.12.16
	10.5.18
	6.12.20
68,20-36	1.6.14
	11.12.16
	13.5.18
	13.12.20
69,1-16	22.3.15
	29.10.17
	7.4.19

69,17-37	29.3.15
	5.11.17
	14.4.19
70	18.1.15
	18.8.19
71	30.8.15
	13.1.19
72	13.1.13
	6.1.15
	8.1.17
	6.1.19
	10.1.21
73	20.7.14
	26.6.16
	1.7.18
	12.7.20
74	22.12.19
75	9.11.14
	14.10.18
76	22.6.14
	3.6.18
77	26.5.19
78,1-31	6.9.15
	8.9.19
78,32-55	13.9.15
	15.9.19
78,56-72	20.9.15
	22.9.19
79	15.11.15
80	6.12.15
	8.12.19
81	21.5.18
82	3.2.19
84	10.3.13
	27.4.14
	15.3.15
	26.3.17
	8.4.18
	31.3.19
	14.3.21
85	13.12.15
	15.12.19
86	8.5.16
	26.1.20
87	3.8.14
	15.4.18
88	20.3.16
	5.4.20
89,1-19	17.1.16
	12.1.20
89,20-53	24.1.16
	19.7.20
90	23.11.14
	6.11.16
	25.11.18
	8.11.20
91	9.3.14
	14.2.16
	18.2.18
	1.3.20
92	30.3.14
	25.3.18
	17.5.20
93	28.12.14
	1.5.16
	26.8.18
95	25.5.14
	6.5.18
96	12.1.14
	17.4.16
	7.1.18
97	1.1.14
	1.1.18
98	18.5.14
	29.4.18
99	23.2.14
	20.5.18
100	1.1.13
	10.5.15
	14.7.19
	3.1.21
101	11.1.15
	25.8.19
102	13.3.16
	29.3.20
103	31.12.13
	26.4.15
	31.12.17
	12.5.19
	20.6.21
104	18.8.13
	4.10.15
	1.1.17
	6.10.19
	3.10.21
105,1-23	23.6.19
105,24-45	30.6.19
106,1-23	7.6.15
	12.6.16
	28.6.20
106,24-48	14.6.15
	19.6.16
	5.7.20
107,1-22	21.6.15
	20.1.19
107,23-43	28.6.15
	27.1.19
108	3.5.15
	19.5.19
109	9.10.16
110	20.10.13
	14.5.15
	12.11.17
	30.5.19
	26.9.21
111	31.5.15
	16.6.19
112	8.11.15
	7.7.19
113	16.8.15
	1.9.19
114	5.7.15
115	20.12.15
	17.11.19
116	7.4.13
	12.4.15
	23.4.17
	28.4.19
	11.4.21
117	29.11.15
	1.12.19
118,1-14	19.5.13
	24.5.15
	4.6.17
	9.6.19
118,15-29	20.5.13
	27.12.15
	5.6.17
	10.6.19
119,1-8	12.7.15
119,9-16	19.7.15
119,17-24	26.7.15
119,25-32	24.7.16
119,33-40	31.7.16
119,41-48	7.8.16
119, 49-56	3.9.17

Bibelstellen-Verzeichnis 2013–2021

119,57-64	10.9.17
119,65-72	17.9.17
119,73-80	28.1.18
119, 81-88	4.2.18
119,89-96	21.7.19
119, 97-104	28.7.19
119, 105-112	4.8.19
119, 113-120	11.10.20
119, 121-128	18.10.20
119, 129-136	25.10.20
119, 137-144	1.9.13
	5.9.21
119, 145-152	8.9.13
	12.9.21
119, 153-160	15.9.13
	19.9.21
119, 161-168	12.10.14
119, 169-176	19.10.14
120	21.8.16
	6.9.20
121	31.12.16
	1.1.20
122	3.4.16
	22.3.20
123	21.2.16
	8.3.20
124	17.7.16
	9.2.20
125	30.10.16
	27.9.20
126	22.11.15
	24.11.19
127	4.9.16
	20.9.20
128	31.1.16
	16.2.20
129	18.9.16
	15.3.20
130	28.9.14
	18.12.16
	23.12.18
	20.12.20
131	24.5.20
132	6.3.16
	14.6.20
133	29.5.16
	19.1.20
135	3.7.16
	2.2.20
136	10.4.16
	26.4.20
137	15.11.20
138	5.1.14
	3.1.16
	5.1.20
139	2.11.14
	10.7.16
	17.6.18
	2.8.20
140	11.9.16
	23.8.20
141	28.2.16
	9.8.20
142	25.9.16
	16.8.20
143	19.1.14
	23.10.16
	28.10.18
145	15.6.14
	22.5.16
	27.5.18
	7.6.20
146	21.9.14
	28.8.16
	2.9.18
	13.9.20
147	14.8.16
	30.8.20
148	8.6.14
	1.1.16
	12.8.18
	3.5.20
149	24.4.16
	10.5.20
150	16.5.16
	1.6.20

Sprüche

1–3	22.-29.4.15
4,10–5,23	30.4.-2.5.15
6,6-19	4./5.5.15
7–9	6.-9.5.15
10–11	14.-17.6.19
14–24	18.-29.6.19
25,11-28	1.5.13
	7.5.21
26,1-12	2.5.13
26,1-17	8.5.21
27,1-7	3.5.13
	10.5.21
28,12-28	4.5.13
	11.5.21
29,1-18	6.5.13
	12.5.21
30,1-19	7.5.13
	14.5.21
31,1-8	8.5.13
31,1-9	15.5.21

Prediger

1–7	12.-20.9.18
11–12	21./22.9.18

Hoheslied

1–2,7	9.6.14
2,8–8	10.-14.6.14

Jesaja

1–9	19.11.-6.12.18
1,1-20	24./25.11.14
2,1-5	26.11.14
3,1-15	27.11.14
4,2–5,24	28.11.-1.12.14
6	2.12.14
7,1-17	3./4.12.14
8,1-15	5.12.14
8,23–9,6	6.12.14
11,1-10	8.12.14
	7.12.18
12,1-6	9.12.14
	8.12.18
14,1-23	10.12.14
	10.12.18
19	11.12.18
24,1–25,9	11./12.12.14
25–26	12.-14.12.18

26,1-19	13./15.12.14
26,7-19	20.11.16
	22.11.20
28–29	15.-19.12.18
28,14-22	16.12.14
29,17-24	17.12.14
30,1-17	18.12.14
32	19.12.14
	20.12.18
33,17-24	20.12.14
	21.12.18
35,1-10	22.12.14
	22.12.18
40	30.11./ 1.12.15
	25.-27.11.19
41,8-14	2.12.15
41	28.-30.11.19
42,1-9	3.12.15
	2.12.19
43–45	4.-14.12.15
	3.-12.12.19
46,1-13	15.12.15
	13.12.19
48	14.12.19
49	16.-18.12.15
	16.-18.12.19
50,4-11	19.12.15
	19.12.19
51,1-8	21.12.15
	20.12.19
51,9-16	22.12.15
	21.12.19
51,17–52,6	23.12.19
52,1-6	23.12.15
52,7-12	24.12.15
	24.12.19
52,13–53,12	28./29.12.15
	27./28.12.19
54,1-10	29.12.19
55,1-13	30./31.12.15
	30./31.12.19
56–58,14	21.-26.11.16
	27.11.-1.12.20
59–64,11	28.11.-10.12.16
	2.-11.12.20
65–66,24	12.-17.12.16
	12.-17.12.20

Jeremia

1	29./30.8.16
2,1-13	31.8.16
3,1-10	1.9.16
3,19–4,4	2.9.16
1–7	5.-10.10.20
6,9-23	3.9.16
7,1-28	5./6.9.16
9,1-23	12.10.20
9,22-23	7.9.16
12,1-6	8.9.16
	13.10.20
13,1-11	9.9.16
	14.10.20
14,1-16	10.9.16
	15.10.20
15,10–16,13	12./13.9.16
	16./17.10.20
17,5-13	19.10.20
18,1-12	14.9.16
	20.10.20
19,1-13	15.9.16
	21.10.20
20,7–21,14	16./17.9.16
	22./23.10.20
23,1-8	19.9.16
	24.10.20
23,16-32	26.10.20
25,1-14	20.9.16
	27.10.20
26,1-19	21.9.16
	28.10.20
27,1-22	29.10.20
28,1–29,14	22./23.9.16
	30./31.10.20
30,1-3; 31,1-14	24.9.16
	2.11.20
31,18-20.31-37	26.9.16
	3.11.20
36–45	27.9.-11.10.16
36,1–41,18	4.-11.11.20
42–43	12./13.11.20
45,1-5	14.11.20

Klagelieder

1,1-11. 17-22	12.10.16
1–5,22	16.-19.11.20
3	13./14.10.16
5	15.10.16

Hesekiel

1–4	19.-25.10.17
7–8	26.-28.10.17
10–11	30./31.10.17
12,1-16	1.11.17
16,1-22	2.11.17
17–18	3./4.11.17
20	6./7.11.17
33–34	8.-11.11.17
36–37	13.-15.11.17
40	16.11.17
42,15–43,12	17.11.17
47,1-12	18.11.17

Daniel

1	18.4.13
	22.4.21
2	19./20.4.13
	23./24.4.21
3,1-30	22.4.13
	26.4.21
5–7	23.-26.4.13
	27.-30.4.21
8	1.5.21
9	27./29.4.13
	3./4.5.21
10	5.5.21
12	30.4.13
	6.5.21

Hosea

1–6	21.-29.6.18
8–14	30.6-7.7.18

Joel

1–4	8.-13.5.17

Bibelstellen-Verzeichnis 2013–2021

Amos
1 7.6.18
3 7./8.6.18
4–9 9.-20.6.18

Obadja
14.11.19

Jona
1–4 19.-22.5.14

Micha
1–7 20.-29.7.20

Nahum
1–2 11./12.11.19
3 13.11.19

Habakuk
1–3 7.-11.9.18

Zefanja
1–3 4.-6.9.18

Haggai
1–2, 9.20-23 2./3.9.13
1–2 2.-4.9.21

Sacharja
1–7 2.-12.12.13
4.-14.12.17
29.11.-9.12.21
8,1-3. 14-23 13.12.13
8 15.12.17
10.-13.12.21
9,9-12 14.12.13
16.12.17
14.12.21
10 15.12.21
11 16.12.13
18.12.17
16.12.21
12,9–13,1 17.12.13
19.12.17
17.12.21
14 18.12.13
20.12.17
18.12.21

Maleachi
1–3 20.-24.12.21
1,6-14 21.12.17
1 19.12.13
2,17–3 20.-23.12.13
22./23.12.17

Matthäus
1,1–4,17 23.-31.12.14
24.-31.12.18
4,18–23 6.7.-10.10.15
4–23 15.7.-19.10.19
24–25 18.-26.11.15
15.-23.11.19
26–28 23.3.-6.4.15
8.-22.4.19

Markus
1–3,6 2.-14.1.16
2.-14.1.20
3,7-35 15.-18.1.20
3,7–10,52 18.7.-27.8.16
4–10,31 30.7.-5.9.20
10,32–16 9.3.-13.4.20
11–12 15.-24.2.16
13 25.-27.2.16
14,1-25 29.2.-2.3.16
14,26–16,20 17.-28.3.16

Lukas
1,1-80 19.-24.12.16
18.-24.12.20
1,46-55 15.12.13
25.12.15
17.12.17
25.12.19
19.12.21
1,68-79 22.12.13
24.12.17
12.12.21
2,1-52 25.-30.12.16
25.-31.12.20
2,29-32 29.12.13
26.12.15
26.12.17
26.12.19
26.12.21
3–11 2.1.-27.2.13
2.1.-28.2.17
2.1.-3.3.21
12,1-48 1.-4.3.17
12,49–18,30 21.9.–18.10.17
12–18,30 17.10.-16.11.13
14.10.-13.11.21
18,31–24 28.2.-3.4.13
16.3.-19.4.17
4.3.-7.4.21

Johannes
1 24.-30.12.13
1,1-18 27.-30.12.17
27.-30.12.21
1,19–3,36 2.-9.1.18
2–3 2.-8.1.14
4 9.-14.1.14
4–10 9.7.-15.8.18
5–10 14.7.-16.8.14
11–21 5.3.-26.4.14
26.2.-7.4.18
14–17 3.-16.3.16

Apostelgeschichte
1–16 15.5.-13.7.17
17.5.-7.7.21
1–28 10.5.-3.8.13
17–28 28.7.-26.8.17
8.7.-4.8.21

Römer
1–11 9.2.-21.3.15
21.1.-23.2.19
12–16 7.-21.4.15
23.4.-7.5.19

1. Korinther
1–6 15.4.-4.5.16

20.1.-6.2.20
7–9 6.-14.5.16
7.-18.2.20
10–16 17.5.-11.6.16
10–12,31 19.-29.2.20
12,31–
14,40 2.-7.3.20
15–16,24 14.-22.4.20

2. Korinther
1–13 17.10.-
12.11.16
7.9.-3.10.20

Galater
1–6 23.5.-7.6.14
24.9.-
10.10.18

Epheser
1,3-14 15.5.16
31.5.20
1–6 10.2.-4.3.14
9.-28.4.18

Philipper
1–4 11.-23.5.15
14.-27.7.17
31.5.-13.6.19
2,5-11 16.5.15
5.5.16
2,6-11 21.5.20

Kolosser
1–4 4.-17.4.13
20.4.-6.5.17
8.-21.4.21

1. Thessalonicher
1–5 18.-26.11.13
20.-28.11.17
15.-23.11.21

2. Thessalonicher
1–3 27.-30.11.13
29.11.-
2.12.17
24.-27.11.21

1. Timotheus
1–6 15.-28.1.16
11.-26.5.20

2. Timotheus
1–4 29.1.-6.2.16
27.5.-5.6.20

Titus
1–3 8.-12.2.16
6.-9.6.20

Philemon
13.2.16
10.6.20

1. Petrus
1–5 29.3.-14.4.16
23.4.-9.5.20

2. Petrus
1–3 14.-19.11.16
20.-26.11.20

Jakobus
1–5 5.-17.11.15
1.-13.7.19

Judas
1-25 27./28.11.15

1. Johannes
1–5 28.4.-14.5.14
16.-31.8.18

2. Johannes
15./16.5.14
1.9.18

3. Johannes
17.5.14
3.9.18

Hebräer
1–13 16.9.-16.10.13
30.4.-6.6.18
16.9.-13.10.21

Offenbarung
1 20./21.10.14
1–11 11.10.-7.11.18
12–22 22.10.-
22.11.14
20–22 8.-17.11.18